U0361618

◇ 现代经济与管理类规划教材

普通高等教育"十三五"规划教材

财务报表分析

（第 3 版）

许拯声　主编

清 华 大 学 出 版 社

北京交通大学出版社

·北京·

内 容 简 介

本书旨在帮助财务报表的分析者运用财务数据和财务指标分析方法，分析评价一家公司的过去、现在和未来的财务状况、经营成果及发展趋势；读懂和理解公司的财务报表数据，以及报表编制过程中所采用的会计政策是基于何种公司战略，它们之间的相关性及其对财务信息的影响。本书的最大特点是介绍并发展了一套用以分析和评价财务报表数据的商业分析框架，这一框架包括 4 个分析阶段：战略分析、会计分析、财务分析和前景分析。商业分析框架可适用于许多决策背景，包括证券分析、信贷分析及兼并与收购分析。

本书可作为高等院校会计、金融、管理和经济专业的本、专科或 MBA 教材，也可作为相关从业人员的参考书。

图书在版编目（CIP）数据

财务报表分析／许拯声主编. —3 版. —北京：北京交通大学出版社：清华大学出版社，2018. 9（2020. 9 重印）

（现代经济与管理类规划教材）

ISBN 978-7-5121-3719-6

Ⅰ. ① 财… Ⅱ. ① 许… Ⅲ. ① 会计报表-会计分析-教材 Ⅳ. ① F231.5

中国版本图书馆 CIP 数据核字（2018）第 212341 号

财务报表分析
CAIWU BAOBIAO FENXI

策划编辑：吴嫦娥　　责任编辑：刘　蕊
出版发行：清 华 大 学 出 版 社　　邮编：100084　电话：010-62776969　http://www.tup.com.cn
　　　　　北京交通大学出版社　　邮编：100044　电话：010-51686414　http://www.bjtup.com.cn
印 刷 者：北京时代华都印刷有限公司
经　　销：全国新华书店
开　　本：185 mm×260 mm　　印张：20.5　　字数：512 千字
版　　次：2018 年 9 月第 3 版　　2020 年 9 月第 3 次印刷
书　　号：ISBN 978-7-5121-3719-6/F · 1818
印　　数：4 001～5 000 册　　定价：49.00 元

本书如有质量问题，请向北京交通大学出版社质监组反映。对您的意见和批评，我们表示欢迎和感谢。

投诉电话：010-51686043，51686008；传真：010-62225406；E-mail：press@bjtu.edu.cn。

尊敬的读者，如果你在阅读一家公司的财务报表时，看到这家公司报表上的利润在持续上升，你是否就会由此认为该公司的真实经营业绩和管理水平也在持续上升？或者，你是否曾经想过，公司报表利润的上升固然可能是该公司经营业绩和能力的提升所致，但也完全可能是对报表项目的不同处置所致。比如，对营业收入确认形式的改变；对营业成本分摊标准的改变；对期间费用归结方式的改变；尤其是对稳健原则的随意使用，对营业外收支的任性安排，以及对市价标准的刻意确认；等等。几乎可以说，利润表所有项目的数据，都可以通过对会计核算标准的不同选择和刻意处置而加以改变。也就是说，会计人员可以有很多方式来人为地调节公司的营业收入、成本、费用，以及其他利润表中的收支项目，甚至资产的价值，包括合法和非法的方法，这在会计术语中称为"盈余管理"。可以毫不夸张地说，财务报表处处有陷阱，尤其是在监管失灵的背景下。

因此，判断一家公司利润、资产增长的真实性和有效性，首先，需要去判断该公司利润表中各个收支项目的真实性和可持续性，以及相关资产负债表项目变动的合理性。对此种类型的利润、资产增长，可通过评价会计规则使用的合理、合规、合法性来加以分析和梳理，本书将会帮助读者找到正确判断公司的收支发生和资产变动正确性的思路和方法，同时让读者明白，报表利润并非与公司的实际业绩呈正相关关系，从某种意义上来说，它更像是一个算术结果。

其次，即使是真实的利润增长，也要考虑是否是公司经营的内源性增长，因为这涉及公司利润增长的质量，以及公司可持续性发展。而所谓外源性利润增长，就是指那种由于公司资产投资规模扩张所导致的增长，也就是所谓的投资拉动型增长，这样的增长通常缺乏质量，且很难持久，因为外源总有限，且与风险成正比。

因此，在确认收支项目真实性的基础上，可以通过评价利润增长与资产增长之间的相互关系，来评价利润增长的质量。一般情况下，可以通过评价利润、资产和净资产的绝对数，或相对数的定比和环比指标来实现。

再次，通常可以将公司的资产和利润之间的关系看作是一种逻辑上的因果关系，其中资产是因，是一种能力，利润是果，是那种能力行使后的结果，而收支的发生则是从因到果之间的那个过程。至于负债和所有者权益，则可看作是维系这一因果关系的。

理论上，先因后果应该是一个比较符合逻辑的分析程序，这样的分析思路比较注重过程，即程序，并认为程序对了，结果也就在预期中了。不过，这样的分析思路，可能和很多国人的行为习惯不太相同，他们通常会认为，过程只是手段，结果才是目的，而为达到目的是可以不择手段的，所以，先果后因的分析程序应该更符合国情。

如果从财务角度，收支的发生，就是由于资产的使用所相应派生的一个开源（收入的增加）和节流（成本、费用的减少）的过程，而最终的利润，其实只是一个评价开源、节流质量的结果。

因此，评价此种因果关系的指标，除了各项资产利润率指标外，收支的发生与各项资产之间的指标也至关重要，而它们之间的关系，可以通过计算各项资产周转率指标来实现。当然，利用相关指标所进行的趋势和风险评价则尤为关键，这又与社会整体及行业基本面的评价相关。

另外，还可以通过评价货币资金的定比、环比指标，结合应收账款周转率和定比、环比指标，来评价营业收入增长所体现的现金回笼程度。同时，可以通过评价存货、流动资产周转率和定比、环比指标，来评价由于营业成本的变动所体现的成本消耗程度。当然，还可以透过评价存货与应付账款之间，以及其他各种应收、应付款之间的债权、债务关系，来评价存在于资产负债表、利润表和现金流量表各项目之间的其他方面的错综复杂的勾稽关系。

最后，一家公司资产结构的不同，通常能够体现出这家公司的技术含量、持续经营能力、经营风险等；而资本结构的不同，则通常能够体现出这家公司的信用状况、保障能力和财务风险等。这样的分析，通常与该公司的发展趋势变动相关，因而应结合社会和行业基本面进行分析。

当然，以上所有分析方法的使用，都是建立在所据以进行分析的财务数据是真实、可靠的基础之上。故，会计的真实性分析应优先于财务的指标分析，以及其他趋势和风险分析，这是编著本书的基本思路，也是本书作者首创和一以贯之的财务报表分析的基本套路。

本书的第三版仍由本作者修订，主要是在第二版的基础上根据最新的会计准则做了相应的修改，以及对第二版的差错和文字做了修正和润色，并重新编写了第 18 章的内容。由于时间有限，相信仍有不少不尽如人意之处，希望以后有机会再改进。

在此，谨向本书一、二、三版的编辑致以衷心的感谢，感谢他们的无私付出，并期待再一次的合作。

许拯声

2018 年 6 月 25 日

目 录

第1章

财务报表分析概述

学习目标

1. 了解财务报表分析的意义和作用。
2. 明确财务报表分析的对象和目标。
3. 掌握财务报表分析的一般程序。
4. 理解财务报表分析程序之间的相互关系。

学习重点

1. 财务报表分析的本质就是收集与决策相关的各种财务信息，并加以分析和解释的一种技术。
2. 财务报表分析应包括商业战略分析、会计分析、财务分析和前景分析，这4个分析阶段之间是密切相关的。

财务报表报告的是一个企业过去的财务成果及其质量，以及目前的财务状况。财务报表是为了提供企业4种主要经济活动的信息而设计的，这些信息包括目标规划、资金筹集、项目投资和日常经营管理。而财务报表分析就是为了帮助报表的使用者对庞杂的信息进行筛选和评价，读懂、理解一个企业的财务现状、成果、质量和前景，并利用财务报表的各项数据，帮助作出更好的决策。

1.1 财务报表分析的意义和作用

1.1.1 财务报表分析的意义

17世纪末和18世纪初，股份公司开始在英国出现，公司利益的相关者要求公司编制资产负债表。为此，英国的会计学者确立了"财产＝资本"和"资产－负债＝纯资本"的会计等式，创建了英国式资产负债表。在这一时期，人们十分关注资产和资本，不太重视费用和收益，盈利则是根据资产负债表中本期净资产与上期净资产的增加额计算得出，资产负债表是当时唯一的财务报表。

1862 年，英国《公司法》的颁行，明确规定了资产负债表的标准格式，将资产列在右侧，权益列在左侧，并将永久性资产和资本列在最上端，这与现在流行的资产负债表按流动性强弱程度分类的格式正好相反。但这种格式将有关资产负债表科目汇集起来，并将资产和权益分别列在对应的两侧，不再是总账余额的简单罗列，而是有分析地对资料加以排列，因此，在当时这是对资产负债表编制的一种进步。

1929 年，英国修订的公司法首次正式要求企业编制收益表，使收益表成为企业第二个正式对外提供的财务报表。导致到 20 世纪 30 年代早期，会计确认、计量的重心开始由资产计价向收益计量转移，财务报告的重点也由资产负债表转向财务成果表。财务成果表开始逐渐被认为是企业最重要的财务报表，也称损益表、利润表或经营表。直到今天，国外很多企业，尤其是上市公司在其年度报告中都把收益表放在首位。

1987 年 11 月，FASB（财务会计准则委员会）公布第 95 号财务会计准则公告《现金流量表》，取代了 APB（会计原则委员会）的第 19 号意见书，并要求企业在 1988 年 7 月 15 日以后，必须以现金流量表替代财务状况变动表。1992 年 12 月，IASB（国际会计准则委员会）对第 7 号国际会计准则《现金流量表》进行了修订，并于 1994 年 1 月 1 日起生效。

至于财务报表分析，一般认为产生于 19 世纪末 20 世纪初，最早的财务报表分析主要是为银行服务的信用和偿债能力分析。当时，借贷资本在企业资本中的比例不断增加，银行家需要对贷款人进行信用调查和分析，借以判断客户的偿债能力。

资本市场形成后，发展出了盈利分析和市场价值分析，财务报表分析开始由主要为贷款银行服务扩展到为投资人服务。随着社会筹资范围扩大，非银行的贷款人和股权投资人增加，公众开始进入资本市场和债务市场，因而投资人要求的信息更加广泛。财务报表分析开始对企业的盈利能力、筹资结构、利润分配、现金流量等进行分析，从而发展出一套比较完善的外部分析指标体系。

公司组织发展起来以后，经理人员为改善盈利能力和偿债能力，以取得投资人和债权人的支持，改善公司内部的管理服务过程，开发了内部报表分析，使财务报表分析由外部分析扩大到内部分析。内部分析不仅可以使用公开报表的数据，而且可以利用内部的报表、统计数据（预算、成本数据等）进行分析，找出管理行为和报表数据的关系，以便通过管理来改善未来的财务报表。

在现代企业中，财务会计是进行财务数据处理和信息加工的系统，财务报告则是把财务信息传递给使用者的手段，其中的财务报表是财务报告的中心内容，是将影响一个企业的事项，或者从事的交易对企业影响所作的总体性表述。财务报告的内涵和范围比财务报表要大，财务报表仅是财务报告系统的一大要素，它是一种载体，负责将已加工生成的财务信息传递给与企业有关的使用者，是对企业财务状况和经营成果所进行的结构性财务描述。通用财务报表的目的就是提供有助于广大使用者进行经营决策的有关企业财务状况、经营成果和现金流量，以及股权变动情况的信息。

一般地说，通用财务报表是财务报告的关键组成部分，而财务报告除了包括"三表"（资产负债表、利润表、现金流量表，有些国家还要求提供"股东权益变动表"）之外，主要还包括"财务报表附注"和"审计报告"。

"财务报表附注"主要提供编制"三表"的具体说明和计算依据，包括"公司简介""会计政策、会计估计和会计报表编制方法说明""会计报表的项目注释""关联方关系及交易""或有事项""承诺事项""资产抵押说明""资产负债表日后事项""债务重组事项""其他事项"等，其为财务报表分析者提供了更为丰富的附加信息，以便使财务报表分析能更加深入、准确、客观和全面。

然而，需要注意的是，财务报表数据主要以历史成本为基础，而不是以现时成本为基础。在多数情况下，资产负债表中的资产反映的都是过去购买资产时而支付的价值，而不是资产的现在价值；负债通常也以过去所借数额表示，而不是现在清偿债务时所需支付的款项，结果就是资产负债表中的数据并不能总是真实地反映公司的财务状况。

相应地，收益表也有类似于资产负债表的缺陷。收入和成本是运用历史数据在权责发生制基础上计算出来的，这样，累计折旧与更新厂房和设备所需实际支付的款项并不相同。同样，售出货物的成本计算是基于存货的成本，而不是当期的实际成本。总之，账面价值与现金流量并不相等，也与经济收益（股东在持股期间其财富的增加值）不等。

因此，财务报表分析的任务就是促进经济交易，提高资源在不同企业和个人之间的分配效率。由于公司最经常的交易是筹集财务资本，以及对这些资本加以最合适的使用，在这种情况下，公司会通过发行普通股或债券吸引额外的财务资源。这时，财务报表提供的信息可以减少投资者对公司在盈利的机会和风险判断上的不确定性，从而降低公司的筹资和投资成本。投资者固然需要有关公司盈利的机会和风险的信息，而公司为了以最低的成本筹集资本，他们也乐意提供给投资者所需信息。

因此，财务报表分析的意义就是通过了解和掌握财务报表信息的形成过程，运用相应的会计规则和方法，对财务报表信息加以分析和解释，以作出最优化的决策。

1.1.2 财务报表分析的作用

财务报表分析，是指以财务报表、财务报表附注和其他资料为依据与起点，采用专门方法，依据特定规则，系统分析和评价企业的过去和现在的经营成果、财务状况、现金流量及其变动情况，目的是了解过去、评价现在、预测未来，以帮助利益关系集团改善决策的一种技术。财务报表分析的最基本功能是将大量的报表数据转换成对特定决策有用的信息，以减少决策的不确定性。

财务报表分析的起点是财务报表，分析使用的数据大部分来源于公开发布的财务报表。因此，财务报表分析的前提是正确理解财务报表，并在此基础上对企业的偿债能力、盈利能力、管理能力、获现能力和抵御风险的能力等作出评价，或者找出存在的问题。

在计算机使用者当中有句熟悉的警告，即用错误数据经过计算机分析处理出的结果也是错误的，这就是"进来的是垃圾，出去的也是垃圾"。因此，即使是最有经验的财会人员，如果使用不准确的财务报表数据进行分析，得出的结果通常也会被误导，并可能为此付出很高的代价。

财务报表分析是个过程。所谓"分析"，就是把研究对象（一些现象、概念、数据）分解成若干个较为简单的组成部分，并找出这些部分的本质属性和彼此之间的关系，以达到认识对象本质的目的。财务报表分析就是把整个财务报表的数据，分解成不同的部分和指标，并找出相关指标之间的关系，以达到认识企业偿债能力、盈利能力、管理能力、获现能力、成长能力和抵御风险能力等的目的。

财务报表分析是个认识过程，这个认识过程是分析和综合的统一。综合就是把分析对象的各个部分、各种属性联合成一个统一的整体，并最终在综合的基础上从总体分析企业的各项能力和成果，以及它们之间的相互关系。

财务报表分析也仅仅是一个认识过程，因为通过财务报表分析只能发现问题而不能提供解决问题的答案，只能作出评价而不能实际改善企业的财务和经营状况。例如，某企业资产收益率低，通过分析知道原因是资产周转率低，进一步分析知道，资产周转率低的原因是存货过高，再进一步分析知道，存货过高主要是产成品积压。但如何才算合理地处理积压产品，财务报表分析不能给出答案。

财务报表分析是检查的手段，如同医疗上的检测设备和程序，能检查一个人的身体状况但不能治病。财务报表分析能检查企业偿债能力、盈利能力、管理能力、获现能力、成长能力和抵御风险的能力，分析越深入越容易对症下药，但诊断不能代替治疗。

财务报表分析虽然不能提供最终的解决问题的方法，但它能指明需要详细调查和研究的项目，以及提供这些调查研究会涉及的经济、行业、本企业的其他补充信息。

财务报表分析的作用主要体现在以下方面。

（1）通过财务报表分析，可以了解企业的财务状况，对企业资源的合理配置、资产结构、资本结构、偿债能力、资产效率，以及风险状况等作出合理的评价。

（2）通过财务报表分析，可以了解企业的经营状况，对企业的管理能力、盈利能力、盈利状况、经营效率，以及这些能力的真实性，并对企业所处的行业地位、持续发展能力等作出评价。

（3）通过财务报表分析，可以了解企业的现金收支情况，对企业利润的质量、获现能力、现金的收支分布情况，以及企业经营的稳定性等作出评价。

总之，人们之所以需要进行财务报表分析，是因为分析的结果能够提供企业的经营业绩、财务状况、资源的管理责任等有价值的信息，并能帮助信息的使用者提高决策质量。

股东、债权人、投资顾问等都要利用财务报表分析信息，以帮助他们选择能够接受的风险、报酬、股利水平和流动性偏好的投资组合。当然，这些人也可以自行进行财务报表分析，但专业分析师所拥有的专业知识，使他们在获取、解释和分析财务报表信息时具有更多的优势。

在投资决策中，利用基本的财务报表分析法分析证券价格是否背离实际价值时，财务报表分析十分关键。基本的分析法就是利用财务报表（包括报表附注），以及行业和宏观经济形势等资料，来预测股票价格的未来走向。运用这种分析法的投资者，利用营业收入、净利润、净现金流量、市场占有率和管理业绩等历史信息，去预测这些关系企业成功与失败动因的未来发展趋势。据此，他们可以对某只或某类股票的市场价格是否被高估或低估作出评价。

1.2　财务报表分析的对象和目的

1.2.1　财务报表分析的对象

作为一种人生之常理，做事总有目的，人生总有目标。这里的所谓"做事"和"人生"，说明的是一种动作，它是一个包含内容的过程；而所谓的"目的"，就是通过一个既定过程后希望达成的愿景。显然，愿景的达成取决于过程的完美，即在满足达成愿景要求基础上的对过程的合理控制，这必然导致对过程分析的需要，而过程的内容就成为愿景制定者分析的对象，相应地，分析过程内容的对象就是愿景的制定者。

1. 财务报表分析的步骤

财务报表分析的关键是搜寻到足够的、与决策相关的各种财务信息，从中分析并解释相互之间的关系，发现报表异常的线索，作出确切的判断和分析结论。财务报表分析的步骤可以概括为以下3点。

(1) 收集与决策相关的各项重要财务资料。这主要包括定期财务报告、审计报告、招股说明书、上市公告书和临时报告，相关产业政策、行业发展背景、税收政策等。

(2) 整理并审查所收集的资料。通过一定的分析手段揭示各项信息间隐含的重要关系，发现分析的线索。

(3) 研究重要的报表线索。结合相关的资讯，分析内在联系，解释现象，推测经济本质，为决策提供依据。

企业外部的分析主体所进行的财务报表分析，基本上局限于企业信息披露制度要求而公布的财务报告，而根据目前的企业信息披露渠道，取得上市公司的财务信息比较容易。可以根据以下网址获取相关信息：上海证券交易所（www.sse.com.cn），深圳证券交易所（www.szse.cn），美国证监会设立的 EDGAR 数据库（www.sec.gov/cgi-bin/srch-edgar），香港证券交易所（www.hkex.com.hk），以及一些相关的证券网站。

对外发布的财务报表，是根据全体使用人的一般要求设计的，故称通用财务报表，并不适合特定报表使用人的特定要求。特定报表使用人要从中选择自己需要的信息，然后重新排列，并研究其相互关系，使之符合特定决策的要求。

2. 企业通用财务报表的分析目的

企业通用财务报表的主要使用人有7类，其分析目的不完全相同。

(1) 投资人。投资人为决定是否投资，需分析企业的资产质量和盈利能力；为决定是否转让股份，需分析盈利状况、股价变动和发展前景；为考查经营者业绩，需分析资产盈利水平、破产风险和竞争能力；为决定股利分配政策，需分析筹资状况等。

(2) 债权人。债权人为决定是否给企业贷款，需分析贷款的报酬和风险；为了解债务人的短期偿债能力，需分析其资源的流动状况；为了解债务人的长期偿债能力，需分析其盈利状况和资本结构；为决定是否出让债权，需评价其整体价值等。

（3）经理人员。经理人员为改善财务决策而进行财务报表分析，涉及的内容最为广泛，几乎包括外部使用人员关心的所有问题。企业的经理人员需要通过一系列方法监控企业运营，与企业不断变化的情况保持同步，财务报表分析是实现这些目标的一个重要方法。经理人员之所以能连续全面地进行财务报表分析，是因为他们能够经常地、毫无限制地获取财务信息和其他数据。他们对比率、趋势、经济联系和其他重要因素的分析也应该比较系统，对于不断变化的商业环境也应该非常敏感，因为及时发现这些变化并作出反应是他们工作的主要目标。

（4）供应商。供应商要通过财务报表分析，评价企业是否能长期合作；了解其销售信用水平如何；以及是否应对企业延迟收款期，或者扩大信用额等。

（5）政府。政府要通过财务报表分析了解企业的纳税情况；遵守政府法规和市场秩序的情况；职工收入和就业状况等。

（6）雇员和工会。雇员和工会要通过报表分析判断企业盈利状况与雇员收入、保险、福利之间是否相适应。

（7）中介机构（注册会计师、咨询人员等）。注册会计师通过财务报表分析可以确定审计的重点。财务报表分析领域的扩展与咨询业的发展有关，在一些国家财务分析师已成为专门职业，他们为各类报表使用人提供专业咨询。

1.2.2　财务报表分析的目的

财务会计是一门服务性的学科，它的主要目的是将企业各项经济活动的资料汇编成有用、明晰的财务报表，供企业管理者和其他报表信息使用者作为决策依据。

1. 财务报表的主要内容

财务报表是会计人员根据公认会计原则、经系统的会计处理程序和方法，对日常发生的经济业务进行处理，进而汇总编制出能反映企业经营成果、财务状况和现金流量的报告载体。财务报表主要以两种方法提供包含以下要求的内容。

（1）根据各个利益关系群体对财务信息的不同要求，编制不同的财务报表，提供给不同的利益关系群体。

（2）编制一般目的的通用财务报表以满足社会上对财务信息的共同需要，并对各个利益关系群体的特殊需要以补充资料的方式予以提供。

包括我国在内，世界上大多数国家都采用第二种方法对外提供财务信息。我国会计法、证券法、会计准则所要求的财务报表都是为达成一般目的的财务信息源报表。

国际会计准则委员会理事会在"编制和呈报财务报表的基本框架"中指出：世界上许多企业都编制并且向外部使用者呈报财务报表。虽然这些财务报表在国与国之间看上去可能相同，但实际上却存在着差别。这种差别可能是由于各种社会、经济和法律环境的不同所引起的，同时也可能是由于不同的国家在制定国家级标准时考虑到财务报表不同使用者的需要所引起的。

这些不同的环境，导致了财务报表要素亦即资产、负债、权益、收入、费用和利润等不同定义的使用；同时还导致了使用不同的标准确认财务报表中的项目，以及对不同计量基础的取舍；并且导致了财务报表的范围和财务报表中的揭示内容也受到影响。

2. 财务报表分析信息的贡献价值

财务报表分析是与企业利益相关的各个群体根据各自的目的，使用各种技术对企业的财务报表所给出的数据进行分析、比较和解释，据以对企业的经营状况和财务成果作出评价。由于不同利益群体关心企业的目的和侧重点不同，为了从一般目的（通用目的）的财务报表中得出自己感兴趣的信息，他们往往需要根据自己的目的，使用各种技术对财务报表数据进行加工分析。

当决策者面临如何选择一项最佳投资方案，或者决定是否授信给某个借款人、购货人时，必须参考广泛的财务信息。可供参考的财务信息很多，包括财务报表中提供的财务状况、经营成果、现金流量，也包括一些表外信息，如产品品质、营销能力、市场占有率、管理者的经营能力、创新观念、行业发展态势、经济环境、政策支持等。在各项可供利用的信息中，财务报表提供的信息因其客观、具体和可数量化等特性占据重要地位；而且财务报表信息显示了企业已经发生的事实，极具预测价值，若能与其他各项信息结合，相辅相成，互为应用，将对报表信息使用者的决策大有帮助。其分析信息的贡献价值大致如下。

（1）通过财务报表分析，可明确显示企业特定日期的财务状况和特定时期的财务成果及现金流量的数量与质量，使决策者可据以预测未来，并制定相应的经营方针。

（2）通过财务报表分析，能显示企业的整体经营目标，有助于各部门分工协作，明确方向，协调发展。

（3）通过财务报表分析，能及时提供有助于决策者进行决策时所需的分析数据，以达成决策者的目标。

（4）通过财务报表的分析指标，还有助于企业管理者评价管理业绩，调整产业政策。

另外，财务报表所包含的信息还能帮助分析师推测基本价值。分析师必须了解报表说明了什么问题，以及不能说明什么问题。其必须知道在财务报表中哪些地方可以找到合适的信息，也必须知道财务报表的缺陷，了解报表中哪里不能提供定价的必要信息。

因此，可以将财务报表分析的一般目的概括为：评价过去的经营业绩；衡量现在的财务状况；预测未来的发展趋势。根据分析的具体目的，财务报表分析可以分为流动性分析、盈利性分析、资产及利润质量分析、财务风险分析，以及专题分析，如破产预测，注册会计师的分析性检查程序等。

我国《企业会计准则——基本准则》在第四条关于企业编制财务会计报告的目标中规定，财务会计报告的目标是向财务会计报告使用者提供与企业财务状况、经营成果和现金流量等有关的会计信息，反映企业管理层受托责任履行情况，有助于财务会计报告使用者作出经济决策。

国际财务会计准则委员会在其1997年颁布的《国际会计准则第1号——财务报表的列报》中规定：财务报表是企业财务状况和经济业务的结构性财务描述。通用财务报表的目的是提供有助于广大使用者进行经济决策的有关企业财务状况、经营成果和现金流量的信息。财务报表还反映企业管理部门对受托资源保管工作的结果。为达到该目的，财务报表应提供有关企业下列方面的信息：① 资产；② 负债；③ 权益；④ 收益和费用，包括利得和损失；⑤ 现金流量。

这些信息，连同财务报表附注中的其他信息，有助于使用者预测企业未来的现金流量，尤其是产生现金等价物的时间和确定性。

1.3 财务报告分析的一般程序

所谓程序，是指为进行某项活动或过程所规定的途径。所谓财务报告分析的一般程序，是指从财务数据取得，到最终分析目标达成的一系列步骤。而要满足这点，需要从了解会计定义开始。

1.3.1 会计是什么

经常会听到不同的会计定义，会遇到会计到底是艺术还是科学的争议，很多人对会计的作用至今感到迷惑不解。

由美国3位资深会计学教授和专家合著的《会计学——数字意味着什么》一书，它的封面上印着一幅中国麻将的图片，特别有意思的是，其中并排着两个"红中"。该书的作者认为，玩麻将的目的就是通过对既定牌序的组合来积累点数，每一张牌都是独立的，只有被放在一个有意义的序列或环境中才会相互关联。会计账户也一样，虽然每一个账户都有各自的作用，但把这些账户放在一起形成会计报表时，决策者就会有效地了解它们的重要性，最终对它们所包含的信息加以运用。

因此，本书认为，首先，会计是一门技术（科学），因为会计核算有其固有的程序和方法，其成果可以得到验证，其技术的运用也可以被大量复制；其次，会计又是一门艺术，因为很多会计规则的使用特别强调个人的判断，其成果能给人以审美愉悦，并且很难被复制。就像一般都认为利润是挣（经营）出来的，其实不然，利润只是收支的差额，是由会计算出来的。

综合地说，会计既是一项技术，又是一种艺术，很多人将会计的艺术性称之为会计玄术。实际上，会计犹如魔术，高明的魔术师并不需要蒙住观众的双眼以产生幻觉效果，只要动作迅速，或者用一系列扰人眼目的手段，即可达到魔术效果，会计也一样。会计其实并不需要用虚假的数据去蒙骗报表的使用者，因为只要对会计数据加以适当的安排和组合，即可达到所需的效果，而对会计原则进行适当的选择，对会计方法进行适当的调整，对会计准则进行合理的判断，即可产生某种特定的效果，因为这些规则通常允许用多于一种的方法或概念来处理某一给定的财务信息。正是这种灵活性给了会计以充分的判断空间，使会计在计算公司的盈余、资产负债表中的数据，以及处理某些特定收入或成本的分配时有了很大的自由度。

1.3.2 财务报表分析的一般程序

由于公司的财务报表是其过去的财务业绩和目前财务状况的至关重要的信息源，它们集中反映了公司的过去、现在及将来的发展情况。因此，对于报表分析者而言，若没有公司的财务报表，也就不可能客观地评价这家公司。这种对财务报表的依赖性使得报表分析者特别看重报表中数据的真实性和准确性。当然，同样重要的是，报表分析者在分析报表时所采用的分析思路和方法，必须适应报表分析结论的使用者的用途。

财务报表分析的基本目的是在将专门的分析思路、工具和技术应用于通用目的的财务报表和相关数据后，应能得出对企业决策有用的预测和推论。因此，所选择的分析方法应能成为搜寻投资机会及兼并对象的审查工具，成为评价未来财务状况和结果的预测工具。同时，它也是评价筹资、投资和经营活动的判断工具，是管理和其他企业决策的评价工具。通过财务报表分析应能减少使用者对预感、猜测和直觉的依赖，并进而减少决策的盲目性。虽然它并没有减少对专家判断的需要，但仍为企业制定决策建立了一个有效和系统的基础。

但由于以往所采用的财务报表分析方法（主要是财务指标分析方法）和程序太过单一，比较粗糙，通常不能让使用者有一个对庞杂信息进行筛选的过程，以便深入了解一个公司的现状和前景。而财务报表分析应能帮助使用者筛选和评价信息，以集中精力在那些对使用者的经营决策最有用的可靠信息上。因此，需要对财务报表分析的方法和程序作出拓展，以满足这一需要。

美国人配普、波纳德和黑利介绍并发展了一套用以分析和评价财务报表数据的商业分析框架，这一框架包括4个分析阶段：战略分析、会计分析、财务分析和前景分析。当然，每一阶段的相对重要性主要取决于分析的目的。商业分析框架可以适用于许多决策背景，包括证券分析、信贷分析，以及兼并与收购分析。

1. 战略分析

战略分析是财务报表分析的首要步骤，其主要目的就是帮助分析者提升对目标公司、竞争者，及其所面临的经济环境状况的理解，以及它们之间的相互关系，并保证具体的财务报表分析都是以现实为基础的。即战略分析希望通过辨明关键的利润动因和风险之间的关系，帮助分析者作出客观的预测。

战略分析要求财务报表的分析者不能仅仅着眼于所掌握的报表数据，而忽视报表数据与公司战略之间的关系。事实上，任何一个组织都有自身的目标，而目标的实现则有赖于所选择的战略，因此，若站在公司的立场，公司通过会计活动所提供的财务报表的数据有时候更像是一场"秀"，是一场为实现公司战略目标而选择的会计"秀"。

当然，要想较好地识别这种"秀"并非易事，因为首先，在很多情况下，战略的分析者缺乏有关宏观经济发展、工业条件和所分析公司的可信赖的信息；其次，这也是分析财务报表的一个重要前提，你必须能读懂财务报表。

2. 会计分析

会计分析的目的是评价公司会计数据反映经济现实的程度。分析者需要评价公司的会计政策、估计、方法，以及会计信息披露的详细程度，评价公司会计灵活性的性质和程度。为了得出可靠的结论，分析者必须合理调整报表的会计数据，以消除由于采用了分析者认为不恰当的会计规则而导致的扭曲。

由于公司通常会允许它们的经理人员作出许多与会计有关的判断，因为公司认为他们最了解公司的经营和财务情况，由这些经理人员所选择使用的方法和估计对公司来说是最为恰当的。然而，经理人员有使用会计抉择来操纵报告利润的驱动，因为利润通常被用来评价管理业绩。

因此，可以按照以下程序来评价一个公司的会计质量。

（1）辨明关键的会计规则。

（2）评价会计政策的灵活性。

（3）评价会计的战术选择。

（4）评价披露质量。

（5）辨明潜在亏损。

（6）消除会计扭曲。

对在国际背景下进行会计分析的人来说，他们还面临着两件事：① 各国间会计计量质量、披露质量和审计质量的差异；② 关于取得进行会计分析所需要的信息的难度。

3. 财务分析

财务分析的目的是评价公司当前和过去的业绩，并判断其业绩是否能够持续，其中的指标分析和综合分析是财务分析中的重要工具。指标分析包括在同一行业内的公司之间的指标对比，某一公司在各个年度或各个会计期间的指标对比，或者把财务指标与一些独立的基准对比。通过指标分析可以理解财务报表中各项目的可比性，以及对一些相对重要项目的深入了解，指标分析还有助于评价经理人员的政策在经营管理、投资管理、财务战略和股利政策等方面的有效性。

单个的指标分析往往会受分析者持不同角度的影响，如资产负债率的高低就很难说一定是好或是坏，这取决于公司的持续盈利能力，取决于是站在银行的立场还是站在股东的立场；而销售净利率的高低也并非一定表明是好或是坏，因为这又取决于公司资产投入的高低。所以，最终的评价还需要从公司整体的角度，通过综合的财务指标分析，如杜邦分析、雷达图分析等，来探讨诸如公司的经营业绩、资产质量、现金流量和管理质量上的许多相关问题，以便获得一个较为完整的评价。

4. 前景分析

前景分析是对公司未来的预测，是商业分析框架的最后一步。预测和估值则是前景分析的两个主要步骤。

（1）预测。分析者可以作出明确的预测来表达他们对公司前景的评价。预测不是一项单独的活动，而是一种总括公司战略分析、会计分析和财务分析结果的方法。例如，公司经营战略的变化是怎样影响未来销售收入和利润的？最近公司采取新的会计政策了吗？这种政策将使当年盈利显得更为"强劲"，但可能是以以后年度的低盈利为代价的。在财务分析中认定的财务指标趋势会持续到未来期间吗？

（2）估值。分析者把量化的预测转变为对公司价值的估计。在大多数公司的经营决策中，都会含蓄地或明确地运用估值。例如，估值是对权益分析者的投资建议的依据。在分析一项可能的合并时，潜在的收购者会估计被收购公司的价值。在实务中用到许多不同的估值方法，从复杂的方法，如折现现金流量分析，到以"价格基础倍数"为依据的比较简单的估值技术。

当然，就像做其他事情一样，分析财务报表也特别强调经验的积累，以及对报表分析思路规律的培养，并最终取决于分析者的开悟。万事皆有规律，而寻找规律的过程有赖于科学素养的形成。

本章小结

　　会计是一门商业语言，是对经济现象的数量化表达。会计之所以产生是因为人们对记录、分类和传达经济现象并帮助作出有效决策的需要。

　　财务报表反映的是一个企业过去的财务成果及其质量，以及目前的财务状况。财务报告是为了提供企业4种主要经济活动的信息而设计的，这些信息包括目标规划、资金筹集、项目投资和日常经营管理，而财务报表分析就是为了帮助报表的使用者对庞杂的信息进行筛选和评价，读懂、理解一个企业的财务现状、成果、质量和前景，并利用财务报表的各项数据，帮助作出更好的决策。因此，应将财务报表分析过程划分为4个分析阶段：战略分析、会计分析、财务分析和前景分析。当然，每一阶段的相对重要性主要取决于分析的目的。

本章习题

一、单项选择题

1. 财务报告分析的起点是（　　）。

　　A. 财务报表　　　　B. 资产负债表　　　　C. 利润表　　　　　D. 现金流量表

2. 资产负债表是以（　　）为编制基础。

　　A. 收付实现制　　　B. 现金制　　　　　　C. 权责发生制　　　D. 经营成果制

3. 最早的财务报表分析主要是（　　）。

　　A. 为银行服务的信用分析　　　　　　　B. 对资产负债表的分析

　　C. 对利润表的分析　　　　　　　　　　D. 对现金流量表的分析

4. 供应商进行财务报表分析的目的不包括（　　）。

　　A. 通过分析看企业是否能长期合作　　　B. 了解销售信用水平如何

　　C. 确定是否应对企业延迟付款期　　　　D. 了解企业的职工收入和就业情况

5. 会计是（　　）之间的兼容体。

　　A. 初始于技术、升华于艺术　　　　　　B. 初始于艺术、升华于技术

　　C. 初始于技术、升华于技术　　　　　　D. 初始于艺术、升华于艺术

二、多项选择题

1. 财务报表是为了提供信息而设计的，这些信息包括（　　）。

　　A. 目标规划　　　　B. 资金筹集项目　　　C. 日常投资　　　　D. 经营管理

2. 财务报告分析的对象包括（　　）。

　　A. 报告计算的对象　　　　　　　　　　B. 报告分析的对象

C. 计算报告的对象　　　　　　　　D. 分析报告的对象

3. 企业通用财务报表的主要使用人有（　　）。

A. 债权人　　　　B. 投资者　　　　C. 供应商　　　　D. 客户

4. 商业分析框架的分析阶段包括（　　）。

A. 战略分析　　　　B. 会计分析　　　　C. 财务分析　　　　D. 前景分析

三、判断题

1. 财务报表数据主要以历史成本为基础，而不是以现时成本为基础。（　　）

2. 资产负债表和利润表是以权责发生制为基础编制的，而现金流量表是以收付实现制为基础编制的。（　　）

3. 债权人为了解债务人的短期偿债能力，要分析其盈利状况；为了解债务人的长期偿债能力，要分析其流动状况；为决定是否出让债权，要评价其价值等。（　　）

4. 财务报告分析的一般目的可概括为：评价过去的经营业绩；衡量现在的财务状况；预测未来的发展趋势。（　　）

5. 会计既是一项技术，又是一种艺术。（　　）

6. 通过指标分析可以理解财务报表中各项目的可靠性。（　　）

四、简答题

1. 为什么说财务会计是一个信息系统？

2. 财务报表分析的作用是什么？

3. 简述财务报表分析的对象和目的。

4. 简要说明财务报表分析的一般程序。

参考答案

一、单项选择题

1. A　　2. C　　3. A　　4. D　　5. A

二、多项选择题

1. ABCD　　2. BD　　3. ABC　　4. ABCD

三、判断题

1. ×　　2. √　　3. ×　　4. √　　5. √　　6. ×

第 2 章

财务信息提供的载体、要素、等式及假设与原则

学习目标

1. 了解财务信息提供的载体。
2. 明确财务信息提供的要素和等式。
3. 掌握财务信息提供的假设和原则。
4. 理解财务信息提供的载体、要素、等式及假设与原则之间的相互关系。

学习重点

1. 如何保证财务信息对于决策的相关有用性，应该是财务报表分析过程中的一个基本要求。

2. 了解财务信息提供的载体、要素、等式、假设与原则对进行财务报表分析的作用。

财务会计的目标是向财务会计信息的使用者提供与企业财务状况、经营成果和现金流量等有关的会计信息，反映企业管理层受托责任的履行情况，以帮助财务会计报告使用者作出经济决策。因而，需要有一个载体，按照一定的模式，并遵循一种规范以达成这一目标。这个载体就是财务报表，这个模式就是会计要素和等式，这个规范就是会计假设与原则。

2.1 财务信息提供的载体

2.1.1 财务报表和财务报表附注

财务信息提供的载体是财务报告。企业对外提供的财务报告一般包括两个部分：财务报表和财务报表附注。财务报表包括资产负债表、利润表、现金流量表，以及其他一些附表。

利润分配表（留存收益表）和所有者权益（或股东权益，下同）变动表通常也包括在内，但它仅说明利润表中"净利润"的分配，以及资产负债表中"实收资本（或股本）""资本公积""盈余公积"和"未分配利润"（前两项合称"投入资本"，后两项合称"留存收益"）项目的变化。通常，在提供这些财务报表时还会提供比较详细的辅助说明，这些辅助说明就是财务报表的附注。因此，为了正确评价企业的财务状况、经营成果和现金流动情况，报表的使用者需要详细地了解各种财务报表及相关附注的说明。

我国《企业会计准则第 30 号——财务报表列报》的第二条和第四条的规定如下。

第二条　财务报表是对企业财务状况、经营成果和现金流量的结构性表述。财务报表至少应当包括下列组成部分：

（一）资产负债表；

（二）利润表；

（三）现金流量表；

（四）所有者权益（或股东权益，下同）变动表；

（五）附注。

财务报表上述组成部分具有同等的重要程度。

第四条　企业应当以持续经营为基础，根据实际发生的交易和事项，按照《企业会计准则——基本准则》和其他各项会计准则的规定进行确认和计量，在此基础上编制财务报表。

企业不应以附注披露代替确认和计量，不恰当的确认和计量也不能通过充分披露相关会计政策而纠正。

如果按照各项会计准则规定披露的信息不足以让报表使用者了解特定交易或事项对企业财务状况和经营成果的影响时，企业还应当披露其他的必要信息。

1. 资产负债表

资产负债表是反映某一特定时点资产和权益存量的报表，故又称财务状况表。企业的财务状况包括资产、负债和所有者权益。资产负债表能够提供企业在一定日期所掌握的资源（即资产）、所承担的债务（即负债）、股东对企业的所有权（即所有者权益）的情况，以及企业的负债能力和财务前景等重要资料。资产负债表显示了以往发生的经济业务和事项的累积影响，是根据资产、负债、所有者权益等总分类账户的余额编制的一张财务状况一览表，基本上是一张历史性的报表。

2. 利润表

利润表是反映企业一定时期内经营成果累计数的财务报表，因而是一份流量表。编制利润表的目的是将企业有关经营成果方面的信息提供给信息使用者，以便信息的使用者据以分析企业的经营成果，了解企业的盈利能力，并通过对前后期利润表、不同企业间利润表的比较分析，以及利润的构成分析，来判断企业的经营发展趋势。据此，投资者或潜在投资者就可以决定是否向企业投资或再投资；债权人可预测并评价企业的偿债能力，进而决定应否维持、增加或收缩对企业的贷款；企业管理部门则可以发现各方面工作中存在的问题，改善经营管理，明确今后工作的重点；税务机构则可以据以确定应纳税的额度等。

3. 现金流量表

现金流量表是详细说明企业在某一特定时期内，累计现金流入量和现金流出量情况的财务报表，因而是一份流量表。现金流量表一般由3个部分组成：营业活动现金流量、投资活动现金流量和筹资活动现金流量。编制现金流量表的目的是为财务报表的使用者提供企业在一定会计期间内现金及现金等价物流入和流出的信息，以便于报表使用者了解和评价企业获取现金及现金等价物的能力，并据以预测企业未来现金流量。

2.1.2 财务报表之间的内在联系

图2-1阐述了资产负债表、利润表、利润分配表和现金流量表之间的内在联系。最基本的报表是资产负债表，其他3张报表均在不同程度上解释了两个资产负债日之间财务状况的变动情况。图2-1中的报表均已高度简化。

资产负债表 2016年12月31日		现金流量表 2017年度		资产负债表 2017年12月31日	
资产：		经营活动现金流量：		资产：	
货币资金	30 000	现金流入量	20 000	货币资金	40 000
应收款项	20 000	现金流出量	10 000	应收款项	25 000
存货	30 000	现金流量净额	10 000	存货	30 000
固定资产	50 000	投资活动现金流量：		固定资产	50 000
其他资产	10 000	现金流入量	15 000	其他资产	10 000
资产总计	140 000	现金流出量	20 000	资产总计	155 000
负债：		现金流量净额	−5 000	负债：	
流动负债	30 000	筹资活动现金流量：		流动负债	35 000
长期负债	40 000	现金流入量	30 000	长期负债	45 000
负债合计	70 000	现金流出量	25 000	负债合计	80 000
股东权益：		现金流量净额	5 000	股东权益：	
股本	45 000	现金净增加额	10 000	股本	45 000
留存收益	25 000	年初现金	30 000	留存收益	30 000
合计	70 000	年末现金	40 000	合计	75 000
权益总计	140 000			权益总计	155 000

利润表 2017年度	
收入	150 000
减：费用	100 000
净收益	50 000

利润分配表 2017年度	
期初余额	25 000
加：净收益	50 000
减：分配利润	45 000
期末余额	30 000

图2-1 财务报表间的内在联系

一般利润表反映的是一个企业的财务成果，资产负债表反映的是一个企业创造财务成果的能力及形成这种能力所需资金的来源渠道，而现金流量表则反映一个企业所创造的财务成果的质量。

2.1.3 财务报表附注及审计报告

1. 财务报表附注

财务报表附注主要用于说明报表内有关项目的附加信息和另外的财务信息，是财务报表的一个不可缺少的组成部分，详细地阅读报表附注，对于更好地理解财务报表是绝对必要的。

由于财务报表的格式和内容具有一定的固定性和规定性，故其所能反映的财务信息受到了一定程度的限制，因此，为了正确理解财务报表中的有关内容，应编制财务报表附注。

我国《企业会计准则第 30 号——财务报表列报》中第六章的规定如下。

第三十七条 附注是对在资产负债表、利润表、现金流量表和所有者权益变动表等报表中列示项目的文字描述或明细资料，以及对未能在这些报表中列示项目的说明等。

第三十八条 附注应当披露财务报表的编制基础，相关信息应当与资产负债表、利润表、现金流量表和所有者权益变动表等报表中列示的项目相互参照。

第三十九条 附注一般应当按照下列顺序至少披露：

（一）企业的基本情况。

1. 企业注册地、组织形式和总部地址。

2. 企业的业务性质和主要经营活动。

3. 母公司以及集团最终母公司的名称。

4. 财务报告的批准报出者和财务报告批准报出日，或者以签字人及其签字日期为准。

5. 营业期限有限的企业，还应当披露有关其营业期限的信息。

（二）财务报表的编制基础。

（三）遵循企业会计准则的声明。

企业应当声明编制的财务报表符合企业会计准则的要求，真实、完整地反映了企业的财务状况、经营成果和现金流量等有关信息。

（四）重要会计政策和会计估计。

重要会计政策的说明，包括财务报表项目的计量基础和在运用会计政策过程中所做的重要判断等。重要会计估计的说明，包括可能导致下一个会计期间内资产、负债账面价值重大调整的会计估计的确定依据等。

企业应当披露采用的重要会计政策和会计估计，并结合企业的具体实际披露其重要会计政策的确定依据和财务报表项目的计量基础，及其会计估计所采用的关键假设和不确定因素。

（五）会计政策和会计估计变更以及差错更正的说明。

企业应当按照《企业会计准则第 28 号——会计政策、会计估计变更和差错更正》的规定，披露会计政策和会计估计变更以及差错更正的情况。

（六）报表重要项目的说明。

企业应当按照资产负债表、利润表、现金流量表、所有者权益变动表及其项目列示的顺序，对报表重要项目的说明采用文字和数字描述相结合的方式进行披露。报表重要项目的明细金额合计，应当与报表项目金额相衔接。

企业应当在附注中披露费用按照性质分类的利润表补充资料，可将费用分为耗用的原材料、职工薪酬费用、折旧费用、摊销费用等。

（七）或有和承诺事项、资产负债表日后非调整事项、关联方关系及其交易等需要说明的事项。

（八）有助于财务报表使用者评价企业管理资本的目标、政策及程序的信息。

第四十条　企业应当在附注中披露下列关于其他综合收益各项目的信息：

（一）其他综合收益各项目及其所得税影响；

（二）其他综合收益各项目原计入其他综合收益、当期转出计入当期损益的金额；

（三）其他综合收益各项目的期初和期末余额及其调节情况。

2. 审计报告

按照我国现行会计制度的规定，企业年度财务报表一般应在年度终了的35天内报出，股份制企业和外商独资企业应在年度终了后的4个月内连同中国注册会计师的审计报告一并报出。

审计报告（又称查账报告）是审计人员根据审计准则的要求在完成预定的审计程序以后出具的，用于对被审计单位财务报表表示意见的书面文件。审计报告具有鉴证、保护和证明3个方面的作用。

按照中国注册会计师协会1996年颁布的《独立审计具体准则》规定，审计人员根据审计结果和被审计单位对有关问题的处理情况，形成不同的审计意见，出具4种基本类型审计意见的审计报告：无保留意见审计报告、保留意见审计报告、否定意见审计报告和拒绝表示意见审计报告。

无保留意见意味着注册会计师认为财务报表的反映是公允的，能满足非特定多数的利害关系人的共同需要，并对发表该意见负责。

典型的无保留意见审计报告举例如下。

审 计 报 告

ABC 有限公司董事会：

我们接受委托，审计了贵公司20××年度12月31日的资产负债表及该年度的利润表和现金流量表。这些财务报表由贵公司负责，我们的责任是对这些财务报表发表审计意见。我们的审计是根据《中国注册会计师独立审计准则》进行的。在审计过程中，我们结合贵公司的实际情况，实施了包括抽查会计记录等我们认为必要的审计程序。

我们认为，上述财务报表符合《企业会计准则》和国家有关财务会计法规的规定，在所有重大方面公允的反映了贵公司20××年12月31日的财务状况和该年度的经营成果及现金流量情况，会计处理方法的选用遵循了一贯性原则。

会计师事务所：（公章）　　　　　中国注册会计师：（签名盖章）

（地址）：　　　　　　　　　　　　　　年　　月　　日

1) 出具保留意见审计报告的情况

注册会计师经过审计后，认为被审计单位财务报表的反映就其整体而言，是公允的，但还存在下列情况之一时，应出具保留意见审计报告。

（1）个别重要会计事项的处理或个别重要财务项目的编制不符合《企业会计准则》和其他有关财务会计法规的规定，被审计单位未作调整。

（2）因审计范围受到局部限制，无法按照独立审计准则的要求取得应有的审计证据。

（3）个别会计处理方法不符合一贯性原则的要求。

2) 发表否定意见审计报告的情况

注册会计师经过审计后，认为被审计单位财务报表存在下列情况之一时，应发表否定意见审计报告。

（1）会计处理方法严重违反《企业会计准则》和国家其他有关财务会计法规的规定，被审计单位拒绝进行调整。

（2）财务报表严重扭曲了被审计单位的财务状况、经营成果和资金变动情况，被审计单位拒绝进行调整。

3) 出具拒绝表示意见审计报告的情况

注册会计师在审计过程中，由于受到委托人、被审计单位或客观环境的严重限制，不能获得必要的审计证据，以致无法对财务报表整体发表意见时，应当出具拒绝表示意见的审计报告。

仔细地阅读注册会计师的审计报告对财务报表使用者的决策分析至关重要。从分析决策的角度看，一份不带有任何解释段或语句的无保留意见报告，至少从理论上意味着企业财务报表具有最高的可靠性。

2.2　财务信息提供的要素和等式

2.2.1　会计要素

会计要素是对会计反映和监督的内容，即会计对象的基本分类，是设定会计报表结构和内容的依据，也是进行会计确认和计量的重要前提。我国《企业会计准则——基本准则》将企业会计要素划分为资产、负债、所有者权益、收入、费用和利润六大要素。这六大会计要素又可以分为两大类：反映财务状况的会计要素：资产、负债、所有者权益；反映经营成果的会计要素：收入、费用、利润。

1. 资产

资产是指企业过去的交易或事项形成的，由企业拥有或控制的，预期会给企业带来经济利益的资源。根据资产的定义，资产具有以下几个方面的特征。

（1）资产预期会给企业带来经济利益。

（2）资产应为企业拥有或控制的资源。

（3）资产是由企业过去的交易或事项形成的。

2. 负债

负债是指企业过去的交易或事项形成的，预期会导致经济利益流出企业的现时义务。根据负债的定义，负债具有以下几个方面的特征。

（1）负债是企业承担的现时义务。

（2）负债预期会导致经济利益流出企业。

（3）负债是由企业过去的交易或事项形成的。

3. 所有者权益

所有者权益是指企业资产扣除负债后，由所有者享有的剩余权益。所有者权益是所有者对企业资产的剩余索取权，它是企业资产中扣除债权人权益后应由所有者享有的部分，既可反映所有者投入资本的保值增值情况，又体现了保护债权人权益的理念。

所有者权益的来源包括所有者投入的资本、直接计入所有者权益的利得和损失、留存收益等，通常由股本（或实收资本）、资本公积（含股本溢价或资本溢价、其他资本公积）、盈余公积和未分配利润构成。商业银行等金融企业在税后利润中提取的一般风险准备，也构成所有者权益。

4. 收入

收入是指企业在日常活动中形成的、会导致所有者权益增加的、与所有者投入资本无关的经济利益的总流入。根据收入的定义，收入具有以下几方面的特征。

（1）收入是企业在日常活动中形成的。

（2）收入是与所有者投入资本无关的经济利益的总流入。

5. 费用

费用是指企业在日常活动中发生的、会导致所有者权益减少的、与向所有者分配利润无关的经济利益的总流出。根据费用的定义，费用具有以下几方面的特征。

（1）费用是企业在日常活动中形成的。

（2）费用是与向所有者分配利润无关的经济利益的总流出。

（3）费用会导致所有者权益的减少。

6. 利润

利润是指企业在一定会计期间的经营成果。通常情况下，如果企业实现了利润，表明企业的所有者权益将增加，业绩得到了提升；反之，如果企业发生了亏损（即利润为负数），表明企业的所有者权益将减少，业绩下滑了。因此，利润往往是评价企业管理层业绩的一项重要指标，也是投资者等财务报表使用者进行决策时的重要参考。

2.2.2　会计等式

任何企业为了达到自身的目标，完成各自的任务，都应该拥有一定数量的资产，以作为从事经济活动的基础。这些资产在企业的生产经济活动中分布在各个方面，表现为不同的占用形态，并取之于各种不同的来源渠道。因此，资产和权益究其实质是企业财产资源这个统一体的两个不同表现形式，客观上存在必然相等的关系。这一平衡关系可用公式表示为：

$$资产=权益$$
$$=债权人权益+投资者权益$$
$$=负债+所有者权益$$
$$=负债+投入资本+留存收益$$

随着企业各项经营活动的进行，在不同的会计期间内企业会取得各类收入，当然也必然会发生与取得收入相关的各项费用。至会计期末，将收入减去费用即可得到企业一定时期的经营成果（利润或亏损）。其平衡关系式也可用公式表示为：

$$利润=收入-费用$$

各项生产经营活动的进行，一方面取得收入，另一方面伴随着收入的取得也必然会发生相应的费用，在某一特定时点上将收入与费用配比，形成企业一定时期的利润。作为企业的经营成果，企业利润的取得表明企业的现金流入大于现金流出（或债权增加大于债务增加），即表明企业资产总额与所有者权益总额的同时增加；若为亏损，即表明企业资产总额与所有者权益的总额同时减少。因此，至会计期末，将利润和亏损归入所有者权益以后，又可得：

$$资产=负债+所有者权益+利润$$
$$=负债+投入资本+收入-费用$$
$$=负债+投入资本+留存收益$$

由于上述收入、费用和利润要素的变动最终仍可归为资产、负债和所有者权益的变动形式，故会计各要素之间的恒等关系始终是存在的。

2.3　财务信息提供的基本假设和一般原则

由于会计是科学，而科学基于假设，故财务会计的活动也是一项基于某些假设的科学活动。财务信息提供的基本假设（或称基本前提）是指为了保证会计反映和监督工作的正常进行，以及所提供的财务信息的充分和高质量，而对会计活动的范围、内容、基本程序和方法所作的限定，并在此基础上建立会计核算的一般原则。显然，充分和高质量的财务信息的提供并非是一种随意的行动，以下的一些基本假设与一般原则就是提供充分和高质量财务信息的概念框架。

2.3.1　财务信息提供的基本假设

1. 会计主体假设

会计主体又称企业主体，是指会计所服务的特定单位，即与所有者完全分开，单独编制财务报表的企业或机构。作为会计主体，必须同时具备以下3个条件。

（1）具有一定数量的经济资源（即资产）。

（2）进行独立的生产经营活动或其他活动。

（3）实行独立核算，提供反映本主体经济情况的财务报表。

确定会计主体的目的是确定会计据以核算的空间范围，要求会计人员应该站在特定会计主体的立场，核算特定主体的经济活动，并将股东们的经济活动与企业的经济活动分开。

一般企业主体有3种形式：独资企业、合伙企业、公司制企业。

独资企业是由一个人出资并拥有的企业，独资企业不是法人。尽管出资人对独资企业的债务承担无限责任，会计处理也应视出资人与独资企业分别为独立的会计主体。

合伙企业是由两个或两个以上的出资人组成的企业，并按共同商定的合约对企业的债务承担无限责任，会计处理也应该视每位出资人与合伙企业分别为独立的会计主体。

公司制企业包括股份有限公司和有限责任公司，是由股东集资并经批准成立的合法经济实体，其所有权由股份组成，是完全独立和区别于股东的法人实体，股东仅就其出资额负有限责任。会计处理应视不同公司，以及同一公司的不同核算单位分别为会计主体。

虽然大部分企业为独资企业，但公司形式的企业却在经营活动中占绝对优势。因此，若无特别说明，本书所述的企业主体形式仅是指公司，并在此基础上展开分析。

明确会计主体假设的重要意义在于界定了权益的范围，从而缩小了可被选择列入财务报表的事项、活动及其特征，以便财务信息能够得到更好和更合理的展示。

在会计主体假设下，企业应当对其本身发生的交易或事项进行会计确认、计量和报告，反映企业本身所从事的各项生产经营活动。明确界定会计主体是开展会计确认、计量和报告工作的重要前提。

首先，只有明确会计主体，才能确定会计所要处理的各项交易或事项的范围。在会计工作中，只有那些影响企业本身经济利益的各项交易或事项才能加以确认、计量和报告，那些不影响企业本身经济利益的各项交易或事项则不能加以确认、计量和报告。会计工作中通常所说的资产、负债的确认，收入的实现，费用的发生等，都是针对特定会计主体而言的。

其次，只有明确会计主体，才能将会计主体的交易或事项与会计主体所有者的交易或事项，以及其他会计主体的交易或事项区分开来。例如，如果企业所有者的经济交易或事项是属于企业所有者主体所发生的，就不应纳入企业主体的会计核算范围。但是，企业所有者投入到企业的资本，或企业向所有者分配的利润，则属于企业主体所发生的交易或事项，应当纳入企业主体的会计核算范围。

会计主体不同于法律主体。一般来说，法律主体必然是一个会计主体。例如，一个企业作为一个法律主体，应当建立财务会计系统，独立反映其财务状况、经营成果和现金流量。但是，会计主体不一定是法律主体。例如，在企业集团的情况下，一个总公司拥有若干分公司，虽然分公司不是一个法律主体，但为了全面反映分公司的财务状况、经营成果和现金流量，就有必要将分公司设置为一个会计主体，独立地进行相应的财务会计活动。再如，由企业管理的证券投资基金、企业年金基金等，尽管不属于法律主体，但可以设置为会计主体，以对每项基金进行会计确认、计量和报告。

2. 持续经营假设

持续经营假设是假定会计主体将无限期地经营下去，即企业在可以预见的未来不会破产，从而使会计信息系统的运行将以会计主体的形式继续存在，并执行其预定的经济活动为前提。即除非有充分的相反证明，否则，都将被认为每一个会计主体都能无限期地持续经营下去。

根据这一假设，企业所拥有的资产将在正常的生产经营过程中被消耗、出售或转换，而它所承担的债务，也将在正常的生产经营过程中得以清偿。

正是基于这一假设，企业所采用的会计核算方法和会计核算程序才得以保持稳定，才得以按正常的基础反映企业的财务状况和经营成果，从而为企业外部和内部的各有关方面提供充分及有效的信息。

如果将这个假设和另外一种可能的情况，即会计主体将要被清算相比，就会发现持续经营假设的重要性。在清算假设下，会计将试图计量会计主体在每一时点所拥有的资源对潜在购买者的现值。相反，在持续经营假设下，没有必要不停地计量会计主体对潜在购买者的价值，相反，它假定会计主体目前可利用的资源在未来的经营中仍可持续使用。

例如，在任何给定的时点，服装制造商总是有未完工的牛仔服，如果企业今天面临清算，这些半成品即使有价值也很小，会计上也会计量它们现有的价值。相反，如果在会计上假定制造过程将持续到产品完工，那么就不必考虑在清算假定下这些半成品的价值了。

再如，某企业购入一条生产线，预计使用寿命为 10 年，如果考虑到企业将会持续经营下去，就可以假定企业的固定资产会在持续经营的生产经营过程中长期发挥作用，并服务于生产经营过程，即不断地为企业生产产品，直至生产线使用寿命结束。为此，固定资产就应当根据历史成本进行记录，并采用折旧的方法，将历史成本分摊到预计使用寿命期间所生产的相关产品成本中，而不必考虑在清算假定下这条生产线的价值了。

当然，如果会计师有充足的理由相信会计主体将面临清算，那么它的资源就将以清算价值来报告，然而，这种情况并不经常发生。

3. 会计分期假设

会计分期假设是持续经营假设的一个必要补充。如果假定一个会计主体能持续经营而无限期，在逻辑上就要为财务信息的提供规定期限，这是会计这一信息系统能够发挥作用的必要前提。因为企业的生产经营活动是连续不断的，非至结束清算之际无法确定企业真正的损益，而各种决策者又必须及时了解企业的财务状况和经营成果，以便作出正确的决策。因此，为及时提供财务信息，就有必要将企业连续不断的经营期间人为地划分为等份的会计期间，这样就形成了会计分期。

在我国《企业会计准则——基本准则》第七条规定：企业应当划分会计期间，分期结算账目和编制财务会计报告。

会计期间分为年度和中期期间。中期期间是指短于一个完整的会计年度的报告期间。

我国企业通常以日历年度为一个会计年度。以日历年度为会计年度的国家还有奥地利、比利时、保加利亚、捷克、斯洛伐克、芬兰、德国、希腊、匈牙利、冰岛、爱尔兰、挪威、波兰、葡萄牙、罗马尼亚、西班牙、瑞士、俄罗斯、乌克兰、墨西哥、哥斯达黎加、多米尼加、萨尔瓦多、危地马拉、巴拉圭、洪都拉斯、秘鲁、巴拿马、玻利维亚、巴西、智利、哥伦比亚、厄瓜多尔、塞浦路斯、约旦、朝鲜、马来西亚、阿曼、阿尔及利亚、叙利亚、利比里亚、利比亚、卢旺达、塞内加尔、索马里、多哥、赞比亚等。

也有很多国家以营业年度为一个会计年度。所谓营业年度，就是以企业生产经营活动的最低点作为一个会计年度的终了点和下一个会计年度的开始点。这些国家包括：丹麦、加拿大、英国、纽埃、印度、印度尼西亚、伊拉克、日本、科威特、新加坡、尼日利亚等（4月至次年3月），瑞典、澳大利亚、孟加拉国、巴基斯坦、菲律宾、埃及、冈比亚、加纳、肯尼亚、毛里求斯、苏丹、坦桑尼亚等（7月至次年6月），美国、海地、缅甸、泰国、斯里兰卡等（10月至次年9月）。

当然，无论是按日历年度还是按营业年度，在一个会计年度内，企业不仅要按年编制详尽的年度财务报表，还要按日历月度编制较为详细的财务报表。

一般认为，将企业的生产经营活动人为地予以分期，会使所提供的财务信息不太精确，但却能使使用者比较及时地得到所需要的财务信息。会计分期假设的实质是以财务信息的及时性换取财务信息的精确性。

4. 货币计量假设

货币计量假设是指会计主体在会计核算过程中，采用货币作为计量单位，计量、记录和报告会计主体的生产经营活动的一种方法。

在会计核算过程中之所以选择货币作为计量单位，是由于货币本身的属性所决定的。货币是商品的一般等价物，是衡量一般商品价值的共同尺度，而其他的计量单位则无法在一个共同的量上进行汇总和比较，因而无法全面地反映一个企业的生产经营活动和业务收支的发生等情况。

例如，一块手表、一台计算机、一套服装，由于缺乏共性，因而无法比较，但若有一块手表2 000元，一台计算机5 000元和一套服装3 000元这样的计量单位，就有了比较的基础。

当然，货币计量这一假设是以作为计量单位的币值保持稳定为前提的。

以币值稳定为前提是因为只有在币值稳定或相对稳定的情况下，不同时点的资产价值才具有可比性，不同时间的收入和费用才能进行比较，才能据以计算并确定其经营成果，从而使会计核算所提供的财务信息能真实地反映企业的财务状况和经营成果。

根据货币计量假设和《企业会计准则——基本准则》要求，若某一企业的经济业务处理采用多种货币计量，应确定其中一种货币为记账本位币，在我国一般应以人民币为记账本位币。若企业的业务收支主要为外币，也可以某种外币为记账本位币，但编制财务报表时仍应折算成人民币。

5. 权责发生制假设

权责发生制也称应计制或应收应付制，权责发生制假设要求对会计主体在一定期间内发生的各项业务，凡符合收入确认标准的本期收入，无论其款项是否收到，均应作为本期收入处理；凡符合费用确认标准的本期费用，无论其款项是否付出，均应作为本期费用处理。反之，凡不符合收入确认标准的款项，即使在本期收到，也不应作为本期收入处理；凡符合费用确认标准的款项，即使在本期付出，也不应作为本期费用处理。显然，权责发生制所反映的经营成果与现金的收付是不一致的。

我国《企业会计准则——基本准则》第九条规定：企业应当以权责发生制为基础进行会计确认、计量和报告。

权责发生制（应计制）与收付实现制（现金制）相对应，收付实现制是指以实际收到或付出款项作为确认收入或费用的依据。比如，企业收到预收款时，按权责发生制，不作销售收入，进预收账款账户；若按收付实现制，作销售收入处理。

2.3.2　财务信息提供的一般原则

为了实现财务会计报表的目标，保证会计信息的质量，必须明确会计信息的质量要求。会计信息的质量要求是财务会计报表所提供信息应达到的基本标准和要求，是财务信息提供应满足的一般原则。一般认为，会计信息的质量要求主要包括客观性、相关性、明晰性、可比性、实质重于形式、重要性、谨慎性和及时性8条原则。

1. 客观性原则

客观性原则又称真实性原则，要求企业应当以实际发生的交易或事项为依据进行确认、计量和报告，如实反映符合确认和计量要求的各项会计要素及其他相关信息，保证会计信息真实可靠、内容完整。客观性原则包括以下几个重要含义。

（1）真实，是指会计反映的结果应当同企业实际的财务状况和经营成果相一致。

（2）可靠，是指对经济业务的记录和报告，应当做到不偏不倚，以客观的事实为依据，而不能受主观意志的左右，力求会计信息的真实可靠。

（3）可验证，是指有可靠的依据借以复查数据的来源及信息的提供过程。

2. 相关性原则

相关性原则要求企业提供的会计信息应当与投资者、债权人等财务报告使用者的经济决策需要相关，以有助于投资者、债权人等财务报告使用者对企业过去、现在或未来的情况作出评价和预测。

会计信息是否有用，是否具有价值，关键是看其与使用者的决策需要是否相关，是否有助于决策，或者提高决策水平。相关的会计信息应当能够有助于使用者评价企业过去的决策，证实或修正过去的有关预测，因而具有反馈价值。相关的会计信息还应当具有预测价值，有助于使用者根据财务报告所提供的会计信息预测企业未来的财务状况、经营成果和现金流量。例如，区分收入和利得、费用和损失，区分流动资产和非流动资产、流动负债和非流动负债，以及适度引入公允价值等，都可以提高会计信息的预测价值，进而提升会计信息的相关性。

3. 明晰性原则

明晰性原则也可称可理解性原则，要求企业提供的会计信息应当清晰明了，便于投资者等财务报表使用者理解和使用。企业编制财务报表、提供会计信息的目的是使用，而要让使用者有效使用会计信息，就应当让其了解会计信息的内涵，弄懂会计信息的内容，这就要求财务报表所提供的会计信息应当清晰明了、易于理解。只有这样，才能提高会计信息的有用性，实现财务报表的目标，满足向投资者等财务报表使用者提供决策有用信息的要求。

4. 可比性原则

可比性原则又称统一性原则，是指会计核算应当按照国家统一现定的会计处理方法和程序进行，确保会计信息口径一致，提供相互可比的会计信息。

（1）同一企业不同时期发生的相同或相似的交易或事项，应该采用一致的会计政策。

（2）不同企业发生的相同或相似的交易或事项，应该采用规定的同一会计政策。

5. 实质重于形式原则

实质重于形式原则要求企业应当按照交易或事项的经济实质进行会计确认、计量和报告，不能仅仅以交易或事项的法律形式为依据。

企业发生的交易或事项在多数情况下，其经济实质和法律形式是一致的，但在有些情况下会出现不一致。例如，以融资租赁方式租入的资产虽然从法律形式上企业并不拥有其所有权，但是由于租赁合同中规定的租赁期相当长，或者租赁金额相当大，或者租赁期结束时承租企业有优先购买该资产的选择权等。因此，从其经济实质来看，企业能够控制融资租入资产所创造的未来经济利益的流入，所以在会计确认、计量和报告时，就应当将以融资租赁方式租入的资产视为企业的自有资产，列入企业的资产负债表。

又如，企业按照销售合同销售商品，但又签订了售后回购协议的，虽然从法律形式上实现了收入，但如果企业没有将商品所有权上的主要风险和报酬转移给购货方，就没有满足收入确认的各项条件，即使签订了商品销售合同，并已将商品交付给购货方，也不应当确认为销售收入。

6. 重要性原则

重要性原则是指财务报表在反映企业的财务状况和经营成果的同时，对于重要的会计事项应单独核算、单独反映。

西方法律上有一条原则是"de minimis non curat lex"，意思是说法庭不考虑琐碎事项。同样地，会计师也不打算去记录那些不重要的事项，因为记录结果的用处不大，不值得花那么多精力和费用去记录它们。

不幸的是，重要事项与不重要事项之间没有一条公认的准确界限，这需要会计师的个人判断与常识。对于初学者来说，他们对收集会计信息的成本没有多少概念，很自然地，他们通常会指望会计师事无巨细地去记录所发生的每一事项，而实务中会计师不可能这样做。对于上市公司的总经理和财务总监来说，"重要性"是指什么这一问题非常重要，美国证券交易委员会（SEC）要求他们以书面形式作出保证，以证明他们已经审查过所有报送 SEC 的财务报告，报告中没有任何对重大事实的不实阐述，也没有遗漏任何重要事实。通常 SEC 的立场是，如果一个事项对投资者来说是重要的，那么它就具有重要性。

重要性概念也经常会用在会计活动的其他方面。事实上，很多方面的工作都会运用到重要性原则。

7. 谨慎性原则

谨慎性原则又称稳健性原则，是指处理企业不确定的经济业务时，若该项经济业务有多种处理方法可供选择，应采取不导致夸大资产、虚增利润的做法。谨慎性原则要求充分考虑可能的损失，而不应该考虑可能的收益。例如，要求企业对可能发生的资产减值损失计提资产减值准备，对售出的商品可能发生的保修义务等确认预计负债等，就体现了会计信息质量的谨慎性要求。

FASB 认为："基于合理怀疑之上的谨慎报告有利于建立会计报告使用者对报告结果的信心，并在长期内更好地为所有利益各方服务。"长期存在的谨慎报告的观点导致了稳健性概念。这一原则经常被阐释为一种倾向，即在衡量不确定性事项时，会计师们宁愿低估净收益与净资产也不愿高估它们。因此，如果对未来不确定事项的数量有两种结果，并且两种发生的可能性相同，那么，在计量资产或收入时倾向于采纳较小的数据。几十年来，这一原则被人们非正式地表述为：应尽可能充分估计所有的损失，不要去估计可能的收益。

可以将稳健性原则的两个方面进行正式表述如下。

（1）只有当收入可以合理确定时才确定收入。

（2）当具备合理的可能性时应立刻确认费用（留存收益减少）。

8. 及时性原则

及时性原则要求企业对于已经发生的交易或事项，应当及时进行确认、计量和报告，不得提前或延后。

会计信息的价值是帮助所有者或其他方面在作出经济决策时，具有时效性。即使是可靠、相关的会计信息，如果不及时提供，就失去了时效性，对于使用者的效用就会大大降低，甚至不再具有实际意义。

及时性原则有以下两重含义。

（1）处理及时。对企业发生的经济活动应及时在本会计期间内进行会计处理，而不延至下期。

（2）报送及时。会计资料，如会计报表等，应在会计期间结束后，按规定日期及时报送出去。

本章小结

为提供一种通用模式的财务报表，需要对财务信息提供的载体、内容、格式和相互之间的关系作出规范，这就形成了会计要素、假设和原则。

会计要素是对会计反映和监督的内容，即会计对象的基本分类，是设定会计报表结构和内容的依据，也是进行会计确认和计量的重要前提。会计基本假设则是为了保证会计反映和监督工作的正常运行，以及所提供的财务信息的质量，而对会计活动的范围、内容、基本程序和方法所作的限定。会计原则是为了实现财务会计报告的目标，保证会计信息质量的基本标准和要求。

本章习题

一、单项选择题

1. 财务报表附注主要用于说明报表内有关项目的附加信息和（　　），是财务报表的一个不可缺少的组成部分。

　　A. 企业管理的信息　　　　　　　B. 另外的财务信息

　　C. 企业决策的信息　　　　　　　D. 企业内部的信息

2. 我国《企业会计准则——基本准则》将企业会计要素划分为（　　）六大要素。

　　A. 资产、负债、所有者权益、收入、费用和利得

　　B. 资产、负债、所有者权益、收益、费用和利润

    C. 资产、负债、所有者权益、收入、费用和利润

    D. 资源、负债、所有者权益、收入、费用和利润

  3. 资产和权益究其实质是企业财产资源这个统一体的两个不同表现形式，客观上存在必然相等的关系。这一平衡关系可用公式表示为（   ）。

    A. 资产＝所有者权益　　　　　　　B. 资产＝债权人权益

    C. 负债＝权益　　　　　　　　　　D. 资产＝权益

  4. 财务信息提供的基本假设（或称基本前提）是包括（   ）。

    A. 会计主体、持续经营、会计分期、货币计量和权责发生制假设

    B. 会计主体、持续经营、会计分期、货币计量和收付实现制假设

    C. 会计主体、持续经营、会计分期和权责发生制假设

    D. 会计主体、持续经营、货币计量和权责发生制假设

  5. 下列不属于会计原则的有（   ）。

    A. 存货期末计价采用可变现净值孰低法

    B. 客观性原则

    C. 可比性原则

    D. 一贯性原则

二、多项选择题

1. 资产具有以下几个方面的特征：（   ）。

    A. 资产预期会给企业带来经济利益

    B. 资产应为企业拥有或控制的资

    C. 资产是由企业过去的交易或事项形成的

    D. 资产包括所有者投入的资本、直接计入所有者权益的利得和损失、留存收益

2. 资产和权益究其实质是企业财产资源这个统一体的两个不同表现形式，客观上存在必然相等的关系。这一平衡关系可用公式表示为（   ）。

    A. 资产＝负债+所有者权益+利润

    B. 资产＝负债+投入资本+收入−费用

    C. 资产＝负债+投入资本+留存收益+利润

    D. 资产＝负债+投入资本+留存收益

3. 权责发生制也称（   ）。

    A. 应计制　　　　B. 应收应付制　　　　C. 现金制　　　　D. 收付实现制

4. 会计信息的质量要求主要包括：（   ）8条原则。

    A. 客观性、相关性、明晰性、配比性、实质重于形式、重要性、谨慎性和及时性

    B. 客观性、相关性、明晰性、可比性、配比性、重要性、谨慎性和及时性

    C. 客观性、相关性、明晰性、可比性、实质重于形式、配比性、谨慎性和及时性

    D. 客观性、相关性、明晰性、可比性、实质重于形式、重要性、谨慎性和及时性

三、判断题

1. 财务报表是对企业财务状况、经营成果和现金流量的结构性表述。　　　　　（　　　）

2. 会计要素是对会计反映和监督的内容，即会计对象的基本分类，是设定会计报表结

构和内容的依据，也是进行会计确认和计量的重要前提。 （　）

3. 任何企业为了达到自身的目标，完成各自的任务，都应该拥有一定数量的净资产，以作为从事经济活动的基础。 （　）

4. 持续经营假设就是认为会计主体将无限期地经营下去。 （　）

5. 几十年来，稳健性原则被人们正式地表述为：应尽可能充分估计所有的损失，不要去估计可能的收益。 （　）

四、简答题

1. 财务信息提供的载体有哪些？它们之间有什么关系？

2. 财务信息提供的要素有哪些？它们的作用是什么？

3. 有哪些会计假设和原则？其意义是什么？

4. 了解会计假设和原则对财务报表分析有何意义？

五、案例分析

在 2017 年的中期财务报告（半年报）中，XY 电子公司取得了净利润 7 870 万元，比上年同期增长 258%，比 2016 年全年的利润还要多 95%，实现了令人瞩目的高增长。但是，当投资者仔细阅读该公司的财务报表时就会发现，公司资产负债表的长期待摊费用中，待摊销的广告费用高达 8 807 万元，而这种广告费用的长期摊销在 2016 年是没有的。公司在 2017 年中期报告中指出："集中发生的大额广告费用按 3 年摊销。"净利润的高速增长和大额广告费用的待摊形成了鲜明的对比，加上中期财务报告中该公司推出的 10 配 3，每股配股价 18～20 元的配股方案，引起了广大投资者和各类中介机构的广泛关注。

某证券报的记者就 XY 电子公司的广告费摊销问题采访了该公司董事会秘书吕先生，下面是吕先生就这一问题对记者的谈话。

吕先生说，审视公司对这一会计事项的处理，公司管理层与负责审计的注册会计师均认为判断是正确的，处理是妥当的，符合客观事实和国家有关规定。

吕先生介绍说，XY 电子公司设立前曾是我国最大的录像机、摄像机生产企业，虽然早就注册了商标，但是截至改制上市前，基本上没有生产过以自己的注册商标冠名的产品，以前也基本上不做广告，公司自有品牌无从谈起。2016 年 XY 电子公司成立后，股份公司迅速开发出自己的拳头产品并租用 XY 电子公司已注册的商标，推出全新产品，从 2017 年年初开始，公司在中央电视台新闻联播前后黄金时段和其他媒体上大力进行广告宣传，这一策略见效显著，具体表现在以下 3 个方面。

（1）大力提高了企业和产品的知名度。（2）使公众对品牌产品所具有品质逐渐认同。（3）大力拓展了 XY 电子公司产品的市场。

吕先生认为，XY 电子公司广告宣传的总体目标是立足于实施国际名牌战略，创立驰名商标，参与国际竞争，提升公司的品牌价值，为持续发展创造无形资产，公司 2017 年 1—6 月增加了广告投入，这些广告既当年见效又利于长远。这些投资不仅仅着眼于推销公司目前的主要产品，更重要的是，要为树立一个名牌企业长期发挥作用，它的部分价值也将自然而然地转化为 XY 电子公司的信誉，这既是 2017 年上半年广告费用应该分期摊销的原因所在，也是 XY 电子公司为实施国际品牌战略而不懈努力的一项重要内容。

问题：

此案例中 XY 电子广告费用的会计处理是否恰当？有无违反会计原则的要求？

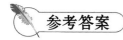 参考答案

一、单项选择题

1. B　　2. C　　3. D　　4. A　　5. A

二、多项选择题

1. ABC　　2. ABD　　3. AB　　4. CD

三、判断题

1. √　　2. √　　3. √　　4. ×　　5. ×

第 3 章

会计准则、会计政策和 会计估计的解读

学习目标

1. 了解会计准则的起源和发展。
2. 明确会计准则的意义和作用。
3. 掌握会计政策的概念。
4. 理解会计估计的特点。

学习重点

1. 企业会计准则的核心是通过规范企业财务会计确认、计量和报告内容，提高会计信息质量，降低资金成本，提高资源配置效率。

2. 会计政策是指企业在会计确认、计量和报告中所采用的会计原则、计量基础和会计处理方法。而会计估计是指企业对结果不确定的交易或事项以最近可利用的信息为基础所作的判断。

现代企业财务会计的目标是通过定期编制与对外提供财务会计报告，帮助有关方面进行正确的经济决策。然而，仅有企业财务会计对外提供财务会计报告这种形式，而没有充分的质量保证，也不能发挥其应有的作用。因此，为了保证对外会计信息的质量，需要建立一套财务会计规范体系，也就是会计标准，以明确规定会计信息的质量要求。

3.1 会计准则解读

3.1.1 企业会计的分类与企业会计准则

随着企业公司制的建立和所有权、经营权的分离，以及资本市场的发展，企业会计逐步

演化为两大分支：服务于企业内部管理信息及其决策需要的管理会计，或者称对内报告会计；服务于企业外部信息使用者信息及其决策需要的财务会计，或者称对外报告会计。财务会计由于需要服务于外部信息使用者，在保护投资者及社会公众利益、维护市场经济秩序及其稳定方面扮演着越来越重要的角色，因此，在社会经济生活中的地位日显突出，迫切需要一套社会公认的统一的会计原则来规范其行为。在这种情况下，企业会计准则应运而生，其核心是通过规范企业财务会计确认、计量和报告内容，提高会计信息质量，降低资金成本，提高资源配置效率。

美国早期的会计准则被称为"公认会计原则"（GAAP），这种叫法一直持续到20世纪70年代初期。1972年3月，美国注册会计师协会（AICPA）下属的"会计原则制定研究委员会"提出一份题为《财务会计准则的制定》的研究报告，该报告用"会计准则"替代了"会计原则"。1973年，美国注册会计师协会所属的会计原则委员会（APB）被财务会计准则委员会（FASB）所取代，并开始发布"财务会计准则公告"（SFAS）。至此，"会计准则"正式取代了"公认会计原则"。

英国英格兰和威尔士特许会计师协会（ICAEW）在1942年成立了一个专门委员会，发布了29号会计原则建议书，这时英国使用的是"会计原则"这一术语。1970年，由英格兰和威尔士特许会计师协会发起成立了会计准则筹划委员会（ASSC），1976年改称为会计准则委员会（ASC），它们的机构名称中都使用了"会计准则"这一术语，其制定和发布的关于财务会计确认、计量、报告的规范性文件称作"会计实务准则公报"（SSAPS）。1990年8月，会计准则理事会（ASB）取代了会计准则委员会，其制定和发布的财务会计确认、计量和报告的规范性文件称作"财务报告准则"（FRS）。

国际会计准则理事会（IASB），前身是国际会计准则委员会（IASC），在2000年进行全面重组，并于2001年年初改为国际会计准则理事会。理事会由13个国家的会计职业团体的代表，以及不超过4个在财务报告方面利益相关的其他组织的代表组成。除理事会外，IASC还成立了咨询团、顾问委员会和常设解释委员会三个机构。并从2002年开始，将国际会计准则（IAS）更名为国际财务报告准则（IFRS）。

1992年年底前，我国实务界只有分行业、分部门、分所有制的会计制度，但在理论界，早在20世纪80年代初期便引入了"会计原则""会计准则"等术语，当时学术界对这两个术语的争论很大，但较多地使用了会计原则的概念。1989年年初，中国会计学会"会计原则与基本会计理论研究组"在上海召开了我国第一次会计准则会议，这次会议达成的一个共识是：会计原则和会计准则的内容、作用大致相近，过多地讨论两个术语本身的孰优孰劣，意义不大。会议建议以后使用"准则"一词，同时，该研究组也改名为"会计理论与会计准则组"。

虽然对财务会计确认、计量和报告的规范，曾经出现过"会计原则""会计标准""会计制度""会计准则"等多个术语，但是从目前的情况看，"会计准则"这一术语已被世界广泛接受和使用，各个国家也都制定了本国的会计准则。即使目前仍然有少数国家使用其他会计术语，但其制定机构一般都冠上了"会计准则"这一标签。

3.1.2　美国会计准则的发展变化过程

美国会计准则（规则）制定的历史演进可以划分为 3 个阶段。

1906 年以前，为经营者独享会计规则制定权时期。由于当时缺乏相应的制度安排，众多的企业股东与人数很少的经营者就会计规则的制定进行谈判的交易成本太高，为了获得合作剩余，博弈的结果是股东们只好放弃参与会计规则的制定权，让经营者独享之。但由于经营者滥用会计规则的制定权，典型的是铁路公司经营者对会计规则制定权的滥用，将资本直接转化为留成收益，发放"自杀性"巨额股利，而股东却将此资本回收作为资本报酬，于是股票价格上扬，公司又筹集到更多的资本。但这个循环最终被打破，给进行长期投资股东带来了巨大损失，这样引起了长期投资者的愤怒。同时，对收费率管制的呼声触发了对会计准则制定博弈方式的变革，于是形成了第二个阶段，即 1906—1933 年政府与经营者共享会计准则制定时期。

1909 年，美国开征了公司所得税，进一步促使美国政府介入会计准则的制定。1917 年，美国联邦储备委员会发布了一份叫做"统一会计"的文件，来规范企业向银行贷款时的财务报表的编制，它标志了统一会计准则的形成。

第三阶段是从 1933 年至今，政府享有一般会计准则的最终表决权，准则的制定表现为多种势力博弈的结果。如果说在上述第二阶段的会计准则制定中的政府还是"犹抱琵琶半遮面"的话，那么，1929 年由于会计信息严重失真，助长了纽约股票市场的崩溃及随后长达数年之久的大萧条的来临，使得美国政府走上了会计准则制定的前台。

可以这样具体描述美国会计准则博弈的演进：1933 年《证券法》授权联邦贸易委员会制定统一会计准则；1934 年《证券交易法》授权成立证券交易委员会这一新机构取代联邦贸易委员会制定会计准则，而证券交易委员会成立后，立即就是否由自己来制定会计准则展开了激烈的争论，最终于 1938 年作出决定，把制定权转授给注册会计师职业界，后又转授给美国财务会计准则委员会（FASB）。

FASB 是一个得到美国证券交易委员会（SEC）和会计职业界所承认的民间专业机构，由 7 名成员组成，每人任期 5 年，连任不得超过两届，每通过一项新准则必须有 5 人或以上赞同。而它的建立及其委员会的任命则由"财务会计基金会"（FAF）负责，并且 FAF 对 FASB 的活动进行一般性的监督，但技术性事务不在监督之列。

3.1.3　英国会计准则制定机构的变迁

英国是老牌的资本主义国家，并且早在 19 世纪中叶，英国的《公司法》对资产负债表的标准格式就已经有所要求，但英国会计准则的发展却较为缓慢，一直到 20 世纪 60 年代为止，英国都还没有正式制定会计准则。在此之前，只是由英格兰和威尔士特许会计师协会（ICAEW）从 1942 年起陆续发表了一些不具备约束力的"会计原则建议书"，作为企业会计实务的指导性规范。

1970 年，ICAEW 发表了一份题为"20 世纪 70 年代会计准则意向书"的文件，提出了增强会计实务统一性、制定会计准则的目标。同时，作为该意向书的结果，ICAEW 首次在 1970 年建立了"会计准则筹划委员会"（ASSC），以推动会计准则的制定工作。从 1970 年到 1976 年，英国另外 5 个会计职业团体陆续加入了 ASSC 的组织，ASSC 获得了一次改组。1976 年，英国六大会计职业团体联合成立了"会计团体咨询委员会"（CCAB），并将改组后的 ASSC 改名为"会计准则委员会"（ASC），从此以后，由 ASC 正式开始制定英国的会计准则。

在 ASC 与 CCAB 的关系上，首先由 ASC 制定会计准则的草案，然后提交 CCAB 理事会进行讨论。因此，ASC 的会计准则草案必须经 CCAB 批准后才能正式实施。ASC 在制定会计准则方面作了相当大的努力，它所发布的会计准则称为"标准会计实务公告"（SSAP）。ASC 从 1976 年成立起到 1990 年被新的会计准则制定机构 ASB 取代为止，15 年间共发布了 25 项 SSAP。至今，一部分 SSAP 仍在被采用。

ASC 虽然为英国会计准则的制定奠定了基础，但由于 ASC 本身无权批准和实施会计准则，加上 ASC 为不同的准则项目设置了不同的工作小组，各工作小组之间的看法并不完全相同，同时又缺乏会计概念框架的指导，因此由 ASC 制定的会计准则不仅权威性不强，而且相互之间还存在着不一致与不协调的情况。此外，还有人批评 ASC 的成员均由会计职业界人士所组成，不能充分反映"公众的利益"，因此 ASC 曾在 1982 年进行过一次改组，增加了 5 位代表财务报表使用者的成员。但这一次改组并没有解决根本问题，其缺陷仍然很多。

1987 年，英国成立了一个称为"德林委员会"的专门机构，对英国会计准则的制定机构设置及制定程序等进行了检讨与评价。"德林委员会"于 1988 年 11 月发表了一份题为"会计准则的制定"的报告，该报告对英国会计准则的发展产生了十分重要的影响。在该报告中，"德林委员会"建议成立一个"财务报告委员会"（FRC），负责制定会计准则政策上的指导；同时建议成立一个新的会计准则制定机构 ASB，其主席由 FRC 的成员担任，并由 ASB 取代 ASC 具体负责会计准则的制定工作。

"德林委员会"的建议很快得到了全面采纳。1990 年，一个带有部分官方色彩的、半独立的新"会计准则委员会"（ASB）成立，并取代了原先的 ASC。ASB 虽然在名义上仍然隶属于"会计团体咨询委员会"（CCAB），但它却受到具有更广泛代表性（其成员由会计师事务所、律师事务所、证券交易所、银行和上市公司的代表所组成）的"财务报告委员会"（FRC）的制约，并且由于在 FRC 的 21 名成员中，其他成员均可以由 CCAB 委派，唯独主席一职必须由英国贸易与工业大臣和英格兰银行总裁联合任命，因此 FRC 本身已经带有了一定的官方色彩。

ASB 成立后，发布的会计准则改称为"财务报告准则"（FRS）。与 ASC 不同的是，ASB 有权自行制定和批准会计准则，并且负责对以前由 ASC 发布的 SSAP 进行评审和修订。原先的 SSAP 只要未被新发布的 FRS 所取代，则仍然有效。目前，ASB 一方面继续对原由 ASC 发布的 SSAP 进行评审和修订；另一方面则根据会计业务发展的需要不断发布新的 FRS。

由此可见，英国会计准则的制定机构在最近 30 年间，经历了由 ASSC、改组后 ASSC、ASC、改组后 ASC 到 ASB 的变迁。经过这些变迁，英国会计准则制定机构由纯粹的会计职业界民间组织，发展成一个带有官方色彩的、半独立的机构，会计准则制定机构的代表性逐渐加强，会计准则的制定程序也日渐完善。

3.1.4　我国会计准则的发展变化过程

我国多年来一直重视会计准则的建设，尤其是改革开放以来，会计制度不断改革创新，从改革开放初期为了吸引外资而建立的外商投资企业会计制度，到后来为了适应股份制改革而建立的股份制企业会计制度，再到后来建立的不分行业、不分所有制的统一的会计制度，即《企业会计制度》《金融企业会计制度》和《小企业会计制度》，适应了我国改革开放和市场经济发展的需要。

1992 年，我国发布了第一项会计准则，即《企业会计准则》，之后又先后发布了包括关联方关系及其交易的披露、现金流量表、非货币性交易、投资、收入、或有事项、资产负债表日后事项、会计政策、会计估计变更和会计差错更正、借款费用、债务重组、固定资产、无形资产、存货、中期财务报告等在内的 16 项具体会计准则。之后，为适应我国市场经济发展和经济全球化的需要，按照立足国情、国际趋同、涵盖广泛、独立实施的原则，财政部对上述准则作了系统性的修改，并制定了一系列新的准则，于 2006 年 2 月 15 日，发布了包括《企业会计准则——基本准则》和 38 项具体准则在内的企业会计准则体系，同年，又发布了《企业会计准则——应用指南》，从而实现了我国会计准则与国际财务报告准则的实质性趋同。

我国企业会计准则体系由基本准则、具体准则、会计准则应用指南和解释公告等组成。其中，基本准则在整个企业会计准则体系中扮演着概念框架的角色，起着统驭作用；具体准则是在基本准则的基础上，对具体交易或事项进行会计处理的规范；应用指南是对具体准则的一些重点、难点问题所作出的操作性规定；解释公告是随着企业会计准则的贯彻实施，就实务中遇到的实施问题而对准则作出的具体解释。

在我国现行企业会计准则体系中，基本准则类似于国际会计准则理事会（IASB）的《财务报表编制框架》和美国财务会计准则委员会的《财务会计概念公告》，它规范了包括财务报告目标、会计基本假设、会计信息质量要求、会计要素的定义及其确认、计量原则、财务报告等在内的基本问题，是会计准则制定的出发点，是制定具体准则的基础。

截至 2018 年 6 月，我国已颁布的具体准则包括存货、投资性房地产、固定资产等 42 项准则，各项准则规范的内容和有关国际财务报告准则的内容基本一致，具体对应关系如表 3-1 所示。

表 3-1　中国企业会计准则与国际财务报告准则具体项目比较表

中国企业会计准则（CAS）	国际会计准则（IAS）国际财务报告准则（IFRS）
CAS 1 存货	IAS 2 存货
CAS 2 长期股权投资	IAS 27 合并财务报表和单独财务报表 IAS 28 联营中的投资 IAS 31 合营中的权益

续表

中国企业会计准则（CAS）	国际会计准则（IAS）国际财务报告准则（IFRS）
CAS 3 投资性房地产	IAS 40 投资性房地产
CAS 4 固定资产	IAS 16 不动产、厂场和设备 IFRS 5 持有待售的非流动资产和终止经营
CAS 5 生物资产	IAS 41 农业
CAS 6 无形资产	IAS 38 无形资产
CAS 7 非货币性资产交换	IAS 16 不动产、厂场和设备 IAS 38 无形资产 IAS 40 投资性房地产
CAS 8 资产减值	IAS 36 资产减值
CAS 9 职工薪酬	IAS 19 职工薪酬
CAS 10 企业年金	IAS 26 退休福利计划的会计和报告
CAS 11 股份支付	IFRS 2 以股份为基础的支付
CAS 12 债务重组	IAS 39 金融工具：确认和计量
CAS 13 或有事项	IAS 37 准备、或有负债和或有资产
CAS 14 收入	IAS 18 收入 IFRS 15 源于客户合同的收入
CAS 15 建造合同	IAS 11 建筑合同
CAS 16 政府补助	IAS 20 政府补助的会计和政府援助的披露
CAS 17 借款费用	IAS 23 借款费用
CAS 18 所得税	IAS 12 所得税
CAS 19 外币折算	IAS 21 汇率变动的影响 IAS 29 恶性通货膨胀经济中的财务报告
CAS 20 企业合并	IFRS 3 企业合并
CAS 21 租赁	IAS 17 租赁
CAS 22 金融工具确认和计量 CAS 23 金融资产转移 CAS 24 套期保值	IAS 39 金融工具：确认和计量 IFRS 9 金融工具：分类和计量
CAS 25 原保险合同 CAS 26 再保险合同	IFRS 4 保险合同
CAS 27 石油天然气开采	IFRS 6 矿产资源的勘探和评价
CAS 28 会计政策、会计估计变更和差错更正	IAS 8 会计政策、会计估计变更和差错
CAS 29 资产负债表日后事项	IAS 10 资产负债表日后事项
CAS 30 财务报表列报	IAS 1 财务报表的列报 IFRS 5 持有待售的非流动资产和终止经营
CAS 31 现金流量表	IAS 7 现金流量表
CAS 32 中期财务报告	IAS 34 中期财务报告

中国企业会计准则（CAS）	国际会计准则（IAS）国际财务报告准则（IFRS）
CAS 33 合并财务报表	IAS 27 合并财务报表和单独财务报表
CAS 34 每股收益	IAS 33 每股收益
CAS 35 分部报告	IFRS 8 分部报告
CAS 36 关联方披露	IAS 24 关联方披露
CAS 37 金融工具列报	IFRS 7 金融工具：披露 IAS 32 金融工具：列报
CAS 38 首次执行企业会计准则	IAS 1 首次采用国际财务报告准则
CAS 39 公允价值计量	IFRS 13 公允价值计量
CAS 40 合营安排	IFRS 11 合营安排
CAS 41 在其他主体中权益的披露	IFRS 12 在其他主体中权益的披露
CAS 42 持有待售的非流动资产、处置组和终止经营	IFRS 5 持有待售的非流动资产和终止经营

资料来源：www.pwccn.com/home/chi/index_chi.html.

3.2 会计政策解读

3.2.1 会计政策的概念

会计政策是指企业在会计确认、计量和报告中所采用的会计原则、计量基础和会计处理方法。其中，会计原则是指按照企业会计准则规定的、适合于企业会计核算所采用的具体会计原则；计量基础是指为了将会计原则应用于交易或事项而采用的计量基础，如《企业会计准则第 8 号——资产减值》中涉及的公允价值就是计量基础；会计处理方法是按照会计原则和计量基础的要求，由企业在会计核算中采用或选择的、适合于本企业的具体会计处理方法，如企业按照《企业会计准则第 15 号——建造合同》规定采用的完工百分比法就是会计处理方法。会计原则、计量基础和会计处理方法三者之间是一个具有逻辑性的、密不可分的整体，通过这个整体，会计政策才能得以应用和落实。

企业应当披露重要的会计政策，不具有重要性的会计政策可以不予披露。判断会计政策是否重要，应当考虑与会计政策相关项目的性质和金额。企业应当披露的重要会计政策包括以下方面。

（1）发出存货成本的计量。这是指企业确定发出存货成本时所采用的会计处理方法，如企业发出存货时的成本计量是采用先进先出法，还是采用其他计量方法。

（2）长期股权投资的后续计量。这是指企业取得长期股权投资后的会计处理方法，如企业对被投资单位的长期股权投资是采用成本法，还是采用权益法核算。

（3）投资性房地产的后续计量。这是指企业在资产负债表日对投资性房地产进行后续计量所采用的会计处理基础，如企业对投资性房地产的后续计量是采用成本模式，还是公允价值模式。

（4）固定资产的初始计量。这是指对取得的固定资产初始成本的计量基础，如企业取得的固定资产初始成本是以购买价款，还是以购买价款的现值为基础进行计量。

（5）生物资产的初始计量。这是指对取得的生物资产初始成本的计量基础，如企业为取得生物资产而产生的借款费用，应当予以资本化，还是计入当期损益。

（6）无形资产的确认。这是指对无形项目的支出是否确认为无形资产的方法，如企业内部研究开发项目开发阶段的支出是确认为无形资产，还是在发生时计入当期损益。

（7）非货币性资产交换的计量。这是指非货币性资产交换事项中对换入资产成本的计量基础，如非货币性资产交换是以换出资产的公允价值作为确定换入资产成本的基础，还是以换出资产的账面价值作为确定换入资产成本的基础。

（8）收入的确认。这是指收入确认所采用的会计原则，如企业确认收入时，要同时满足已将商品所有权上的主要风险和报酬转移给购货方，收入的金额能够可靠地计算，相关经济利益很可能流入企业等条件。

（9）合同收入与费用的确认。这是指确认建造合同的收入和费用所采用的会计处理方法，如企业确认建造合同的合同收入和合同费用是采用完工百分比法，还是合同完成确认法。

（10）借款费用的处理。这是指借款费用的会计处理方法，即对利息费用的处理是采用资本化法，还是采用费用化法。

（11）合并政策。这是指编制合并财务报表时所采纳的原则，如母公司与子公司的会计年度不一致的处理原则；合并范围的确定原则等。

（12）其他重要会计政策。

3.2.2 会计政策变更及其处理

会计政策变更是指企业对相同的交易或事项，由原来采用的会计处理政策改变为另一会计处理政策时的行为。

1. 企业变更会计政策的条件

为保证会计信息的可比性，使财务报表使用者在比较企业一个以上期间的财务报表时，能够正确地判断企业的财务状况、经营成果和现金流量的趋势。一般情况下，企业采用的会计政策，在每一会计期间和前后各期应当保持一致，不得随意变更，否则势必会削弱会计信息的可比性。但是。在下述两种情形下，企业可以变更会计政策。

（1）法律、行政法规或国家统一的会计制度等要求变更时。这种情况是指按照法律、行政法规及国家统一的会计制度的规定，要求企业采用新的会计政策时，企业应当按照法律、行政法规及国家统一的会计制度的规定改变原采用的会计政策，按照新的会计政策处理相应的会计事项。例如，《企业会计准则第1号——存货》对发出存货成本的计价方法排除了后进先出法，这就要求企业按照新规定，将原来按后进先出法核算发出存货成本的方法，改为按新准则规定可以采用的发出存货成本的计价方法。

（2）会计政策变更能够提供更可靠、更相关的会计信息时。由于经济环境、客观情况的改变，使企业原采用的会计政策所提供的会计信息，已不能恰当地反映企业的财务状况、经营成果和现金流量等情况。在这种情况下应改变原有会计政策，按变更后新的会计政策进行会计处理，以便对外提供更可靠、更相关的会计信息。例如。企业一直采用成本模式对投资性房地产进行后续计量，如果企业能够从房地产交易市场上持续地取得同类或类似房地产的市场价格及其他相关信息，从而能够对投资性房地产的公允价值作出合理的估计，此时，企业可以将投资性房地产的后续计量方法由成本模式变更为公允价值模式。

2. 不属于会计政策变更的情况

对会计政策变更的认定，会直接影响会计处理方法的选择。因此，在会计实务中，企业应当正确认定属于会计政策变更的情形。但下列两种情况不属于会计政策变更。

（1）本期发生的交易或事项与以前相比具有本质差别而采用新的会计政策。通常，会计政策是针对特定类型的交易或事项的，如果发生的交易或事项与其他交易或事项有本质区别，那么，此时企业实际上是在为新的交易或事项选择适当的会计政策，并没有改变原有的会计政策。例如，企业以往租入的设备均为临时需要而租入的，企业也按经营租赁会计处理方法核算，但自本年度起租入的设备均采用融资租赁方式，则该企业自本年度起对新租赁的设备采用融资租赁会计处理方法进行核算。由于该企业原租入的设备均为经营性租赁，本年度起新租赁的设备均改为融资租赁，经营租赁和融资租赁有着本质差别，因而为新租赁的设备改变会计政策不属于会计政策变更。

（2）对初次发生的，或者不重要的交易或事项采用新的会计政策。对初次发生的某类交易或事项采用适当的会计政策，并未改变原有的会计政策。例如，企业以前年度没有建造合同业务，由于本年度签订了一项新建造合同，为另一企业建造 3 栋厂房，那对该项新建造合同采用完工百分比法确认收入，不是会计政策变更。至于对不重要的交易或事项采用新的会计政策，不按会计政策变更要求作出会计处理，由于并不影响会计信息的可比性，所以也可不作为会计政策变更。例如，企业原在生产经营过程中使用少量的低值易耗品，并且价值较低，故企业在领用低值易耗品时一次计入费用；该企业于近期投产新产品，所需低值易耗品比较多，且价值较大，企业对领用的低值易耗品处理方法改为五五摊销法。由于该企业低值易耗品在企业生产经营中所占的费用比例并不大，改变低值易耗品处理方法后，对损益的影响也不大，属于不重要的事项，会计政策在这种情况下的改变就不属于会计政策变更。

3.2.3　会计政策变更的会计处理方法的选择

若发生会计政策变更，企业应当根据具体情况，分别采用不同的会计处理方法。

（1）法律、行政法规或国家统一的会计制度等要求变更的情况下，企业应当分别以下情况进行会计处理：① 国家发布相关的会计处理办法，则按照国家发布的相关会计处理规定进行处理；② 国家没有发布相关的会计处理办法，则采用追溯调整法进行会计处理。

（2）会计政策变更能够提供更可靠、更相关的会计信息的情况下，企业应当采用追溯调整法进行会计处理，将会计政策变更累积影响数，调整列报前期最早的期初留存收益，其他相关项目的期初余额和列报前期披露的其他比较数据也应当一并调整。

（3）确定会计政策变更对列报前期影响数不切实可行的，应当从可追溯调整的最早期间的期初开始，应用变更后的会计政策；但若在当期期初确定的会计政策，对以前各期的累积影响数的调整不切实可行的，应当采用未来适用法处理。

其中，不切实可行是指企业在采取所有合理的方法后，仍然不能获得采用某项规定所必需的相关信息，而导致无法采用该项规定，则该项规定在此时是不切实可行的。

对于以下特定前期，对某项会计政策变更应用追溯调整法或进行追溯重述，以更正一项前期差错，是不切实可行的：① 应用追溯调整法或追溯重述法的累积影响数不能确定；② 应用追溯调整法或追溯重述法，要求对管理层在该期当时的意图作出假定；③ 应用追溯调整法或追溯重述法，要求对有关金额进行重大估计，并且不可能提供有关交易发生时存在状况的证据（如有关金额确认、计量或披露日期存在事实的证据，以及在受变更影响的当期和未来期间确认会计估计变更的影响的证据）和该期间财务报表批准报出时能够取得的信息，并将这两类信息与其他信息客观地加以区分。

在某些情况下，调整一个或多个前期比较信息，以获得与当期会计信息的可比性，是不切实可行的。例如，企业因账簿、凭证超过法定保存期限而销毁，或者因不可抗力而毁坏、遗失，如火灾、水灾等，或者因人为因素，如盗窃、故意毁坏等，可能导致当期期初确定的会计政策变更，对以前各期累积影响数无法计算，即不切实可行，此时，会计政策变更应当采用未来适用法进行处理。

对根据某项交易或事项确认、披露的财务报表项目，在应用会计政策时常常需要进行估计。本质上，估计是主观行为，而且可能在资产负债表日后才作出。当追溯调整会计政策变更或追溯重述前期差错更正时，要作出切实可行的估计更加困难，因为有关交易或事项已经发生较长一段时间，要获得作出切实可行的估计所需要的相关信息就往往比较困难。

当在前期采用一项新会计政策或更正前期金额时，无论是对管理层在某个前期的意图作出假定，还是估计在前期确认、计量或披露的金额，都不应当使用"后见之明"。例如，按照《企业会计准则第22号——金融工具确认和计量》的规定，企业对原先划归为持有至到期投资的金融资产计量的前期差错，即便管理层随后决定不将这些投资持有至到期，也不能改变它们在前期的计量基础，即该项金融资产应当仍然按照持有至到期投资进行计量。

3.2.4　会计政策变更的披露

企业应当在财务报表附注中披露与会计政策变更有关的下列信息。

（1）会计政策变更的性质、内容和原因。这包括专门对会计政策变更的简要阐述、变更的日期、变更前采用的会计政策和变更后所采用的新会计政策，以及会计政策变更的原因。

（2）当期和各个列报前期，财务报表中受影响的项目名称和调整金额。这包括采用追溯调整法时，计算出的会计政策变更的累积影响数；当期和各个列报前期，财务报表中需要调整的净损益及其影响金额，以及其他需要调整的项目名称和调整金额。

（3）无法进行追溯调整的，应说明该事实和原因，以及开始应用变更后的会计政策的时点、具体应用情况。这包括无法进行追溯调整的事实；确定会计政策变更对列报前期影响数不切实可行的原因；在当期期初确定会计政策变更，对以前各期累积影响数不切实可行的原因；开始应用新会计政策的时点和具体应用情况。

需要注意的是，在以后期间的财务报表中，不需要重复披露在以前期间的附注中已披露的会计政策变更的信息。

3.3 会计估计

3.3.1 会计估计概述

会计估计是指企业对结果不确定的交易或事项，以最近可利用的信息为基础所作的判断。会计估计具有以下特点。

（1）会计估计的存在是由于经济活动中内在的不确定性因素的影响。在会计核算中，企业总是力求保持会计核算的准确性，但有些经济业务本身就存在不确定性。例如，坏账、固定资产折旧年限、固定资产残余价值、无形资产摊销年限等，因而需要根据经验作出估计。所以，在进行会计核算和相关信息披露的过程中，会计估计是不可避免的。

（2）进行会计估计时，往往以最近可利用的信息或资料为基础。在企业会计核算中，由于经营活动中必然存在内在的不确定性，不得不经常进行估计。一些估计的主要目的是确定资产或负债的账面价值，如坏账准备、担保责任引起的负债；另一些估计的主要目的是确定将在某一期间记录的收益或费用的金额，如某一期间的折旧、摊销的金额。企业在进行会计估计时，通常应根据当时的实际情况和经验，以一定的信息或资料为基础进行。但是，随着时间的推移、环境的变化，进行会计估计的基础可能会发生变化。因此，进行会计估计所依据的信息或资料不得不经常发生变化，由于最新的信息是最接近目标的信息，以其为基础所作的估计最接近实际，所以进行会计估计时，应以最近可利用的信息或资料为基础。

（3）进行会计估计并不会削弱会计确认和计量的可靠性。企业为了定期、及时地提供有用的会计信息，将延续不断的经营活动人为地划分为一定的期间，并在权责发生制的基础上对企业的财务状况和经营成果进行定期确认与计量。例如，在会计分期的情况下，许多企业的交易跨越若干会计年度，所以需要将某些收入和费用等在不同期间进行分摊，这样就需要对那些结果尚未确定的交易或事项予以估计入账，但分摊并不会导致总体收入和费用数额的改变。

3.3.2 会计估计变更

会计估计变更是指由于资产或负债的当前状况及预期经济利益和义务发生了变化，从而对资产或负债的账面价值或资产的定期消耗金额进行调整。

由于企业经营活动中内在的不确定因素，使得许多财务报表项目不能准确计量，只能加以估计，而估计过程涉及以最近可以得到的信息为基础所作的判断，但是，估计毕竟是就现有资料对未来所作的判断，通常会发生某种不确定性。故随着时间的推移，如果赖以进行估计的基础发生变化，或者由于取得了新的信息、积累了更多的经验，或者后来的发展等，将可能导致不得不对估计进行修订。但无论如何，会计估计变更的依据应当真实、可靠。

会计估计变更的情形包括以下方面。

（1）赖以进行估计的基础发生了变化。企业进行会计估计总是依赖于一定的基础，如果其所依赖的基础发生了变化，则会计估计也应相应发生变化。例如，企业的某项无形资产摊销年限原定为 10 年，以后发生的情况表明，该资产的受益年限已不足 10 年，故应相应调减估计摊销年限。

（2）取得了新的信息、积累了更多的经验。企业进行会计估计是就现有资料对未来所作的判断，随着时间的推移，企业有可能取得新的信息、积累更多的经验。在这种情况下，企业可能不得不对会计估计进行修订，即发生会计估计变更。例如，企业原根据当时能够得到的信息，对应收账款每年按其余额的 5% 计提坏账准备，但现在掌握了新的信息，判定不能收回的应收账款比例已达 15%，故企业应改按 15% 的比例计提坏账准备。

（3）会计估计变更并不意味着以前期间会计估计是错误的，只是由于情况发生变化，或者掌握了新的信息、积累了更多的经验，使得变更会计估计能够更好地反映企业的财务状况和经营成果。如果以前期间的会计估计是错误的，则属于会计差错，应按会计差错更正的会计处理办法进行处理。

3.3.3　会计估计变更的会计处理

企业对会计估计变更应当采用未来适用法处理，即在会计估计变更当期，以及以后期间采用新的会计估计时，不改变以前期间的会计估计，也不调整以前期间的报告结果。

（1）会计估计变更仅影响变更当期的，其影响数应当在变更当期予以确认。例如，企业原按应收账款余额的 5% 提取坏账准备，但由于目前企业不能收回应收账款的比例已达 10%，则企业应改按应收账款余额的 10% 提取坏账准备。这类会计估计的变更，只影响变更当期，因此应于变更当期确认数额。

（2）既影响变更当期又影响未来期间的，其影响数应当在变更当期和未来期间予以确认。例如，企业的某项可计提折旧的固定资产，其有效使用年限或预计净残值的估计发生的变更，常常会影响变更当期及资产以后使用年限内各个期间的折旧费用，这类会计估计的变更，应于变更当期及以后各期分别确认。

（3）会计估计变更的影响数应计入变更当期与前期相同的项目中。为了保证不同期间的财务报表具有可比性，如果以前期间的会计估计变更的影响数已计入企业日常经营活动的损益，则以后期间也应计入日常经营活动损益；如果以前期间的会计估计变更的影响数已计入特殊项目中，则以后期间也应计入特殊项目中。

3.3.4　会计估计变更的披露

企业应当在报表附注中披露与会计估计变更有关的下列信息。

（1）会计估计变更的内容和原因。这包括变更内容、变更日期，以及为什么要对会计估计进行变更。

（2）会计估计变更对当期和未来期间的影响数。这包括会计估计变更对当期和未来期间损益的影响金额，以及对其他各项目的影响金额。

（3）会计估计变更的影响数不能确定的。披露这一事实和原因。

本章小结

　　财务会计由于需要服务于外部信息使用者，迫切需要一套社会公认的统一的会计原则来规范其行为，在这种情况下，企业会计准则应运而生。与此相伴的就是会计政策的确定和会计估计的要求。

　　会计政策是指企业在会计确认、计量和报告中所采用的原则、计量基础和会计处理方法。其中，原则是指按照企业会计准则规定的、适合于企业会计核算所采用的具体会计原则；计量基础是指为了将会计原则应用于交易或事项而原则体现在会计核算中所采用的基础；会计处理方法是指按照会计原则和计量基础的要求，由企业在会计核算中采用或选择的、适合于本企业的具体会计处理方法。

　　会计准则的运用，存在着一定程度的判断空间，将导致并非是一种纯粹机械化的结果。

本章习题

一、单项选择题

1. 我国会计准则包括（　　）。

    A. 42 项具体准则　　　　　　　　B. 1 项基本准则和 43 项具体准则

    C. 1 项基本准则和 42 项具体准则　　D. 43 项具体准则

2. 会计准则（　　）。

    A. 是会计人员从事会计工作的规则和指南

    B. 各个国家均相同

    C. 各个国家各不相同

    D. 我国与国际之间存在很大差别

3. 下列属于企业会计政策的有（　　）。

    A. 存货期末计价采用可变现净值孰低法

    B. 客观性原则

    C. 可比性原则

    D. 一贯性原则

4. 会计政策是指企业在会计核算时所遵循的（　　）。

A. 会计核算的一般原则

B. 具体准则

C. 是指企业在会计确认、计量和报告中所采用的原则、计量基础和会计处理方法

D. 一般会计处理方法

二、多项选择题

1. 应采用未来适用法处理会计政策变更的情况有（　　）。

A. 企业因账簿超过法定保存期限而销毁，引起会计政策变更累积影响数无法确定

B. 企业账簿因不可抗力而毁坏引起累积影响数无法确定

C. 会计政策变更累积影响数能够确定，但法律或行政法规要求对会计政策的变更采用未来适用法

D. 会计政策变更累积影响数能够合理确定，国家相关制度规定应追溯调整

E. 会计政策变更累积影响数能够合理确定，法律或行政法规要求对会计政策的变更采用追溯调整法

2. 企业对于发生的会计政策变更，应披露的内容有（　　）。

A. 会计政策变更的内容

B. 采用追溯调整法时会计政策变更的累积影响数

C. 累积影响数不能合理确定的理由

D. 会计政策变更对当期，以及比较会计报表所列其他各期净损益的影响金额

E. 会计政策变更的理由

3. 下列不属于会计政策变更的情形有（　　）。

A. 本期发生的交易或事项与以前相比具有本质差别而采用新的会计政策

B. 第一次签订建造合同，采用完工百分比法确认收入

C. 对价值为200元的低值易耗品摊销方法由分次摊销法改为一次摊销法

D. 由于持续通货膨胀，企业将存货发出的计价方法由先进先出法改为后进先出法

E. 将所得税的核算方法由应付税款法改为纳税影响会计法

4. 对于会计估计变更，应在会计报表附注中披露的事项有（　　）。

A. 会计估计的内容

B. 会计估计的理由

C. 会计估计变更对当期损益的影响

D. 会计估计变更的影响数不能确定的理由

E. 会计估计变更累积影响数不能确定的理由

5. 下列事项属于会计政策变更的项目是（　　）。

A. 固定资产计提折旧的方法由平均年限法改为双倍余额递减法

B. 期末存货计价由成本法改为成本与市价孰低法

C. 以前固定资产租赁业务均为经营租赁，本年度发生了融资租赁业务，两种租赁业务会计核算方法发生了改变

D. 对初次发生的或不重要的交易或事项采用新的会计政策

E. 因开设门市部而将库存中属于零售商品的部分，按实际成本核算改按售价核算

6. 下列事项属于会计估计变更的有（　　　）。

　　A. 建造合同收入的确认由原来的完成合同法改为完工百分比法

　　B. 应收账款坏账损失核算方法的改变

　　C. 无形资产摊销期限的改变

　　D. 固定资产净残值率的改变

　　E. 固定资产预计使用年限的变化

三、判断题

1. 我国新会计准则和国际会计准则已实现完全等同。　　　　　　　　　　（　　　）

2. 对于以前出现过的不具有重要性的经济业务改用新的会计政策，属于会计政策变更。
　　　　　　　　　　　　　　　　　　　　　　　　　　　　　　　　　（　　　）

3. 变更固定资产折旧年限时，只影响变更当期和该项资产未来使用期间的折旧费用，而不影响变更前已计提的折旧费用。　　　　　　　　　　　　　　　　　　（　　　）

4. 对于会计政策变更，当其累积影响数不能合理确定时，应采用未来适用法进行处理。
　　　　　　　　　　　　　　　　　　　　　　　　　　　　　　　　　（　　　）

四、简答题

1. 美国会计准则的发展主要经历了哪几个阶段？

2. 简述新会计准则的结构。

3. 企业应当披露的会计政策有哪些？

4. 会计估计变更的情形有哪些？

五、计算题

　　甲公司 2014 年 12 月 20 日购入一台管理用设备，原始价值为 100 万元，原估计使用年限为 10 年，预计净残值为 4 万元，按双倍余额递减法计提折旧。由于固定资产所含经济利益预期实现方式的改变和技术因素的原因，已不能继续按原定的折旧方法、折旧年限计提折旧。甲公司于 2017 年 1 月 1 日将设备的折旧方法改为年限平均法，将设备的折旧年限由原来的 10 年改为 8 年，预计净残值仍为 4 万元。甲公司所得税采用资产负债表债务法核算，适用的所得税税率为 25%。

　　要求：

　　（1）计算上述设备 2015 年和 2016 年计提的折旧额；

　　（2）计算上述设备 2017 年计提的折旧额；

　　（3）计算上述会计估计变更对 2017 年净利润的影响。

六、案例分析

AS 股份 20××年净利润扭亏

上海 AS 股份有限公司 20××年年报中董事会报告指出：

　　20××年度，公司控股子公司某能源有限责任公司根据财政部《企业会计准则解释第 3 号》（财会〔2009〕8 号）的有关规定，高危行业企业按照国家规定提取的安全生产费，应当计入相关产品的成本或当期损益，同时记入"专项储备"科目。企业使用提取的安全生产费时，属于费用性支出的，直接冲减专项储备。企业使用提取的安全生产费形成固定资产的，应当通过"在建工程"科目归集所发生的支出，待安全项目完工达到预定可使用状态时确认为固定资产；同时，按照形成固定资产的成本冲减专项储备，并确认相同金额的累计折旧。该固定资产在以后期间不再计提折旧。"专项储备"科目期末余额在资产负债表所有者权益项下"减：库存股"和"盈余公积"之间增设"专项储备"项目反映。企业提取的维简费和其他具有类似性质的费用，比照上述规定处理。该解释发布前未按上述规定处理的，应当进行追溯调整。

由于上述会计政策变更，调增20××年年初的专项储备 1 092 089.13 元，调减未分配利润 70 369 613.52 元，调减少数股东权益 54 432 340.61 元，调增累计折旧 165 657 005.37元，调增在建工程 60 465.65 元，调减递延所得税负债 41 886 674.72 元。

由于此项会计政策变更，公司20××年实现扭亏，净利润达到 2 476.32 万元。20××年，公司实现营业收入 18.71 亿元，同比减少 12.77%；每股收益 0.04 元。2008 年同期，公司净利亏损 856.43 万元，折合每股亏损 0.02 元。公司表示，公司主营的煤炭销售量和销售价格与 2008 年同期相比有所下降；同时，金属矿采选产品、非金属矿采选产品增值税税率上升，且缴纳煤炭价格调节基金导致公司 20××年盈利同比有所回落。不过因会计政策变更，公司按规定提取安全生产费和维简费对上期进行追溯调整，促使净利润大幅增加。

问题：

1. 你觉得 AS 股份此项会计政策变更是否有操纵利润的嫌疑？
2. 结合 AS 股份的会计政策变更，讨论会计政策变更对企业业绩的影响。

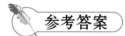 参考答案

一、单项选择题

1. C 　 2. A 　 3. A 　 4. C

二、多项选择题

1. ABC 　 2. ABCDE 　 3. ABC 　 4. ABCD 　 5. AB 　 6. ABCDE 　 7. CDE

三、判断题

1. × 　 2. × 　 3. √ 　 4. √

五、计算题

（1）设备 2015 年计提的折旧额 = 100×20% = 20（万元）

　　　设备 2016 年计提的折旧额 = (100-20)×20% = 16（万元）

（2）2017 年 1 月 1 日设备的账面净值 = 100-20-16 = 64（万元）

　　　设备 2017 年计提的折旧额 = (64-4)/(8-2) = 10（万元）

（3）按原会计估计，设备 2017 年计提的折旧额 = (100-20-16)×20% = 12.8（万元）

　　　上述会计估计变更使 2017 年净利润增加 = (12.8-10)×(1-25%) = 2.1（万元）

第 4 章

资产负债表解读

学习目标

1. 了解资产负债表的基本结构。
2. 明确资产负债表中各个项目的内容。
3. 掌握资产负债表中各个项目的核算方法。
4. 明确资产负债表与其他报表之间的勾稽关系。

学习重点

1. 资产负债表中各项目所反映的经济业务的内容，各项目的会计属性及核算方法。
2. 资产负债表属存量报表，按历史成本编制，至期末，有关项目应如何按会计准则调整为现时成本。

若要能比较准确地分析财务报表，首先必须要读懂财务报表。而通过解读资产负债表，可以了解一个企业某一特定日期所拥有或控制的经济资源及其分布构成情况，以对企业的生产经营能力和资产的流动性进行分析；可以了解一个企业某一特定日期的负债总额及其分布构成情况，明确企业未来需要动用多少资产或劳务清偿债务；还可以了解投资者在企业资产中所占的份额及其权益的分布构成情况，以评价企业的财务弹性和筹资能力。另外，资产负债表还能够提供财务报表分析的基本资料。

4.1 资产负债表格式

由于资产负债表是反映企业某一特定日期的财务状况的报表，因而是一份存量报表，是根据资产、负债和所有者权益之间的相互关系，按照一定的分类标准和一定的列报顺序，把企业在某一特定日期的资产、负债、所有者权益各项目予以适当列示，并对日常工作中形成的大量数据进行高度浓缩整理后编制而成的。因此，对资产负债表的了解首先应从其格式开始。一般来说，国际上流行的资产负债表格式主要有账户式和报告式两种。

4.1.1　账户式资产负债表

账户式资产负债表又称横式资产负债表，它是根据"资产＝负债＋所有者权益"的会计等式，按照账户的形式列示各类项目，即资产类项目排列在表的左方，负债类和所有者权益类项目排列在表的右方，并使资产负债表的左右两方数额保持平衡。

表4-1是典型的账户式资产负债表，为我国《企业会计准则第30号——财务报表列报》应用指南中规定的一般企业资产负债。表首部分概括地说明报表名称、报表编号、编制单位、编制日期、货币单位等信息，正表部分是资产负债表的主体，列示了用以说明企业财务状况的各个项目。2018年6月15日财政部发布《关于修订印发2018年度一般企业财务报表格式的通知》（财会〔2018〕15号），对一般企业财务报表格式进行了修订，详见附录A。

表4-1　账户式资产负债表

资产负债表

编制单位：　　　　　　　　　　　　　年　　月　　日　　　　　　　　　　　　　单位：元

资　　产	期末余额	年初余额	负债和所有者权益（或股东权益）	期末余额	年初余额
流动资产：			流动负债：		
货币资金			短期借款		
交易性金融资产			交易性金融负债		
应收票据			应付票据		
应收账款			应付账款		
预付款项			预收款项		
应收利息			应付职工薪酬		
应收股利			应交税费		
其他应收款			应付利息		
存货			应付股利		
一年内到期的非流动资产			其他应付款		
其他流动资产			一年到期的非流动负债		
流动资产合计			其他流动负债		
非流动资产：			流动负债合计		
可供出售金融资产			非流动负债：		
持有至到期投资			长期借款		
长期应收款			应付债券		
长期股权投资			长期应付款		
投资性房地产			专项应付款		
固定资产			预计负债		
在建工程			递延所得税负债		
工程物资			其他非流动负债		
固定资产清理			非流动负债合计		
生产性生物资产			负债合计		
油气资产			所有者权益（或股东权益）：		
无形资产			实收资本		
开发支出			资本公积		
商誉			减：库存股		
长期待摊费用			盈余公积		
递延所得税资产			未分配利润		
其他非流动资产			所有者权益（或股东权益）合计		
非流动资产合计					
资产总计			负债和所有者权益（或股东权益）总计		

4.1.2　报告式资产负债表

报告式资产负债表又称垂直资产负债表，它是根据"资产−负债＝所有者权益"的会计等式，自上而下列示各项目，即资产类列在上方，负债类列在中间，所有者权益类列示在最下方。

虽然《企业会计准则第30号——财务报表列报》应用指南中规定的格式是账户式资产负债表，可是现实生活中所见到、所使用的多为报告式资产负债表。企业一般都是使用计算机打印报表，一般都是使用A4纸型，使用报告式资产负债表，不仅文字、数字比较清晰，而且格式也比较美观，多为上市公司所采用。表4-2是典型的报告式资产负债表。

表4-2　报告式资产负债表

资产负债表

编制单位：　　　　　　　　　　　年　月　日　　　　　　　单位：　　币种：

项　　　目	期末余额	年初余额
资　　　产		
流动资产：		
货币资金		
结算备付金（合并报表）		
拆出资金（合并报表）		
交易性金融资产		
应收票据		
应收账款		
预付款项		
应收保费（合并报表）		
应收分保账款（合并报表）		
应收分保合同准备金（合并报表）		
应收利息		
应收股利		
其他应收款		
买入返售金融资产（合并报表）		
存货		
一年内到期的非流动资产		
其他流动资产		
流动资产合计		
非流动资产：		
发放贷款及垫款（合并报表）		
可供出售金融资产		
持有至到期投资		
长期应收款		
长期股权投资		
投资性房地产		
固定资产		
在建工程		

项 目	期末余额	年初余额
工程物资		
固定资产清理		
生产性生物资产		
油气资产		
无形资产		
开发支出		
商誉		
长期待摊费用		
递延所得税资产		
其他非流动资产		
非流动资产合计		
资产总计		
负 债		
流动负债:		
短期借款		
向中央银行借款（合并报表）		
吸收存款及同业存放（合并报表）		
拆入资金（合并报表）		
交易性金融负债		
应付票据		
应付账款		
预收款项		
卖出回购金融资产款（合并报表）		
应付手续费及佣金（合并报表）		
应付职工薪酬		
应交税费		
应付利息		
应付股利		
其他应付款		
应付分保账款（合并报表）		
保险合同准备金（合并报表）		
代理买卖证券款（合并报表）		
代理承销证券款（合并报表）		
一年内到期的非流动负债		
其他流动负债		
流动负债合计		
非流动负债:		
长期借款		
应付债券		
长期应付款		
专项应付款		
预计负债		

项　　目	期末余额	年初余额
递延所得税负债		
其他非流动负债		
非流动负债合计		
负债总计		
所有者权益（或股东权益）		
实收资本（或股本）		
资本公积		
减：库存股		
盈余公积		
一般风险准备（合并报表）		
未分配利润		
外币报表折算差额（合并报表）		
归属于母公司所有者权益合计（合并报表）		
少数股东权益（合并报表）		
所有者权益（或股东权益）合计		
负债和所有者权益（或股东权益）总计		

　　无论是何种格式的资产负债表，通常都是按其流动性强弱程度进行排列，国外也有按其固定性的强弱程度排列的。

4.2　资产负债表各项目解读

　　资产负债表项目分资产、负债、所有者权益三大类和若干小类。一般情况下，各项目的数额根据企业总分类账或明细分类账的期末余额填列，个别项目按有关账户的余额加工、调整后填列。报表中的"年初余额"栏内各项数字，应根据上年末资产负债表"期末余额"栏内所列数字填列。

4.2.1　资产类项目

1. "货币资金"项目

　　"货币资金"项目是企业中流动性较强的一种资产，反映企业的库存现金、存入银行或其他金融机构的各种款项、外埠存款、银行汇票存款、银行本票存款、信用卡存款、信用证保证金存款、存出投资款等各种货币资金余额的合计数。

2. "交易性金融资产"项目

　　"交易性金融资产"项目反映企业为交易目的所持有的债券投资、股票投资、基金投资等交易性金融资产的公允价值。

　　该账户发生的取得时的成本与资产负债表日公允价值之间的差额，分别计入"公允价值变动损益"和"投资收益"账户。其中，"公允价值变动损益"科目核算企业持有"交易性金融资产"至资产负债表日时，因公允价值变动而形成的应计入当期损益的利得或损失。"投资收益"科目核算企业购买、持有交易性金融资产期间，被投资单位宣告发放的现金股利或债券利息，以及处置交易性金融资产时实现的投资收益或投资损失。

3. "应收票据"项目

"应收票据"项目反映企业因销售商品、提供劳务等而收到的商业汇票，包括银行承兑汇票和商业承兑汇票。该科目至票据到期日，若款项尚未收到，应转至"应收账款"科目。

4. "应收账款"项目

"应收账款"项目反映企业因销售商品、提供劳务等经营活动应收取的款项。

5. "预付款项"项目

"预付款项"项目反映企业按照合同规定预付的款项，以及进行在建工程预付的工程价款。

6. "应收利息"项目

"应收利息"项目反映企业交易性金融资产、持有至到期投资、可供出售金融资产、发放贷款、存放中央银行款项、拆出资金、买入返售金融资产等债券投资应收取的利息。

7. "应收股利"项目

"应收股利"项目反映企业因股权投资而应收取的现金股利和应收取其他单位分配的利润。

8. "其他应收款"项目

"其他应收款"项目反映企业除应收票据、应收账款、预付款项、应收利息、应收股利以外的其他各种应收及暂付款项。

企业应当定期对应收款项（应收账款和其他应收款）进行全面检查，并根据谨慎性原则的要求，合理地预计各项应收款项可能发生的坏账。

资产负债表日应收款项发生减值的，按应减记的金额计入"坏账准备"等账户，应收款项各项目按其账户余额减去已计提的坏账准备后的净额列示在资产负债表中。

坏账是指企业无法收回，或者收回可能性极小的应收款项。由于发生坏账而产生的损失，称为坏账损失。企业确认坏账时，应遵循财务报告的目标和会计核算的基本原则，具体分析各应收款项的特性、金额大小、信用期限、债务人的信誉和当时的经营情况等因素，分别按应收账款余额百分比法和账龄分析法计提。

9. "存货"项目

"存货"项目反映企业期末在库、在途和在加工中的各项存货的实际成本，包括各种原材料、库存商品、在产品、半成品、包装物、低值易耗品、分期收款发出商品、委托（受托）代销商品等，减去已计提的存货跌价损失准备后的净额。

存货只有在同时满足以下两个条件时，才能加以确认：① 该存货包含的经济利益很可能流入企业；② 该存货的成本能够可靠计量。

存货入账价值的基础也即初始计量的基础，是历史成本或实际成本。

存货的实际成本包括采购成本、加工成本和其他成本。其中，存货的采购成本一般包括采购价格、进口关税，以及其他税金、运输费、装卸费、保险费和其他可直接归属于存货采购的费用。

企业的存货是不断流动的，这种流动分实物流动与价值流动两种。存货有流入也有流出，流入与流出相抵后的结余即为期末存货，本期期末存货结转到下期，即为下期期初存货，下期继续流动，就形成了生产经营过程中的存货流转。

根据存货价值流转的假设，在期末存货与发出存货之间分配成本，就产生了不同的确认发出存货成本的方法，即发出存货的计价方法。按照《企业会计准则第 1 号——存货》的规定，企业应当根据各类存货的实际情况，确定发出存货的实际成本，可以采用的方法有个别计价法、先进先出法、加权平均法。对于不能替代使用的存货，以及为特定项目专门购入或制造的存货，一般应当采用个别计价法确定发出存货的成本，除此以外，存货的实物流动应该都是先进先出。

1）发出存货计价方法对企业财务的影响

发出存货计价方法的不同，对企业财务状况、盈亏情况都会产生不同的影响，主要表现在以下 3 个方面。

（1）发出存货计价对企业损益的计算有直接影响。表现在：① 发出存货计价如果过低，当期的收益可能因此而相应增加；② 发出存货计价如果过高，当期的收益可能因此而相应减少。

（2）发出存货计价对于资产负债表有关项目数额计算有直接影响，包括流动资产总额、所有者权益等项目，都会因为发出存货计价的不同而有不同的数据。

（3）发出存货计价方法的选择对计算缴纳所得税数额有一定的影响。因为不同的计价方法，对结转当期销售成本的数额会有所不同，从而影响企业当期应纳税利润数额的确定。

一项资产若被归类为存货，就必须在正常营业情况下被销售出去，或者在产品生产过程中被使用或被消耗掉。在商业企业，通常只设一个存货账户（商品存货）。制造企业为销售而生产产品，制造企业的存货账户通常分为 3 个：生产准备中的存货（材料存货，包括原材料、辅助材料，燃料、外购半成品、修理用备件、包装物、低值易耗品等）；生产过程中的存货（在产品存货）；生产完工时的存货（产成品存货）。通常在制造业比在商业企业更难以确定存货的数额。

分析企业存货时所涉及的确定存货价值及其流动性是一个相当复杂的问题，因为存货的成本随着时间的推移在不断地变动。如果能确定各种存货项目的专属成本，则该成本就是所使用存货的成本，那么存货的估计问题就会减少了。但实际上，由于存货种类繁多，各种存货不断流动，根本无法为每一种存货计算其专属成本，除非是一些大件的或昂贵的存货。因为不能实地估计每一个别存货的成本，所以企业通常使用一个存货成本流程假定。最普遍使用的存货成本流程假定有先进先出法、后进先出法、加权平均法。因为存货价格的不断变动，不同的假定可能导致极为不同的结果。一般而言，通货膨胀率越高，各种方法的计算结果差异越大。

2）存货跌价损失准备

会计期末，存货应当按照成本与可变现净值孰低计量，所谓"成本与可变现净值孰低"，是指对期末存货按照成本与可变现净值两者之中较低者进行计价的方法，即当成本低于可变现净值时，存货按成本计价；当可变现净值低于成本时，存货按可变现净值计价。期末存货成本与可变现净值之间的差额，就是存货跌价损失准备。

可变现净值是指在日常活动中，存货的估计售价减去至完工时估计将要发生的成本、估计的销售费用和相关税费后的金额。

"存货跌价准备"项目反映企业提取的存货可变现净值低于成本的跌价损失准备。企业应当定期或至少于每年年终，对存货进行全面清查，如由于存货遭受毁损、全部或部分陈旧过时或销售价格低于成本等原因，使存货成本不可收回的部分，应当计提存货跌价准备。

企业每期都应当重新确定存货的可变现净值，企业在定期检查时，如果发现以下情形之一，应当考虑计提存货跌价准备。

（1）市价持续下跌，并且在可预见的未来无回升的希望。

（2）企业使用该项原材料生产的产品成本大于产品的销售价格。

（3）企业因产品更新换代，原有库存原材料已不能适应新产品的需要，而该原材料的市场价格又低于其账面成本。

（4）因企业所提供的商品或劳务过时，或者消费者偏好改变而使市场的需求发生变化，导致市场价格逐渐下跌。

（5）其他足以证明该项存货实质上已经发生减值的情形。

10. "一年内到期的非流动资产"项目

"一年内到期的非流动资产"项目反映企业在一年内将到期的各项非流动资产。

11. "其他流动资产"项目

"其他流动资产"项目反映企业除以上流动资产项目外的其他流动资产的实际成本。

12. "可供出售金融资产"项目

"可供出售金融资产"项目反映企业持有的可供出售金融资产的公允价值减去已计提的可供出售金融资产减值准备后的金额，包括划分为可供出售的股票投资、债券投资等金融资产。

13. "持有至到期投资"项目

"持有至到期投资"项目反映企业持有至到期投资的摊余成本减去已计提的持有至到期投资减值准备后的金额。

14. "长期应收款"项目

"长期应收款"项目反映企业的长期应收款项，包括融资租赁产生的应收款项、采用递延方式具有融资性质的销售商品和提供劳务等产生的应收款项等，也包括实质上构成对被投资单位净投资的长期权益。

15. "长期股权投资"项目

"长期股权投资"项目反映企业持有的采用成本法和权益法核算的长期股权投资。

1）采用成本法核算的情况

成本法是指长期股权投资按投资成本计价的方法。通常情况下，持股比例是确定采用成本法还是采用权益法核算的主要依据。下列情况下一般应采用成本法核算。

（1）投资企业能够对被投资单位实施控制的长期股权投资。

（2）投资企业对被投资单位不具有共同控制或重大影响，并且在活跃市场中没有报价、公允价值不能可靠计量的长期股权投资。通常情况下，投资企业拥有被投资单位20%以下表决权资本的，则认为投资企业对被投资单位不具有共同控制或重大影响。

2）成本法核算的一般程序

长期股权投资采用成本法核算的一般程序如下。

（1）初始投资或追加投资时，按照初始投资或追加投资时的初始投资成本，或者追加投资后的初始投资成本，作为长期股权投资的账面价值。

（2）被投资单位宣告分派的利润或现金股利，投资企业按应享有的部分，确认为当期投资收益，但投资企业确认的投资收益，仅限于所获得的被投资单位在接受投资后产生的累计净利润的分配额，所获得的被投资单位宣告分派的利润，或者现金股利超过被投资单位在接受投资后产生的累计净利润的部分，作为初始投资成本的收回，冲减投资的账面价值。

3）采用权益法核算的情况

权益法是指长期股权投资最初以初始投资成本计价，以后根据投资企业享有被投资单位所有者权益份额的变动对投资的账面价值进行调整的方法。投资企业对被投资单位具有共同控制或重大影响时，长期股权投资应采取权益法核算。当投资企业因减少投资等原因对被投资单位不再具有共同控制或重大影响时，投资企业对被投资单位的长期股权投资应中止采用权益法，改按成本法核算。

长期股权投资采用权益法核算的情况下，进行初始投资或追加投资时，按照初始投资或追加投资后的初始投资成本作为长期股权投资的账面价值；投资后，随着被投资单位所有者权益的变动而相应增加或减少长期股权投资的账面价值。

事实上，投资企业的长期股权投资采用成本法还是权益法核算，很大程度上是一个判断的结果，取决于该企业的盈利战略，除非其投资额占到被投资单位 50% 以上的表决权资本。因为，一般情况下，若采用权益法，投资企业的投资收益是正还是负，完全取决于被投资企业是盈利还是亏损；若采用成本法，投资企业的投资收益只会是正数或零，而与被投资企业损益无关。

按照《企业会计准则第 2 号——长期股权投资》的要求，企业应对长期投资的账面价值定期或至少每年年度终了时，逐项进行检查。如果由于市价持续下跌或被投资单位经营状况变化等原因导致其可收回金额低于投资的账面价值，应当计提减值准备，并按其计提额，借记"投资收益"项目，进利润表，作为本期利润的减少；贷记本项目，进资产负债表，抵减"长期投资"项目的金额。

企业持有的长期股权投资，有的有市价，有的没有市价，对持有的长期股权投资是否计提减值准备，可以根据下列迹象判断。

（1）有市价的长期股权投资是否计提减值准备，可根据下列迹象判断。

① 市价持续 2 年低于账面价值。

② 该项投资暂停交易 1 年或 1 年以上。

③ 被投资单位当年发生严重亏损。

④ 被投资单位持续 2 年发生亏损。

⑤ 被投资单位进行清理整顿、清算或出现其他不能持续经营的迹象。

（2）无市价的长期股权投资是否计提减值准备，可根据下列迹象判断。

① 影响被投资单位经营的政治或法律环境的变化，可能导致被投资单位出现巨额亏损。

② 被投资单位所供应的商品或提供的劳务因产品过时，或者消费者偏好改变而使市场的需求发生变化，从而导致被投资单位财务状况发生严重恶化。

③ 被投资单位所在行业的生产技术等发生重大变化，被投资单位已失去竞争能力，从而导致财务状况发生严重恶化。

④ 有证据表明，该项投资实质上已经不能再给企业带来经济利益的其他情形。

长期股权投资的价值减值是指长期投资未来可收回金额低于账面价值所发生的损失。这里的"可收回金额"是指企业资产的出售净价与其从该资产的持有和投资到期处置中形成的预计未来现金流量的现值两者之中的较高者。其中，出售净价是指资产的出售价格减去所发生的资产处置费用后的余额。"长期股权投资减值准备"项目反映企业长期股权投资计提的跌价损失准备，是长期股权投资未来可收回金额低于账面价值所发生的损失。企业应当定期或至少于每年年终，对长期投资逐项进行检查，如果由于市价持续下降或被投资单位经营状况恶化等原因导致其可收回金额低于账面价值的，应当计提长期股权投资减值准备。

16. "投资性房地产"项目

"投资性房地产"项目反映企业采用成本模式计量的投资性房地产的成本减去投资性房地产累计折旧（摊销）和投资性房地产减值准备后的金额，或者采用公允价值模式计量投资性房地产的公允价值。

17. "固定资产"项目

"固定资产"项目反映企业持有的固定资产原价减去已计提的累计折旧和减值准备后的金额。

1）企业的固定资产特征

企业的固定资产是指同时具有以下特征的有形资产。

（1）为生产商品、提供劳务、出租或经营管理而持有的。

（2）使用寿命超过一个会计年度。

由于企业的经营内容、经营规模等各不相同，固定资产的标准也不可能要求绝对一致，各企业可以根据会计制度中对定义的固定资产的标准，结合各自的具体情况，制定适合本企业实际情况的固定资产目录、分类方法、每类或每项固定资产的折旧年限、折旧方法，作为固定资产核算的依据。

2）企业固定资产折旧

固定资产折旧是指在固定资产的使用寿命内，按照确定的方法对应计折旧额进行的系统分摊。其中，应计折旧额是指应当计提折旧的固定资产原价扣除其预计净残值后的余额，如果已对固定资产计提减值准备，还应该扣除已计提的固定资产减值准备累计金额。

企业应当根据固定资产所含经济利益的预期实现方式选择折旧方法，可选择的折旧方法包括年限平均法、工作量法、年数总和法和双倍余额递减法。

固定资产发生损坏、技术陈旧或其他经济原因，导致其可收回金额低于其账面价值的，这种情况称之为固定资产价值减值。

企业应当定期或至少在每年年终，对固定资产逐项进行检查，如发现存在下列情况，应当计算固定资产可收回金额，以确定资产是否已发生减值。

（1）固定资产市价大幅度下跌，其跌幅大大高于因时间推移或正常使用预计的下跌，并且预计在近期内不可能恢复。

（2）企业所处的经营环境或产品营销市场，在当期发生或在近期发生重大变化，并对企业产生负面影响。

（3）同期市场利率大幅度提高，进而很可能影响企业计算固定资产可收回金额的折现率，并导致固定资产可收回金额大幅度降低。

（4）固定资产陈旧过时或发生实体损坏等。

（5）固定资产预计使用方法发生重大不利变化，从而有可能对企业产生负面影响。

（6）其他有可能表明资产已发生减值的情况。

3）企业固定资产减值准备

如果固定资产的可收回金额低于其账面价值，企业应当按可收回金额低于账面价值的差额计提固定资产减值准备，并计入当期损益。

固定资产减值准备应按单项资产计提。

当存在下列情况之一时，应该按照该项固定资产的账面价值全额计提固定资产减值准备。

（1）长期闲置不用，在可预见的未来不会再使用，且已无转让价值的固定资产。

（2）由于技术进步等原因，已不可使用的固定资产。

（3）虽然尚可使用，但使用后产生大量不合格品的固定资产。

（4）已遭毁损，以至于不再具有使用价值和转让价值的固定资产。

（5）其他实质上已经不能再给企业带来经济利益的固定资产。

已全额计提减值准备的固定资产，应当按照该固定资产的账面价值，以及尚可使用寿命重新计算确定折旧率和折旧额；如果已计提减值准备的固定资产价值又得以恢复，应当按照固定资产减值恢复后的账面价值，以及尚可使用寿命重新计算折旧率和折旧额。

如果有迹象表明以前期间据以计提固定资产减值的各种因素发生变化，使得固定资产的可收回金额大于其账面价值，则以前期间已计提的减值损失应当转回，但转回的金额不应超过原已计提的固定资产减值准备。

18."在建工程"项目

"在建工程"项目反映企业基建、更新改造等在建工程发生的支出减去已计提减值准备后的金额。

19."工程物资"项目

"工程物资"项目反映企业为在建工程准备的各种物资的成本减去已计提减值准备后的金额，包括工程用材料、尚未安装的设备，以及为生产准备的工器具等。

20."固定资产清理"项目

"固定资产清理"项目反映企业因出售、毁损、报废等原因转入清理但尚未清理完毕的固定资产的账面价值，以及固定资产清理过程中发生的各项费用或收入的差额。

21."生产性生物资产"项目

"生产性生物资产"项目反映企业持有的生产性生物资产原价减去已计提的累计折旧和减值准备后的金额。

22. "油气资产"项目

"油气资产"项目反映企业持有的矿区权益和油气井及相关设施的原价减去已计提的累计折耗和减值准备后的金额。

23. "无形资产"项目

"无形资产"项目反映企业持有的无形资产成本减去已计提的累计摊销和减值准备后的金额,包括专利权、非专利技术、商标权、著作权、土地使用权等。

24. "开发支出"项目

"开发支出"项目反映企业正在进行无形资产研究开发项目时,满足资本化条件的支出。

该科目应当按照研究开发的具体项目,分别"费用化支出"与"资本化支出"进行明细核算,其中费用化支出项目期末无余额。

25. "商誉"项目

"商誉"项目反映非同一控制下的企业合并中形成的商誉价值减去减值准备后的金额。

26. "长期待摊费用"项目

"长期待摊费用"项目反映企业尚未摊销完毕的应由以后各期负担的分摊期限在1年以上的各项费用,如以经营租赁方式租入的固定资产发生的改良支出等。

27. "递延所得税资产"项目

"递延所得税资产"项目反映企业确认的可抵扣暂时性差异产生的递延所得税资产。

28. "其他非流动资产"项目

"其他非流动资产"项目反映除以上资产以外的其他非流动资产。

我国《企业会计准则第8号——资产减值》中有以下规定。

第二条 资产减值,是指资产的可收回金额低于其账面价值。(略)

第四条 企业应当在资产负债表日判断资产是否存在可能发生减值的迹象。

因企业合并所形成的商誉和使用寿命不确定的无形资产,无论是否存在减值迹象,每年都应当进行减值测试。

第五条 存在下列迹象的,表明资产可能发生了减值:

(一)资产的市价当期大幅度下跌,其跌幅明显高于因时间的推移或者正常使用而预计的下跌。

(二)企业经营所处的经济、技术或者法律等环境以及资产所处的市场在当期或者将在近期发生重大变化,从而对企业产生不利影响。

(三)市场利率或者其他市场投资报酬率在当期已经提高,从而影响企业计算资产预计未来现金流量现值的折现率,导致资产可收回金额大幅度降低。

(四)有证据表明资产已经陈旧过时或者其实体已经损坏。

(五)资产已经或者将被闲置、终止使用或者计划提前处置。

(六)企业内部报告的证据表明资产的经济绩效已经低于或者将低于预期,如资产所创造的净现金流量或者实现的营业利润(或者亏损)远远低于(或者高于)预计金额等。

(七)其他表明资产可能已经发生减值的迹象。

第六条 资产存在减值迹象的,应当估计其可收回金额。

　　可收回金额应当根据资产的公允价值减去处置费用后的净额与资产预计未来现金流量的现值两者之间较高者确定。

　　处置费用包括与资产处置有关的法律费用、相关税费、搬运费以及为使资产达到可销售状态所发生的直接费用等。

　　第十五条　可收回金额的计量结果表明，资产的可收回金额低于其账面价值的，应当将资产的账面价值减记至可收回金额，减记的金额确认为资产减值损失，计入当期损益，同时计提相应的资产减值准备。

　　第十六条　资产减值损失确认后，减值资产的折旧或者摊销费用应当在未来期间作相应调整，以使该资产在剩余使用寿命内，系统地分摊调整后的资产账面价值（扣除预计净残值）。

　　第十七条　资产减值损失一经确认，在以后会计期间不得转回。

　　上述准则中第十七条所涉及的"资产减值损失"，其对应科目为"资产减值准备"，不包括"坏账准备"和"存货跌价准备"。

4.2.2　负债类项目

　　29."短期借款"项目

　　"短期借款"项目反映企业向银行或其他金融机构等借入的期限在 1 年以下（含 1 年）的各种借款。

　　30."交易性金融负债"项目

　　"交易性金融负债"项目反映企业承担的交易性金融负债和企业持有的直接指定为以公允价值计量且其变动计入当期损益的金融负债的公允价值。

　　31."应付票据"项目

　　"应付票据"项目反映企业购买材料、商品和接受劳务供应等开出、承兑的尚未到期的商业汇票的票面金额，包括银行承兑汇票和商业承兑汇票。

　　32."应付账款"项目

　　"应付账款"项目反映企业因购买材料、商品或接受劳务等经营活动应支付的款项。

　　33."预收款项"项目

　　"预收款项"项目反映企业按照合同规定预收的款项。

　　34."应付职工薪酬"项目

　　"应付职工薪酬"项目反映企业根据有关规定应付给职工的各种薪酬，包括工资、职工福利、社会保险费、住房公积金、工会经费、职工教育经费、非货币性福利、辞退福利、股份支付等。

　　35."应交税费"项目

　　"应交税费"项目反映企业按照税法等规定计算应缴纳的各种税费，包括增值税、消费税、营业税、所得税、资源税、土地增值税、城市维护建设税、房产税、土地使用税、车船税、教育费附加、矿产资源补偿费等。

36.　"应付利息"项目

"应付利息"项目反映企业按照合同约定应支付的利息，包括吸收存款、分期付息到期还本的长期借款、企业债券等应支付的利息。

37.　"应付股利"项目

"应付股利"项目反映企业应付未付的现金股利或利润。

38.　"其他应付款"项目

"其他应付款"项目反映企业除应付票据、应付账款、预收账款、应付职工薪酬、应付利息、应付股利、应交税费、长期应付款等以外的其他各项应付、暂收的款项。

39.　"一年内到期的非流动负债"项目

"一年内到期的非流动负债"项目反映企业将在一年内到期的各项非流动负债。

40.　"其他流动负债"项目

"其他流动负债"项目反映企业除以上流动负债以外的其他流动负债。

41.　"长期借款"项目

"长期借款"项目反映企业向银行或其他金融机构借入的期限在 1 年以上（不含 1 年）的各项借款。

42.　"应付债券"项目

"应付债券"项目反映企业为筹集（长期）资金而发行债券的本金和利息。

43.　"长期应付款"项目

"长期应付款"项目反映企业除长期借款和应付债券以外的其他各种长期应付款项，包括应付融资租入固定资产的租赁费、以分期付款方式购入固定资产等发生的应付款项等。

44.　"专项应付款"项目

"专项应付款"项目反映企业取得政府作为企业所有者投入的具有专项或特定用途的款项。

45.　"预计负债"项目

"预计负债"项目反映企业确认的对外提供担保、未决诉讼、产品质量保证、重组义务、亏损性合同等预计负债。

《企业会计准则第 13 号——或有事项》中有以下规定。

第二条　或有事项，是指过去的交易或者事项形成的，其结果须由某些未来事项的发生或不发生才能决定的不确定事项。

第四条　与或有事项相关的义务同时满足下列条件的，应当确认为预计负债：

（一）该义务是企业承担的现时义务；

（二）履行该义务很可能导致经济利益流出企业；

（三）该义务的金额能够可靠地计量。

第五条　预计负债应当按照履行相关现时义务所需支出的最佳估计数进行初始计量。

所需支出存在一个连续范围，且该范围内各种结果发生的可能性相同的，最佳估计数应当按照该范围内的中间值确定。

在其他情况下，最佳估计数应当分别下列情况处理：

（一）或有事项涉及单个项目的，按照最可能发生金额确定。

（二）或有事项涉及多个项目的，按照各种可能结果及相关概率计算确定。

第八条 待执行合同变成亏损合同的，该亏损合同产生的义务满足本准则第四条规定的，应当确认为预计负债。

待执行合同，是指合同各方尚未履行任何合同义务，或部分地履行了同等义务的合同。

亏损合同，是指履行合同义务不可避免会发生的成本超过预期经济利益的合同。

第九条 企业不应当就未来经营亏损确认预计负债。

第十条 企业承担的重组义务满足本准则第四条规定的，应当确认预计负债。同时存在下列情况时，表明企业承担了重组义务：

（一）有详细、正式的重组计划，包括重组涉及的业务、主要地点、需要补偿的职工人数及其岗位性质、预计重组支出、计划实施时间等。

（二）该重组计划已对外公告。

重组，是指企业制定和控制的，将显著改变企业组织形式、经营范围或经营方式的计划实施行为。

46. "递延所得税负债"项目

"递延所得税负债"项目反映企业确认的应纳税暂时性差异产生的所得税负债。

47. "其他非流动负债"项目

"其他非流动负债"项目反映企业除以上非流动负债外的其他非流动负债。

4.2.3 所有者权益类项目

48. "实收资本"项目

"实收资本"项目反映企业接受投资者投入的实收资本或股本总额。

49. "资本公积"项目

"资本公积"项目反映企业收到投资者出资额超出其在注册资本或股本中所占份额的部分，也包括直接计入所有者权益的利得和损失。

50. "库存股"项目

"库存股"项目反映企业收购、转让或注销的本公司股份金额。

51. "盈余公积"项目

"盈余公积"项目反映企业按规定从净利润中提取的法定公积金和任意公积金。

52. "未分配利润"项目

"未分配利润"项目反映企业留待以后年度进行分配的利润或未弥补的亏损。

需要注意的是，以上资产负债表的各项目在信息的揭示方面存在着许多问题，这将给报表的分析者带来一定的困难。

首先，资产一般都按取得时的实际成本计价。由于通货膨胀的存在，往往造成报表上资产的账面价值与资产市价的不一致，但报表分析者往往无法确定资产的市价或重置成本。

其次，资产的计价可采用许多不同的方法。例如，存货的计价可采用先进先出、加权平均等方法，从而造成报表分析者对成本估价的困难。

另外，财务会计人员的职业判断、道德操守，以及一些表外事项的存在也会影响对报表的正确分析。

当然，这些问题并不会使财务报表分析成为不可能，只是要求将定性的判断应用于定量的比率与趋势分析，以便理性地评价这些问题的影响。

本章小结

　　资产负债表是反映企业某一特定日期财务状况的报表，总体是一份存量报告，因此，若要能比较准确地分析资产负债表，必须首先要读懂资产负债表，读懂资产负债表的结构，读懂资产负债表中各个项目所反映的具体经济业务内容，读懂会计人员在反映这些具体经济业务内容时所遵循的会计规则、所选择的会计政策和估计、所采用的会计方法和程序，以及与其他财务报表之间的关系。

本章习题

一、单项选择题

1. 坏账是指企业无法收回，或者收回可能性极小的（　　　）。

　　A. 应收账款　　　　B. 应收票据　　　　C. 应付账款　　　　D. 应付票据

2. 企业的存货是不断流动的，这种流动分实物流动与（　　　）流动两种。

　　A. 现金　　　　　　B. 价值　　　　　　C. 先进先出　　　　D. 后进先出

3. 如果固定资产的可收回金额低于其账面价值，企业应当按可收回金额低于账面价值的差额计提固定资产减值准备，并计入（　　　）。

　　A. 资本公积　　　　B. 盈余公积　　　　C. 当期损益　　　　D. 未分配利润

4. 由于（　　　）的存在，往往造成报表上资产的账面价值与资产市价的不一致。

　　A. 公允价值　　　　B. 货币时间价值　　C. 通货紧缩　　　　D. 通货膨胀

二、多项选择题

1. 发出存货计价对企业损益的计算有直接影响（　　　）。

　　A. 发出存货计价如果过低，当期的收益可能因此而相应增加

　　B. 发出存货计价如果过低，当期的收益可能因此而相应减少

　　C. 发出存货计价如果过高，当期的收益可能因此而相应减少

　　D. 发出存货计价如果过高，当期的收益可能因此而相应增加

2. 无市价的长期股权投资是否计提减值准备，可根据下列迹象判断：（　　　）。

　　A. 影响被投资单位经营的政治或法律环境的变化，可能导致被投资单位出现巨额亏损

　　B. 被投资单位所供应的商品或提供的劳务因产品过时，或者消费者偏好改变而使市场的需求发生变化，从而导致被投资单位财务状况发生严重恶化

　　C. 被投资单位所在行业的生产技术等发生重大变化，被投资单位已失去竞争能力，

从而导致财务状况发生严重恶化

  D. 有证据表明该项投资实质上已经不能再给企业带来经济利益的其他情形

 3. 企业的固定资产是指同时具有以下特征的有形资产：（ ）。

  A. 为生产商品、提供劳务、出租或经营管理而持有的

  B. 为非生产商品、提供劳务、出租或经营管理而持有的

  C. 使用寿命不超过一个会计年度

  D. 使用寿命超过一个会计年度

 4. 与或有事项相关的义务同时满足下列条件的，应当确认为预计负债：（ ）。

  A. 该义务是企业承担的现时义务

  B. 该义务是企业承担的未来义务

  C. 履行该义务很可能导致经济利益流出企业

  D. 该义务的金额能够可靠计量

三、判断题

 1. 资产负债表是反映企业某一特定日期的财务状况的报表，是一份流量报表。（ ）

 2. 通常情况下，投资企业拥有被投资单位 20% 以下表决权资本的，则认为投资企业对被投资单位不具有共同控制或重大影响。（ ）

 3. 资产减值损失一经确认，在以后会计期间不得转回。（ ）

 4. 因企业合并所形成的商誉和使用寿命不确定的无形资产，无论是否存在减值迹象，每年都应当进行减值测试。（ ）

四、简答题

 1. 为什么说资产负债表是一存量报表？

 2. 对资产负债表各项目的核算应遵循哪些会计准则？

 3. 你认为应如何选择使用会计政策和会计估计？

 4. 你怎么理解"读懂资产负债表"？

五、案例分析

  丁一是一家上市公司的总经理，该公司已连续两年亏损，处于退市边缘，重组工作已进行了一段时日，其他诸事都比较顺利，但在财务报表的处理方面碰到了一些麻烦，为了此事，丁总找到了住在同一小区的许教授，并向他说明了自己公司资产负债表的情况。

  该公司的资产总额为零；负债总额为 10 亿元，其中欠银行 8 亿元，欠其他方面 2 亿元；股东权益总额为-10 亿元，其中股本和资本公积各为 1 亿元，共 2 亿元，未分配利润为-12 亿元。

  许教授听了丁总的介绍后，两人的对话如下。

  许：此次重组是否已获得相关政府部门的支持？

  丁：那是毫无疑问的。

  许：作为一家上市公司，尽管面临退市，但资产总额绝不可能为零，为零的情况一定是计提了全额准备所导致的结果。

  丁：情况确实是这样。

  许：那好，冲转准备，越多越好。一方面可以尽可能多地增加资产；另一方面可以尽可

能多地增加利润，冲销负的未分配利润。

丁：然后呢？

许：找一家资产评估事务所，尽可能高地评估你们公司的现有资产，同时增加你们公司的资本公积。

丁：再然后呢？

许：成立一家空壳的集团公司，剥离你们公司的不良资产和与这些不良资产相对应的8亿元银行债务到这家集团公司，以便你们公司能轻装上阵，尽情描绘美好的未来。

丁：最后呢？

许：去找一家战略合作伙伴。

要求：

请分析评价许教授的建议是否符合相关会计准则的要求。

参考答案

一、单项选择题

1. A   2. B   3. C   4. D

二、多项选择题

1. AC   2. ABCD   3. AD   4. ACD

三、判断题

1. ×   2. √   3. √   4. √

第 5 章

利润表解读

学习目标

1. 了解利润表的基本结构。
2. 明确利润表中各个项目的基本内容。
3. 掌握利润表中各个项目的核算方法。
4. 理解利润表与其他报表之间的勾稽关系。

学习重点

1. 利润表是怎样把一定时期的营业收入与其同一期间相关的营业费用进行配比，计算出企业一定时期的净利润的。

2. 利润表中各项目的计算是基于权责发生制的要求，并非表示实际的现金流量，也并非应纳税利润。

利润表往往被认为是一种最重要的财务报表，该表也可称损益表、收益表等。通过阅读利润表提供的不同时期的比较数字（本期金额、上期金额），既可以帮助了解一个企业过去和现在的收入、费用和利润，又可以在此基础上分析企业未来收入和费用的发展趋势和盈利能力，从而为投资者投入资本的效益提供较为完整的信息。并且，由于利润是企业经营业绩的综合体现，又是进行利润分配的主要依据，因此，利润表是财务报表中的主要报表。

5.1 利润表格式

利润表是反映企业在一定会计期间的经营成果的财务报表，是一份流量报表。利润表把一定时期的营业收入与其同一期间相关的营业费用进行配比，以计算出企业一定时期的净利润。通过利润表反映的收入和费用等情况，可以衡量企业生产经营的收入、费用、利润等绝对量指标，表明企业一定时期的经营成果。

利润表是通过一定的规定格式项目来反映企业经营成果的财务报表，但由于不同的国家和企业对财务报表的信息要求不同，利润表中具体规定格式项目的排列也不完全相同，但目前使用比较普遍的利润表格式主要有多步式和单步式两种。

多步式利润表中的利润是通过多步计算而得来的,其编制通常分为以下几步。

第一步:从营业收入中减去营业成本和期间费用,加减投资收益等,计算得出营业利润。

第二步:在营业利润的基础上加减营业外收支,计算得出本期实现利润,即税前利润。

第三步:从利润总额(即税前利润)中减去所得税,计算得出本期净利润,即税后利润。

多步式利润表的优点是便于对企业生产经营的各种情况进行分析,有利于不同企业之间进行比较。更重要的是,利用多步式利润表有利于预测企业今后的盈利能力;其缺点是不能明晰企业发生的各项收支费用,以及它们之间的配比关系。

单步式利润表是将企业当期的所有收入加在一起,然后将所有的费用加总在一起,通过一次计算得出当期损益。其优点是结构简单,不存在牵强附会的中间指标。

多步式和单步式利润表中各项目的数据来源相同,计算出的利润总额也相同。表 5-1 是典型的多步式利润表。

表 5-1 多步式利润表

利润表

编制单位: 年   月   单位: 币种:

项　　目	本期金额	上期金额
一、营业总收入(合并报表)		
其中:营业收入		
利息收入(合并报表)		
已赚保费(合并报表)		
手续费及佣金收入(合并报表)		
二、营业总成本(合并报表)		
其中:营业成本		
利息支出(合并报表)		
手续费及佣金支出(合并报表)		
退保费(合并报表)		
赔付支出净额(合并报表)		
提取保险合同准备金净额(合并报表)		
保单红利支出(合并报表)		
分保费用(合并报表)		
税金及附加		
销售费用		
管理费用		
财务费用		
资产减值损失		
加:公允价值变动收益(损失以"-"号填列)		
投资收益(损失以"-"号填列)		
其中:对联营企业和合营企业的投资收益		
汇兑收益(损失以"-"号填列)(合并报表)		

项　目	本期金额	上期金额
三、营业利润（亏损以"-"号填列）		
加：营业外收入		
减：营业外支出		
其中：非流动资产处置损失		
四、利润总额（亏损总额以"-"号填列）		
减：所得税费用		
五、净利润（净亏损以"-"号填列）		
归属于母公司所有者的净利润（合并报表）		
少数股东损益（合并报表）		
六、每股收益		
（一）基本每股收益		
（二）稀释每股收益		

5.2　利润表各项目解读

我国目前一般采用多步式利润表格式，报表中所反映的无论是收入还是费用，均为报告期内所发生的累计数。

1. "营业收入"项目

"营业收入"项目反映企业确认的销售商品、提供劳务等主营业务的收入，以及除主营业务活动以外的其他经营活动实现的收入，包括出租固定资产、出租无形资产、出租包装物和商品、销售材料、用材料进行非货币性交换（非货币性资产交换具有商业实质且公允价值能够可靠计量）或债务重组等实现的收入。

典型的企业通过销售商品或提供劳务来获得收入，当产品发出或对客户提供劳务时，企业就完成了为获取收入所需承担的责任。因此，最常见的一种销售方法是"直接销售法"，就是在发出商品或提供劳务的当期确认收入。

在按权责发生制原则进行会计核算时，收入的确认时间主要有以下几种。

（1）销售时确认收入。当商品已发出或劳务已提供，同时收讫价款或取得收取价款的权利时，可确认收入的实现。

（2）销售前确认收入。若一项经营活动的营业周期较长，但最终结果比较确定，则可根据一定的标准，在销售之前，即在生产经营过程中确认销售收入。

（3）销售后确认销售收入。在某些情况下，如在采用分期收款结算方法销售商品时，可按合同规定的收款日期，或者以商品销售后的某期应收或实际收到的价款，确认销售收入。

我国 2017 年版的《企业会计准则第 14 号——收入》中有以下规定。

第二条　收入，是指企业在日常活动中形成的、会导致所有者权益增加的、与所有者投入资本无关的经济利益的总流入。

第四条 企业应当在履行了合同中的履约义务，即在客户取得相关商品控制权时确认收入。取得相关商品控制权，是指能够主导该商品的使用并从中获得几乎全部的经济利益。

第五条 当企业与客户之间的合同同时满足下列条件时，企业应当在客户取得相关商品控制权时确认收入：

（一）合同各方已批准该合同并承诺将履行各自义务；

（二）该合同明确了合同各方与所转让商品或提供劳务（以下简称"转让商品"）相关的权利和义务；

（三）该合同有明确的与所转让商品相关的支付条款；

（四）该合同具有商业实质，即履行该合同将改变企业未来现金流量的风险、时间分布或金额；

（五）企业因向客户转让商品而有权取得的对价很可能收回。

在合同开始日即满足前款条件的合同，企业在后续期间无需对其进行重新评估，除非有迹象表明相关事实和情况发生重大变化。合同开始日通常是指合同生效日。

第六条 在合同开始日不符合本准则第五条规定的合同，企业应当对其进行持续评估，并在其满足本准则第五条规定时按照该条的规定进行会计处理。

对于不符合本准则第五条规定的合同，企业只有在不再负有向客户转让商品的剩余义务，且已向客户收取的对价无需退回时，才能将已收取的对价确认为收入；否则，应当将已收取的对价作为负债进行会计处理。没有商业实质的非货币性资产交换，不确认收入。

第七条 企业与同一客户（或该客户的关联方）同时订立或在相近时间内先后订立的两份或多份合同，在满足下列条件之一时，应当合并为一份合同进行会计处理：

（一）该两份或多份合同基于同一商业目的而订立并构成一揽子交易。

（二）该两份或多份合同中的一份合同的对价金额取决于其他合同的定价或履行情况。

（三）该两份或多份合同中所承诺的商品（或每份合同中所承诺的部分商品）构成本准则第九条规定的单项履约义务。

第八条 企业应当区分下列三种情形对合同变更分别进行会计处理：

（一）合同变更增加了可明确区分的商品及合同价款，且新增合同价款反映了新增商品单独售价的，应当将该合同变更部分作为一份单独的合同进行会计处理。

（二）合同变更不属于本条（一）规定的情形，且在合同变更日已转让的商品或已提供的服务（以下简称"已转让的商品"）与未转让的商品或未提供的服务（以下简称"未转让的商品"）之间可明确区分的，应当视为原合同终止，同时，将原合同未履约部分与合同变更部分合并为新合同进行会计处理。

（三）合同变更不属于本条（一）规定的情形，且在合同变更日已转让的商品与未转让的商品之间不可明确区分的，应当将该合同变更部分作为原合同的组成部分进行会计处理，由此产生的对已确认收入的影响，应当在合同变更日调整当期收入。

本准则所称合同变更，是指经合同各方批准对原合同范围或价格作出的变更。

第九条 合同开始日，企业应当对合同进行评估，识别该合同所包含的各单项履约义务，并确定各单项履约义务是在某一时段内履行，还是在某一时点履行，然后，在履行了各单项履约义务时分别确认收入。

履约义务，是指合同中企业向客户转让可明确区分商品的承诺。履约义务既包括合同中明确的承诺，也包括由于企业已公开宣布的政策、特定声明或以往的习惯做法等导致合同订立时客户合理预期企业将履行的承诺。企业为履行合同而应开展的初始活动，通常不构成履约义务，除非该活动向客户转让了承诺的商品。

企业向客户转让一系列实质相同且转让模式相同的、可明确区分商品的承诺，也应当作为单项履约义务。

转让模式相同，是指每一项可明确区分商品均满足本准则第十一条规定的、在某一时段内履行履约义务的条件，且采用相同方法确定其履约进度。

第十条 企业向客户承诺的商品同时满足下列条件的，应当作为可明确区分商品：

（一）客户能够从该商品本身或从该商品与其他易于获得资源一起使用中受益；

（二）企业向客户转让该商品的承诺与合同中其他承诺可单独区分。

下列情形通常表明企业向客户转让该商品的承诺与合同中其他承诺不可单独区分：

1. 企业需提供重大的服务以将该商品与合同中承诺的其他商品整合成合同约定的组合产出转让给客户。

2. 该商品将对合同中承诺的其他商品予以重大修改或定制。

3. 该商品与合同中承诺的其他商品具有高度关联性。

第十一条 满足下列条件之一的，属于在某一时段内履行履约义务；否则，属于在某一时点履行履约义务：

（一）客户在企业履约的同时即取得并消耗企业履约所带来的经济利益。

（二）客户能够控制企业履约过程中在建的商品。

（三）企业履约过程中所产出的商品具有不可替代用途，且该企业在整个合同期间内有权就累计至今已完成的履约部分收取款项。

具有不可替代用途，是指因合同限制或实际可行性限制，企业不能轻易地将商品用于其他用途。

有权就累计至今已完成的履约部分收取款项，是指在由于客户或其他方原因终止合同的情况下，企业有权就累计至今已完成的履约部分收取能够补偿其已发生成本和合理利润的款项，并且该权利具有法律约束力。

第十二条 对于在某一时段内履行的履约义务，企业应当在该段时间内按照履约进度确认收入，但是，履约进度不能合理确定的除外。企业应当考虑商品的性质，采用产出法或投入法确定恰当的履约进度。其中，产出法是根据已转移给客户的商品对于客户的价值确定履约进度；投入法是根据企业为履行履约义务的投入确定履约进度。对于类似情况下的类似履约义务，企业应当采用相同的方法确定履约进度。

当履约进度不能合理确定时，企业已经发生的成本预计能够得到补偿的，应当按照已经发生的成本金额确认收入，直到履约进度能够合理确定为止。

第十三条 对于在某一时点履行的履约义务，企业应当在客户取得相关商品控制权时点确认收入。在判断客户是否已取得商品控制权时，企业应当考虑下列迹象：

（一）企业就该商品享有现时收款权利，即客户就该商品负有现时付款义务。

（二）企业已将该商品的法定所有权转移给客户，即客户已拥有该商品的法定所有权。

（三）企业已将该商品实物转移给客户，即客户已实物占有该商品。

（四）企业已将该商品所有权上的主要风险和报酬转移给客户，即客户已取得该商品所有权上的主要风险和报酬。

（五）客户已接受该商品。

（六）其他表明客户已取得商品控制权的迹象。

与 2006 年版的"收入"准则相比，2017 年版的准则主要有以下几个方面的特点。

（一）保持了与国际会计准则理事会和美国财务会计准则委员会已于 2014 年 5 月联合发布了《国际财务报告准则第 15 号——源于客户合同的收入》的趋同。

（二）新收入准则将原收入和建造合同两项准则纳入统一的收入确认模型，帮助解决了某些业务，因时间边界的清晰性不够，而导致的收入标准确认不明的现象，因为人们可能会采用不同的收入确认方法。并且，新收入准则根据履约义务和执行方式的不同，规定了在某一时点上，当商品或服务的控制权转移时应如何确认收入，以及规定了在一段时间内执行履约义务的标准，以及确认收入的三类情形，为收入的确认选择和判断提供了更明确的指引。

比如，当采用分期付款方式销售商品时，直到分期的付款全部付清之前，买方并不拥有该商品确定的所有权（汽车销售是一个典型的例子），但具有控制权，则按新准则第十三条，如果能够合理地确认这些付款可以分期偿付，就应在发出商品的同时部分确认销售收入。

另一个例子是委托代销品。在委托代销品的发运中，卖方或委托人发运商品给代销这些商品的承销人，委托人依旧保存这些商品的所有权，直到商品全部售出为止。在此过程中，承销人可以把任何未售出的商品退回给委托人，只有在承销人将商品售出，才算完全履行了销售的责任，所以，只有到商品完全售出后，委托人才确认收入的实现。因此，寄销品的发运只是代表卖方的资产，即存货，从一个地方到另外一个地方的移动，发出寄售品的金额可以按其成本价登记在会计账户中。

（三）新收入准则按控制权是否转移来确认收入，而控制权是否转移是以合同义务是否履行来认定。因此，企业应当对合同进行评估，识别该合同所包含的各单项履约义务，并确定各单项履约义务是在某一时段内履行，还是在某一时点履行，然后在履行了各单项履约义务时分别确认收入。

现行税收法规对收入的确认主要以所有权是否转移来认定，因此新收入准则下收入的确认标准与现行税收法规规定的收入确认标准不一致，需要在计算所得税时进行纳税调整。

新收入准则以合同的识别为起点，从确认、计量、记录到报告，体现了一个完整的会计信息形成过程，并为不同类型的收入确定了一个统一的模型。

（四）新收入准则以控制权转移而非所有权转移作为收入确认时点的判断标准，也就是说，企业在收入确认之前应首先识别合同中的履约义务，当企业完成各项履约义务时，也就是相关商品或服务的控制权转移给客户时，才应当进行收入确认。而所谓控制权转移的标志，就是第十三条的六项标准。

比如，房产交易中比较常见的，产权交易已经完成，但原房主仍然拒绝搬出的情况，并且合同中并未对此现象作出明确规范，就是典型的所有权已转移，但控制权尚未转移的现象，也就不应该确认收入。

更典型的例子是企业的不动产交易。很多企业通过销售合同卖出办公大楼，作为收入，但人员并未撤出，至下一年度，再通过购买合同取得大楼。最关键的是，销售合同并未对大楼销售以后的实际使用情况作出明确规定，因此，按新准则第十三条，不应确认收入。

类似的还有发生在产品或劳务的销售过程中，所谓推迟确认或提早确认收入的例子。

美国证券交易委员会的原主席 Arthur Levitt 认为，很多公司试图通过操纵收入时间的方法来提高收入。如果你的面前有一瓶酒，在没有准备好之前你是不会拔开瓶塞的，但是有些公司对他们的收入采取了这样的做法：在产品发送到客户那里之前，或者当客户仍然有权利选择终止交易、使销售无效或推迟销售之前就确认收入。

美国证券交易委员会发现的财务欺诈案件中，有半数以上涉及这种不适当的收入确认。

（五）新收入准则打破了商品和劳务的界限，不再区分商品销售和劳务服务提供不同的确认标准，不论企业销售商品还是提供劳务，均需要基于履约义务的执行情况，运用收入确认的"五步法模型"来进行收入的确认。也就是说，销售商品并不一定是在某一时点确认收入，提供劳务也并不一定是在一段时间内根据完工进度确认收入，关键是基于履约义务的履行方式的不同。

比如，由于高层建筑、桥梁、飞机、船舶、空间探测器，以及其他一些特殊的大型项目都会牵涉一个设计、开发和建造、生产等的一系列过程，有时这一过程可能要持续几年之久，而这些项目都是按照规定了产品规格的合同来完成的，合同中通常同时还规定：

（1）客户在该项目的不同时点需要支付预定金额，成为固定价格合同；

（2）以项目实际成本加上一部分合理的利润来确认客户的付款，成为成本补偿合同。

在合同当事人履约的会计期间，实际上就产生了经营业绩，如果可以合理地保证合同的边际利润及其最终可实现程度，则应在每一这样的期间中，适当地确认收入。这种销售收入的确认方法，由于其收入的金额与本期所完成的全部工程项目的百分比相关，故称为完工百分比法。

在成本补偿合同中，每一会计期间所获取的收益金额通常可以可靠地估计，如果股东同意支付成本加 10% 的加成，而且工作是按计划进行的话，销售收入就是本会计期间所发生的成本的 110%。而固定价格合同则通常明确说明，如何确定项目的每一步骤满意的完工进度，这些时点在工程上被称为"里程碑"。如果项目计划做得好，则所达到的"里程碑"的数量可以使合同履行人有效估计完工百分比，进而确定该合同所应确认的销售收入。

表 5-2 列示了对于一个 3 年期的项目，用两种长期合同的会计核算方法。请注意，每种方法在整个 3 年会计期间都提供了相同的项目收益总额，但只有完工百分比法把收益总额对应分配到 3 年中的每一年中。另外，值得注意的是，在任何一种方法下，客户的付款（资金流入量）都与每年所确认的收入金额没有直接关系。

表 5-2　长期合同的会计核算方法　　　　　　　　　　　　　　单位：元

年序	收到的客户付款	发生的工程成本	年底已完工百分比/%	完全合同法			完工百分比法		
				收入	费用	收益	收入	费用	收益
1	120 000	160 000	20	0	0	0	180 000	160 000	20 000
2	410 000	400 000	70	0	0	0	450 000	400 000	50 000
3	370 000	240 000	100	900 000	800 000	100 000	270 000	240 000	30 000
合计	900 000	800 000		900 000	800 000	100 000	900 000	800 000	100 000

完工百分比法中的收入栏每年的金额，是当年所完成的完工百分比乘以全部的项目收入，在表5-2中第一年、第二年、第三年分别完成整个工作的20%、50%、30%。

2. "营业成本"项目

"营业成本"项目反映企业确认销售商品、提供劳务等主营业务收入时应结转的成本，以及除主营业务活动以外的其他经营活动所发生的支出，包括销售材料的成本、出租固定资产的折旧额、出租无形资产的摊销额、出租包装物的成本或摊销额等。

费用应按照权责发生制确认，凡应属于本期发生的费用，无论其款项是否支付，均应确认为本期费用；反之，不属于本期发生的费用，即使其款项已在本期支付，也不确认为本期费用。

在确认费用时，首先，应当划分生产费用与非生产费用的界限。生产费用是指与企业日常生产经营活动有关的费用，如生产产品所发生的原材料费用、人工费用和其他加工费用等；非生产费用是指不应由生产费用负担的费用，如用于购建固定资产所发生的费用，不属于生产费用。其次，应当分清生产费用与产品成本的界限，生产费用与一定的时期相联系，而与生产的产品无关；产品成本与一定品种和数量的产品相联系，而无论发生在哪一期。最后，应当分清生产费用与期间费用的界限，生产费用应当计入产品成本，而期间费用直接计入当期损益。

在确认费用时，对于确认为期间费用的费用，必须进一步划分为销售费用、管理费用和财务费用。对于确认为生产费用的费用，必须根据该费用发生的实际情况分别不同的费用性质将其确认为不同产品生产所负担的费用；对于几种产品共同发生的费用，必须按受益原则，采用一定方法和程序将其分配计入相关产品的生产成本。

若为制造企业，其主营业务成本是指已销售的完工产品的生产成本；若为商业企业，则是指已销售的商品的购进成本。

3. "税金及附加"项目

"税金及附加"项目反映企业经营活动发生的消费税、城市维护建设税、资源税和教育费附加等营业税费，以及房产税、城镇土地使用税、车船税、印花税等杂项税费。其中城市维护建设税和教育费附加属于附加税，是按企业当期实际缴纳的增值税、消费税相加后的税额的一定比例计算。

需要指出的是，此项目中不包括增值税，因为增值税属价外税，即增值税不需要从销售价格中得到补偿，而由购买者直接予以补偿，并最终由消费者予以补偿。而其他税种属价内税，价内税需要从销售价格中直接得到补偿，由购买者间接予以补偿，即最终由消费者予以间接补偿。故而，凡消费者即为纳税人。

4. "销售费用"项目

"销售费用"项目反映企业销售商品和材料、提供劳务的过程中发生的各种费用，包括保险费、包装费、展览费和广告费、商品维修费、预计产品质量保证损失、运输费、装卸费等，以及为销售本企业商品而专设的销售机构（含销售网点、售后服务网点等）的职工薪酬、业务费、折旧费等经营费用。

5. "管理费用"项目

"管理费用"项目反映企业为组织和管理企业生产经营所发生的管理费用，包括企业在筹建期间内发生的开办费、董事会和行政管理部门在企业的经营管理中发生的，或者应由企业统一负担的公司经费（包括行政管理部门职工工资及福利费、物料消耗、低值易耗品摊销、办公费和差旅费等）、工会经费、董事会费（包括董事会成员津贴、会议费和差旅费等）、聘请中介机构费、咨询费（含顾问费）、诉讼费、业务招待费、技术转让费、矿产资源补偿费、研究费用、排污费等。

6. "财务费用"项目

"财务费用"项目反映企业为筹集生产经营所需资金等而发生的筹资费用，包括利息支出（减利息收入）、汇兑损益及相关的手续费、企业发生的现金折扣或收到的现金折扣等。

7. "资产减值损失"项目

"资产减值损失"项目反映企业计提的应收款项、存货、长期股权投资、持有至到期投资、固定资产、无形资产、在建工程、工程物资、生产性生物资产、商誉、采用成本模式计量的投资性房地产等各项资产减值准备所形成的损失。

8. "公允价值变动收益"项目

"公允价值变动收益"项目反映企业交易性金融资产、交易性金融负债，以及采用公允价值模式计量的投资性房地产、衍生工具、套期保值业务等公允价值变动形成的应计入当期损益的利得或损失。

资产负债表日，企业应按交易性金融资产或采用公允价值模式计量的投资性房地产的公允价值高于其账面余额的差额，借记"交易性金融资产——公允价值变动""投资性房地产"科目，贷记本科目；公允价值低于其账面余额的差额，做相反的会计分录。

出售交易性金融资产或采用公允价值模式计量的投资性房地产时，应按实际收到的金额，借记"银行存款""存放中央银行款项"等科目，按其账面余额，贷记"交易性金融资产——成本、公允价值变动"科目或"投资性房地产——成本、公允价值变动"科目，贷记或借记"投资收益"科目。同时，按"交易性金融资产——公允价值变动"科目或"投资性房地产——成本、公允价值变动"科目的余额，借记或贷记本科目，贷记或借记"投资收益"科目。

资产负债表日，交易性金融负债的公允价值高于其账面余额的差额，借记本科目，贷记"交易性金融负债"科目；公允价值低于其账面价值的差额，做相反的会计分录。

出售交易性金融负债时，应按其账面余额，借记"交易性金融负债"等科目，按实际支付的金额，贷记"银行存款""存放中央银行款项""结算备付金"等科目，按其差额，贷记或借记"投资收益"科目。

我国《企业会计准则第3号——投资性房地产》中有以下规定。

第九条 企业应当在资产负债表日采用成本模式对投资性房地产进行后续计量，但本准则第十条规定的除外。采用成本模式计量的建筑物的后续计量，适用《企业会计准则第4号——固定资产》。采用成本模式计量的土地使用权的后续计量，适用《企业会计准则第6号——无形资产》。

第十条 有确凿证据表明投资性房地产的公允价值能够持续可靠取得的，可以对投资性房地产采用公允价值模式进行后续计量。采用公允价值模式计量的，应当同时满足下列条件：

（一）投资性房地产所在地有活跃的房地产交易市场；

（二）企业能够从房地产交易市场上取得同类或类似房地产的市场价格及其他相关信息，从而对投资性房地产的公允价值作出合理的估计。

第十一条 采用公允价值模式计量的，不对投资性房地产计提折旧或进行摊销，应当以资产负债表日投资性房地产的公允价值为基础调整其账面价值，公允价值与原账面价值之间的差额计入当期损益。

第十二条 企业对投资性房地产的计量模式一经确定，不得随意变更。成本模式转为公允价值模式的，应当作为会计政策变更，按照《企业会计准则第28号——会计政策、会计估计变更和差错更正》处理。已采用公允价值模式计量的投资性房地产，不得从公允价值模式转为成本模式。

9. "投资收益" 项目

"投资收益" 项目反映企业确认的投资收益或投资损失。

10. "营业利润" 项目

"营业利润" 项目是企业利润的主要来源，主要由营业收入减去营业成本、税金及附加、期间费用、投资收益等后的余额构成。

通常，以营业收入减去营业成本，可得毛利；再减去税金及附加，可得主营业务利润（虽然不是很贴切，因为这其中还包含其他业务利润），这也是表示一个企业盈利情况的重要财务指标。

而所谓期间费用，是指本期发生的、其效用不能递延的、不能直接或间接归入某种产品成本，因而直接计入损益的各项费用，包括销售费用、管理费用和财务费用。

11. "营业外收入" 项目

"营业外收入" 项目反映企业发生的各项营业外收入，主要包括非流动资产处置利得、非货币性资产交换利得、债务重组利得、政府补助、盘盈利得、捐赠利得等。

12. "营业外支出" 项目

"营业外支出" 项目反映企业发生的各项营业外支出，包括非流动资产处置损失、非货币性资产交换损失、债务重组损失、公益性捐赠支出、非常损失、盘亏损失等。

13. "利润总额" 项目

"利润总额" 项目反映企业实现的税前利润总额。

14. "所得税费用" 项目

"所得税费用" 项目反映企业确认的应从当期利润总额中扣除的所得税费用。

15. "净利润" 项目

"净利润" 项目反映企业实现的税后利润。

16. "每股收益" 项目

"每股收益" 项目主要针对普通股或潜在普通股已公开交易的企业，以及正处于公开发行普通股或潜在普通股过程中的企业，包括基本每股收益和稀释每股收益两项指标。

我国《企业会计准则第34号——每股收益》有以下规定。

第四条 企业应当按照归属于普通股股东的当期净利润，除以发行在外普通股的加权平均数计算基本每股收益。

第五条 发行在外普通股加权平均数按下列公式计算：

发行在外普通股加权平均数=期初发行在外普通股股数+当期新发行普通股股数×已发行时间÷报告期时间-当期回购普通股股数×已回购时间÷报告期时间

已发行时间、报告期时间和已回购时间一般按照天数计算；在不影响计算结果合理性的前提下，也可以采用简化的计算方法。

第六条 新发行普通股股数，应当根据发行合同的具体条款，从应收对价之日（一般为股票发行日）起计算确定。通常包括下列情况：

（一）为收取现金而发行的普通股股数，从应收现金之日起计算。

（二）因债务转资本而发行的普通股股数，从停计债务利息之日或结算日起计算。

（三）非同一控制下的企业合并，作为对价发行的普通股股数，从购买日起计算；同一控制下的企业合并，作为对价发行的普通股股数，应当计入各列报期间普通股的加权平均数。

（四）为收购非现金资产而发行的普通股股数，从确认收购之日起计算。

第七条 企业存在稀释性潜在普通股的，应当分别调整归属于普通股股东的当期净利润和发行在外普通股的加权平均数，并据以计算稀释每股收益。

稀释性潜在普通股，是指假设当期转换为普通股会减少每股收益的潜在普通股。

第八条 计算稀释每股收益，应当根据下列事项对归属于普通股股东的当期净利润进行调整：

（一）当期已确认为费用的稀释性潜在普通股的利息；

（二）稀释性潜在普通股转换时将产生的收益或费用。

上述调整应当考虑相关的所得税影响。

第九条 计算稀释每股收益时，当期发行在外普通股的加权平均数应当为计算基本每股收益时普通股的加权平均数与假定稀释性潜在普通股转换为已发行普通股而增加的普通股股数的加权平均数之和。

计算稀释性潜在普通股转换为已发行普通股而增加的普通股股数的加权平均数时，以前期间发行的稀释性潜在普通股，应当假设在当期期初转换；当期发行的稀释性潜在普通股，应当假设在发行日转换。

第十条 认股权证和股份期权等的行权价格低于当期普通股平均市场价格时，应当考虑其稀释性。计算稀释每股收益时，增加的普通股股数按下列公式计算：

增加的普通股股数=拟行权时转换的普通股股数-行权价格×拟行权时转换的普通股股数÷当期普通股平均市场价格

第十一条 企业承诺将回购其股份的合同中规定的回购价格高于当期普通股平均市场价格时，应当考虑其稀释性。计算稀释每股收益时，增加的普通股股数按下列公式计算：

增加的普通股股数=回购价格×承诺回购的普通股股数÷当期普通股平均市场价格-承诺回购的普通股股数

第十二条 稀释性潜在普通股应当按照其稀释程度从大到小的顺序计入稀释每股收益，直至稀释每股收益达到最小值。

需要注意的是，利润表中各项目的计算是基于权责发生制的要求，并非表示实际的现金流量，这将给报表的分析者带来一定的困难。

使用不同的会计政策和会计估计，必然会导致不同的收入和不同的费用，也即不同的利润，这也将给报表的分析者带来一定的困难。

本章小结

　　利润表往往被认为是一种最重要的财务报表，特别是对管理者和投资者而言。利润表把一定时期的营业收入与其同一期间相关的营业费用进行配比，以计算出企业一定时期的净利润，然而如何配比却有很大的不同，这必然导致不同的利润结果。

　　利润表的利润是基于会计规则的结果，而对会计规则的解读却因人而异，这也在一定程度上说明了会计的艺术性特征。

本章习题

一、单项选择题

1. 最常见的一种销售方法是（　　　），就是在发出商品或提供劳务的当期确认收入。

　　A. 直接销售法　　　　B. 间接销售法　　　　C. 完工百分比法　　　D. 完全合同法

2. （　　　）的发运只是代表卖方的资产，即存货，从一个地方到另外一个地方的移动。

　　A. 商品　　　　　　　B. 寄销品　　　　　　C. 固定资产　　　　　D. 无形资产

3. 制造企业的主营业务成本是指已销售的完工产品的（　　　）。

　　A. 制造费用　　　　　B. 购进成本　　　　　C. 生产成本　　　　　D. 材料成本

4. 以下项目中，不属于营业外收入的项目是（　　　）。

　　A. 非流动资产处置利得　　　　　　　　　B. 非货币性资产交换利得

　　C. 债务重组利得　　　　　　　　　　　　D. 政府税收

二、多项选择题

1. 在按权责发生制原则进行会计核算时，收入的确认时间主要有以下几种（　　　）。

　　A. 销售时确认收入：当商品已发出或劳务已提供，同时收讫价款或取得收取价款的权力时，可确认收入的实现

　　B. 销售前确认收入：若一项经营活动的营业周期较长，但最终结果比较确定，则可根据一定的标准，在销售之前，即在生产经营过程中确认销售收入

　　C. 销售中确认收入：当商品已发出或劳务已提供，不同时收讫价款或取得收取价款的权利时，可确认收入的实现

　　D. 销售后确认销售收入：在某些情况下，如在采用分期收款结算方法销售商品时，可按合同规定的收款日期，或者以商品销售后的某期应收或实际收到的价款，确认销售收入

2. "提供劳务交易的结果能够可靠估计"，是指同时满足下列条件：（　　　）。

　　A. 收入的金额能够可靠地计量

　　B. 相关的经济利益很可能流入企业

　　C. 交易的完工进度能够可靠地确定

　　D. 交易中已发生和将发生的成本能够可靠地计量

3. 采用公允价值模式对投资性房地产进行计量的，应当同时满足下列条件：（　　　）。

　　A. 投资性房地产所在地有活跃的房地产交易市场

　　B. 投资性房地产所在地没有活跃的房地产交易市场

　　C. 投资性房地产所在地有活跃的期货交易市场

　　D. 企业能够从房地产交易市场上取得同类或类似房地产的市场价格及其他相关信息，从而对投资性房地产的公允价值作出合理的估计

4. 计算稀释每股收益应当根据下列事项对归属于普通股股东的当期净利润进行调整：（　　　）。

　　A. 该股息是企业承担的现时义务

　　B. 当期已确认为费用的稀释性潜在普通股的利息

　　C. 稀释性潜在普通股转换时将产生的收益或费用

　　D. 该股息的金额能够可靠地计量

三、判断题

1. 我国目前一般采用多步式利润表格式。　　　　　　　　　　　　　　　　（　　）

2. 费用应按照权责发生制确认，凡应属于本期发生的费用，无论其款项是否支付，均应确认为本期费用。　　　　　　　　　　　　　　　　　　　　　　　　　（　　）

3. 通常，以营业收入减去营业成本，就是主营业务利润。　　　　　　　　　（　　）

4. 稀释性潜在普通股是指假设当期转换为普通股会增加每股收益的潜在普通股。

　　　　　　　　　　　　　　　　　　　　　　　　　　　　　　　　　　（　　）

四、简答题

1. 为什么说利润表是一流量报表？

2. 销售收入的确认标准有何意义？

3. 应按照何种标准计算利润？

4. 投资收益和公允价值变动收益有何不同？

五、案例分析

VD 医用科技股份有限公司重大会计差错更正公告

　　本公司及董事会全体成员保证公告内容真实、准确和完整，没有虚假记载、误导性陈述或重大遗漏。

　　根据中国证监会关于《公开发行证券的公司信息披露编报规则第 19 号——财务信息的更正及相关披露》的相关规定，2016 年 2 月 4 日公司第五届董事会第二十七次会议审议通过了《关于公司会计差错更正事项》，现就公司财务信息更正事项说明如下。

　　公司董事会和管理层对会计差错更正事项原因的说明。

　　（1）由于历史遗留的原因，VD 公司与 A 生产基地员工存在严重的劳资纠纷，从 2013 年开始，公司对在 A 生产基地内的资产（截至 2013 年 12 月 31 日，账面上存货净值为 116 851.41 元，固定资产净值为 18 742 061.72 元，其他应收款净值为 1 771 026.77 元）处

于不可控状态并一直持续，因此，上述资产实质上已经不能再给企业带来效益。公司在重新编制 2014 年度合并财务报表时，对上述资产全额计提了减值准备，并进行了追溯调整，调整了相关项目的期末数、本年数、期初数和上年实际数。此项会计差错更正的累积影响数为 -20 629 939.90 元，对 2013 年度净利润的影响为 -20 629 939.90 元。

（2）公司 2013 年度多计提对甘肃 B 产业有限责任公司的投资减值准备 786 万元。在重新编制 2014 年度合并财务报表时，对该项差错进行了更正，并进行了追溯调整，调整了相关项目的期末数、本年数、期初数和上年实际数。此项会计差错更正的累积影响数为 786 万元，对 2013 年度净利润的影响为 786 万元。

（3）公司所属全资子公司 C 医疗器械公司、控股子公司 D 医用科技有限公司（出资比例 86.2%）均已资不抵债，经营全面停顿，营业执照分别于 2011 年 9 月 26 日、2013 年 7 月 20 日被工商部门吊销，其相关资产已经实际全部损失，公司在重新编制 2014 年度合并财务报表时，对其的应收款项全额计提了坏账准备，并进行了追溯调整，调整了相关项目的期末数、本年数、期初数和上年实际数。此项会计差错更正的累积影响数为 -3 545 605.65 元，对 2013 年度净利润的影响为 -3 545 605.65 元。

（4）公司控股子公司 E 贸易有限公司 2013 年度、2014 年度接受委托经销原控股股东 F 酒业有限公司生产的系列堆花酒。由于该交易不受公司控制，其产生的收入、成本不应在主营业务中反映，而应在其他业务利润中反映。同时，由于该关联交易两头在外，该交易产生的利润，应根据财会〔2001〕64 号文件的有关原则进行处理。公司在重新编制 2014 年度合并财务报表时，对上述差错进行了更正，并进行了追溯调整，调整了相关项目的期末数、本年数、期初数和上年实际数。此项会计差错更正的累积影响数为 0，对 2013 年度净利润的影响为 -64 983.11 元，对 2013 年度资本公积的影响为 64 983.11 元。

（5）公司 2014 以前年度少计提税金 379 562.02 元，在重新编制 2014 年度合并财务报表时，对该项差错进行了更正，并进行了追溯调整，调整了相关项目的期末数、本年数、期初数和上年实际数。此项会计差错更正的累积影响数为 -379 562.02 元，对 2013 年度净利润的影响为 -379 562.02 元。

董事会

2016 年 2 月 15 日

要求：

你对该公司重大会计差错更正公告有何评价？

 参考答案

一、单项选择题

1. A　　2. B　　3. C　　4. D

二、多项选择题

1. ABD　　2. ABCD　　3. AD　　4. BC

三、判断题

1. √　　2. √　　3. ×　　4. ×

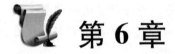

第6章

现金流量表解读

学习目标

1. 了解现金流量表的基本结构。
2. 明确现金流量表中各项目的基本内容。
3. 掌握现金流量表中各项目的列示方法。
4. 理解现金流量表与其他报表之间的勾稽关系。

学习重点

1. 我国的现金流量表分为现金流量表（主表）和补充资料（附注）两个部分，要求主表采用直接法编制，补充资料采用间接法编制。

2. 现金流量表中各项目的计算是基于现金制（收付实现制）的要求，与利润表中利润的计算有很大的不同。

现金流量表是以现金制为基础编制的财务状况变动表。编制现金流量表的目的是为财务报表的使用者提供企业一定会计期间内现金及现金等价物流入和流出的信息，说明企业的偿债能力、支付股利能力和利润的质量，以便于报表使用者了解和评价企业获现及现金等价物的能力，并据以预测企业未来的现金流量。

6.1 现金流量表的编制基础

现金流量表以现金及现金等价物的流入和流出，反映企业在一定会计期间内的经营活动、投资活动和筹资活动的动态状况，从而反映了企业现金及现金等价物流入和流出的全貌。

1. 现金的概念

现金流量表是以现金制为基础编制的财务状况变动表，这里的现金是指企业的库存现金，可以随时用于支付的银行存款，以及现金等价物等。具体包括以下内容。

（1）库存现金。

（2）银行存款。

（3）其他货币资金。

（4）现金等价物。

我国《企业会计准则第31号——现金流量表》中有以下规定。

第二条 现金流量表，是指反映企业在一定会计期间现金和现金等价物流入和流出的报表。

现金，是指企业库存现金以及可以随时用于支付的存款。

现金等价物，是指企业持有的期限短、流动性强、易于转换为已知金额现金、价值变动风险很小的投资。

本准则提及"现金"时，除非同时提及现金等价物，均包括现金和现金等价物。

第三条 合并现金流量表的编制和列报，适用《企业会计准则第33号——合并财务报表》。

2. 现金流量的概念

现金流量是指某一会计期间内企业现金流入和流出的数量。影响现金流量的因素主要有经营活动、投资活动和筹资活动三个部分。现金流量指标非常重要，可以衡量企业的经营情况是否良好，是否有足够的现金偿还债务，以及资产的变现能力等。

企业日常经营业务是影响现金流量的重要因素，但并不是所有的经营业务都会影响现金流量，影响或不影响现金流量的主要因素包括以下内容。

（1）现金各项目之间的增减变动，不会影响现金流量净额的变动。例如，从银行提现或将现金存入银行，以银行存款购买3个月内到期的国库券等。

（2）非现金各项目之间的增减变动，也不会影响现金流量净额的变动。例如，生产产品领用材料，以无形资产对外投资等。

（3）只有现金各项目与非现金各项目之间的增减变动，才会影响现金流量净额的变动。例如，动用现金购买物资，销售商品收到现金等。

现金流量表主要反映现金各项目与非现金各项目之间的增减变动对现金流量净额的影响，非现金各项目之间的增减变动虽然不会影响现金流量净额，但属于重要的投资活动和筹资活动，应在现金流量表的附注中反映。

我国《企业会计准则第31号——现金流量表》中有以下规定。

第四条 现金流量表应当分别经营活动、投资活动和筹资活动列报现金流量。

第五条 现金流量应当分别按照现金流入和现金流出总额列报。但是，下列各项可以按照净额列报：

（一）代客户收取或支付的现金。

（二）周转快、金额大、期限短项目的现金流入和现金流出。

（三）金融企业的有关项目，包括短期贷款发放与收回的贷款本金、活期存款的吸收与支付、同业存款和存放同业款项的存取、向其他金融企业拆借资金，以及证券的买入与卖出等。

第六条 自然灾害损失、保险索赔等特殊项目，应当根据其性质，分别归并到经营活动、投资活动和筹资活动现金流量类别中单独列报。

第七条 外币现金流量以及境外子公司的现金流量，应当采用现金流量发生日的即期汇率或按照系统合理的方法确定的、与现金流量发生日即期汇率近似的汇率折算。汇率变动对现金的影响额应当作为调节项目，在现金流量表中单独列报。

第十二条 投资活动，是指企业长期资产的购建和不包括在现金等价物范围的投资及其处置活动。

第十四条 筹资活动，是指导致企业资本及债务规模和构成发生变化的活动。

6.2 现金流量表的格式

与资产负债表和利润表不同的是，现金流量表是以现金制为基础编制的财务报表，通常每年编制一次，反映的是一个企业现金流入和流出的累计数，因而是一份流量报告。

1. 现金流量表的基本格式

企业编制的现金流量表应当分别经营活动、投资活动和筹资活动列报现金流量。现金流量应当分别按照现金流入和现金流出总额列报。

我国的现金流量表分为现金流量表（主表）和补充资料（附注）两个部分，要求主表采用直接法编制，补充资料采用间接法编制。表 6-1 是典型的现金流量表，为《企业会计准则第 31 号——现金流量表》应用指南中规定的一般企业现金流量表。

表 6-1　一般企业现金流量表

现金流量表

编制单位：　　　　　　　　　　　　　年　　月　　　　　　　　　　单位：　　币种：

项　　目	本期金额	上期金额
一、经营活动产生的现金流量：		
销售商品、提供劳务收到的现金		
客户存款和同业存放款项净增加额（合并报表）		
向中央银行借款净增加额（合并报表）		
向其他金融机构拆入资金净增加额（合并报表）		
收到原保险合同保费取得的现金（合并报表）		
收到再保险业务现金净额（合并报表）		
保险储户及投资款净增加额（合并报表）		
处置交易性金融资产净增加额（合并报表）		
收取利息、手续费及佣金的现金（合并报表）		
拆入资金净增加额（合并报表）		
回购业务资金净增加额（合并报表）		
收到的税费返还		
收到的其他与经营活动有关的现金		
经营活动现金流入小计		
购买商品、接受劳务支付的现金		
客户贷款及垫款净增加额（合并报表）		
存放中央银行和同业款项净增加额（合并报表）		
支付原保险合同赔付款项的现金（合并报表）		
支付利息、手续费及佣金的现金（合并报表）		

续表

项　目	本期金额	上期金额
支付保单红利的现金（合并报表）		
支付给职工以及为职工支付的现金		
支付的各项税费		
支付的其他与经营活动有关的现金		
经营活动现金流出小计		
经营活动产生的现金流量净额		
二、投资活动产生的现金流量：		
收回投资收到的现金		
取得投资收益收到的现金		
处置固定资产、无形资产和其他长期资产收回的现金净额		
处置子公司及其他营业单位收到的现金净额		
收到的其他与投资活动有关的现金		
投资活动现金流入小计		
购建固定资产、无形资产和其他长期资产支付的现金		
投资支付的现金		
质押贷款净增加额（合并报表）		
取得子公司及其他营业单位支付的现金净额		
支付的其他与投资活动有关的现金		
投资活动现金流出小计		
投资活动产生的现金流量净额		
三、筹资活动产生的现金流量：		
吸收投资收到的现金		
其中：子公司吸收少数股东投资收到的现金（合并报表）		
取得借款收到的现金		
发行债券收到的现金（合并报表）		
收到的其他与筹资活动有关的现金		
筹资活动现金流入小计		
偿还债务支付的现金		
分配股利、利润或偿付利息支付的现金		
其中：子公司支付给少数股东的股利、利润（合并报表）		
支付的其他与筹资活动有关的现金		
筹资活动现金流出小计		
筹资活动产生的现金流量净额		
四、汇率变动对现金及现金等价物的影响		
五、现金及现金等价物净增加额		
加：期初现金及现金等价物余额		
六、期末现金及现金等价物余额		

2. 现金流量表补充资料披露格式

我国《企业会计准则第 31 号——现金流量表》中有以下规定。

第十六条　企业应当在附注中披露将净利润调节为经营活动现金流量的信息。至少应当单独披露对净利润进行调节的下列项目：

（一）资产减值准备；

（二）固定资产折旧；

（三）无形资产摊销；

（四）长期待摊费用摊销；

（五）待摊费用；

（六）预提费用；

（七）处置固定资产、无形资产和其他长期资产的损益；

（八）固定资产报废损失；

（九）公允价值变动损益；

（十）财务费用；

（十一）投资损益；

（十二）递延所得税资产和递延所得税负债；

（十三）存货；

（十四）经营性应收项目；

（十五）经营性应付项目。

第十七条　企业应当在附注中以总额披露当期取得或处置子公司及其他营业单位的下列信息：

（一）取得或处置价格；

（二）取得或处置价格中以现金支付的部分；

（三）取得或处置子公司及其他营业单位收到的现金；

（四）取得或处置子公司及其他营业单位按照主要类别分类的非现金资产和负债。

第十八条　企业应当在附注中披露不涉及当期现金收支、但影响企业财务状况或在未来可能影响企业现金流量的重大投资和筹资活动。

第十九条　企业应当在附注中披露与现金和现金等价物有关的下列信息：

（一）现金和现金等价物的构成及其在资产负债表中的相应金额。

（二）企业持有但不能由母公司或集团内其他子公司使用的大额现金和现金等价物金额。

现金流量表补充资料披露格式如表 6-2 所示。

表 6-2　现金流量表补充资料披露格式

现金流量表补充资料　　　　　　　　　　　　　　　　　　单位：　　　币种：

补　充　资　料	本期金额	上期金额
1. 将净利润调节为经营活动的现金流量：		
净利润		
加：资产减值准备		
固定资产折旧、油气资产折耗、生产性生物资产折旧		
无形资产摊销		
长期待摊费用摊销		
处置固定资产、无形资产和其他长期资产的损失（收益以"-"号填列）		
固定资产报废损失（收益以"-"号填列）		
公允价值变动损失（收益以"-"号填列）		

续表

补　充　资　料	本期金额	上期金额
财务费用（收益以"-"号填列）		
投资损失（收益以"-"号填列）		
递延所得税资产减少（增加以"-"号填列）		
递延所得税负债增加（减少以"-"号填列）		
存货的减少（增加以"-"号填列）		
经营性应收项目的减少（增加以"-"号填列）		
经营性应付项目的增加（减少以"-"号填列）		
其他		
经营活动产生的现金流量净额		
2. 不涉及现金收支的重大投资和筹资活动：		
债务转为资本		
一年内到期的可转换公司债券		
融资租入固定资产		
3. 现金及现金等价物净变动情况：		
现金的期末余额		
减：现金的期初余额		
加：现金等价物的期末余额		
减：现金等价物的期初余额		
现金及现金等价物净增加额		

6.3　现金流量表各项目解读

我国《企业会计准则第 31 号——现金流量表》有以下规定。

第八条　企业应当采用直接法列示经营活动产生的现金流量。

经营活动，是指企业投资活动和筹资活动以外的所有交易和事项。

直接法，是指通过现金收入和现金支出的主要类别列示经营活动的现金流量。

第九条　有关经营活动现金流量的信息，可以通过下列途径之一取得：

（一）企业的会计记录。

（二）根据下列项目对利润表中的营业收入、营业成本以及其他项目进行调整：

1. 当期存货及经营性应收和应付项目的变动；

2. 固定资产折旧、无形资产摊销、计提资产减值准备等其他非现金项目；

3. 属于投资活动或筹资活动现金流量的其他非现金项目。

第十条　经营活动产生的现金流量至少应当单独列示反映下列信息的项目：

（一）销售商品、提供劳务收到的现金；

（二）收到的税费返还；

（三）收到其他与经营活动有关的现金；

（四）购买商品、接受劳务支付的现金；

（五）支付给职工以及为职工支付的现金；

（六）支付的各项税费；

（七）支付其他与经营活动有关的现金。

第十一条 金融企业可以根据行业特点和现金流量实际情况，合理确定经营活动现金流量项目的类别。

第十二条 投资活动，是指企业长期资产的购建和不包括在现金等价物范围的投资及其处置活动。

第十三条 投资活动产生的现金流量至少应当单独列示反映下列信息的项目：

（一）收回投资收到的现金；

（二）取得投资收益收到的现金；

（三）处置固定资产、无形资产和其他长期资产收回的现金净额；

（四）处置子公司及其他营业单位收到的现金净额；

（五）收到其他与投资活动有关的现金；

（六）购建固定资产、无形资产和其他长期资产支付的现金；

（七）投资支付的现金；

（八）取得子公司及其他营业单位支付的现金净额；

（九）支付其他与投资活动有关的现金。

第十四条 筹资活动，是指导致企业资本及债务规模和构成发生变化的活动。

第十五条 筹资活动产生的现金流量至少应当单独列示反映下列信息的项目：

（一）吸收投资收到的现金；

（二）取得借款收到的现金；

（三）收到其他与筹资活动有关的现金；

（四）偿还债务支付的现金；

（五）分配股利、利润或偿付利息支付的现金；

（六）支付其他与筹资活动有关的现金。

同时，在与企业基本会计准则同时颁布的"应用指南"中，对现金流量表和补充资料各项目作了以下解读。

（1）"销售商品、提供劳务收到的现金"项目，反映企业销售商品、提供劳务实际收到的现金，包括销售收入和应向购买者收取的增值税销项税额，具体包括本期销售商品、提供劳务收到的现金，以及以前销售商品、提供劳务本期收到的现金和本期预收的款项，减去本期销售本期退回的商品和前期销售本期退回的商品支付的现金。

（2）"收到的税费返还"项目，反映企业收到的各种税费返还和出口退税，如增值税、营业税、所得税、消费税、关税和教育费附加返还款等。

（3）"收到的其他与经营活动有关的现金"项目，反映企业除了上述各项目外其他与经营活动有关的现金流入，如罚款收入、经营租赁固定资产收到的现金、逾期未退还出租或出借包装物没收的押金收入、流动资产损失中有个人赔偿的现金收入、除税费返还外的其他政府补助收入等。

（4）"购买商品、接受劳务支付的现金"项目，反映企业购买材料、商品、接受劳务实际支付的现金，包括支付的货款及与货款一并支付的增值税进项税额，具体包括本期购买商品支付的现金，以及本期支付前期购买商品、接受劳务的未付款项和本期预付款项，减去本期发生的购货退回收到的现金。

（5）"支付给职工以及为职工支付的现金"项目，反映企业实际支付给职工的工资及为职工支付的现金，包括企业为获得职工提供的服务本期实际支付给职工的工资、奖金、各种津贴、补贴等，为职工支付的医疗、养老、失业、工伤、生育等，以及社会保险基金、补充养老保险、住房公积金、商业保险金、因解除与职工劳动关系给予的补偿、现金结算的股份支付等，不包括支付给在建工程人员及为在建工程人员支付的现金。

（6）"支付的各项税费"项目，反映企业按规定实际支付的各项税费，包括本期发生并支付的税费，以及本期支付以前各期发生的税费及预付的税金，如支付的教育费附加、印花税、房产税、土地增值税、车船税、增值税、所得税等。

（7）"支付的其他与经营活动有关的现金"项目，反映企业支付的除上述项目外，支付的其他与经营活动有关的现金，如罚款支出、支付的差旅费、业务招待费、保险费、经营租赁支付的现金等。

（8）"收回投资收到的现金"项目，反映企业出售、转让或到期收回除现金等价物以外的交易性金融资产、持有至到期投资、可供出售金融资产、长期股权投资、投资性房地产而收到的现金。

（9）"取得投资收益收到的现金"项目，反映企业因股权性投资而分得的现金股利，从子公司、联营公司或合营企业分回利润而收到的现金，因债权性投资而取得的现金利息收入。

（10）"处置固定资产、无形资产和其他长期资产收回的现金净额"项目，反映企业出售固定资产、无形资产和其他长期资产所取得的现金，减去为处置这些资产而支付的有关费用后的净额。

（11）"处置子公司及其他营业单位收到的现金净额"项目，反映企业处置子公司及其他营业单位所取得的现金减去子公司或其他营业单位持有的现金和现金等价物及相关处置费用后的净额。

（12）"收到的其他与投资活动有关的现金"项目，反映企业除上述各项目外，收到的其他与投资活动有关的现金。

（13）"购建固定资产、无形资产和其他长期资产支付的现金"项目，反映企业购买、建造固定资产，取得无形资产和其他长期资产支付的现金，包括购买机器设备所支付的现金及增值税款、建造工程支付的现金、支付在建工程人员的工资等现金支出。

（14）"投资支付的现金"项目，反映企业进行权益性投资和债权性投资所支付的现金，包括企业取得的除现金及现金等价物以外的交易性金融资产、持有至到期投资、可供出售金融资产而支付的现金，以及支付的佣金、手续费等交易费用。

（15）"取得子公司及其他营业单位支付的现金净额"项目，反映企业取得子公司及其他营业单位购买出价中以现金支付的部分，减去子公司或其他营业单位持有的现金及现金等价物后的净额。

（16）"支付的其他与投资活动有关的现金"项目，反映企业除上述各项目外，支付的其他与投资活动有关的现金。

（17）"吸收投资收到的现金"项目，反映企业以发行股票、债券等方式筹集资金实际收到的款项净额（发行收入减去支付的佣金等发行费用后的净额）。

（18）"取得借款收到的现金"项目，反映企业举借各种短期、长期借款所收到的现金。

（19）"收到的其他与筹资活动有关的现金"项目，反映企业除上述各项目外，收到的其他与筹资活动有关的现金。

（20）"偿还债务支付的现金"项目，反映企业以现金偿还债务的本金。

（21）"分配股利、利润或偿付利息支付的现金"项目，反映企业实际支付的现金股利，支付给其他投资单位的利润或用现金支付的借款利息、债券利息。

（22）"支付的其他与筹资活动有关的现金"项目，反映企业除上述各项目外，支付的其他与筹资活动有关的现金。

（23）"汇率变动对现金及现金等价物的影响"项目，反映企业外币现金流量按发生日即期汇率与资产负债表日即期汇率折算成记账本位币时的差额。

（24）"资产减值准备"项目，反映企业本期计提的各项资产减值准备，包括坏账准备、存货跌价准备、投资性房地产减值准备、长期股权投资减值准备、持有至到期投资减值准备、固定资产减值准备、在建工程减值准备、工程物资减值准备、生物资产减值准备、无形资产减值准备、商誉减值准备等。

（25）"固定资产折旧、油气资产折耗、生产性生物资产折旧"项目，反映企业本期累计提取的折旧和折耗。

（26）"无形资产摊销"项目，反映企业本期累计摊入成本费用的无形资产成本。

（27）"长期待摊费用摊销"项目，反映企业本期累计摊入成本费用的长期待摊费用。

（28）"处置固定资产、无形资产和其他长期资产的损失（减：收益）"项目，反映企业本期由于处置固定资产、无形资产和其他长期资产而发生的净损失。

（29）"固定资产报废损失（减：收益）"项目，反映企业本期固定资产报废净损失。

（30）"公允价值变动损失（减：收益）"项目，反映企业持有的交易性金融资产、交易性金融负债的公允价值变动净损失。

（31）"财务费用（减：收益）"项目，反映企业本期发生的应属于投资活动或筹资活动的财务费用。

（32）"投资损失（减：收益）"项目，反映企业本期投资所发生的净损失。

（33）"递延所得税资产减少（减：增加）"项目，反映企业本期递延所得税资产的净减少金额。

（34）"递延所得税负债增加（减：减少）"项目，反映企业本期递延所得税负债的净增加金额。

（35）"存货的减少（减：增加）"项目，反映企业本期存货的减少金额。

（36）"经营性应收项目的减少（减：增加）"项目，反映企业本期经营性应收项目（包括应收票据、应收账款、预付账款、长期应收款和其他应收款中与经营活动有关的部分，以及应收的增值税销项税额等）的减少金额。

（37）"经营性应付项目的增加（减：减少）"项目，反映企业本期经营性应付项目

（包括应付票据、应付账款、预收账款、应付职工薪酬、应交税费、应付利息、长期应付款和其他应付款中与经营活动有关的部分，以及应付的增值税进项税额等）的增加金额。

需要注意的是，大多数企业现金流量表的编制都不太规范。由于现金流量表的现金及现金等价物净增加额存在与资产负债表中的货币资金及等价物期初、期末差额的对应关系，以及现金流量表补充资料中披露将净利润调节为经营活动现金流量的信息，"倒扎账"的现象比较普遍，这将给报表的分析者带来一定的困难。

由于流量表是差额表，不能自动平衡，因此现金流量表最后两行的设计目的，就是希望通过与资产负债表现金及现金等价物期初及期末余额差额的对等关系，来保证现金及现金等价物净增加额计算的正确性。与此原理相同的还有利润表中的净利，在减去股利以后的净额应等于资产负债表中留存收益（即盈余公积加未分配利润）的期初及期末余额的差额。这样就可以通过资产负债表的平衡关系来保证利润表和现金流量表的相对可靠性，这是基本的财务报表平衡式。

现金流量表中各项目的计算是基于现金制（收付实现制）的要求，与利润表中利润的计算有很大的不同，这也将给报表的分析者带来一定的困难。但三大报表之间内在的关系也很清晰，比如，从资产负债表的"应交税金"项目，可以了解至期末应交而尚未缴纳的各项税金（贷方余额）；从利润表的"税金及附加"项目，可以了解本期应该缴纳的、除增值税和所得税以外的所有税金总额；从现金流量表的"支付的各项税费"项目，可以了解本期实际缴纳的各项税金总额。

本章小结

现金流量表是反映企业在一定会计期间内的现金及现金等价物流入和流出的报表，因而是一份流量表。现金是指企业库存现金及可以随时用于支付的存款。现金等价物是指企业持有的期限短、流动性强、易于转换为已知金额现金、价值变动风险很小的投资。

我国的现金流量表分为现金流量表（主表）和补充资料（附注）两个部分，要求主表采用直接法编制，补充资料采用间接法编制。

现金流量表中各项目的计算是基于现金制（收付实现制）的要求，与利润表中利润的计算有很大的不同。

本章习题

一、单项选择题

1. 现金等价物是指企业持有的（ ）的投资。

  A. 期限短、流动性弱、易于转换为已知金额现金、价值变动风险很小

  B. 期限短、流动性强、易于转换为已知金额现金、价值变动风险很大

C. 期限长、流动性强、易于转换为已知金额现金、价值变动风险很小

D. 期限短、流动性强、易于转换为已知金额现金、价值变动风险很小

2. 现金流量表的（　　）存在与资产负债表中的货币资金及等价物期初、期末差额的对应关系。

A. 现金流量　　　　　　　　　　　B. 现金净流量

C. 现金及现金等价物净增加额　　　D. 现金及现金等价物净流量

3. 通过（　　）的平衡关系来保证利润表和现金流量表的相对可靠性，这是基本的财务报表平衡式（　　）。

A. 借或贷　　　　　　　　　　　　B. 资产负债表

C. 资产和负债　　　　　　　　　　D. 资产、负债、净资产

4. 以下项目中，不属于经营活动的现金流量项目是（　　）。

A. 处置非流动资产所收到的现金　　B. 销售商品、提供劳务收到的现金

C. 购买商品、接受劳务支付的现金　　D. 支付的各项税费

二、多项选择题

1. 现金流量表的现金是指（　　）。

A. 库存现金　　　　B. 银行存款　　　　C. 其他货币资金　　　　D. 现金等价物

2. 现金流量应当分别按照现金流入和现金流出总额列报。但是，下列各项可以按照净额列报：（　　）。

A. 代客户收取或支付的现金

B. 周转快、金额大、期限短项目的现金流入和现金流出

C. 向同一客户购买和销售商品的现金流入和现金流出

D. 金融企业的有关项目，包括短期贷款发放与收回的贷款本金、活期存款的吸收与支付、同业存款和存放同业款项的存取、向其他金融企业拆借资金，以及证券的买入与卖出等

3. 企业应当在附注中披露与现金及现金等价物有关的下列信息：（　　）。

A. 现金及现金等价物的构成及其在资产负债表中的相应金额

B. 应当分别经营活动、投资活动和筹资活动列报现金流量

C. 现金流量应当分别按照现金流入和现金流出总额列报

D. 企业持有但不能由母公司或集团内其他子公司使用的大额现金和现金等价物金额

4. 现金流量表是以（　　）为基础编制的财务状况变动表。

A. 权责发生制　　　B. 收付实现制　　　C. 现金制　　　　　D. 应收应付制

三、判断题

1. 企业日常经营业务是影响现金流量的重要因素，但并不是所有的经营业务都会影响现金流量。　　　　　　　　　　　　　　　　　　　　　　　　　　　　　　（　　）

2. 企业应当采用间接法列示经营活动产生的现金流量。　　　　　　　　　（　　）

3. 由于流量表是差额表，不能自动平衡，因此现金流量表最后两行的设计目的，就是希望通过与资产负债表中的现金及现金等价物期初及期末余额的差额，来保证现金及现金等价物净增加额计算的正确性。　　　　　　　　　　　　　　　　　　　　　　（　　）

4. 利润表中的净利在减去股利以后的净额，应等于资产负债表中留存收益（即盈余公积加末分配利润）的期初及期末余额的差额。 （ ）

四、简答题

1. 为什么将现金流量分为经营活动、投资活动和筹资活动？

2. 将现金流量表分为现金流量表（主表）和补充资料（附注）两个部分有何意义？

3. 为什么要编制现金流量表？

4. 现金流量表与资产负债表及利润表有何关系？

五、案例分析

现金流管理

年初时，乔治·弥尔士情绪很好，他是 CAM 产品公司的总经理，该公司是生产计算机连接器的，单位生产成本为 $6，每件按 $8 售出，计算机市场上在这方面的需求很旺盛。弥尔士保持 30 天里需要的产品存货，他付账迅速；对顾客的付款条件是 30 天净额（即 30 天到期付款），销售预测一直很准确，预计接下来的一年中销售会持续增长。

一月一日，公司的账面显示为：

现金 = $8 000

存货 = $6 000

应收账款 = $8 000

一月份弥尔士售出 1 000 件连接器，生产成本为 $6 000；并收回应收账款 $8 000。一月份的利润总额为 $2 000。

二月一日，公司的账面显示为：

现金 = $10 000 = 8 000+（8 000-6 000）

存货 = $6 000 = 1 000×6

应收账款 = $8 000 = 1 000×8

二月份销售量上升到预料中的 1 500 件，为保持有 30 天的存货，生产量增长到 2 000 件，成本为 $12 000。一月份的所有应收账款都被收回，经过二月份，利润总计为 $5 000。

三月一日，公司的账面显示为：

现金 = $6 000 = 10 000+8 000-12 000

存货 = $9 000 = 1 500×6 = 12 000-9 000+6 000

应收账款 = $12 000 = 1 500×8

三月份销售量上升到 2 000 件，二月份的应收账款也及时收回。为保持有 2 000 件存货，生产量增长到 2 500 件，该月的利润为 $4 000（该年度累计利润为 $9 000）。

四月一日，公司的账面显示为：

现金 = $3 000 = 6 000+12 000-15 000

存货 = $12 000 = 2 000×6

应收账款 = $16 000 = 2 000×8

四月份，销售量上升为 2 500 件。弥尔士欣喜若狂，顾客仍按时付款。为保持有 2 500 件存货，生产量增长到 3 000 件，该月利润为 $5 000（该年累计利润为 $14 000），弥尔士去岛上度假了。

五月一日，公司的账面显示为：

现金＝＄1 000＝3 000＋16 000－18 000

存货＝＄15 000＝2 500×6

应收存款＝＄20 000＝2 500×8

五月份，销售量暴涨的新纪录为3 000件，生产量增长为3 500件，该年度前5个月的利润为＄20 000，该月利润为＄6 000。接着，弥尔士意外地接到他的会计师的电话，让他尽快回家，公司现金短缺了。

六月一日，CAM产品公司的账户余额为：

现金＝0＝1 000＋20 000－3 500×6

存货＝＄18 000＝3 000×6

应收账款＝＄24 000＝3 000×8

弥尔士满腹困惑地回到家，他立刻与银行家开会商量了这一问题。

问题：

你对此有何评价？

 参考答案

一、单项选择题

1. D   2. C   3. B   4. A

二、多项选择题

1. ABCD   2. ABD   3. AD   4. BC

三、判断题

1.√   2.×   3.√   4.√

第 7 章

财务报表分析的基本方法

学习目标

1. 了解财务报表分析方法的意义。
2. 明确财务报表分析中常见的几种方法。
3. 掌握几种具体的分析方法。
4. 理解各种分析方法之间的关系。

学习重点

1. 财务报表分析的方法是帮助进行财务报表分析的手段，由于分析的目标不同，故而在实际分析时必然要适应不同分析目标的要求，采用多样化的分析方法。

2. 财务报告分析的最终目的是全面、准确、客观地揭示企业财务状况和经营情况，并借以对企业经济效益优劣作出合理的评价。显然，仅仅满足于局部分析是不够的，而应该将相互联系的各种报表、各项指标联系在一起进行分析，并从全局出发，进行全面、系统、综合的评价。

财务报表分析的方法是帮助进行财务报表分析的手段。由于分析的目标各不相同，因而在进行实际财务报表分析时，需要适应不同分析目标的要求，采用与分析目标要求相适应的分析方法。通常，客观全面的分析需要进行动态的系统分析。所谓动态分析，就是要将企业过去和目前的状况与未来的发展联系起来，比较适合的分析方法是趋势分析法；所谓系统的分析，就是要注重各事物之间的联系，常见的分析方法有结构分析法、因素和因子分析法、综合分析法。

7.1　结构和趋势分析方法

"报表原数"是指可以从财务报表中直接获得的、未经过任何加工的数据，以报表原数作为分析的对象，是一种最为简单且直观的分析视角，而结构和趋势分析方法则又从两个另外的角度拓宽了财务报表分析的领域。通过对财务报表原数进行这样不同角度的加工，可以发掘出更多额外的财务信息，以更好地服务于财务报表分析过程。

7.1.1 结构分析法

1. 结构分析法的含义

结构分析法是指以财务报表中某一关键项目的数额作为基数（即100%），而将其余各有关项目的数额分别换算成对该关键项目数额的百分比，以将各个项目的相对地位明显地表现出来，从而揭示财务报表中各项目的相对重要性，以及财务报表的总体结构关系的分析方法。据此，结构分析的一般计算公式为：

结构百分比＝（某项目数据／总体数据）×100%

由于财务报表的结构分析通常是以百分比的形式表述企业在一个特定期间内，其财务报表中的某项目数据与一共同项目数据之间的关系，所以反映的是财务报表各项目数据间的纵向关系，因而也称为纵向分析或垂直分析。结构分析的作用主要体现在以下两个方面。

首先，结构分析反映了各组成项目数据的分布情况。由于结构分析的基本方法是确定报表中各项目数据占总体数据的比重或百分比，即通过计算各项目数据的比重，来分析各项目数据在企业经营中的重要性。一般而言，项目数据比重越大，说明其重要程度越高，对总体的影响也越大。

其次，结构分析对财务报表的横向比较尤为有用，因为在有着不同规模的企业之间使用绝对数直接进行财务报表的比较分析时，会因规模差异而产生误导。例如，A公司的负债为1 500万元，B公司的负债为15 000万元，如果依此认为B公司的财务风险比A公司高，就有可能是错误的，因为这还涉及两家公司的整体规模。

为此，在横向比较之前，首先要对财务报表数据进行垂直分析处理，计算出结构相对数，以显示规模差异。处理后的报表通常称为结构百分比报表、同型财务报表或共同比财务报表等。可以说，编制结构百分比财务报表是进行财务报表结构百分比分析的最主要内容之一。其格式可如表7-1、表7-2所示。

表7-1　A公司简化的结构百分比资产负债表

资　　产	20×7年	20×6年	权　　益	20×7年	20×6年
流动资产：			流动负债：		
货币资金	7%	10%	应付票据	15%	10%
应收账款	10%	16%	短期借款	20%	20%
存货	20%	20%	长期借款	20%	20%
流动资产合计	37%	46%	负债合计	55%	50%
固定资产	50%	50%	股本	37%	40%
其他长期资产	13%	4%	未分配利润	8%	10%
资产合计	100%	100%	权益合计	100%	100%

对表7-1中的数据进行分析可以发现，由于A公司其他长期资产占总资产的百分比从20×6年的4%增加到20×7年的13%，从而推动了总资产的增加，在固定资产净额增加，

但占比不变的情况下，导致了流动资产在总资产中的比重就相对下降了；而流动负债增加则主要是由于应付票据的增加，从而也导致负债合计占总资产的比重相对增加了，并同时导致了股本和未分配利润占比的相应下降。一般而言，由于股本的相对稳定性，其占比下降，通常说明总资产增加了。

表 7-2　3 家公司简化的结构百分比利润表　　　　　　　　　　单位：%

项　目	公　司		
	A	B	C
营业收入	100	100	100
营业成本	71.79	60	80
费用	11.15	20	10
营业利润	17.06	20	10
所得税	4.87	5	3
净利润	12.19	15	7

通过观察和比较表 7-2 不同公司的结构百分比利润表，可以发现 A、B、C 各公司之间的账户结构和分布的差异，从而可以对差异的原因进行调查、了解和分析。例如，通过上述结构百分比利润表的比较，可以发现 A、B、C 3 家公司之间的营业利润率的差异，其中 B 公司的营业利润率偏高显然是由于其营业成本率的相对偏低所致，并由于 B 公司的营业成本率相对 A 公司低了 11.79 个百分点，而相对 C 公司则低了 20 个百分点，虽然费用占比最高，分别较之 A、C 公司高 8.85 个百分点和 10 个百分点，但两项相抵后，B 公司的营业利润率仍分别高出 A、C 公司 2.94 个百分点和 10 个百分点。

通过结构分析后，就可以进一步分析导致利润率差异的原因。

2. 注意事项

对财务报表进行结构分析主要是为了考察财务报表中各单个项目数据占总体数据的相对比重，其优点是简洁明了，有助于对企业的财务状况、经营成果和现金流量情况有更加深入的了解。但在对这些相对数额进行分析时，要结合数额的实际意义，通常要注意以下几个方面。

（1）结构百分比报表不能反映被分析公司的相对规模。

（2）在进行结构百分比报表的分析时，通常还会延伸到检查特定子类项目的比例构成情况。例如，在评价流动资产的流动性程度时，不仅要了解各项流动资产占总资产的比例是多少，还要了解各项流动资产在流动资产合计数中的比例情况。

（3）在分析结构百分比利润表时，了解各成本、费用项目占销售收入的比例对分析通常很有指导意义，但有一个例外就是所得税项目，它与税前收益相关而与销售收入无关。

（4）结构百分比报表更适合公司间的横向比较，而在解释其变动趋势时还应该慎重，要将绝对金额与相对比例结合起来分析。

综上所述，财务报表的结构分析法为财务报表分析活动提供了一个有效的视角，即需要从报表的相对数额而不是绝对数额去看问题，这给后续的财务报表分析方法提供了有益的思路，其他的财务报表分析方法亦以此为基础而展开。

7.1.2　趋势分析法

1. 趋势分析法的含义

趋势分析法是根据企业连续数期的财务报表，比较报表中各个有关项目的金额、增减方向和幅度，从而评判当期财务状况和经营成果的增减变化及其发展趋势的一种方法。采用这种分析方法，可以帮助识别导致一个企业财务状况和经营成果发生变化的主要原因、变动的性质，并预测企业未来的发展前景。

趋势分析法可以利用统计图表，并采用移动算术平均法、指数滑动平均法等进行分析。通常采用简单的比较法，即将连续几期的同一类型报表加以比较，以计算趋势百分数。趋势百分数的计算公式为：

$$趋势百分数 = (比较项目的数额/基期项目的数额) \times 100\%$$

2. 趋势分析法的类型

（1）按照分析的形式，趋势分析法可以分为两种类型：① 定比分析法，即固定以某一时期数额为基数，其他各期数额均与该期的基数进行比较，以计算出趋势百分数；② 环比分析法，即分别以上一时期数额为基数，然后将下一期数额与上一期数额进行比较，以计算趋势百分比。相对而言，后者更侧重于说明项目的发展变化速度。

例如，G 公司连续 3 年的利润表有关项目的数据如表 7-3 所示。

表 7-3　G 公司连续 3 年的利润表有关项目数据　　　　　单位：万元

项　　目	20×7 年	20×6 年	20×5 年
营业收入	80 000	70 000	60 000
利润总额	8 000	6 000	6 600

利用表 7-3 的相关数据而采用定比和环比的形式编制的趋势分析简表如表 7-4 和表 7-5 所示。

表 7-4　趋势报表定比分析

项　　目	20×7 年	20×6 年	20×5 年
营业收入	1.33	1.17	1.00
利润总额	1.21	0.91	1.00

表 7-5　趋势报表环比分析

项　　目	20×7 年	20×6 年	20×5 年
营业收入	1.14	1.17	1.00
利润总额	1.33	0.91	1.00

由表 7-4 和表 7-5 可知，就营业收入而言，G 公司 20×7 年和 20×6 年的营业收入较之 20×5 年都有一定幅度的增加，但 20×7 年的增长较之 20×6 年的增长减缓了；而就利润

总额而言，由于 G 公司 20×6 年的利润总额较之 20×5 年是降低的，所以导致 20×7 年利润总额的环比增长超过了定比增长。

（2）按照分析比较的具体对象来看，趋势分析可以按绝对数（报表原数）进行时间序列比较，也可以按相对数（结构百分比）进行时间序列比较。此外，还可以按财务比率进行趋势分析，以作为对趋势报表分析的扩展。

① 报表原数的趋势分析。所谓趋势分析，也可以称为水平分析，是将企业连续几个会计年度的财务报表上的相同项目进行横向趋势比较。通常，为了更直观地反映某个项目增减变动的数额和增减变动幅度，往往在并列连续几年财务报表的绝对额后面，设置"增减"栏，以反映增减的绝对数额和增减百分比。其计算公式为：

绝对值变动数＝分析期某项指标实际数－基期该项指标实际数

变动率(%)＝(绝对值变动数/基期该项指标实际数)×100%

仍以上例 G 公司的各项目数据说明此种分析，如表 7-6、表 7-7 所示。

表 7-6　趋势报表定比分析　　　　单位：万元

项　　目	20×7 年	20×6 年	20×5 年（基期）	增　减			
				20×7 年		20×6 年	
				金额	%	金额	%
营业收入	80 000	70 000	60 000	20 000	33	10 000	17
利润总额	8 000	6 000	6 600	1 400	21	−600	−9

表 7-7　趋势报表环比分析　　　　单位：万元

项　　目	20×7 年	20×6 年	20×5 年	增　减			
				20×7 年		20×6 年	
				金额	%	金额	%
营业收入	80 000	70 000	60 000	10 000	14	10 000	17
利润总额	8 000	6 000	6 600	2 000	33	−600	−9

从表 7-6 和表 7-7 可知，就营业收入而言，G 公司 20×7 年和 20×6 年的营业收入较之 20×5 年都有一定幅度的增加，但由于其绝对数的增幅没有变化，导致 20×7 年的相对数增长较之 20×6 年的增长减缓了；而就利润总额而言，由于 G 公司 20×6 年的利润总额较之 20×5 年是降低的，所以导致 20×7 年利润总额的绝对数增幅较之 20×6 年的增幅扩大了，并最终导致其相对数的环比增长率超过了定比增长率。

② 结构百分比的趋势分析。所谓结构百分比的趋势分析，是将若干比较期间的结构百分比在财务报表中并列列示，进行趋势分析。在实际分析中，一般不编制单一期间的结构百分比财务报表，通常将财务报表结构分析与趋势分析相结合，用于财务报表的多期比较，使报表项目间的变化趋势表现得更为清晰，能够更加有效地揭示企业财务报表各项目变动情况的重要性，以及这种变动的趋势情况。

③ 财务比率的趋势分析。财务比率的趋势分析主要是通过比较财务报表中的各项目之

间财务指标的比率关系及其变动情况，分析和预测企业财务活动的发展趋势。通过将各项目财务指标的增减变化进行对比，以判断增资与增产、增收之间是否协调，资产营运效率是否提高等。例如，根据 G 公司的上述资料，可以建立趋势财务比率趋势表，如表7-8所示。

表7-8　G 公司趋势财务比率趋势表

项　　目	20×7 年	20×6 年	20×5 年
销售利润率	10%	8.57%	11%

从表7-8中可以看出，G 公司销售利润率（利润总额占营业收入的比重）由20×5 年的11%下降到20×6 年的8.57%，在20×7 年时又回升到10%，表明该企业的盈利能力在20×6 年曾经下滑，但在20×7 年又开始有回升趋势。

3. 注意事项

采用趋势分析法时必须注意以下几个方面的问题。

（1）用于进行对比的各个时期的指标，在计算口径上必须一致，因为会计政策和会计估计的变更会影响指标的前后一致性。

（2）分析前应剔除偶然因素的影响，以使供分析的数据能传递正常的经营情况信息。

（3）分析时需要突出经营管理上的重大特殊问题，所选择的分析项目应适合分析的目的。

（4）应特别关注变异的量度，以突出分析结论对生产经营活动的影响。

综上可以看出，结构分析和趋势分析对财务报表分别进行了纵向和横向的全面分析，其中，结构分析强调了财务报表分析的整体性，而趋势分析则强调了财务报表分析的动态性。

7.2　因素和因子分析方法

如果说结构分析和趋势分析提供了财务报表分析的两种视角，那么因素分析法和因子分析法则为寻找财务比率之间的关系提供了两种不同的技术分析方法。

因素分析法是建立在指标分解法的基础之上，通过各指标之间的内在逻辑关系，强调各指标之间客观存在的因果关系；而因子分析法则是利用统计分析方法，面对为数众多的财务比率，通过相关性测试加以分类的方法。

7.2.1　因素分析法

1. 因素分析法的基本含义

因素分析法是指对某个经济活动的总体进行因素分解，以确定影响该经济活动总体的各种因素构成，并按一定的方法确定各构成因素的变动对该经济活动总体的影响程度和影响方向的分析方法。

因素分析法是一种常用的定量分析方法，而财务报表因素分析方法，是在将一定的财务指标层层分解为若干个分项指标的基础上，对该财务指标的各种影响因素的影响程度大小进行定量的分析。这种分析方法对于揭示和改进企业的财务状况，以改善企业的生产经营过程，可以提供有益的帮助和参考。

2. 因素分析法的种类

因素分析法主要是就各分解因素对某一综合指标的影响程度进行衡量，其在具体运用中，形成了多种具体的分析方法。

（1）主次因素分析法。这种分析法也称为 ABC 分析法，一般是根据各种因素在总体中的比重大小，依次区分为主要因素、次要因素、一般因素，然后抓住主要因素进行深入细致的分析，以取得事半功倍的分析效果。

（2）因果分析法。这种分析法主要是通过分层次的方法，分析、解释引起某项经济指标变化的各分项指标变化的原因，以最终说明总体指标的变化情况。例如，产品销售收入的变化主要是受销售数量和销售价格变动等因素的影响，而销售价格变动又受产品质量、等级等因素变动的影响。由此，可依次对收入变动、价格变动等原因进行分析，以最终揭示影响产品销售收入变动的深层次原因。

（3）平行影响法。这种分析法又称因素分摊法，适用于分析、解释引起某项经济指标变化的各分项因素同时变动、平行影响的情况。平行影响法又可以进一步分为差额比例分摊法、变动幅度分摊法、平均分摊法等。

（4）连环替代法。这种分析法是在通过对经济指标的对比分析，以确定差异的基础上，利用各个因素的顺序替代变动，连续进行比较，从数量上测定各个因素对经济指标差异的影响程度的一种科学的因素分析方法。

3. 连环替代法

连环替代法是因素分析法的一种基本形式，其程序大致由以下几个步骤组成。

（1）确定分析指标与其影响因素之间的关系。通常使用的方法是指标分解法，即将财务指标在计算公式的基础上进行分解或扩展，从而得出各影响因素与分析指标之间的关系式。例如，对于总资产收益率指标，可以分解为：

$$总资产收益率 = （净利润/平均资产总额）×100\%$$
$$= （营业收入/平均资产总额）×（净利润/营业收入）×100\%$$
$$= 总资产周转率×销售净利率×100\%$$

（2）排列各项因素的顺序。一般遵循先数量后质量、先实物后价值、先主要后次要的原则。

（3）以基期（或计划）指标为基础，将各个因素的基期数按照顺序依次以报告期（或实际）数来替代。每次替代一个因素，替代后的因素就保留报告期数。有几个因素就替代几次，并相应确定计算结果。例如，对于净资产收益率，可以分解为：

$$净资产收益率 = （净利/营业收入）×（营业收入/总资产）×（总资产/净资产）×100\%$$
$$= 营业利润率×总资产周转率×权益乘数×100\%$$

替代过程为：

净资产收益率（基期）＝营业利润率×总资产周转率×权益乘数×100%　　　①

第一次替代：营业利润率（报告期）×总资产周转率×权益乘数×100%　　　②

第二次替代：营业利润率（报告期）×总资产周转率（报告期）×权益乘数×100%　　③

净资产收益率（报告期）＝营业利润率×总资产周转率×权益乘数×100%　　④

净资产收益率（报告期）–净资产收益率（基期）＝［②–①］＋［③–②］＋［④–③］

其中：②–①说明，由于营业利润率的变动对净资产收益率的影响；

③–②说明，由于总资产周转率的变动对净资产收益率的影响；

④–③说明，由于权益乘数的变动对净资产收益率的影响。

（4）比较各因素的替代结果，确定各因素对分析指标的影响程度。

例如，A公司与总资产周转率的相关资料如表7-9所示。

表7-9　A公司关键财务指标

项　　目	20×6年	20×7年	差　　异
营业收入/元	49 896 709	58 300 149	8 403 440
平均总资产/元	18 924 089	28 729 179.5	9 805 090.5
平均流动资产/元	15 393 210.5	23 692 245.5	8 299 035
总资产周转率/次	2.64	2.03	−0.61
流动资产周转率/次	3.24	2.46	−0.78
流动资产占总资产比重/%	81.34	82.47	1.13

要求计算总资产周转率下降的原因。

解：

$$总资产周转率＝（营业收入/平均资产总额）×100%$$
$$＝（营业收入/平均流动资产合计）×$$
$$（平均流动资产合计/平均资产总额）×100%$$
$$＝流动资产周转率×流动资产占总资产比重×100%$$

总资产周转率的差异＝2.03−2.64＝−0.61（次）

其中，流动资产周转率的降低对总资产周转率的影响为：

$$（2.46−3.24）×81.34%＝−0.64（次）$$

流动资产比重的提升对总资产周转率的影响为：

$$2.46×（82.47%−81.34%）＝0.03（次）$$

合计为：−0.64＋0.03＝−0.61（次）

说明A公司总资产周转率的下降主要是由于流动资产周转率的下降所致，因而该公司应加强对流动资产周转率的管理。

因素分析法也是财务报表分析中常用的一种技术方法，它是指把整体分解为若干个局部的分析方法，具体包括比率因素分解法和差异因素分解法。由于企业的活动是一个有机的整体，每个指标的高低，都受不止一个因素的影响，因而从数量上测定各因素的影响程度，可以帮助人们抓住主要矛盾，或者更有说服力地评价企业状况。

4. 注意事项

采用因素分析法时必须注意以下问题。

（1）因素分解的相关性问题。所谓因素分解的相关性，是指分析指标与其影响因素之间必须真正相关，即有实际经济意义，各影响因素的变动确实能说明分析指标差异产生的原因。

（2）分析前提的假设性。所谓分析前提的假设性，是指分析某一因素对经济指标差异的影响时，必须其他因素都不变，否则就不能分清各单一因素对分析对象的影响程度。

（3）因素替代的顺序性。确定因素替代顺序的传统方法是依据数量指标在前、质量指标在后的原则进行排列，现在也有人提出依据重要性原则，即重要的因素排在前面，次要因素排在后面。但是无论何种排列方法，都缺少坚实的理论基础。一般为了分清责任，将对分析指标影响较大的、并能明确责任的因素放在前面可能要好一些。

（4）连环性是指在确定各因素变动对分析对象的影响时，都是将某因素替代后的结果与该因素替代前的结果对比，一环套一环，这样既能保证各因素对分析对象影响结果的可分性，又便于检查分析结果的准确性。

7.2.2　因子分析法

1. 因子分析法的含义

因子分析法是从研究变量内部相关的依赖关系出发，把一些具有错综复杂关系的变量归结为少数几个综合因子的一种多变量统计分析方法。它的基本思想是将观测变量进行分类，将相关性较高，即联系比较紧密的分在同一类中，而不同类变量之间的相关性则较低，那么每一类变量实际上就代表了一个基本结构，即公共因子。对于所研究的问题就是试图用最少个数的不可测的所谓公共因子的线性函数与特殊因子之和来描述原来观测的每一变量。

因子分析的基本目的是利用少数几个因子去描述许多指标或因素之间的联系，即将相互比较密切的几个变量归在同一类中，每一类变量就成为一个因子（之所以称其为因子，是因为它是不可观测的，即不是具体的变量），以较少的几个因子反映原资料的大部分信息。

2. 财务比率因子分析法的应用基本步骤

（1）收集所要研究企业的财务比率数据，构建样本原始数据矩阵：

$$Y = \begin{bmatrix} Y_{11} & Y_{12} & \cdots & Y_{1p} \\ Y_{21} & Y_{22} & \cdots & Y_{2p} \\ \vdots & \vdots & & \vdots \\ Y_{n1} & Y_{n2} & \cdots & Y_{np} \end{bmatrix}$$

其中，Y_{ij} 表示第 i 个企业的第 j 个财务比率。

（2）对样本原始数据进行标准化处理。为了便于对财务比率进行比较，并消除由于观测量纲的差异对数量所造成的影响，有必要对原始数据进行标准化处理，使标准化后的变量的均值为 0，方差为 1，近似标准正态分布，从而使各财务比率指标之间具有可比性。

（3）计算样本相关系数矩阵 R 与协方差阵 S。相关系数可反映指标间信息重叠的程度，其值越大，信息重叠的程度越高；其值越小，信息重叠的程度越低。

（4）利用样本数据矩阵，计算其特征值、特征向量、特征值贡献率，求得因子载荷矩

阵 A，并形成因子模型为：

$$\begin{cases} X_1 = a_{11}F_1 + a_{12}F_2 + \cdots + a_{1m}F_m + \Sigma_1 \\ X_2 = a_{21}F_1 + a_{22}F_2 + \cdots + a_{2m}F_m + \Sigma_2 \\ \qquad\qquad\qquad\vdots \\ X_p = a_{p1}F_1 + a_{p2}F_2 + \cdots + a_{pm}F_m + \Sigma_p \end{cases}$$

模型中的 F 为公共因子，它是在各个原观测变量的表达式中都会共同出现的因了，是相互独立的不可观测的理论变量，而公共因子的含义必须结合具体的实际意义而定。模型中的系数 a 为公共因子载荷量，简称因子载荷，其绝对值越大，表明 X 与 F 的相依程度越大。

（5）选择公共因子。计算因子载荷矩阵中所有 F 对 X 的方差贡献，衡量公共因子的相对重要性，依次提炼出最有影响的公共因子。

（6）因子旋转。因子分析可以采用不同的方式加以解释，不同的旋转方式只是从不同的角度看待同一现象。

（7）构造出综合得分函数，对各样本进行评价。

财务比率因子分析法的一般形式可如表 7-10 所示。

表 7-10　上市公司业绩评价指标体系

指 标 名 称	代 号
净资产收益率	X_1
主营业务利润率	X_2
资产负债比率	X_3
速动比率	X_4
总资产周转率	X_5
应收账款周转率	X_6
存货周转率	X_7
总资产增长率	X_8
主营业务收入增长率	X_9

其计算分析步骤为：首先，根据表 7-10 中各指标的相关数据构建样本原始数据矩阵；其次，根据样本原始数据矩阵计算其特征值，并形成特征值的特征向量矩阵；再次，根据其特征向量矩阵求得因子载荷矩阵，并形成因子模型；最后，根据因子模型进行最终财务分析评价。

因子分析的主要优点是能够将大量的变量减少为几个较少的变量，以减轻工作量。而财务比率因子分析的作用主要体现在以下两个方面。

首先，因子分析法的分类方法更加客观、科学。传统的财务比率的归类通常是建立在主观假定的基础上，假定某些比率具有经济联系；而因子分析法是应用实际数据对比率之间的经济联系进行实质性测试，使分类合理化。

其次，因子分析法的分类方法是相对的而不是绝对的。传统的财务比率的归类是固定的，而因子分析法会因为数据及方法的不同产生不同的分类，这样就可以让分析者更了解分类本身的相似性。

3. 财务比率因子分析法的注意事项

（1）因子分析的核心是一种浓缩数据的技术，适用于公开获得数据情况下的财务报表分析。

（2）因子分析法的分类结果只适用于特定的分析样本。

7.3　综合分析法

以上各种方法都是单个的具体分析方法，是建立在分项分析的前提下了解财务指标内含财务信息的分析方法，这种分析方法的最大缺陷是注意到了点，但缺乏对面的了解。综合分析法就是将财务报表和财务指标结合起来，作为一个整体进行分析，评价企业整体财务状况和经营成果的优劣。

财务报告分析的最终目的是全面、准确、客观地揭示企业财务状况和经营成果，并借以对企业经济效益优劣作出合理的评价。显然，要达到这样一个分析目的，仅仅从企业的偿债能力、盈利能力和营运能力，以及资产负债表、利润表、现金流量表等不同侧面，分别对企业的财务状况和经营成果进行具体分析，是不可能得出合理、正确的综合结论的。企业的经营活动是一个有机的整体，要全面评价企业的经济效益，仅仅满足于局部分析是不够的，而应该将相互联系的各种报表、各项指标联系在一起，从全局出发，进行全面、系统、综合的评价。

7.3.1　财务报表综合分析的特点

所谓综合分析，是相对于财务指标单项分析而言的，它将各单项财务指标相结合，作为一个整体，系统、全面、综合地对企业财务状况、经营成果及现金流量，进行剖析、解释和评价，说明企业整体财务状况和效益的优劣。与单项分析相比，财务报表综合分析具有以下特点。

（1）分析方法不同。单项分析通常把企业财务活动的总体分解为各个具体部分，以认识每一个具体的财务现象，并据此对财务状况和经营成果的某一方面作出判断和评价；而综合分析则是通过把若干个别财务现象放在企业财务活动的总体上进行归纳综合，着重从整体上概括财务活动的本质特征。因此，单项分析具有实务性和实证性，是综合分析的基础；综合分析则是对单项分析的抽象和概括，具有高度的抽象性和概括性，如果不把具体的问题提高到理性高度认识，就难以对企业的财务状况和经营业绩作出全面、完整和综合的评价。因此，综合分析应以各单项分析指标及其各指标要素为基础，要求各单项指标要素及计算的各项指标一定要真实、全面和适当，所设置的评价指标必须能够涵盖企业盈利能力、偿还能力和营运能力等诸多方面总体分析的要求。因此，只有把单项分析和综合分析结合起来，才能提高财务报表分析的质量。

（2）分析重点和基准不同。单项分析的重点和比较基准是财务计划、财务理论标准，而综合分析的重点和基准是企业整体发展趋势。因此，单项分析把每个分析指标放在同等重要的地位来加以关注，故难以考虑各种指标之间的相互关系；而财务综合分析强调各种指标有主辅之分，强调抓住主要指标，只有抓住主要指标，才能抓住影响企业财务状况的主要矛盾。并且认为在主要财务指标分析的基础上再对其辅助指标进行分析，才能分析透彻，把握准确、详尽。当然，各主辅指标功能应相互协调匹配，在利用主辅指标时，还应特别注意主辅指标间的本质联系和层次关系。

（3）分析目的不同。单项分析的目的性通常较明确，侧重于找出企业财务状况和经营成果某一方面存在的问题，并提出改进措施；综合分析的目的是要全面评价企业的财务状况和经营成果，并提出具有全局性的改进意见。显然，只有综合分析获得的信息才是最系统、最完整的，单项分析仅仅涉及一个领域或一个方面，往往达不到这样的目的。

财务综合分析的方法有很多，概括起来可以分为两类：一类是财务报表综合分析；另一类是财务指标体系综合分析，如杜邦财务分析体系。

7.3.2　财务报表综合分析方法的具体类型

1. 杜邦分析法

杜邦分析法是指根据各主要财务比率指标之间的内在联系，建立财务分析指标体系，综合分析企业财务状况的方法。其特点是将若干反映企业盈利状况、财务状况和营运状况的比率按其内在联系有机地结合起来，形成一个完整的指标体系，并最终通过净资产收益率这一核心指标来综合反映。这种方法由美国杜邦公司在 20 世纪 20 年代率先采用，故称杜邦分析法。其具体内容如图 7-1 所示。

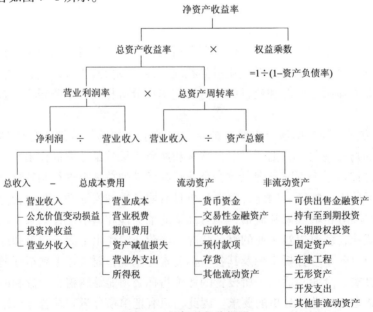

图 7-1　杜邦财务分析图

杜邦财务分析体系为进行企业综合分析提供了极具价值的财务信息。其中，净资产收益率是综合性最强的财务指标，是企业综合财务分析的核心。这一指标反映了投资者的投入资本盈利能力的高低，体现出企业经营的目标。从企业财务活动和经营活动的相互关系看，由于净资产收益率的变动取决于企业资本经营、资产经营和商品经营等所有各项活动，因而可以使企业财务活动效率和经营活动效率得到综合体现。

2. 雷达图分析法

雷达图分析法是日本企业界进行综合实力评估而采用的一种财务状况综合评价方法。按这种方法所绘制的财务比率综合图状似雷达，故得此名，它是对客户财务能力分析的重要工具，从动态和静态两个方面分析客户的财务状况。其中，静态分析将客户的各种财务比率与其他相似客户或整个行业的财务比率作横向比较；而动态分析则把客户现时的财务比率与先前的财务比率作纵向比较，从而可以发现客户财务及经营情况的发展变化方向。雷达图把纵向和横向的分析比较方法结合起来，综合计算客户的收益性、成长性、安全性、流动性和生产性这5类指标。

可以借助 Excel 工具绘制雷达图，一般可以将比较值（比较值指标一般选择行业数据指标）设定为1，然后将实际值除以比较值得到的对比值与比较值1代入 Excel 工具绘制雷达图，并最终得到雷达分析图。

3. 经济增加值分析

经济增加值（economic value added，EVA）是由美国学者 Stewart 提出，并由美国著名的思腾思特咨询公司注册并实施的一套以经济增加值理念为基础的财务管理系统、决策机制和激励报酬制度。它是一定时期公司所有成本被扣除后的剩余收入，等于税后净利润减去资本成本。其基本理念是资本获得的收益至少要能补偿投资者承担的风险，即股东必须赚取至少等于资本市场上类似风险投资回报的收益率。

$$经济增加值（EVA）= 税后净营业利润 - 资本成本$$
$$= (R - K_w)NA$$
$$= R \cdot NA - K_w \cdot NA$$

其中，R 是资本收益率，即投入资本报酬率，等于税前利润减去所得税再除以投入资本；K_w 是加权资本成本，包括债务成本及所有者权益成本；NA 即投入资本，等于资产减去负债。$R \cdot NA$ 为税后营业净利润，$K_w \cdot NA$ 为资本成本。

在经济增加值的标准下，资本收益率高低并非投资和企业经营状况好坏的评估标准，关键在于收益是否超过资本成本。因此，资本收益>资本成本时，说明资本增值；资本收益＝资本成本时，说明资本保值；资本收益<资本成本时，说明资本贬值。

4. 平衡计分卡分析

当企业管理进入战略管理阶段后，管理一个企业的高度复杂性要求同时从几个方面来考察业绩。平衡计分卡是一套能快速而全面地考察企业的业绩评价系统，它从4个方面观察企业，即财务、顾客、内部业务、创新和学习。其中，财务指标说明已采取的行动产生的结果，同时，通过对顾客满意度、内部程序，以及组织的创新和提高活动进行测评得出业务指标，业务指标是未来财务业绩的推进器。

平衡计分卡是一套基于战略管理的业绩评价指标体系，体现了多方面的平衡性。

首先，结果指标与动因指标的平衡。在平衡计分卡中，财务方面的指标是企业追求的结果，其他 3 个方面的指标是取得这种结果的动因。

其次，日常指标和战略指标的平衡。能够用于业绩评价的指标各种各样，但哪些指标能够纳入基于战略管理的业绩评价体系，需要根据不同的发展战略确定不同的关键业绩指标及其延伸指标。

最后，利益相关者之间的平衡。企业业绩计量系统的一个最基本和最重要的作用就是监控契约双方的交易，这将使企业决定契约双方的期望是否得到了满足，以便找出问题所在及改进的方法。业绩计量指标反映了企业的次要目标，因为恰当的业绩计量指标能够预测或带动企业在基本目标方面的业绩，实现基本目标业绩指标与次要目标业绩指标之间的平衡。

本章小结

为了正确揭示财务报表所传递的各项信息，为了能使财务报表的使用者通过财务报表全面地了解有关企业的财务状况和经营成果，并合理地预期该企业的发展前景，有必要运用一些财务分析技巧对其所掌握的财务数据进行分析。

在运用分析技巧对财务数据进行分析时，为了强调所提供数据的可比性及相关的重要性，以及为了合理评价企业的整体状况，要运用各种各样的方法，这些方法包括结构和趋势分析方法、因素和因子分析方法、综合分析方法等。通过这些分析方法可以将所得到的财务数据加以综合，以判断企业的整体财务状况和经营成果。需要说明的是，任何一种分析结果都不可能说明全部的结论，或者满足各种不同类型使用者的要求。

本章习题

一、单项选择题

1. 根据企业连续若干会计期间（至少 3 期）的分析资料，运用指数或动态比率的计算，比较与研究不同会计期间相关项目的变动情况和发展趋势的一种财务分析方法是（　　）。

　　A. 水平分析法　　　B. 垂直分析法　　　C. 趋势分析法　　　D. 因素分析法

2. 杜邦财务分析体系的核心指标是（　　）。

　　A. 权益乘数　　　B. 总资产收益率　　　C. 净资产收益率　　　D. 销售利润率

3. 结构分析法的基本计算公式为（　　）。

　　A. 某项目结构比率＝（某个组成部分数额/总体数额）×100%

　　B. 某项目结构比率＝（总体数额/某个组成部分数额）×100%

　　C. 某项目结构比率＝（本期某个组成部分数额/上期总体数额）×100%

　　D. 以上都不是

4. 在进行趋势分析时，通常采用的比较标准是（　　　）。

    A. 计划数　　　　　　B. 预定目标数　　　C. 以往期间实际数　D. 评估标准值

二、多项选择题

1. 属于财务报表分析方法的有（　　　）。

    A. 趋势分析法　　　B. 垂直分析法　　　C. 因素分析法　　　D. 综合分析法

2. 属于因素分析法的有（　　　）。

    A. 水平分析法　　　B. 连环替代法　　　C. 定基替代法　　　D. 结构分析法

3. 因素分析法应用时应注意的问题有（　　　）。

    A. 因素分解的相关性　　　　　　B. 分析前提的假设性

    C. 顺序替代的连环性　　　　　　D. 因素替代的顺序性

4. 属于因子分析步骤的是（　　　）。

    A. 对样本原始数据进行标准化处理　　B. 选择公共因子

    C. 因子旋转　　　　　　　　　　　D. 求各因子得分

三、判断题

1. 差额计算法是连环替代法的一种简化形式。　　　　　　　　　　　　　　　（　　　）

2. 因子分析法的分类结果只适用于特定的分析样本。　　　　　　　　　　　　（　　　）

3. 财务报表分析只能评价过去，不能预测未来。　　　　　　　　　　　　　　（　　　）

4. 连环替代法中各因素的替代顺序是可以颠倒的。　　　　　　　　　　　　　（　　　）

5. 杜邦分析法是以净资产收益率为核心的。　　　　　　　　　　　　　　　　（　　　）

四、简答题

1. 财务报表分析的基本方法有哪些？各有哪些应注意的问题？

2. 什么叫结构百分比报表？它有什么作用？

3. 趋势分析法有哪些具体类型？

4. 综合分析法有哪些具体方法？

五、分析题

1. 凯达公司 20×6—20×7 年年末两年的趋势资产负债表中的有关数据如表 7-11 所示。
要求：根据此资料对该公司资产和权益的变动情况进行分析。

表 7-11　趋势资产负债表

编制单位：凯达公司　　　　　　　　　　　　　　　　　　　　　　　　单位：万元

项　　目	20×6 年	20×7 年	增减差额	增减/%
流动资产				
速动资产	3 000	2 800	−200	−6.67
存货	5 000	6 200	1 200	24.00
流动资产合计	8 000	9 000	1 000	12.50
固定资产净额	14 000	16 000	2 000	14.29
资产总计	22 000	25 000	3 000	13.64
负债				

项 目	20×6年	20×7年	增减差额	增减/%
流动负债	4 000	4 600	600	15.00
长期负债	2 000	2 500	500	25.00
所有者权益				
实收资本	13 000	13 000	—	—
盈余公积	1 800	2 700	900	50.00
未分配利润	1 200	2 200	1 000	83.33
所有者权益合计	16 000	17 900	1 900	11.88
权益合计	22 000	25 000	3 000	13.64

2. 美雅公司20×4—20×7年连续4年的销售额及净利润的资料如表7-12所示。要求：

（1）以20×4年为基年，对美雅公司4年的经营趋势作出分析；

（2）说明选择基年应注意什么问题。

表 7-12　销售额及净利润表　　　　　　　　　　单位：万元

项 目	20×4年	20×5年	20×6年	20×7年
销售额	5 000	5 100	6 000	7 000
净利润	400	430	620	750

六、案例分析

LT 股份的偿债能力分析

20×6年LT股份的流动比率是0.77。这说明LT股份短期可转换成现金的流动资产不足以偿还到期流动负债，偿还短期债务能力弱。

20×6年LT股份的速动比率是0.35。这说明扣除存货后，LT股份的流动资产只能偿还35%的到期流动负债。

20×6年LT股份的净营运资金是-1.3亿元。这说明LT股份将不能按时偿还1.3亿元的到期流动负债。

从20×3至20×6年LT股份的固定资产周转率和流动比率逐年下降，到20×6年二者均小于1。这说明LT股份的偿还短期债务能力越来越弱。

20×6年LT股份的主营产品是农副水产品和饮料。20×6年LT股份"货币资金"和"现金及现金等价物净增加额"，以及流动比率、速动比率、净营运资金和现金流动负债比率均位于"A07渔业"上市公司的同业最低水平，其中，流动比率和速动比率分别低于"A07渔业"上市公司的同业平均值大约5倍和11倍。这说明在"A07渔业"上市公司中，LT股份的现金流量是最短缺的，短期偿债能力是最低的。

20×6年LT股份的流动比率、速动比率和现金流动负债比率均处于"C0食品、饮料"上市公司的同业最低水平，分别低于同业平均值的2倍、5倍和3倍。这说明在"C0食品、饮料"行业上市公司中，LT 股份的现金流量是最短缺的，偿还短期债务能力是最弱的。

问题：

如何评价 LT 股份的偿债能力？

参考答案

一、单项选择题

1. C　　2. C　　3. A　　4. C

二、多项选择题

1. ACD　　2. BC　　3. ABCD　　4. ABCD

三、判断题

1. √　　2. √　　3. ×　　4. ×　　5. √

第 8 章

偿债能力分析

学习目标

1. 了解偿债能力的各项指标。
2. 明确偿债能力指标的计算方法和意义。
3. 掌握偿债能力各项指标之间的关系。
4. 理解偿债能力指标与其他指标之间的相互关系。

学习重点

1. 短期偿债能力的指标计算及其运用。
2. 长期偿债能力的指标计算及其运用。

企业的偿债能力是指在一定期间内清偿各种到期债务的能力。对于多数企业来说，资金来源除了所有者权益外，还有相当一部分来自对外负债。由于任何一笔债务都负有支付利息和到期偿还本金的责任，因此企业支付利息和到期偿还本金的能力就是其偿债能力。偿债能力强弱是衡量经营效绩的重要指标，不仅关系企业本身的生存和发展，同时也与债权人、投资者的利益密切相关。对企业内部而言，通过测定自身的偿债能力，有利于科学合理地进行筹资决策和投资决策；从企业外部来看，债权人将根据企业偿债能力的强弱确定贷款和其他信用决策。企业的偿债能力按其债务到期时间的长短可分为短期偿债能力和长期偿债能力。

8.1 偿债能力分析的意义和作用

偿债能力的强弱是企业生存和健康发展的基本前提。通过对企业偿债能力的分析，可以了解企业的财务状况，了解企业所承担的财务风险程度。

对企业偿债能力了解需要建立在对短期偿债能力和长期偿债能力及其关系的全面了解之上。首先，即使一个盈利很高的企业，如果不能按期偿还到期债务，也会面临破产，即所谓的流量破产。此外，如果企业不能保持其短期偿债能力，也就不可能保持长期偿债能力。当然，对于财务报表的分析人员而言，仅考察短期指标是片面的，因为在追求长期利益的财务目标下，长期指标更能够反映企业的综合财务状况。

偿债能力的强弱涉及企业不同利益主体的切身利益，不同利益主体对财务报表的使用目的不同，对企业偿债能力分析就有不同的意义。

1. 对于债权人而言，有利于其判断债权收回的保障程度

在市场经济条件下，企业总要面临风险，这就要求企业必须拥有一定量的主权资本以承担经营风险。在对资产的要求权需要清偿时，由于债权人具有优先受偿权，而所有者权益仅是一种剩余权益，因此融资结构不同，债权人所面临的风险也不同。一般所有者权益在企业资本结构中的比重越高，对债权人的债权保障程度就越高。

例如，甲、乙、丙 3 家公司 20×7 年度末的资产总额均为 72 860 万元，负债总额分别为 18 215 万元、58 288 万元和 91 075 万元，则 3 家公司的资本结构如表 8-1 所示。

表 8-1　甲、乙、丙 3 家公司的资本结构

项　　目	资产总额/万元	负债/万元	所有者权益/万元	负债比重/%	所有者权益比重/%
甲公司	72 860	18 215	54 645	25	75
乙公司	72 860	58 288	14 572	80	20
丙公司	72 860	91 075	-18 215	125	-25

由表 8-1 可以看出，甲公司的所有者权益在资本结构中的比重最高，负债的比重最低，因而对债权人的保障程度也最高，相对而言，对投资人所投入资金的保障程度就会比较低；而丙公司由于所有者权益为负数，故而所有者权益比重也为负数，负债比重则最高，甚至超过了 100%，资产总额已经小于负债总额，即所谓的资不抵债（存量破产），因此，即使债权人优先受偿，也不能收回全部债权。

所谓破产，理论上存在两种形式，即债务到期而不能偿还的流量破产和资不抵债的存量破产。然而现实社会中，一个企业最终是否会破产，并不取决于流量，当然也不取决于存量，而是取决于债权人是否起诉，法院的受理，以及最终的判决。

2. 对于投资者而言，有利于其进行投资决策

所有者是企业终极风险的承担者，也是剩余权益的拥有者，因此，在偿债能力方面，投资者一方面关心投入的资本能否保全，还要关心通过财务杠杆获得杠杆收益的状况。企业具有良好的偿债能力，意味着企业有较低的融资风险，这是投资者获取剩余权益的前提。因此，投资者是转移资本还是追加资本，都需要面临着风险和收益的权衡。

在上例中，若甲、乙两公司的总资产的盈利能力同为 10%，并高于债务的平均利率。那么，尽管甲公司的负债比最低，但是乙公司仅用较低的自有资本就获得相当的收益水平，因而对股东价值的提升更加有利，但同时意味着比甲公司承担相对更大的财务风险。至于丙公司，由于其所有者权益为负数，说明其累积亏损已超过净资产，所谓 10% 的盈利能力仅为一种假设，即使有，也是偶然，因而没有比较意义。

3. 对于经营者而言，有利于其优化融资结构、降低融资成本

良好的偿债能力是企业对外清偿债务、承担风险的后盾，是企业保持良好财务形象的基础，也是企业能获得源源不断的投资和贷款的保障。通过偿债能力分析，可以确定和保持最佳融资结构，以使企业的综合风险降至最低，并在此基础上降低融资成本。例如，在上例中，由于甲公司的负债比重较低，故而其进一步举债的能力就相对较强，而乙公司由于为股东创造了更高的价值，则能够获得更多投资者的青睐。

4. 对于政府而言，有利于其进行宏观经济管理

对政府有关经济管理部门而言，评价偿债能力风险的主要目的是判断企业是否可以进入有限制的领域进行经营和财务运作，以保证整个社会经济的协调运转，维护市场秩序。例如，我国的公司法规定，发行公司债券必须符合累计债券总额不超过公司净资产的40%、最近3年平均可分配利润足以支付公司债券1年的利息等。

5. 对于经营性关联企业而言，有利于各自开展业务往来

对企业的供应商而言，购货企业短期偿债能力的强弱意味着该企业履行合同能力的强弱，而长期偿债能力则反映该企业是否具有长期支付能力，有助于判断购货企业的信用状况和未来业务能力，并据此作出是否建立长期稳定的业务合作关系的决策。

8.2　短期偿债能力分析

在分析企业的短期偿债能力时，了解流动资产与流动负债之间的相互关系十分关键，因为，一般偿还流动负债需要动用现金，而现金主要产生于流动资产。短期偿债能力的强弱并不完全取决于企业盈利的多寡，因为在权责发生制下，企业可能有很高的盈利，但却并不一定有很强的短期偿债能力，因为它可能缺乏可立即动用的现金。

短期偿债能力的衡量主要是看企业是否拥有足够的现金以偿付其流动负债，应付当前业务的需要，因而短期偿债能力指标主要反映企业的流动资产与流动负债的比率关系。所涉及的财务指标主要有反映短期偿债能力的绝对数指标，如营运资本；反映短期偿债能力的相对数指标，如流动比、速动比等。

8.2.1　营运资本

1. 指标的计算

营运资本或营运资金有广义和狭义之分，广义营运资本是指流动资产合计，但一般使用狭义营运资本概念，是指企业流动资产超过流动负债的剩余部分，也称净营运资本。该指标是表现企业短期偿债能力的绝对数指标，其计算公式为：

$$营运资本 = 流动资产 - 流动负债$$

根据上述公式可以看出，营运资本越多则偿债越有保障。在企业的流动资产中，来源于流动负债的部分由于面临着债权人的短期求索权，因而企业无法在较长期限内自由运用，而扣除短期负债后的剩余流动资产，即营运资本，能够为企业提供一个较为宽松的自由使用期间。根据资产（流动资产+非流动资产）= 负债（流动负债+长期负债）+所有者权益（股东权益）这一平衡关系式可知，营运资本 = 流动资产 - 流动负债 = 长期负债+所有者权益 - 非流动资产。因此，所谓营运资本，实际上等于企业以长期负债和股东权益为来源的那部分流动资产。

例如，A 公司 20×5—20×7 年的资产负债表中，流动资产与流动负债的相关数据如表8-2 所示。则该公司：

20×7 年度末营运资本 = 8 808-25 862 = -17 054（万元）

20×6 年度末营运资本 = 12 197-31 719 = -19 522（万元）

20×5 年度末营运资本 = 48 843-115 259 = -7 066 416（万元）

表8-2 A 公司 20×5—20×7 年资产负债表中流动资产与流动负债摘录 单位：万元

项 目	20×5 年年末	20×6 年年末	20×7 年年末
货币资金	9 397	367	51
应收账款	6 108	3 359	1 820
预付账款	371	305	161
其他应收款	29 277	6 231	5 081
存货	3 690	1 932	1 695
其他流动资产	0	3	0
流动资产合计	48 843	12 197	8 808
流动负债合计	115 259	31 719	25 862

表8-2 及以上计算说明，该公司连续 3 年的营运资本均为负数，其中以20×5 年度的状况为最甚，20×6 年度和20×7 年度则有了一定程度的改善，20×6 年度比20×5 年度的营运资本增加了-19 522 -（-66 416）= 46 894（万元），20×7 年度又比20×6 年度增加了-17 054 -（-19 522）= 2 468（万元）。虽然如此，总体上该公司的营运资本仍然偏低，说明该公司虽经努力仍未摆脱短期债务的偿还能力很差，自由资金流缺乏，尤其是现金拮据，以及资产流动性较差的现状。

2. 指标的分析

首先，营运资本为正时，流动资产大于流动负债，说明企业不能偿债的风险较小；反之，营运资本为负时，流动资产小于流动负债，说明营运资本出现短缺，企业不能偿债的风险加大。

其次，营运资本并非总是越多越好。债权人希望营运资本越多越好，这样就可以减少贷款风险。但是，过高的营运资本意味着流动资产过多而流动负债较少，可能导致大量资金闲置，丧失产生更多经济利益的机会。同时也说明，企业可能缺乏投资机会，因而其发展潜力可能受到限制。因此，企业应该保持适当的营运资本，以平衡财务风险和发展机会。

当然，营运资本究竟保持多少才算适当并没有统一的标准，加上由于营运资本是一绝对数指标，对于不同规模、不同类型的企业，该指标也缺乏可比性，即使计算出两个公司的营运资本，也不能比较出两公司偿债能力的高低，因而在企业规模和企业类型差异较大时，就不能使用营运资本来评价企业的短期偿债能力。

同时，一个营运资本为负的企业，完全可能意味着是一个应收账款、存货极低或为零，而应付账款极高的企业。若这样的企业，能以如此低的资产，支撑起与营运资本为正的企业同样的营业收入和利润，固然偿债能力较低，但盈利能力、资产利用效率、市场价值等却可能很高。

8.2.2　流动比

1. 指标的计算

流动比或流动比率是另一个表现短期偿债能力的指标，该指标是用流动资产除以流动负债得到的倍数指标（若采用流动比率，则为百分比指标），表明每一元流动负债有多少元流动资产可作补偿。流动比指标比营运资本指标更能表现企业的短期偿债能力，因为营运资本只反映了流动资产与流动负债的绝对数差异，而流动比还考虑到流动资产规模与流动负债规模之间的关系，从而使指标更具有可比性。其计算公式为：

流动比＝流动资产/流动负债

流动比率＝（流动资产/流动负债）×100%

仍以表8-2中的数据为例，则该公司：

20×7 年度的流动比＝8 808/25 862＝0.34（倍）

20×6 年度的流动比＝12 197/31 719＝0.39（倍）

20×5 年度的流动比＝48 843/115 259＝0.42（倍）

与营运资本的计算结果不同，该公司 20×7 年度的流动比较之 20×6 年度和 20×5 年度的流动比分别下降了 13% 和 19%，说明在该公司的短期偿债能力原本就很差的情况下，又有进一步下降的趋势。

2. 指标的分析

一般认为，合理的流动比应被确认为 2：1，但到 20 世纪 80 年代中期以后，美国许多制造业企业的流动比开始低于 2（倍），趋于 1.5（倍），这说明许多企业的流动性在降低，但这并非说明其短期偿债能力在降低。

流动比越高，企业偿还短期债务的流动资产保证程度通常越强，但这并不等于说企业已有足够的现金用来偿债，因为流动比高也可能是由于存货积压、应收账款增多且收账期延长，以及待摊费用等的增加所致。

从短期债权人角度看，自然希望流动比越高越好，但从企业经营者的角度看，在其他情况正常的条件下，过高的流动比通常意味着企业闲置资产的持有量过多，这必然造成企业流动资产的周转率下降，导致机会成本的增加和盈利能力的降低。同时，流动比过高也意味着更多的长期资金将被占用于流动资产环节，这必然加大企业的资本成本。

在分析一个企业的流动比时，很有必要将其与该行业的平均流动比进行对比，因为在某些行业，流动比低于 2（倍）被认为是正常的，但在另一些行业则要求流动比必须大于 2（倍）。一般而言，营业周期越短，流动比应越低；营业周期越长，流动比应越高。

将同一企业不同时期的流动比相比较，以及与行业平均水平相比较，有助于确定流动比的高低，尽管这种比较并不能反映为什么高或为什么低，但可以从流动资产和流动负债的逐项分析中找出原因，特别是从应收账款、存货和应付账款的详细分析中找出原因。

在比较流动比之前，分析者应首先计算出应收账款周转率和存货周转率，这种计算能够帮助分析者了解企业流动性问题存在于应收账款或存货方面的原因。如果应收账款或存货的流动性存在问题，则要求流动比应更高些。

另外，用流动比还是流动比率指标名称的意义在于，前一个说明的是偿还倍数的意义，而后一个说明的是占用百分比的意义。当然，如果将倍数也称之为百分比，那意义就一样了。

8.2.3　速动比

1. 指标的计算

流动比是在考虑了流动资产和流动负债后对企业总体流动性状况的评价，但人们期望获得比流动比所反映的更及时和更准确的情况，速动比满足了这样一种了解最流动的资产（速动资产）与流动负债关系的要求。

关于速动资产应包括哪几项流动资产尚有争议。一般认为，速动资产是指流动资产减去变现能力较差且不稳定的存货、预付账款、其他流动资产等后的余额。在计算速动比时，之所以应从流动资产中剔除存货部分，是因为存货的流动速度较慢，变现能力较差，存货也有可能已经过时，部分存货还可能作为特定债权人的抵押品；至于剔除预付账款、其他流动资产等，是因为它们几乎不具有变现能力，但实务中由于考虑到预付账款等的发生数额较少，为计算方便起见，一般仅剔除存货。速动比的一般计算公式为：

$$速动比 = (流动资产 - 存货) / 流动负债$$

还可以采取一种比较保守的方法计算速动比，就是将现金、交易性金融资产和应收账款净额相加后除以流动负债，其中应收账款应包括应收票据，因为应收票据可通过转让或贴现后变现，而应收账款则可以通过在金融市场上让售或办理保理后变现。西方概念中的速动资产与我国的概念不尽相同，因为就我国目前的情况而言，可能应收账款的变现能力较之存货更差。按西方观念的保守速动比公式为：

$$速动比 = (现金 + 交易性金融资产 + 应收账款净额) / 流动负债$$

仍以表8-2的数据为例，则该公司按（8-1）式计算的速动比为：

20×7年度的速动比 = (8 808 - 1 695) / 25 862 = 0.28（倍）

20×6年度的速动比 = (12 197 - 1 932) / 31 719 = 0.32（倍）

20×5年度的速动比 = (48 843 - 3 690) / 115 259 = 0.39（倍）

这一计算结果的变动状况与流动比的计算结果基本相同，但下降幅度更大一些。该公司20×7年度末的速动比较之20×6年度和20×5年度分别下降了12.5%和28%，除了表明该公司偿还短期债务的能力在持续下降，公司的偿债风险逐年上升以外，还表明该公司存货的数量在相对上升，应引起关注。另外，该公司若能同时计算保守和非保守的速动比，并比较两者之间差异的话，还能表示出该公司在预付账款、其他流动资产等其他项目上发生的变化。

2. 指标的分析

同流动比一样，多高水平的速动比才算合理并无一定的标准。西方企业的传统经验认为，速动比率为0.75～1（倍）时是安全边际，因为如果速动比小于此倍数时，将使企业面临较大的偿债风险。但如果速动比大于此倍数时，尽管债务偿还的安全性提高了，却会因企业现金及应收账款资金占用过多而大大增加企业的机会成本。当然，如果企业的速动比持续下降，将会导致企业破产机会增加，债权人和投资者的风险加大。

同样，在计算速动比前，应先计算应收账款周转率，从应收账款的质量上帮助分析速动比的情况。

8.2.4 现金比

1. 指标的计算

有时分析者需要从最保守的角度对企业资产的流动性进行分析。例如，在企业已将应收账款和存货作为抵押品的情况下，或者分析者怀疑企业的应收账款和存货存在流动性问题时，评价短期偿债能力的最好指标就是现金比（静态指标），或者现金净流量对流动负债比（动态指标）。

现金比是指货币资金和交易性金融资产与流动负债的比率，其计算公式为：

$$现金比=（现金+交易性金融资产）/流动负债$$

仍以表 8-2 的数据为例，则该公司：

20×7 年度末的现金比=（51+0）/25 862=0.002（倍）

20×6 年度末的现金比=（368+0）/31 719=0.01（倍）

20×5 年度末的现金比=（9 397+0）/115 259=0.08（倍）

这一计算结果的变动状况与流动比和速动比的计算结果基本相同，但下降幅度更大，该公司 20×7 年度末的现金比较之 20×6 年度和 20×5 年度分别下降了 80% 和 97.5%，并且 3 年的比率均过低，远低于一般的大于 0.3（倍）的要求，说明该公司以现金偿还债务的能力几乎不存在，现金严重拮据，尤其是 20×7 年度，应当引起债权人的足够重视。

如果用现金净流量对流动负债比，或者经营活动净流量对流动负债比这样的动态指标来评价一个企业的即期债务的偿还能力，其计算公式分别为：

$$现金净流量与流动负债比=现金净流量/流动负债$$
$$经营活动现金净流量与流动负债比=经营活动现金净流量/流动负债$$

2. 指标的分析

在评价企业的流动性时，分析者很少重视这个指标，因为如果要求企业有足够的货币资金、交易性金融资产以偿还流动负债是不现实的，如果企业的流动性不得不依赖货币资金和交易性金融资产，那么它的偿债能力显然是削弱了。

除非企业处于财务困境中，否则分析者很少重视现金比指标，但在某些企业，如应收账款和存货周转速度很慢的和高度投机的企业，现金比很重要。

在企业的流动资产中，现金及交易性金融资产的变现能力最强，一般可以百分之百地保证相等数额短期负债的偿还。但企业的现金比不能过高，现金比过高说明该企业的现金没有发挥出最大效益，没有将现金置于企业的经营过程中运用；现金比也不能过低，现金比过低表明企业不能支付即付款项。当然，在给企业现金比的高低下结论之前，应首先对企业的经营状况有一个细致的了解，并了解企业管理者对现金的运用是否有计划等。

现金净流量对流动负债比是用来反映企业偿还当年到期债务能力大小的指标，这里的当年到期债务是指企业的流动负债与当年到期的长期债务之和。该指标数值越高，说明企业立即变现能力越强，企业随时可以偿还债务的能力越大，较之其他衡量企业短期偿债能力指标而言，该指标更直接、更明了，更具现实性。不过，过高的比率虽然能保证企业有足够的偿债能力，但也说明企业现金的盈利能力较低，现金没有得到充分有效的利用，容易造成资源的浪费；而如果该指标过低，会使企业陷于财务困境，支付能力不足，债务偿还缺乏保证。所以，该指标过高或过低都是不正常的情况。因此，运用现金净流量对流动负债比指标时应结合行业的特点、经营状况和信用状况作进一步具体分析。

现金比与现金净流量对流动负债比的差别在于一个是以资产负债表期末现金的静态数（点时数），而另一个是以资产负债表期初、期末现金差额的动态数（累计数），来评价一个企业的即期债务的偿还能力。也有人用经营活动净流量比流动负债来说明一个企业的动态短期偿债能力，该指标与现金净流量对流动负债比的差别在于，其更加关注经营活动净流量的创造对一个企业的即期债务的偿还能力。

综合上述营运资本、流动比、速动比和现金比可以看出，A 公司的短期偿债能力总体上非常不理想，并呈持续恶化趋势，各项资产的结构也不太合理，特别是存货和应收款项的占用比例过大，且各项比率在各年度的变化也过大，说明财务风险在逐年增加。

一般地，将流动比定为 2（倍），将速动比定为 1（倍），是考虑到存货一般占流动资产的 50% 这一比例关系，若非如此，就应重新界定两者之间的比例关系。至于现金比，一般认为应在 0.3（倍）左右，因为即便是流动负债，其偿还期在年度内也应该是均衡的。当然，究竟何种比率适度，还应该考虑不同规模和不同类型的企业而定。

但是，如果企业的应收账款过多，且过多的原因是由于收账缓慢的缘故，那么流动比就可能使人产生误解，相应地，速动比也可能使人产生误解。同样，如果一个企业存货过多，且过多的原因是由于存货的周转（即销售）没有达到应有的速度，那么流动比也会使人产生误解。正因为流动比、速动比和现金比的计算都忽略了流动资产的动态变化，故短期债权人还应分析一下营运能力指标，以考察企业流动资产的质量。

8.3　长期偿债能力指标分析

相对于短期债权人，长期债权人主要关心从长期来看企业资产对债务的保障程度。除此之外，企业是否有能力在借款期限内按时付息，以及在借款到期时清偿借款本金，这些企业现时经营状况的指标也值得考虑，因此，考察企业长期偿债能力的方法主要有以下两种。

一种方法是按照资产负债表所反映的数据考察企业的长期偿债能力，涉及的指标有资产负债率和产权比率等。通过这些指标，可以分析债务总额与企业资本结构、规模之间的关系，可以显示出由债权人所提供的资金数额与企业所有者所提供的资金数额之间的关系。如果企业财力的绝大部分是由外部债权人提供的，则表明企业经营的风险实际上已经转移给了外部债权人。当然，如果资本结构中债务所占比例很大，就会增加不能偿还债务本金和利息的风险，因为企业可能无法获得足够偿还债务的资金。

另一种方法是按照利润表所反映的数据考察企业的长期偿债能力，涉及的指标主要有利息保障倍数等。从长期来看，采用权责发生制基础，会计所得出的报告收益与企业偿还长期债务的能力是相联系的，虽然从短期看报告收益并不等于可运用的现金，但收入和费用最终会导致现金的流动。由于报告收益与企业偿还长期债务能力之间关系密切，因此企业的盈利能力是决定企业长期偿债能力的一个非常重要的因素。

8.3.1 资产负债率

1. 指标的计算

资产负债率也称为债务比率，是指企业的全部负债与企业的全部资产之比，该指标反映的是企业从债权人处所筹集的资金占总资产的百分比，它有助于确定在企业破产情况下对债权人保护的程度。对债权人而言，资产负债率反映债权人向企业提供信贷资金的风险程度，比率越高本息收回的风险就越大；而对所有者来说，只要企业为负债所支付的利息率小于投资报酬率，举债越多越有利，当然风险也会增加。但若从长期偿债能力的观点来看，这一比率越低，说明企业债务偿还的稳定性、安全性越强，财务弹性也越大。

有关资产负债率的计算公式有两种意见，一种认为应排除短期负债，因为短期负债不是长期资金的来源，如果不排除，就不能恰当地显示企业的债务状况；另一种意见认为，从长期来看，短期资金已经变成外部资金来源总额的一部分，故债务应包括短期负债。按后一种意见的债务比率计算公式为：

资产负债率 = 负债总额/资产总额

例如，A 公司 20×5—20×7 年度末的资产和权益状况如表 8-3 所示。

表 8-3　A 公司 20×5—20×7 年资产和权益状况表　　　　　　单位：万元

项　　目	20×5 年年末	20×6 年年末	20×7 年年末
流动资产合计	48 843	12 197	8 808
长期投资合计	1 503	1 531	1 180
固定资产合计	22 500	6 625	5 815
资产总计	72 846	20 353	15 803
流动负债合计	115 259	31 719	25 862
长期负债合计	268	268	268
负债合计	115 527	31 987	26 130
股东权益合计	-42 681	-11 634	-10 327

则该公司：

20×5 年度的资产负债率 = 115 527/72 846 = 158.59%

20×6 年度的资产负债率 = 31 987/20 353 = 157.16%

20×7 年度的资产负债率 = 26 130/15 803 = 165.3%

上述计算结果说明，该公司 3 个年度的负债总额均超过其资产总额，且稳定高达 1.5 倍以上，说明该公司不仅是偿债能力极差，而且是净资产为负数，已经处于严重的资不抵债状况，破产或资产重组应属必然。

2. 指标的分析

即使一个企业的资产负债率在 100% 以内，也并非说明该企业具有稳定的偿还债务的能力，因为企业并非所有的资产都可以作为偿债的物质保证，如待摊费用、递延资产和无形资产等。况且，即使是有形资产，其账面价值也仅能说明是过去的市场价值，而非现时价值，故其变现能力是要打些折扣的。因此，在某些企业，还计算一种保守的债务比率，称有形资产债务率，其计算公式为：

$$有形资产债务率=负债总额/有形资产总额$$

$$有形资产总额=资产总额-（无形及递延资产+长期待摊费用）$$

资产负债率应与行业平均数比较，收益稳定的行业可能比收益有周期性的行业更容易取得债务。

8.3.2 产权比率

1. 指标的计算

另一个用于测定企业长期偿债能力的指标是债务与权益比（准确一些应该称债务与所有者权益比），又称产权比率。债务与权益比表示企业的负债与所有者权益之间此增彼减的关系，因而也可以作为帮助确定债权人在企业破产时的被保护程度指标。从债权人的角度看，这一比率越低，说明企业的偿债能力状况越好。其计算公式为：

$$产权比率=负债总额/股东权益总额$$

从表 8-3 中可以看出，A 公司 20×5 年度、20×6 年度、20×7 年度末的负债总额分别为 115 527 万元、31 987 万元和 26 130 万元，而所有者权益总额分别为 -42 681 万元、-11 634 万元和 -10 327 万元，则该公司：

20×5 年度的产权比率 = 115 527/-42 681 = -270.68%

20×6 年度的产权比率 = 31 987/-11 634 = -274.94%

20×7 年度的产权比率 = 26 130/-10 327 = -253.03%

上述计算结果说明，该公司 3 个年度的债务与权益比均为负数，主要是由于该公司 3 个年度的股东权益均为负数所致，说明该公司的经营所需资金已经完全来自负债，已经没有一分一厘的自有资金。

需要说明的是，如果构成一个指标的分子是正数，而分母为负数，有时计算该项指标就会没有意义。例如，分子为 100，分母为 -100，则该指标为 200%；但若分子为 100，分母为 -98，则该指标为 202%。显然计算结果不可靠，因为后一种情况的增长幅度应该低于前一种情况的增长幅度。

2. 指标的分析

从债权人的角度看，该项比率越高，意味着企业的财务风险主要由债权人承担的程度越高，这对债权人来说是不利的；而从投资者的角度看，由于债务利息的偿还是固定的，只要所获资金的报酬率大于债务的利息率，此项比率越高越有利，因为这不仅可使投资者的每股收益提高，同时投资者对企业的控制权也不会受到削弱。当然，债务与权益比过高，会使企业发生筹资困难，筹资成本也会提高。

债务比率和债务与权益比的作用基本相同，所使用的数据也相同，只是形式不同，债务比率侧重于分析债务偿付安全性的物质保障程度，而债务与权益比则侧重于揭示财务结构的稳健程度及股东权益对偿债风险的承受能力。

由于一些财务机构可能报告债务比率，而另一些可能报告债务与权益比，所以应对这两个比率都比较熟悉。当然，还有一个类似的指标，就是权益乘数，其主要用于杜邦分析。

权益乘数又称股本乘数，是指资产总额相当于股东权益的倍数，同样是表示企业的负债程度的指标，即权益乘数越大，企业负债程度越高。其计算公式为：

$$权益乘数=资产总额/股东权益总额=1/（1-资产负债率）$$

权益乘数越大，表明企业负债越多，说明企业财务杠杆率越高，财务风险越大。

权益乘数与资产负债率、产权比率的关系为：若假设资产为100，负责为50，则股东权益也为50。此时：资产负债率=50/100=50%；产权比率=50/50=1（倍）；权益乘数=100/50=1/（1-50%）=2（倍）。

与设置有形资产债务率指标的原因相同，为更加切实可靠地评价企业资本对债务的承受能力与物资保障程度，也可设置债务与有形净值比率。

债务与有形净值比率也是用于测定企业长期偿债能力的比率，这一比率显示债权人在企业破产时的被保护程度。从长期偿债能力角度看，与债务比率和债务与权益比一样，这一比率越低越好。

但债务与有形净值比更保守，这一比率将无形资产从净资产中扣除，因为从保守的观点来看，这些资产不会提供给债权人任何资源。其计算公式为：

$$债务与有形净值比=负债总额/（股东权益-无形资产）$$

8.3.3　利息保障倍数

1. 指标的计算

与以上指标不同，利息保障倍数是从利润表方面考察企业长期偿债能力的指标，其计算公式为：

$$利息保障倍数=息税前利润/包括资本化利息的利息费用$$

上述公式中的分子是指扣除债务利息与所得税前的正常业务经营利润，故也称息税前利润，即支付所得税和利息之前的利润。

如果利息保障倍数适当，表明企业不能偿付其利息债务的风险很小，而如果企业的利息债务偿还情况很好，当本金到期时企业也就能够重新筹集到资金。实际上，如果企业在偿付利息费用方面有良好的记录，企业很可能永远不需要动用流动资产来偿还债务本金，而可以是不断地举新债还旧债。如果各年都有较高的、稳定的偿付利息的能力，表明企业有良好的偿债记录，而保持良好偿债记录的企业就能够筹集到与其股东权益相比更高比例的债务，也比较容易获得较优的借款条件，筹资成本就较低。但若各年偿付利息的能力较低且波动，则说明企业难以保证用经营所得来按时、按量支付债务利息，这必将引起债权人的担心。因此，一般企业的利息保障倍数至少应该大于1（倍）。

若A公司20×5—20×7年度末税前利润（利润总额）分别为-45 802万元、10 500万元和520万元，财务费用（假定全部为利息费用）分别为6 679万元、4 414万元和397万元，假定没有资本化利息，则该公司：

20×5年度的利息保障倍数=（-45 802+6 679）/6 679=-5.86（倍）

20×6年度的利息保障倍数=（10 500+4 414）/4 414=3.38（倍）

20×7 年度的利息保障倍数＝（520+397）/397＝2.31（倍）

说明该公司除 20×5 年度外，20×6 年度、20×7 年度的所得基本能够保障债务利息的偿还，并以 20×6 年度的保障能力为最强。

除静态的利息保障倍数外，也可以计算一种动态的利息保障倍数，这一指标被称为"现金利息保障倍数"或"现金流量利息保障倍数"，其计算公式为：

利息保障倍数＝经营活动现金净流量/包括资本化利息的利息费用

2. 指标的分析

企业为取得资金而发生的债务，其利息率应低于因运用这些资金而获得的收益，这就是所谓的"举债经营"或"杠杆经营"的目的。利息率高，企业无力赚取比利息成本更多的利润时，风险就会增加；反之，当一个企业通过举债方式形成的资金来源所创造的利润大于所承担的利息费用时，对股东而言就是合适的。

需要说明的是，利润表中包含的各项数据，应加以分析利用。一般来说，根据利润表对企业偿还债务能力所作的基本分析，应该只包括在后续期间预计还会发生的收益，即所谓的经常性收益。所以，下列项目应该加以分析利用。

（1）利息费用。如果在计算利息保障倍数之前从利润表中减去利息费用，就会低估企业偿付利息的能力，所以利息费用应加回到净收益中去。

（2）所得税费用。所得税是在支付利息费用之后才计算的，所以它不影响利息支付的安全性，应加回到净收益中去。

（3）非合并子公司的权益收益（或损失）。除非记录权益收益的同时得到现金股利，权益收益是不能用于偿付利息的，所以应该予以扣除。

（4）少数股权收益（或损失）。这一利润表中最后的调整项目也应该排除，而应使用少数股权收益调整前的收益额。

为购建固定资产而发行债券或取得的长期借款，只要固定资产还在建造中，其发生的利息就应计入资产负债表的"在建工程"项目，作为固定资产价值的增加而不作费用处理，因而形成"资本化利息"。这项利息不反映在利润表中，但资本化利息也是利息支付额的一部分，因此也应列入在利息保障倍数指标的分母中，但却不应作为分子的加项列入，因为其并没有作为计算利润的减项。资本化利息一般应在报表附注中加以说明，至于非资本化利息，由于我国现行利润表中没有单独列示"利息费用"，故一般情况下外部分析者可根据利润表的"税前利润"加"财务费用"登记公式的分子即可，尽管"财务费用"并非全部是利息支出，当然也可以从报表附注中得知。

为考察偿付利息能力的稳定性，一般应计算 5 年的利息保障倍数，因为企业在坏年景和在好年景时一样都需要偿付利息，所以应该选择这 5 年中最低的利息保障倍数作为最基本的偿付利息能力指标。经营有周期性的企业，在获利高的年度，可能有一个非常高的利息保障倍数，但在利润低的年度则可能无力偿付利息。

有时除正常的利息保障倍数外，还单独计算偿付长期债务利息的能力。

从长期来看，企业必须拥有支付其所有费用的资金；但从短期来看，由于一些费用，如折旧费用、摊销费用等短期内并不需要动用现金支付，所以甚至当利息保障倍数小于 1（倍）时，企业通常也能偿还其利息债务。

　　为了更好地显示短期内企业偿付利息的能力，可将非现金费用，如折旧和摊销等费用加回到利息保障倍数指标的分子中，所得出的这项不太稳健的比率，是一种建立在现金收付制基础上的利息保障倍数，可用于评价企业的短期偿债能力。

本章小结

　　企业的偿债能力按其债务到期时间的长短分为短期偿债能力和长期偿债能力。

　　短期偿债能力指标主要是衡量企业是否拥有足够的现金以偿付其流动负债，以满足偿还即期债务的需要。

　　长期偿债能力指标通过分析债务总额与企业资本结构规模之间的关系，可显示出由债权人所提供的资金数额与企业所有者所提供的资金数额之间的关系，以反映企业的经营状况和财务风险。

　　需要说明的是，偿债能力分析主要是站在债权人的角度进行的分析，若站在投资人、管理者或其他的角度，分析结论必然不同。

本章习题

一、单项选择题

1. 如果流动负债小于流动资产，则期末用现金偿付一笔短期借款会导致（　　）。

　　A. 流动比提高　　　　B. 流动比降低　　　　C. 营运资金减少　　　D. 营运资金增加

2. 如果流动比大于1，则下列结论成立的是（　　）。

　　A. 短期偿债能力绝对有保障　　　　　　　B. 速动比大于1

　　C. 营运资本大于0　　　　　　　　　　　D. 现金比大于1

3. 下列业务中，能够降低企业短期偿债能力的是（　　）。

　　A. 企业采用分期付款方式购置一台大型机械设备

　　B. 企业从某银行取得3年期500万元的贷款

　　C. 企业向战略投资者进行定向增发

　　D. 企业向股东发放股票股利

4. 某企业银行存款80万元，库存现金10万元，短期债券投资90万元，待摊费用20万元，存货120万元，流动负债400万元。因此，该企业的现金比率为（　　）。

　　A. 0.3　　　　　　B. 0.4　　　　　　　C. 0.45　　　　　　D. 0.5

5. 若一个企业的产权比率为3∶4，则资产负债率为（　　）。

　　A. 3∶7　　　　　B. 7∶3　　　　　　C. 3∶4　　　　　　D. 4∶3

二、多项选择题

1. 评价短期偿债能力的指标主要有（　　）。

　　A. 营运资本　　　B. 速动比率　　　C. 资产负债率　　　D. 利息保障倍数

E. 现金比率

2. 下面各项资产属于速动资产的有（　　　）。

A. 货币资金　　　　　B. 存货　　　　　　C. 待摊费用　　　　D. 短期投资

E. 应收账款

3. 关于已获利息倍数的说法中错误的是（　　　）。

A. 已获利息倍数是指企业利润总额、利息支出之和与利息支出的比率

B. 已获利息倍数计算公式分母的利息支出是指实际支出的借款利息、债券利息等

C. 已获利息倍数应当小于 1 为好

D. 已获利息倍数越小，说明企业支付负债利息的能力越强

E. 已获利息倍数是指企业税后利润与利息支出的比率

4. 企业采取备抵法核算坏账损失，如果实际发生一笔坏账，冲销应收账款，则会引起（　　　）。

A. 流动比率提高　　　B. 流动比率降低　　　C. 流动比率不变　　　D. 速动比率不变

E. 营运资金不变

5. 下列经济业务会影响到产权比率的有（　　　）。

A. 发行股票　　　　　B. 建造固定资产　　　　C. 可转换债券转换为普通股

D. 偿还银行借款　　　E. 银行存款购买无形资产

三、判断题

1. 企业用现金购买无形资产不会影响流动比率。 （　　　）

2. 流动比率越高，表明企业资产运用效果越好。 （　　　）

3. 对债权人而言，企业的资产负债率越高越好。 （　　　）

4. 盈利能力强的企业，其偿债能力也强。 （　　　）

5. 为了考察偿付利息能力的稳定性，一般应计算多年的利息保障倍数。 （　　　）

四、简答题

1. 计算偿债能力指标有何意义？

2. 短期偿债能力指标如何计算？其意义是什么？

3. 长期偿债能力指标如何计算？其意义是什么？

4. 计算偿债能力还可以有哪些指标？

五、计算题

1. 某企业年末简化的资产负债表如表 8-4 所示。

表 8-4　资产负债表

单位：万元

资　　产	年初数	年末数	权　　益	年初数	年末数
货币资金	2 000	1 920	短期借款	4 000	5 600
应收账款	?	3 840	应收账款	2 000	1 600
其他应收款	0	128	其他应收款	1 200	400
存货	?	8 800	长期借款	8 000	8 000
固定资产	11 584	12 800	股东权益	11 360	11 888
总　　计	26 560	27 488	总　　计	26 560	27 488

补充资料：

（1）年初速动比为 0.75，年初流动比为 2.08；

（2）该企业所在行业的平均流动比为 2。

要求：

（1）计算该企业年初应收账款、存货项目的金额；

（2）计算该企业年末流动比，并作评价；

（3）分析该企业流动资产的质量及短期偿债能力。

2. 某企业 2016 年年末负债总额为 900 000 元，全部资产总额为 1 700 000 元；2017 年年末负债总额为 1 100 000 元，全部资产总额为 1 800 000 元。

要求：

（1）计算两年的资产负债率，并作评价；

（2）计算两年的产权比率，并作评价。

六、案例分析

东方公司 2017 年有关财务比率分析如表 8-5 所示。

表 8-5　东方公司 2017 年财务比率分析表

东方公司部分财务比率（2017 年）

项　　　目	1 月	2 月	3 月	4 月	5 月	6 月	7 月	8 月	9 月	10 月	11 月	12 月
流动比率	2.2	2.3	2.4	2.2	2.0	1.9	1.8	1.9	2.0	2.1	2.2	2.2
速动比率	0.7	0.8	0.9	1.0	1.1	1.15	1.2	1.15	1.1	1.0	0.9	0.8
资产负债率/%	52	55	60	55	53	50	42	45	46	48	50	52
资产报酬率/%	4	6	8	13	15	16	18	16	10	6	4	2
销售净利率/%	7	8	8	9	10	11	12	11	10	8	8	7

要求：

（1）企业生产经营有什么特点？

（2）流动比率与速动比率的变动趋势为什么会产生差异？怎么消除这种差异？

（3）资产负债率的变动说明了什么问题？3 月份资产负债率最高能说明什么问题？

（4）资产报酬率与销售净利率的变动程度为什么不一致？

（5）该企业在筹资、投资方面应注意什么问题？

参考答案

一、单项选择题

1. A　　2. C　　3. A　　4. C　　5. A

二、多项选择题

1. ABE　　2. ADE　　3. CDE　　4. CDE　　5. ACD

三、判断题

1. ×　　2. ×　　3. ×　　4. ×　　5. √

第 9 章

营运能力分析

学习目标

1. 了解营运能力分析的意义。
2. 明确资产周转能力指标的计算方法和意义。
3. 理解获现能力指标的计算方法和意义。
4. 掌握营运能力指标与其他指标之间的相互关系。

学习重点

1. 周转能力的指标计算及其运用。
2. 获现能力的指标计算及其运用。

营运能力分析主要用于衡量企业资产管理和运营的效率，其实质是以尽可能少的资产占用，尽可能短的时间周转，生产尽可能多的产品，创造尽可能多的收入。因此，营运能力反映了资产运用的效果，而对效果的衡量标准既可以是投入产出之间的此消彼长，也可以是产出的变现能力变化。因此，营运能力可分为资产周转能力和获现能力。

周转能力分析主要是以利润表为主要依据，以衡量企业运用资产创造销售收入的有效程度；而获现能力分析则主要是以现金流量表为主要依据，以衡量企业营运能力的质量，强调企业在创造利润的同时，还应该创造等量的现金流量。

9.1 营运能力分析的意义和作用

营运能力分析能够评价一个企业的经营水平、管理水平，并能在此基础上预期它的发展前景，因而对各个利益主体的关系重大。

1. 有助于衡量企业资产投资水平的合理性，以促进资产的合理配置

对于企业内部管理者而言，其在追求企业价值最大化的过程中，不仅要清楚企业的盈利水平，而且要关心盈利的原因和过程。通过营运能力分析，可以了解企业生产经营对资产的需求状况，发现与企业整体经营水平不相适应的资产使用状况，从而进一步加强管理，并据此调节资产结构比例，促进资产的合理配置，最终改善财务状况，提高资金周转的速度。

2. 有助于判断企业的盈利能力，评估企业价值

企业存量资产的周转速度越快，实现收益的能力越强。另外，企业净利润的增加，并不一定反映为现金净流量的增加，这就是所谓的收益质量不佳。通过获现能力分析，可以对收益的质量作出评价，从而进一步合理评估企业价值。

3. 有助于评价企业的偿债能力和支付能力，反映企业财务的安全性

短期偿债能力指标都是基于流动资产存量的静态指标，而通过分析流动资产的获益能力和获现能力则可以了解这些资产的质量，并进一步显示短期偿债能力的质量。当企业的资产能够在周转中创造较高的收益，并产生较多的现金流量净额，就表明企业具有较强的偿债能力和支付能力，企业的财务风险就会较低。

9.2　周转能力分析

营运能力主要通过资产所创造的收入来衡量，因为企业经营的目的就是利用资产的使用来获取收入，并与相应发生的成本进行配比后，来计算盈利。因而在计算财务比率指标时，通常应保持其分子和分母的一致性，但利用收入来衡量资产运用效果时会产生困难。例如，某台生产设备产生的收入是多少，这是一个很难计量的问题，因为一般无法将收入分配于个别资产。因此，只能选择使用资产的周转率来说明资产使用与营业收入之间的关系，即利用资产周转率反映一个企业的营运能力与质量。一般而言，一个企业资产周转得越快，说明该企业资金的利用率越高，利用效果越好，企业的营运能力越强、质量越好。

反映资产周转能力的指标通常有周转率和周转天数两种，其一般公式为：

$$资产周转率 = 周转额/平均资产$$

$$资产周转天数 = 计算期天数/资产周转率$$

常见的资产周转能力指标主要包括应收账款周转率、存货周转率、流动资产周转率、固定资产周转率、总资产周转率和营业周期等。

9.2.1　应收账款周转率

1. 指标的计算

应收账款周转率主要表明企业应收账款（包括应收票据）的流动性及其质量，可分别用两个指标来表示：一个是应收账款周转次数（应收账款周转率）；另一个是应收账款周转天数。其计算公式为：

$$应收账款周转次数 = 赊销净额/应收账款平均余额$$

$$应收账款平均余额 = (期初应收账款 + 期末应收账款)/2$$

$$应收账款周转天数 = 360 天/应收账款周转次数$$

$$= 应收账款平均余额/(赊销净额/360 天)$$

上述应收账款周转率公式的分母之所以用平均数，是因为其分子取之于动态的利润表，是累计数,而分母则取之于静态的资产负债表,是时点数。这是为使分子、分母能在时间上保持一致,而将分母折算为平均数的一种折中方法,当然,若能按月度(或按天)平均后合计计算则更好。同时说明,累计数的分子和时点数的分母其实不可比,故而有时分母也直接按某期期末数据计算,无须平均。

若 A 公司 20×5—20×7 年相关资产负债表数据如表 9-1 所示,利润表数据如表 9-2 所示。

表 9-1   A 公司 20×5—20×7 年资产负债表相关数据   单位:万元

项 目	20×5 年年末	20×6 年年末	20×7 年年末
流动资产合计	48 843	12 197	8 808
其中:应收账款	6 108	3 359	1 820
存货	3 690	1 932	1 695
固定资产	23 656	11 200	10 391
资产总计	72 846	20 353	15 803

表 9-2   A 公司 20×5—20×7 年利润表相关数据   单位:万元

项 目	20×5 年度	20×6 年度	20×7 年度
营业收入	11 939	9 259	7 216
营业成本	12 495	12 797	7 539
净利润	−45 802	10 500	521

则该公司:

20×7 年度应收账款周转次数 = 7 216/[(3 359+1 820)/2] = 2.79(次)

应收账款周转天数 = 360/2.79 = 129(天)

20×6 年度应收账款周转次数 = 9 259/[(3 359+6 108)/2] = 1.96(次)

应收账款周转天数 = 360/1.96 = 184(天)

应收账款周转率是计算在一个会计年度内企业应收账款转变为现金的平均次数和平均天数的财务指标,因此,应收账款周转率表明了企业流动资产中应收账款的质量,一般而言,应收账款周转率越高,说明应收账款的质量越好;反之,则越差。应收账款的质量提高意味着企业流动资产变现能力增强,从而也意味着企业偿债能力和支付日常开支能力的增强,并可以减少机会成本、收账费用和坏账损失,相对增加企业流动资产的投资效益。同时也说明,在销售收入不变的情况下,应收账款余额越小越好。

需要说明的是,资产负债表中的应收账款是指应收账款的净额,即应收账款账面价值减去坏账准备后的余额。因此,若两家公司采用的坏账准备的计提方法或计提比例不同,必然会影响应收账款的净额,最终影响应收账款周转率。其他需要计提准备的资产,同样存在此类问题。

上述计算表明,该公司 20×7 年度的应收账款周转率较之 20×6 年度有较大幅度提高,说明应收账款的质量在改善,但总体上应收账款的周转率还是偏低,质量不高。当然究竟如何还应考察该公司以前年度的应收账款周转率，以及同行业的相关指标。

2. 指标的分析

在计算以上指标时，还要注意以下一些问题。

（1）内部分析时，应用赊销净额；外部分析时，因很难明确赊销与现销比例，可采用销货净额。

（2）为消除季节性的影响，应收账款最好采用月度平均余额计算，即先计算月度平均余额，然后相加并除以 12 计算出年度平均余额。

（3）公式中的应收账款包括资产负债表中的应收账款和应收票据两部分内容。

（4）会计年度应为 365 天，简化起见用 360 天。

（5）由于资产负债表中的应收账款是扣减坏账准备后的净额，因此坏账准备的多少必然影响应收账款周转率的高低。

9.2.2 存货周转率

1. 指标的计算

存货周转率反映企业存货的流动性及其质量，它和应收账款周转率反映应收账款流动性及其质量很相似，也可分别用两个指标来表示：存货周转次数和存货周转天数。其计算公式为：

$$存货周转次数 = 营业成本/平均存货$$
$$平均存货 = (期初存货 + 期末存货)/2$$
$$存货周转天数 = 360/存货周转次数$$

仍以表 9-1、表 9-2 中的数据为例，则该公司：

20×7 年度存货周转次数 = 7 539/[（1 695+1 932）/2] = 4.16（次）

20×7 年度存货周转天数 = 360/4.16 = 87（天）

20×6 年度存货周转次数 = 12 797/[（3 690+1 932）/2] = 4.55（次）

20×6 年度存货周转天数 = 360/4.55 = 79（天）

上述计算结果表明，20×7 年度的存货周转次数较之 20×6 年度有所下降，表明该公司在存货控制方面的能力有所削弱，存货变现能力变差，与速动比的计算结果基本一致。当然，总体水平究竟如何还需要与其他同类型企业比较后才能得出结论。

2. 指标的分析

周转率的每一项指标都由至少两个因素构成，提高还是降低，是两个因素互动的结果。

应该注意的是，如果企业是季节性经营，则根据年初和年末存货计算的平均存货将导致误解。解决这个问题的办法就像计算应收账款周转率那样，使用月度（或天）平均存货或直接使用期末数。

由于销货成本体现着所销货物已从存货账户中转出，所以将销货成本除以该会计期间内的存货平均余额后，就可以求出存货更迭的平均次数，这比使用营业收入作为分子更合理。如果销货成本不变，存货周转次数越多，存货的流动性就越大。在既定毛利率的情况下，一年内所得毛利是随存货周转次数的增加而增加的。如果存货周转次数下降，不但会使企业的毛利额下降，并且可能意味着企业的残、次、冷、背货增加。而残、次、冷、背货的增加会使企业在存货上的投资增加，经营风险增大，企业的利息支出和机会成本也相应增加。

如果是因为存货或销货成本的金额数据不合理，而影响存货周转次数指标的合理性时，可以采用实物数量指标代替金额指标。另外，应同样关注"存货跌价损失准备"的数额。

9.2.3 固定资产周转率

1. 指标的计算

固定资产周转率是指企业一定时期的营业收入与固定资产平均净值的比率，其计算公式为：

$$固定资产周转率=营业收入/固定资产平均净值$$
$$固定资产平均净值=(期初固定资产净值+期末固定资产净值)/2$$
$$固定资产周转天数=计算期天数/固定资产周转率$$

固定资产周转率越高，表明固定资产周转速度越快，企业固定资产投资得当，结构分布合理，固定资产的运用效率高，营运能力较强。

仍以表9-1、表9-2中的数据为例，则该公司：

20×7年度的固定资产周转次数=7 216/[（11 200+10 391）/2]=0.69（次）

20×7年度的固定资产周转天数=360/0.69=522（天）

20×6年度的固定资产周转次数=9 259/[（23 656+11 200）/2]=0.53（次）

20×6年度的固定资产周转天数=360/0.53=679（天）

计算结果表明，在数值上A公司2017年的固定资产周转率比2016年有所上升，说明A公司固定资产的利用效率在提升，当然也可能是固定资产在以前年度被闲置，故具体情况还需要进一步分析。

2. 指标的分析

即使是相同的固定资产，由于企业之间计提折旧存在差异，也会影响固定资产净值的计算，从而影响该指标的可比性。

由于生产能力配置的前置性，以及相对稳定性，同样一个企业，即使营业收入不变，但固定资产净值却会逐年减少，导致固定资产周转率会呈现自然上升趋势，但这并不是企业营运能力增强的体现。同样，固定资产的阶段性增加，也会影响该指标的历史趋势分析。

同时，固定资产减值准备的计提也会影响固定资产周转率的计算。由于固定资产折旧和准备的计提并不影响固定资产的实际使用，因而在计算此一指标时，应特别关注固定资产原价、净值、净额的变动幅度，并与该指标的变动幅度进行比较，以更准确地评价一个公司固定资产的质量。

此外，在通货膨胀的情况下，企业的固定资产一般采用历史成本记账，而营业收入则会因为物价上涨而相应增加，导致企业在营运能力不变的情况下，固定资产周转率却有所提高。

9.2.4 总资产周转率

1. 指标的计算

总资产周转率是指企业在一定时期内的营业收入与总资产平均余额的比率，或者称总资产周转次数，其计算公式为：

$$总资产周转率＝营业收入/总资产平均余额$$
$$总资产平均余额＝（期初资产总额+期末资产总额）/2$$

总资产周转率可以用来分析企业全部资产的使用效率，其高低取决于营业收入和总资产平均余额两个因素。通常为了寻找提高总资产周转率的途径，可以将总资产分解为固定资产和流动资产，流动资产周转率又可以进一步分解为应收账款和存货周转率等。

2. 指标的分析

总资产是各项资产的总和，包括流动资产、长期股权投资、持有至到期金融资产、固定资产、无形资产等。由于总资产中的对外投资产生的收益计入投资收益，不会增加主营业务收入，所以公式中的分子与分母的口径并不一致，进而导致这一指标受企业对外投资资产的影响而缺乏可比性。

总资产周转率集中反映了各单项资产周转率的综合水平，但也因此包含了所有单项指标的不足之处，影响前述单项指标的因素都会影响总资产周转率的计算。

9.2.5 营业周期

1. 指标的计算

营业周期是指从购入存货支付货款，到存货售出收取现金为止的这一段时间间隔，如果企业购进存货的同时就支付货款，则一般可以根据应收账款周转天数和存货周转天数推算出大约的营业周期。其计算公式为：

$$营业周期＝应收账款周转天数+存货周转天数$$

而如果企业购进存货和支付货款的时间不一致，则营业周期的计算公式为：

$$营业周期＝应收账款周转天数+存货周转天数－应付账款周转天数$$

以应收账款周转天数和存货周转天数相加得到的营业周期指标，是假设在现购状况下的营业周期，其含义就是需要多长时间才能将期末存货变为现金。一般情况下，一个企业的营业周期短，说明资金周转速度快；营业周期长，说明资金周转速度慢。

仍以表9-1、表9-2的数据为例，则该公司：

20×7年度的营业周期＝129+87＝216（天）

20×6年度的营业周期＝184+79＝263（天）

计算结果表明，20×7年度与20×6年度相比，营业周期有所缩短，比2009年快了47天，说明公司资金周转速度明显加快，其原因应归功于应收账款的周转速度迅速提高。

2. 指标的分析

在比较同一企业不同期间和相似企业之间的营业周期时，这一指标十分有效。只要计算公式内各个数据具有可比性，不管其被低估还是被高估，在比较分析时，总是有实际意义的。

但如果一个企业存货计价方法、坏账准备的提取方法发生改变，或者企业之间存货计价方法及提取坏账准备的方法存在较大差异，就会影响存货周转天数和应收账款周转天数的计算，因而也会影响营业周期计算结果的可比性。

此外，外部报表使用者通常只能根据销售净额而非赊销净额计算应收账款周转天数，在企业存在大量现金销售的情况下，就会缩短应收账款的周转天数，进而会缩短企业的营业周期。

9.2.6 周转能力综合分析

某公司 20×5—20×7 年度资产负债表和利润表摘要如表 9-3 所示，周转能力比率如表 9-4 所示。

表 9-3 某公司 20×5—20×7 年度资产负债表和利润表摘要 单位：元

项 目	20×5 年	20×6 年	20×7 年
存货	43 826.76	57 996.58	57 916.38
应收账款	22 944.79	19 327.96	12 421.47
流动资产	95 994.09	106 474.60	104 344.86
固定资产	30 018.16	26 828.26	33 823.02
资产总额	137 125.89	144 413.12	145 979.06
营业收入	102 613.34	186 654.37	223 006.43

表 9-4 某公司 20×5—20×7 年度周转能力比率

比 率	20×5 年	20×6 年	20×7 年
存货周转率/次	2.39	3.28	3.73
应收账款周转率/次	5.14	11.28	15.13
营业周期/天	221	142	120
固定资产周转率/次	3.42	6.96	6.59
总资产周转率/次	0.75	1.29	1.53

从表 9-4 可以看出，该公司 2015—2017 年度各项周转能力均有所增强。

从短期周转能力的比率来看，最为显著的是应收账款周转率从 20×5 年的 5.14（次）上升到 20×7 年的 15.13（次），这一结果是在营业收入逐年增长，而应收账款逐年下降的情况下取得的，说明了公司应收账款质量的提升，同时也说明了公司所销售产品质量的提升。此外，存货周转率也从 20×5 年的 2.93（次）上升到 20×7 年的 3.73（次），虽然在营业收入上升的同时存货也在上升，但存货上升的幅度显然低于营业收入上升的幅度，这同样也说明了存货质量的提升。同时，由于存货周转率和应收账款周转率的上升，导致公司的营业周期从 20×5 年的 221（天）下降到 20×7 年的 120（天），说明公司的资金周转速度加快，资金利用效率得到较大提升。

从长期周转能力的比率及趋势来看，固定资产周转率在 20×6 年度有一个大的提升，其后保持平稳，结合公司固定资产的变动情况来看，应该是与公司生产能力的提前配置相关，说明固定资产的配置达到了预期的效果。而总资产周转率从 20×5 年的 0.75（次）上升到

20×7 年的 1.53（次），加快了一倍，这应该主要是得益于营业收入的大幅增加和流动资产周转速度，特别是应收账款周转速度加快的结果。

9.3　获现能力分析

获现能力的计算类似于财务指标中的盈利能力，只是将指标中的分子由利润改为了现金流量。盈利能力分析主要是从利润与收入（产出与产出），利润与资产（产出与投入）之间的比率关系所作出的评价，而获现能力分析主要是通过经营活动现金净流量与净利润（产出与产出）之间的比率关系，现金净流量与全部资产、流通在外的普通股数（产出与投入）之间的比率关系所作出的评价。其指标主要包括销售获现比率、净利润现金保证比率、每股经营现金净流量和总资产现金回收率等。

9.3.1　销售获现比率

1. 指标的计算

销售获现比率也称销售获现倍数，是指销售商品、提供劳务收到的现金与营业收入之间的比值，它反映企业通过销售商品（产品）获现的能力，用于衡量当期营业收入的资金收现情况。其计算公式为：

销售获现比率＝销售商品及提供劳务收到的现金/营业收入

如果销售获现比率等于 1，即 100%，说明企业本期销售商品、提供劳务收到的现金与营业收入基本一致，资金周转良好；如果该指标大于 1，说明企业前期的应收收入在本期得以收回，或者前期的应收款的收回大于本期未收回的应收款，企业信用政策合理，收益质量较高、资产变现能力强；如果该指标小于 1，说明企业账面收入高于实际收到的现金，企业营业收入没有能创造相应的现金流入，此时需要关注企业债权资产的质量。

仍以表 9-2 中 A 公司利润表相关数据为例，并列示 A 公司现金流量表相关数据如表 9-5 所示。

表 9-5　A 公司现金流量表相关数据　　　　　　　　　　　　　　　单位：万元

项　　目	20×5 年	20×6 年	20×7 年
销售商品、提供劳务收到的现金	12 813	9 860	7 990
经营活动产生的现金流量净额	−379	291	3 554

则 A 公司：

20×7 年销售获现比率＝7 990/7 216＝1.11＝111%

20×6 年销售获现比率＝9 860/9 259＝1.06＝106%

20×5 年销售获现比率＝12 813/11 939＝1.07＝107%

从指标的计算结果可以看出，20×7 年较前两年的获现能力有所提高，与前述应收账款周转加快的结论相一致，说明该公司的销售获现质量在提升。需要指出的是，由于营业收入不包含作为价外税的增值税销项税额，而销售商品、提供劳务收到的现金内却包含，故计算这一指标时应关注这一差别，而该公司的该项指标明显体现了这一差异。

2. 指标的分析

销售商品、提供劳务收到的现金与营业收入两者并非因果关系，分析时，应注意公式中的分子（销售商品、提供劳务收到的现金）是来源于当期的收入，还是收到的前期收入。短期内该指标在 1 左右不一定意味着企业的销售以现销为主，只是说明前期的收入在本期收到的数额与本期收入递延下期的数额可能相一致而已。但在销售量稳定的情况下，若能长期保持在 1 的水平上下，则说明企业的信用政策适当，销售环境良好，资金处于良性循环之中。反之，如果该指标持续走低，则说明企业销售形势不佳，或者信用政策不合理。

除此之外，销售商品、提供劳务收到的现金中，还包括所收到的增值税销项税额，而营业收入不包括税金。所以，若企业完全采用现销模式，则销售商品、提供劳务所收到的现金应高于营业收入，一般应高于 17%，具体视该企业的增值税税率而定。同样，购买商品、接受劳务支付的现金中，也应包括增值税进项税额。

9.3.2　净利润现金保证比率

1. 指标的计算

净利润现金保证比率也称净利润现金保证倍数，是指企业一定时期经营活动现金净流量与净利润之间的比值，该指标是评价净收益质量的重要指标，反映以现金流量为基础的投资回报率。其计算公式为：

$$净利润现金保证比率=经营活动现金净流量/净利润$$

净利润现金保证比率主要衡量当期实现的净利润中创造的现金净流量程度，说明形成净利润的收入和支出中所包含的现金流量情况。一般该比率越高，表明净利润中已经收到现金的程度越高，利润质量越好。当然，由于经营活动现金净流量基本只包含经营活动本身，而净利润中既包含经营活动损益，还包含投资和筹资活动损益，故而该指标的高低势必受到非经营活动损益等的影响，分析时应加以关注。一般而言，该指标以等于或大于 1 为宜。

根据表 9-2、表 9-5 的数据，则 A 公司：

20×7 年净利润现金保证倍数 = 3 554/521 = 6.82（倍）

20×6 年净利润现金保证倍数 = 291/10 500 = 0.03（倍）

20×5 年净利润现金保证倍数 = −379/−45 802 = 0.01（倍）

计算结果说明，A 公司 20×7 年净利润现金保证倍数大幅度提高，主要是因为净利润的大幅度下降和经营现金净流量的大幅度上升的双向变动所致。而从表 9-2 中的数据可以看出，该公司营业收入低于营业成本，但净利润却并非负数，说明该公司非经营活动损益对净利润的影响程度。同时，该公司 3 个年度的营业收入均低于营业成本，并且在 20×6 年度中，以最差的毛利获得最高的净利润，只能说明该公司净利润的获得完全与经营活动无关，是依靠非经营活动损益变化的结果，同时说明了利用财务指标进行财务分析的尴尬之处。

2. 指标的分析

一般而言，企业在创造净利润的同时，应该创造出相应的现金净流量，这样，企业盈利质量和财务状况才能得到保障。如果企业的净利润现金保证比率<1，说明其利润中包含大量的应收款项，或者说明其利润中包含大量的非经营活动的成果，表明企业通过自身创造现金流量的能力较差或利润的质量较差，最终说明该企业经营活动的可持续性较差。

9.3.3 每股经营现金净流量

1. 指标的计算

每股经营现金净流量是经营活动现金净流量与流通在外的普通股股数的比率，反映流通在外的每股普通股平均占有的现金流量。其计算公式为：

每股经营现金净流量=(经营活动现金净流量-优先股股利)/流通在外的普通股股数

每股经营现金净流量是从现金流量的角度分析普通股每股的产出效率与分配水平，与每股收益指标相比，由于该指标的计算不涉及会计政策的主观选择，因而具有更强的可比性。同时，在评价公司当期资本支付和股利支付能力等方面，每股经营现金净流量也更为全面、真实。该比率越大，表明企业进行资本支出和支付股利的能力越强。当然，该指标反映了企业最大的分派股利的能力，超过此限度，就要借款分红。

2. 指标的分析

该每股经营现金净流量指标的分母是发行在外的普通股股数。在报告期内，企业发行在外的普通股因增资配股等因素而发生变化时，应考虑普通股在该会计期间实际发行在外的时间，计算全年发行在外的加权平均普通股股数，以使计算结果更为合理。如果公司有可转换债券、认股权证等可稀释证券时，则可以采用稀释的约当普通股股数（具体计算公式参见第11.2.1节）。

9.3.4 总资产现金回收率

1. 指标的计算

总资产现金回收率，也称总资产现金回收倍数，是指经营活动现金净流量与总资产平均余额之比，反映企业运用全部资产获现的能力，用于衡量企业总资产获现能力的强弱。其计算公式为：

总资产现金回收倍数=经营活动现金净流量/总资产平均余额

一般，总资产现金回收率越高，表明企业资产的利用效率越高，质量越高，资产获现能力越强；同时，它也是衡量企业资产综合管理水平的重要指标。

根据表9-1、表9-5的数据，则A公司：

20×7年总资产现金回收倍数=3 554/50 834=0.07（倍）

20×6年总资产现金回收倍数=291/26 722.5=0.01（倍）

计算结果说明，A公司20×7年总资产现金回收倍数较之20×6年有大幅度提高，主要是因为经营活动现金净流量的大幅提升所致，但总体水平仍然偏低。

2. 指标的分析

由于经营活动现金净流量是全年的金额，所以，计算该指标时分母应当是资产的平均余额，这样会使计算结果更加合理。在分析该指标时，应以企业以前年度水平、同行业平均水平作标准进行对比分析，促使企业采取措施加快销售回款的力度，提高资产的利用效率。

9.3.5 收益质量分析

1. 指标的计算

收益质量分析主要是分析会计收益与净现金流量的比例关系，评价企业的收益质量，其财务比率主要是营运指数。其计算公式为：

$$营运指数＝经营活动产生的现金净流量/经营应得现金$$

其中：

$$经营应得现金＝经营净收益＋非付现费用$$
$$经营净收益＝净收益－非经营收益$$

有关计算收益质量的信息，列示在现金流量表的补充资料中。

上述 A 公司 20×6 年度现金流量表补充资料的相关数据如表 9-6 所示。

表 9-6　A 公司 20×6 年度现金流量表补充资料　　　　　　　单位：万元

将净利润调节为经营活动的现金流量	金　额	说　明
净利润	25 387	
加：计提的资产减值准备	10 609	没有支付现金的费用共 65 532 万元。如果少提取这类费用，增加收益却不增加现金流入，会使收益质量下降
固定资产折旧	49 732	
无形资产摊销	3 487	
长期待摊费用摊销	75	
待摊费用增加	−37	
预提费用	1 666	
处置固定资产损失	1 236	非经营净收益为 −12 618 万元，不代表正常的收益能力
固定资产报废损失	29	
财务费用	12 233	
投资收益	−1 390	
递延税款贷项（减：借项）	510	
存货的减少（减：增加）	−8 425	经营资产净增加 10 118 万元，收益不变，现金减少，收益质量下降
经营性应收项目的减少（减：增加）	−1 693	
经营性应付项目的增加（减：减少）	20 377	负债增加 20 377 万元，收益不变，现金增加
经营活动产生的现金流量净额	113 796	

根据表 9-6 的数据，则 A 公司：

经营活动净收益＝净收益－非经营收益＝25 387+12 618＝38 005（万元）

经营应得现金=经营活动净收益+非付现费用=38 005+65 532=103 537（万元）

营运指数=113 796/103 537=1. 10（倍）

即 A 公司不考虑非经营收益（处置固定资产的损失、固定资产报废损失属于投资活动；财务费用、投资收益属于投资活动），再剔除谨慎性原则的考虑，实际经营所得现金应为 103 537 万元，说明该公司经营应得现金已全部收回，并有一部分营运资金以现金形式收回。

2. 指标的分析

营运指数是反映企业现金回收质量、衡量现金风险的指标。理想的现金营运指数应为 1，小于 1 的现金营运指数反映了公司部分收益没有取得现金，而是停留在实物或债权形态，而实物或债权资产的风险远大于现金。现金营运指数越小，以实物或债权形式存在的收益占总收益的比重越大，收益质量越差。

9. 3. 6　应注意的问题

在运用上述财务分析比率对现金流量进行分析时，应注意以下几个方面的问题。

（1）不要拘泥于以上有限的财务分析比率，还可以考虑根据公司管理当局的需要适当改变现金流量表，设计更具说服力的指标，获取其他更有意义的信息。

（2）全面、完整、充分地掌握信息，不仅要充分理解报表上的信息，还要重视公司重大会计事项的揭示，以及注册会计师对公司报表的评价；不仅要分析现金流量表，还要将资产负债表、利润表等各种报表有机地结合起来，这样才能全面而深刻地揭示公司的偿债能力、盈利能力、管理业绩和经营活动中存在的成绩和问题。

（3）报表使用者应在全面评价的基础上，选择特定项目进行重点分析，如分析公司的营运指数等，并将全面分析和重点分析结论相互对照，以保证分析结果更加有效。

本章小结

现金流动性分析的实质是企业经营活动产生的现金流量是否能满足偿还债务的需求，衡量的指标有现金流动负债比、现金债务总额比、现金利息保障倍数。这 3 项指标越高，表明企业清偿债务的能力越强，企业的流动性越好。

获现能力分析即分析企业通过经营活动获现能力的高低，主要通过销售获现比率、净利润现金保证比率、每股经营现金净流量、总资产现金回收率等指标来衡量。一般来说，上述 4 项指标越好，表明企业获现的能力越强。

收益质量分析的实质是公司的报告收益能否真实地反映公司的业绩，主要通过净收益营运指数和现金营运指数来衡量。这两项指标比值越大，表明收益质量越好；反之，则表明收益质量越差。

资产负债表中的各项资产，都是指该项资产的净额，若两家公司采用的准备计提方法或比例不同，必然会影响该项资产的净额，并最终影响其周转率指标，以及其他相关指标。

本章习题

一、单项选择题

1. 当流动资产平均余额增加，同时流动资产周转速度加快时，企业一定存在流动资产的（　　）。

  A. 绝对浪费　　　　　　　　　　B. 相对节约

  C. 同时存在绝对节约和相对节约　　D. 相对浪费

2. 某公司 2016 年和 2017 年的流动资产平均余额分别为 2 100 万元和 2 800 万元，流动资产周转率分别为 7 次和 9 次，则 2017 年比 2016 年的营业收入增加了（　　）。

  A. 20 000 万元　　B. 3 650 万元　　C. 41 200 万元　　D. 10 500 万元

3. 已知某存货的周转天数为 60 天，则该存货的周转率为（　　）。

  A. 6 次　　　　B. 5 次　　　　C. 60%　　　　D. 50%

4. 某公司年初应收账款为 230 万元，年末应收账款为 250 万元，本年产品营业收入为 1 200 万元，营业成本为 1 000 万元，则该公司的应收账款周转天数为（　　）天。

  A. 72　　　　B. 75　　　　C. 84　　　　D. 90

二、多项选择题

1. 在下列各项中，属于反映企业营运能力的指标有（　　）。

  A. 总资产报酬率　　　　　　　B. 总资产周转率

  C. 存货周转天数　　　　　　　D. 应收账款账龄

2. 在下列各项中，属于影响企业营业收入净额的因素有（　　）。

  A. 营业收入总额　　　　　　　B. 销售退回金额

  C. 营业成本　　　　　　　　　D. 现金折扣

3. 在下列各项中，属于影响固定资产周转速度的因素有（　　）。

  A. 折旧方法和折旧年限　　　　B. 通货膨胀

  C. 营业收入　　　　　　　　　D. 固定资产突然上升

4. 影响资产运用效率的深层原因包括（　　）。

  A. 公司所处行业及其经营背景　　B. 营业周期长短

  C. 经营规模　　　　　　　　　　D. 公司资产构成及质量

三、判断题

1. 资产周转越快，说明等额资产实现收益的能力越强。（　　）

2. 应收账款和存货周转率对流动资产周转率具有决定性影响。（　　）

3. 应收账款周转天数和应收账款账龄分析是相同的。（　　）

4. 营运能力分析的内容主要包括流动资产营运能力分析和固定资产营运能力分析。（　　）

四、简答题

1. 简述对企业获现能力分析的意义。

2. 获现能力分析常用的指标有哪些？分别怎样评价？

3. 如何进行现金流量的财务分析？

五、计算题

已知某公司 2017 年资产负债表和利润表有关资料为：流动负债 20 000 万元，非流动负债 50 000 万元，营业收入 90 000 万元，总资产 70 000 万元，当期固定资产投资额为 5 000 万元，存货增加 200 万元（其他经营性流动项目不变），实现净利 80 000 万元（其中非经营损益 100 000 万元，非付现费用 150 000 万元），分配优先股利 4 500 万元，发放现金股利 5 000 万元，该公司发行在外的普通股数为 50 000 000 股，2017 年经营活动净现金流为 6 000 万元。

要求：

计算该公司现金流动负债比、现金债务总额比、每股经营现金净流量、总资产现金回收率，并作简要分析。

六、案例分析

某股份有限公司 2017 年度主要财务指标如下。

流通 A 股：740 255 390	总股本：978 163 195
每股收益：0.015 4	每股净资产：1.33
每股经营现金流：-0.005	每股资本公积：0.352 81
净资产收益率：1.16	每股未分配利润：-0.029 98
市盈率：1 443.137 3	市净率：5.533 8
主营业务收入增长率：3.448	总资产增长率：2.212 1
净利润增长率：35.495 1	净资产增长率：5.436 9
每股收益增长率：35.087 7	
每股经营现金流增长率：-89.59	流动比率：4.094
速动比率：3.586 1	资产负债率：14.608
应收账款周转率：1.505 6	应收账款周转天数：239.107 3
存货周转率：3.622 5	存货周转天数：99.378 9
销售毛利率：27.229 3	销售净利率：2.773 1

要求：

根据以上相关数据，就已了解的财务指标，对此公司的财务状况和经营成果进行评价。

参考答案

一、单项选择题

1. B   2. D   3. A   4. A

二、多项选择题

1. BC   2. ABD   3. ABCD   4. ACD

三、判断题

1. √   2. ×   3. √   4. √

第 10 章

盈利能力分析

学习目标

1. 了解盈利能力的各项指标。
2. 明确盈利能力指标的计算方法和意义。
3. 掌握盈利能力各项指标之间的关系。
4. 理解盈利能力指标与其他指标之间的相互关系。

学习重点

1. 销售盈利能力的指标计算及其运用。
2. 资产盈利能力的指标计算及其运用。

　　企业盈利能力指标主要是反映企业经营活动创造利润的能力。该指标一方面体现了企业实现利润的多少和利润的稳定程度；另一方面也可以体现企业投入资金的收益能力，以及通过加速企业资产周转的盈利能力。由于盈利能力是企业在一定时期内赚取利润的能力，而最大限度地赚取利润是企业持续、稳定发展的前提。因而企业的盈利能力对企业的所有利益关系人来说都是非常重要的，当然不同报表使用者对盈利能力的分析有着不同的目的。企业的盈利能力水平是衡量企业经营业绩的重要指标，也是投资人正确决定其投资去向，判断企业能否保全其资本的依据；债权人也需要通过对获利状况的分析准确评价企业债务的偿还能力，从而控制信贷风险。所以，无论是投资人、债权人还是企业经营管理人员都日益重视企业盈利能力的分析。当然，在盈利能力的分析中，全面领悟分析的内容，正确掌握分析的方法是至关重要的。

10.1　盈利能力分析的意义、作用和方法

10.1.1　盈利能力分析的意义和作用

　　盈利能力是指企业在一定时期内获取利润的能力，体现的是企业运用其所能支配的经济

资源开展某种经营活动，从中赚取利润的能力。企业的经营活动是否具有较强的盈利能力，对企业的生存、发展至关重要。

盈利能力分析是通过一定的分析方法，判断企业能获得多少利润的能力。企业盈利能力的高低无论是对于企业的投资者、债权人的投资安全保障，还是对于衡量企业经理人员的经营业绩和企业职工的工作效率等都是至关重要的。因此，盈利能力分析是企业利益相关者了解企业、认识企业、改进企业经营管理的重要手段之一。但不同报表的使用者对盈利能力分析的侧重点是不同的，因而企业盈利能力分析对不同报表使用者来说，有着不同的意义，并通常可以起到以下作用。

（1）利润是股东利益的源泉，只有利润的增加，才能带来股东利益的增长。此外，从长期来看，无论是股东收益还是资本收益，都离不开利润。

企业的投资者进行投资的目的是获取更多的利润，投资者总是将资金投向盈利能力强的企业，因此，投资者对盈利能力进行分析是为了判断企业盈利能力的大小、盈利能力的稳定性和持久性，以及未来盈利能力的变化趋势。在市场经济条件下，投资者尤其关心企业获取利润的多少，并重视对利润率的分析。因为，企业盈利能力越强，投资者直接利益就会越高，并且还会使股票价格上升，从而使投资者获得资本收益。

（2）利润是企业偿还负债的来源，企业只有获得利润，才能偿还资金来源中的负债，尤其是对于长期负债，利润是长期债务偿还的基本保障。

对于债权人来说，利润是偿债的一种重要来源。债权人通过分析企业的盈利能力来衡量其收回本息的安全程度，从而使借贷资金流向更安全、利润率更高的社会生产部门。短期债权人在企业中的直接利益是在短期内要求债务的还本付息，因此主要分析企业当期的获利水平；而长期债权人的直接利益是企业在较长时期的债务到期时，能及时足额收回本息，故而就当期而言，主要是评价其利息的保障程度。

（3）利润是企业管理当局管理业绩的主要衡量指标，也是其管理业绩的综合体现，是所有者（股东）与经营者（管理层本身）共同利益的集中点。

对于企业经理人员来说，分析企业的盈利能力具有十分重要的意义。首先，用已经达到的盈利能力指标与标准、基期、同行业平均水平、其他企业相比较，可以衡量经理人员工作业绩的优劣；其次，通过对盈利能力的深入分析或因素分析，可以发现经营管理中存在的重大问题，进而采取措施解决问题，提高企业经营管理水平。

总之，盈利能力分析能够用以了解、认识和评价一个企业过去的经营业绩、管理水平，以及通过对过去的评价，预测其未来的发展前景。因此，盈利能力分析成为企业及其利益相关者群体极为关注的一个重要内容。

10.1.2 盈利能力分析的方法

盈利能力是指企业获得利润的能力，而盈利能力的分析应包括盈利水平和盈利的稳定性、持久性两方面的内容。在企业盈利能力分析中，人们往往重视企业盈利的多少，而忽视企业盈利的稳定性、持久性的分析。实际上，企业盈利能力的强弱不能仅以企业利润总额的高低水平来衡量。虽然利润总额可以揭示企业当期的盈利总规模或总水平，但是它不能表明这一利润总额是怎样形成的，也不能反映企业的盈利能否按照现在的水平维持，或者按照一定的速度增长下去，即无法揭示这一盈利能力的内在品质。所以，对盈利能力的分析不仅要进行总量的分析，还要在此基础上进行盈利结构的分析，以把握企业盈利能力的稳定性和持久性，尤其是后者，在报表分析中更为重要。

1. 盈利能力的稳定性分析

盈利能力的稳定性主要应从各种业务的利润结构角度进行分析，即通过分析各种业务利润在利润总额中的比重，以判别其盈利能力的稳定性。我国损益表中的利润按照业务的性质划分为商品（产品）或服务销售利润、投资收益、营业利润、营业外收益、利润总额和净利润等。各利润项目又是按盈利的稳定性程度顺序排列的，凡是越靠前的项目在利润总额中所占比重就越高，说明盈利的稳定性越强；反之，则越弱。由于营业收入是企业的主要经营业务收入来源，因此一个持续经营的企业总是力求保证营业收入的稳定，从而使其总体盈利水平保持稳定，所以在盈利能力的稳定性分析中应侧重主营业务利润（或毛利）比重的分析，重点分析主营业务利润对企业总盈利水平的影响方向和影响程度。

2. 盈利能力的持久性分析

盈利能力的持久性，即企业盈利长期变动的趋势。分析盈利能力的持久性通常采用将两期或数期的损益进行比较的方式。各期的对比既可以是绝对额的比较，也可以是相对数的比较。绝对额的比较方式是将企业经常发生的收支、经营业务或商品利润的绝对额进行对比，看其盈利是否能维持或增长。相对数的比较方式是选定某一会计年度为基年，用各年损益表中各收支项目余额去除以基年相同项目的余额，然后乘以100%，求得各有关项目变动的百分率，从中判断企业盈利水平是否具有持续保持和增长的可能性，如企业经常性的商品销售或经营业务利润稳步增长，则说明企业盈利能力的持久性较强。

3. 盈利能力水平分析的几个指标

分析企业的盈利能力水平主要是通过计算相对性财务指标，以评价企业的盈利能力水平。这些指标一般根据资源投入及经营特点分为四大类：资本经营盈利能力分析、资产经营盈利能力分析、商品经营盈利能力分析和上市公司盈利能力分析。其包含的基本指标有净资产收益率、总资产报酬率、收入利润率、成本利润率、每股收益、普通股权益报酬率和股利发放率等。

10.1.3 盈利能力分析指标的局限性

1. 现行利润表反映企业财务业绩的缺陷

我国企业的利润表是建立在传统会计收益概念和收入费用配比基础之上的业务业绩报告形式，在这张报表中列报的主要是已实现的收益，它在物价基本稳定、市场经济活动单一、外部风险低的经济环境下是适当的，能基本准确地反映企业经营活动的收益。但是，随着经济市场化程度的提高，物价的波动已成为各国经济发展过程中无法摆脱的现象，特别是20世纪80年代兴起的金融创新，出现了价格波动性强的金融资产和金融负债，改变了传统资产的价值是由社会必要劳动时间所决定，因而价值相对稳定的观念。于是，采用公允价值作为金融工具的计量属性已成为必然，但同时又带来一个问题，即由于公允价值变化而产生的损益是否在收益表中确认。如果不在收益表中确认，就使得收益表无法如实地反映企业当期的全部收益，而将未实现的增值摒弃在收益计算之外，这样会使收益计算缺乏逻辑上的一致性，不能达到公允而充分披露的要求，从而降低会计信息的可靠性。

2. 财务指标体系自身的缺陷

（1）当前的财务指标带有浓厚的政府考核色彩。由于财务指标体系的设置主要偏重于满足政府宏观调控对财务信息的需要，因而对那些评价信息能否切实有效地服务于企业内部的经营决策未作充分考虑。

（2）指标数值具有浅层次和一定的不可靠性。出于保护自身商业机密和市场利益的目的，企业公开于社会的各项指标数值通常仅限于浅层次、一般性的财务信息。同时，考虑到对市场形象的影响，并希望得到政府及其金融机构良好的评价，企业往往还会对这些应公开的信息加以不同程度的修饰。因此，投资者依据这些信息所计算的指标数据很难对企业真实的经营理财状况作出正确的评价。对于企业经营决策者，仅靠这些浅显的指标值同样也无法对企业经营状况与财务状况的实绩加以把握，而对企业经营者真正有用的一些深层次、涉及商业机密的、详尽的财务信息，则无法从财务指标体系中找到，这势必影响企业借助财务分析手段，改善经营管理的积极性，从而大大降低了财务分析的作用。

（3）在指标的名称、计算公式、计算口径等方面也存在很大的不规范性，如在分析时没有考虑货币时间价值，以及通货膨胀因素的影响等。鉴于以上原因，必须对现行的财务分析指标进行必要的改进与完善。

10.2　销售盈利能力分析

销售盈利能力分析是指1元销售收入与其成本费用之间可以"挤"出来的毛利润，该比率越大则企业的盈利能力越强。关心企业盈利能力等各方面信息的使用者都非常重视销售盈利能力指标的变动，因为这是衡量一个企业总资产报酬率、资本回报率等的基础，也是同一行业中各个企业之间比较工作业绩和考察管理水平的重要一环。反映销售能力的指标有销售毛利率、营业利润率和净利率等。

10.2.1　销售毛利率

1. 指标的计算

销售毛利率是指销售毛利占营业收入的比例，而销售毛利则是营业收入与营业成本之差。其计算公式为：

$$销售毛利率 = (销售毛利 / 营业收入) \times 100\%$$
$$= [(营业收入 - 营业成本) / 营业收入] \times 100\%$$

由公式可以看出，企业的销售毛利率反映企业商品生产、销售的盈利能力，取决于收入与对应成本的比例。毛利是企业利润形成的基础，单位收入的毛利越高，抵补各项期间费用的能力就越强，企业的盈利能力也就越高；反之，则盈利能力越低。就一般性企业而言，影响企业收入与成本的因素有以下 3 种。

（1）销售商品的价格和数量。由于营业收入是销售数量和单价的乘积，故而销售价格和数量的高低直接影响收入的多少，从而影响毛利的高低。

（2）购货成本或产品的生产成本。对于商业企业而言，购货成本就是其营业成本；而对于制造企业而言，营业成本则是指已销产品的生产成本。由于营业成本是销售数量和单位成本的乘积，故而单位成本的高低直接影响毛利的高低。

（3）企业生产或经营商品的品种结构。由于企业销售产品的品种繁多，且每种产品的边际利润通常不同，故而企业生产或经营商品的品种结构必然影响成本的多少，以及收入的形成，即毛利的高低。

所以，就单个产品而言，提高价格或减少单位成本是提高毛利率的主要手段，但就整个企业而言，生产或经营的产品结构是影响毛利和利润的主要因素。但若仅针对报表数据分析而言，综合分析是其唯一选择。

【例 10-1】 DDT 公司 20×7 年度利润表如表 10-1 所示。

表 10-1　DDT 公司利润表

单位：万元

项　　目	20×7 年	20×6 年
一、营业收入	3 000	2 850
减：营业成本	2 644	2 503
税金及附加	28	28
销售费用	22	20
管理费用	46	40
财务费用	110	96
资产减值损失	0	0
加：公允价值变动收益	0	0
投资收益	6	0
二、营业利润	156	163
加：营业外收入	45	72
减：营业外支出	1	0
三、利润总额	200	235
减：所得税费用	50	58.75
四、净利润	150	176.25

则 DDT 公司：

20×7 年销售毛利率 = [（3 000-2 644）/3 000]×100% = 11.87%

20×6 年销售毛利率 = [（2 850-2 503）/2 850]×100% = 12.18%

变动幅度 = 11.87%-12.18% = -0.31%

以上计算结果说明，20×7 年与 20×6 年相比，DDT 公司的销售毛利率下降了 0.31 个百分点，毛利率下降的原因主要是营业收入的增长率为 5.26%，而营业成本的增长率为 5.63%，成本的增长超过了收入的增长，实质也就是单位成本的增长超过了单价的增长，表明企业的盈利能力在减弱。

2. 指标的分析

在对销售毛利率指标进行分析时应注意，该指标具有明显的行业特点。一般来说，营业周期短、营业成本中所含固定费用低，需要弥补的期间费用（间接费用，下同）高的行业，毛利率水平比较高，如饮食和商品零售行业；而营业周期长，营业成本中所含固定费用高，需要弥补的期间费用低的行业，则毛利率水平相对较低，如工业企业。因此，在分析毛利率时，还应将毛利率与本企业不同时期，以及同行业平均水平、先进水平进行比较，以正确评价企业的盈利能力，并从中找出差距，提高企业的获利水平。

毛利率分析对很多使用者都有帮助。一般情况下，一个企业若毛利率较高，通常其营业利润率和净利润率也不会太差。因此，毛利率还可用于营业成本和期间费用控制，商业企业还可以利用毛利率来评估其报表中存的货水平，另外，审计和税务部门可以利用毛利率指标判断会计系统的准确性。

其实就毛利的原有意义而言，毛利是指商业企业商品的进销差价，原本与制造业无关，但现在意义上的毛利通常是指营业收入和营业成本之间的差额，其中当然也包括制造业的已销产品的生产成本。也有人将税金及附加也作为营业收入的减项来计算毛利，严格地说，这是不符合毛利的本来意义的，一般将此称为主营业务利润，这其实也不准确，因为它们实际已包括了企业的其他业务。

10.2.2 营业利润率

1. 指标的计算

营业利润率是企业营业利润与营业收入之间的比率，该指标用于衡量企业整个营业活动的盈利能力。其计算公式为：

$$营业利润率 = (营业利润/营业收入) \times 100\%$$

营业利润是最能体现企业经营活动业绩的项目，是企业利润总额中最基本、最经常，同时也是最稳定的利润组成部分，营业利润占利润总额比重的多少，是说明企业盈利能力质量高低的重要依据。另外，营业利润作为一种净获利额，比销售毛利更好地说明了企业收入的净获利情况，从而能更全面、完整地体现收入的盈利能力。营业利润率越高，表明企业盈利能力越强；反之，则盈利能力越弱。

根据例 10-1 中 DDT 公司 20×7 年的利润表计算可得：

20×7 年营业利润率 = (156/3 000)×100% = 5.2%

20×6 年营业利润率 = (163/2 850)×100% = 5.72%

变动幅度 = 5.2% - 5.72% = -0.52%

通过计算表明，20×7 年的营业利润率比 20×6 年有所降低，下降了 0.52 个百分点，主要是毛利率较低所致，当然财务费用的大幅度增长也是一项重要因素。同时，该公司总的营业利润率水平也是较低的，说明该公司在开源（收入）、节流（成本、费用）两方面都可能存在一些问题，应结合企业具体情况进行分析。

2. 指标的分析

从营业利润率的计算公式可以看出，企业的营业利润率与营业利润的高低成正比，与营业收入成反比。所以，企业在增加收入的同时，必须相应地获得更多的营业利润，才能保证营业利润率保持不变或有所提高，这要求企业在扩大销售、增加收入的同时，还要注意提升自身的经营管理水平，努力降低成本，提高盈利能力。

要提高企业的营业利润率水平，还需要对营业利润率的构成要素及其各项目的结构比重的变动情况进行分析，这就需要采用多年数据进行趋势分析，从而找出影响营业利润率增减变动的具体原因，以及各要素项目的影响程度，以改善企业盈利能力。

对单个企业来说，营业利润率指标越大越好，但各行业的竞争能力、经济状况、利用负债融资的程度及行业经营的特征不同，都会使不同行业的各企业间的营业利润率大不相同。因此，在使用该指标进行分析的同时，还要注意将企业的个别营业利润率指标与同行业其他企业的营业利润率指标进行对比分析，从而可以发现企业盈利能力高低的相对地位，以便更好地评价企业盈利能力的状况。

10.2.3　销售利润率

1. 指标的计算

销售利润率又称销售净利率，是指净利润与销售收入的比率。其计算公式为：

$$销售利润率 = (净利润/营业收入) \times 100\%$$

根据例 10-1 中 DDT 公司的利润表数据计算可得：

20×7 年销售利润率 $= (150/3\ 000) \times 100\% = 5\%$

20×6 年销售利润率 $= (176.25/2\ 850) \times 100\% = 6.18\%$

变动幅度 $= 5\% - 6.18\% = -1.18\%$

以上计算结果说明，20×7 年与 20×6 年相比，DDT 公司的销售净利率下降了，下降了1.18 个百分点，主要原因仍然是毛利率较低，以及财务费用的大幅度增长所致，营业外收入的大幅度降低也是一项重要因素。与营业利润率的变动比较，该公司除了开源、节流这一经营活动的问题外，营业外活动也存在较大的问题，需要引起足够的重视。

"营业收入"是利润表的第一行数字，"净利润"是利润表的最后一行数字，两者相除可以概括企业的全部经营成果，它表明1元销售收入与其成本费用之间可以"挤"出来的净利润，该比率越大，则企业的盈利能力越强。

销售利润率又被简称为"利润率"或"净利率"。通常，在"利润"前面没有加任何定语，就是指"净利润"；而某个利润率，如果前面没有指明计算比率使用的分母，则是指以营业收入为分母，如成本利润率，就是以营业成本为分母计算的利润率。

2. 指标的分析

销售利润率的变动是由利润表中的各个项目金额变动引起的，表 10-2 列示了 DDT 公司利润表各项目的金额变动和结构变动数据。

表 10-2 利润表结构百分比变动表 单位：万元

项 目	20×7年金额	20×6年金额	变动金额	变动百分比	20×7年结构	20×6年结构
一、营业收入	3 000	2 850	150	5.26	100.00%	100.00%
减：营业成本	2 644	2 503	141	5.63	88.13%	87.82%
税金及附加	28	28	—		0.93%	0.98%
销售费用	22	20	2	10	0.73%	0.70%
管理费用	46	40	6	15	1.53%	1.40%
财务费用	110	96	14	14.58	3.67%	3.37%
资产减值损失	—	—	—	—	0.00%	0.00%
加：公允价值变动收益	—	—	—	—	0.00%	0.00%
投资收益	6	—	6		0.20%	0.00%
二、营业利润	156	163	−7	−4.29	5.20%	5.72%
加：营业外收入	45	72	−27	−37.5	1.50%	2.53%
减：营业外支出	1	—	1		0.03%	0.00%
三、利润总额	200	235	−35	−14.89	6.67%	8.25%
减：所得税费用	50	58.75	−8.75	−14.89	1.67%	2.06%
四、净利润	150	176.25	−26.25	−14.89	5.00%	6.18%

根据表 10-2 可进行分析如下。

（1）金额变动分析。净利润减少了 26.25 万元。影响较大的不利因素是销售成本增加 141 万元，财务费用增加了 14 万元和营业外收入减少 27 万元；影响较大的有利因素是营业收入增加 150 万元。

（2）结构比率分析。销售利润率减少了 1.18%。影响较大的不利因素是销售成本率上升 0.31%，以及营业外收入比率减少 1.03%。

进一步的分析应重点关注金额变动和结构百分比变动较大的项目，如 DDT 公司的销售成本、财务费用和营业外收入。

3. 利润表各项目分析

确定分析的重点项目之后，需要深入到各项目的内部进一步分析。此时，需要依靠财务报表附注提供的资料，以及其他可以收集到的资料。

毛利率的变动原因可以分部门、分产品，以及分顾客群、分销售区域或分推销人员进行分析，具体视分析的目的及可以取得的资料而定。

通常，销售费用和管理费用的公开披露信息十分有限，外部分析人员很难将其深入下去，对其分析，除了通过报表附注获取资料外，应特别关注比较分析。一般而言，管理费用是一项生产能力费用，因而基本是一种固定费用，其费用的大起大落都说明存在一定的问题；而销售费用的构成基本包括广告费用、专设销售机构的费用、销售佣金，故对其分析可分项考虑。

财务费用、资产公允价值变动损益、资产减值损失、投资收益和营业外收支的明细资料，在报表附注中均有较详细的披露，为进一步分析提供了分析依据。但需要注意的是，除财务费用外，其他几个项目通常都是藏污纳垢之地，故分析时需要特别加以注意。

10.3 资产盈利能力分析

企业的盈利能力可以通过收入与利润的比例关系来评价，还可以通过投入资产与获得利润的关系来评价。由于企业可以采用高销售利润率、低周转率的政策，也可以采用低销售利润率、高周转率的政策，所以销售利润率的高低受到企业经营政策的影响。但是，由于这种政策的选择不会改变企业的资产利润率，从而使资产利润率能更全面地反映企业盈利的能力。

销售盈利能力分析主要以营业收入为基础，是就利润表本身的相关盈利能力水平指标所进行的分析，因而没有考虑投入与产出之间的关系，只是在产出与产出之间进行的比较分析，它是企业盈利能力的基础表现，但未能全面地反映企业的盈利能力，因为高利润率指标可能是靠高资本投入实现的。因此，还必须从资产运用效率和资本投入报酬角度进一步对企业的盈利情况进行分析，才能公正、客观地评价企业的盈利能力。

10.3.1 总资产利润率

总资产利润率又称总资产净利率，是企业一定期限内实现的净利润与该时期总资产平均占用额之间的比率。它是反映企业资产综合利用效果的指标，也是衡量企业总资产盈利能力的重要指标，它反映了企业从 1 元受托资产（不管资金来源）中得到的净利润。其计算公式为：

总资产利润率=（净利润/总资产平均余额）×100%

总资产平均余额一般可以使用期初、期末的简单平均数，即：

总资产平均余额=（期初资产总额+期末资产总额）/2

总资产净利率越高，表明企业的资产利用效益越好，利用资产创造的利润越多，企业盈利能力就越强，经营管理水平就越高；否则，则相反。

【例 10-2】DDT 公司 20×7 年的资产负债简表如表 10-3 所示。

表 10-3 DDT 公司资产负债简表　　　　　　　　　　　　　　　单位：万元

项　　目	20×7 年	20×6 年
流动资产	700	610
非流动资产	1 300	1 070
总资产	2 000	1 680
负债合计	1 040	800
股东权益合计	960	880

根据表 10-3 和表 10-1 数据可计算出 DDT 公司的资产利润率为：

20×7 年总资产利润率 = (150/2 000) × 100% = 7.5%

20×6 年总资产利润率 = (176.25/1 680) × 100% = 10.49%

变动幅度 = 7.5% - 10.49% = -2.99%

以上计算结果表明，DDT 公司 20×7 年的总资产利润率比 20×6 年降低了 2.99 个百分点，扣除两个年度中净利润率下降的 1.18 个百分点外，其他应该是总资产上升但未导致净利润同时上升所致，也就是说，总资产上升了，但净利润反而下降了。这显然与 DDT 公司增加资产总量的目标不相吻合，说明该公司的资产利用效率或资产质量下降了。

总资产利润率是企业盈利能力的关键。虽然股东的报酬由资产利润率（尤其是净资产利润率）和财务杠杆共同决定，但由于提高财务杠杆的同时会增加企业的财务风险，又往往并不增加企业价值，故而股东会更青睐资产利润率。此外，财务杠杆的提高有诸多限制，企业也会经常处于财务杠杆不可能再提高的临界状态，因此，驱动权益净利率的基本动力就是资产利润率。

需要说明的是，公式中"总资产"的计算有以下 3 种选择。

（1）使用年末总资产。其缺点是年内变化大时不具有代表性。

（2）使用年末与年初平均数。但季节性企业的期末数可能较低，代表性也不理想。

（3）使用 12 个月末的平均数。但外部分析人的数据来源会有问题，也比较麻烦。

凡是财务比率计算时的分子和分母，若一个是期间流量数据，另一个是期末存量数据，在确定存量数据时都会遇到类似问题。本例中使用期末数据只是为了简便，其没有平均数合理。

10.3.2 总资产利润率的驱动因素

1. 影响总资产利润率的驱动因素是销售利润率和资产周转率

$$总资产利润率 = 净利润/总资产$$
$$= （净利润/销售收入）×（销售收入/总资产）$$
$$= 销售利润率×总资产周转次数$$

总资产周转次数说明每 1 元资产所创造的销售收入，而销售利润率则是 1 元销售收入创造的净利润，两者共同决定了资产利润率，即 1 元资产创造的净利润。

应该注意到，如果企业有大量的"投资"，则"总资产周转率"指标就会被稀释（被低估）。一般情况下，若分子为流量指标，分母为存量指标，通常需要将分母按期初、期末平均，但有时为简化起见，也可以不使用平均数，而直接使用期末数。

DDT 公司有关总资产利润率因素分解的数据准备，如表 10-4 所示。

表 10-4 有关数据变动表   单位：万元

项 目	20×7 年	20×6 年	变 动
销售收入	3 000.00	2 850.00	150.00
净利润	150.00	176.25	-26.25
总资产	2 000.00	1 680.00	320.00

项　　目	20×7 年	20×6 年	变　　动
资产利润率	7.50%	10.49%	-2.99%
销售利润率	5.00%	6.18%	-1.18%
总资产周转次数	1.5 次	1.7 次	-0.20 次

根据表 10-4 可知，DDT 公司的总资产利润率比上年降低了 2.99 个百分点（相对数的报告期与基期之间差额的增减数，一般称增减百分点；报告期与基期之间的差额占基期的比重增减数，一般称增减百分比），其原因是销售净利率和资产周转率都降低了。但对于哪一个原因更重要，可以使用连环替代法进行定量的因素分析。

20×7 年总资产利润率指标变动百分点 = 7.50% - 10.49% = -2.99%

其中：销售利润率变动影响 = 销售利润率变动百分点×上年资产周转次数

= -1.18%×1.7 = -2%

资产周转次数变动影响 = 本年销售利润率×资产周转次数变动

= 5%×（-0.2） = -1%

合计 = -2% - 1% = -3% ≈ -2.99%

以上计算说明，由于销售净利率降低，使总资产利润率下降了 2 个百分点，而由于资产周转率下降，又使资产利润率下降了 1 个百分点，两者的共同作用使资产利润率下降了 3 个百分点，其中销售利润率下降是主要影响因素。

2. 总资产利润率的分析要点

（1）总资产来源于所有者投入的资本和债权人的债务资本两个方面，利润的多少与企业资产的结构有密切关系。一般来说，高资本投入、高技术密集型企业，会创造更多的营业收入，通常也会获取更多的利润，同时承担更大的经营风险。因此，评价总资产报酬率时要与企业的资产结构、经济周期、企业特点、企业战略等结合起来进行分析，这样的分析才会更有意义。

（2）对公式中的分子"净利润"存在几种观点。一种观点是采用"税后净利润"，在杜邦分析体系中就是采用此种利润额概念，因为它展示了一个重要关系式：

总资产利润率 = 销售净利率×总资产周转率

以此可以进一步分析并显示经营盈利能力和资产周转速度对总资产利润率的影响。但由于税后净利润已经扣除负债利息，它必然会受到资本结构的影响，因而导致不同时期，不同企业的总资产利润率会因为资本结构等因素的不同而缺乏可比性。

另一种观点是采用"息税前利润"，其理由如下。

① 从经济学角度看，利息支出的本质是企业收入的分配，是企业创造利润的一部分，为了促使企业加强成本、费用管理，保证利息的按期支付，将利息费用化的部分列作财务费用，从营业收入中得到补偿，利息资本化的部分计入资产原价，以折旧、摊销等形式逐期收回，所以应将利息支出加回利润总额中。

② 权益性融资成本是股利，股利是税后支出的，其数额包含在利润总额之中；债务性融资成本是利息支出，而在计算利润总额时已将其扣除，为了使分子、分母的计算口径一致，分析中应该包括利息支出。

③ 息税前利润可以避免因为资本结构不同而导致不同的利润，能够较好地体现资产的

总增值情况，而且便于企业之间的横向比较，因而这是最常用的方式。但其不足之处是它未能反映终极所得，所以不太符合所有者的分析需求。

按"息税前利润"计算的资产利润率称总资产报酬率。

（3）仅仅分析企业某一个会计年度的总资产利润率，不足以对企业的资产管理状况作出全面的评价，因为利润总额中可能包含着非经常性的或非正常发生的因素。因此，应进行连续几年的总资产利润率的横向比较分析，并对其变动趋势进行判断，以便能取得相对准确的信息。在此基础上再进行同业比较分析，就更有利于提高分析结论的准确性。

（4）从总资产利润率的计算公式可以看出，该比率的分子是净利润，净利润属于所有者，其分母则使用总资产，而总资产是由所有者和债权人共同所有，所以，该比率的分子与分母计算口径不一致，这是该种计算方法最主要的缺陷，因而限制了它的运用。但如果采用息税前利润，则可弥补这一缺陷。

当分析使用息税前利润时，总资产报酬率的计算公式为：

$$总资产报酬率 = （税前利润 + 利息费用）/ 总资产平均余额$$

在使用上式评价企业资产的运用效率时，可将其进行分解，将利息及利率因素引入到总资产报酬率的公式中，可以将总资产报酬率公式进一步分解为：

$$总资产报酬率 = （税前利润 + 利息费用）/ 总资产平均余额$$
$$= （利息费用 / 负债总额）\times（息税前利润 / 利息费用）\times$$
$$（负债总额 / 总资产平均余额）$$
$$= 利率 \times 利息保障倍数 \times 资产负债率$$

从公式中可以看出，利息、利息保障倍数和资产负债率与总资产报酬率成正比例关系，当息税前利润为正数时，负债率越高，总资产报酬率就大；反之，当息税前利润为负数时，负债率就高，总资产报酬率就低。这表明企业只有在获利的条件下，才可以适当增加负债；当企业发生亏损时，负债越多，企业的效益越差。

将总资产报酬率与偿债能力结合起来分析，就是将盈利能力与偿债能力、利润表与资产负债表结合起来进行动态分析，与使用单个指标、单个财务报表分析相比较，更有实际意义。但是上述公式在分解过程中也有缺陷，即将"利息费用÷负债总额"与利率之间画了等号，而实际情况是，并非企业的所有负债均要求支付利息费用。

（5）经营资产利润率。

$$经营资产利润率 = 经营利润 / 年平均经营资产$$

其中：经营利润是指来自营业活动的（税前或税后）利润，但不包括投资收益（公允价值变动损益）及非常项目（营业外收支）；经营资产是指从总资产中扣除投资、无形资产及其他资产后的余额。

这一比率的意义是，反映企业投入生产经营的资产的盈利水平。将其与息税前总资产利润率进行比较，可以发现企业资金配置的合理性。

10.3.3 权益净利率

权益净利率又称净资产收益率（净资产利润率），是净利润与股东权益的比率，它反映1元股东资本赚取的净收益，可用于衡量企业的总体股东权益的盈利能力。

权益净利率＝（净利润/股东权益）×100%

根据表 10-1 和表 10-3 中 TTD 公司的相关财务报表的数据计算可得：

20×7 年权益净利率＝（150/960）×100%＝15.63%

20×6 年权益净利率＝（176.25/880）×100%＝20.03%

以上计算结果表明，DDT 公司 20×7 年的净资产利润率比 20×6 年降低了 4.4 个百分点，应该是受到净资产上升和净利润下降两个因素的共同影响，说明该公司的净资产利用效率下降了。

权益净利率的分母是股东的投入，分子是股东的所得，主要反映企业为全体股东所投入资本赚取利润的能力。因此，对于股权投资人来说，该指标具有非常好的综合性，概括了企业的全部经营业绩和财务业绩。上例中，DDT 公司本年股东的回报率减少了，总体上看不如上一年。

20×7 年权益净利率＝净利润/股东权益＝（净利润/总资产）×（总资产/净资产）

＝总资产利润率×权益乘数

＝（150/2 000）×（2 000/960）＝15.63%

20×6 年权益净利率＝（176.25/1 680）×（1 680/880）＝20.03%

20×7 年净资产利润率指标变动百分点＝15.63%－20.03%＝－4.4%

其中：总资产利润率变动影响＝（150/2 000－176.25/1 680）×（1 680/880）

＝（0.075－0.105）×1.91＝－0.057

权益乘数变动影响＝（2 000/960－1 680/880）×（150/2 000）

＝（2.08－1.91）×0.075＝0.013

合计＝－0.057＋0.013＝0.044＝4.4%

以上计算说明，由于总资产利润率的下降，使净资产利润率下降了 5.7 个百分点，但由于权益乘数的上升，又使净资产利润率上升了 1.3 个百分点，两者共同作用使净资产利润率下降了 4.4 个百分点，其中总资产利润率的下降是主要影响因素。

本章小结

盈利能力是企业在一定时期内赚取利润的能力，最大限度地赚取利润是企业持续、稳定发展的目标。企业的盈利能力对企业的所有利益关系人来说都是非常重要的，不同报表使用者对盈利能力的分析有着不同的意义。

关心企业盈利能力的各方面信息使用者都非常重视销售盈利能力指标的变动，因为这是衡量总资产报酬率、资本回报率的基础，也是同一行业中各个企业之间比较工作业绩和考察管理水平的重要一环。

企业的盈利能力可以从收入与利润的比例关系来评价，还可以从投入资产与获得利润的关系来评价。

本章习题

一、单项选择题

1. 反映企业的营业毛利润与营业收入之间的关系，表示营业收入扣减营业成本后，有多少钱可以用于支付各项期间费用及形成盈利的指标是（　　）。

    A. 销售净利率　　　　　　　　　　B. 总资产报酬率

    C. 销售毛利率　　　　　　　　　　D. 净资产收益率

2. 某公司的营业收入为 180 000 元，其中赊销带来的应收账款为 15 000 元，期初存货为 18 000 元，期末存货为 12 500 元，营业成本为 112 500 元，销售费用为 79 000 元，企业所得税为 12 800 元。那么，该公司的销售毛利率为（　　）。

    A. 21.33%　　　　B. 9.67%　　　　C. 37.5%　　　　D. 18.67%

3. 某企业净利润为 1 000 万元，所得税费用为 250 万元，利息支出为 300 万元，年初和年末所有者权益均为 5 500 万元，则净资产收益率为（　　）。

    A. 16.7%　　　　B. 18.2%　　　　C. 13.0%　　　　D. 23.9%

4. 年初资产总额为 2 600 万元，年末资产总额为 3 640 万元，净利润为 624 万元，所得税费用为 208 万元，应缴所得税为 176 万元，利息支出为 26 万元，则总资产报酬率为（　　）。

    A. 32.5%　　　　B. 30%　　　　C. 27.5%　　　　D. 20%

5. 以下哪个途径，不能使企业增加利润（　　）。

    A. 增加销售数量　　　　　　　　　B. 提高销售价格

    C. 降低固定成本总额　　　　　　　D. 降低股利支付率

二、多项选择题

1. 对于股份制企业，反映其盈利能力的比率有（　　）。

    A. 总资产净利率　　B. 销售净利率　　C. 总资产周转率　　D. 固定资产利润率

2. 下列指标中比率越高，说明企业盈利能力越强的有（　　）。

    A. 总资产净利率　　B. 销售成本率　　C. 销售毛利率　　D. 应收账款周转率

3. 下列各项中，属于销售盈利能力分析的指标有（　　）。

    A. 销售毛利率　　B. 净资产收益率　　C. 总资产周转率　　D. 税前利润率

4. 下列各项中，影响总资产报酬率的因素有（　　）。

    A. 资产负债率　　B. 销售利润率　　C. 息税前利润　　D. 平均总资产

5. 影响总资产净利率的因素有（　　）。

    A. 总资产周转率　　B. 销售净利率　　C. 净利润　　D. 平均总资产

三、判断题

1. 影响总资产报酬率的因素有利率、利息保障倍数和资产负债率。（　　）

2. 总资产收益率是评价企业自身资本获取报酬的最具有综合性和代表性的指标，它反映了企业资本运营的综合收益。（　　）

3. 提高总资产报酬率的途径有优化资产结构、提高利润总额。（　　）

4. 对于短期借款的债权人来说，需要分析企业过去和现在的盈利能力，以预测企业未来的盈利能力，从而判断未来及时并足额收回本息的保障性。 （　　）

5. 流动资产利润率是净利润与平均流动资产的比率。 （　　）

四、简答题

1. 企业资产对收益形成的影响表现在哪些方面？

2. 经营杠杆对营业利润有何影响？

3. 为什么要进行分部报告和中期报告分析？

4. 营业利润率、总资产收益率、长期资本收益率 3 个指标之间有什么内在联系？

五、计算题

某公司去年实现利润 380 万元，预计今年产销量能增长 12%，如果经营杠杆系数为 3，计算今年可望实现的营业利润额。若经营杠杆系数为 2，要想实现利润 600 万元，则产销量至少应增长多少？

六、案例分析

某股份有限公司 20×7 年度业绩快报

本公司及董事会全体成员保证公告内容的真实、准确、完整，对公告的虚假记载、误导性陈述或重大遗漏负连带责任。

特别提示：

本公告所载 20×7 年度财务数据已经公司内部审计部门审计，未经会计师事务所审计，与经会计师事务所审计的财务数据可能存在差异，请投资者注意投资风险。

一、20×7 年度主要财务数据

单位：万元

项　目	20×7 年（1—12 月）	20×6 年（1—12 月）	增减幅度/%
营业总收入	34 011.33	27 579.75	23.32
营业利润	4 033.06	3 616.88	11.51
利润总额	4 214.16	3 623.62	16.30
净利润	3 280.51	2 688.08	22.04
基本每股收益/元	0.60	0.65	-7.69
净资产收益率/%	9.82	22.99	-57.27
项　目	20×7 年 12 月 31 日	20×6 年 12 月 31 日	增减幅度/%
总资产	52 588.69	27 992.36	87.87
净资产	33 408.06	11 694.19	185.68
股本	6 777.910 5	5 077.910 5	33.48
每股净资产/元	4.92	2.30	113.91

注：1. 上述数据以公司合并报表数据填列；

2. 上述净利润、基本每股收益、净资产收益率、每股净资产等指标以归属于公司股东的数据填列，净资产收益率按全面摊薄法计算。

二、经营业绩和财务状况的简要说明

公司报告期内经营状况和财务状况良好。报告期实现营业总收入 34 011.33 万元，比上年同期增长 23.32%；实现营业利润 4 033.06 万元，比上年同期增长 11.51%；实现净利润 3 280.51 万元，比上年同期增长 22.04%。

截至报告期末，公司总资产比上年同期增长 87.87%、净资产增长 185.68%，主要系公司发行新股所致。

三、备查文件

1. 经公司现任法定代表人、财务总监、会计机构负责人签字并盖章的比较式资产负债表和利润表；

2. 内部审计部门负责人签字的内部审计报告。

董事会

20×8 年 2 月 18 日

要求：

对该公司的经营业绩进行评价。

参考答案

一、单项选择题

1. C　　2. C　　3. B　　4. C　　5. D

二、多项选择题

1. ABD　　2. AC　　3. AD　　4. ACD　　5. ABCD

三、判断题

1. √　　2. ×　　3. √　　4. ×　　5. ×

第 11 章

市场价值分析

学习目标

1. 了解市场价值分析的意义。
2. 明确市场价值分析指标的内容和作用。
3. 掌握市场价值分析指标之间的关系。
4. 理解市场价值分析指标与其他财务指标之间的关系。

学习重点

1. 市场价值分析是财务报表分析的重要内容之一，具有广泛的用途，是现代财务分析的一个必要组成部分，也是进行财务估价的一种特殊形式。

2. 市场价值分析是指站在投资者的角度，对企业的价值最大化进行的分析，而财务管理的目标就是股东价值最大化。

市场价值分析是指站在投资者的角度，对企业的价值最大化进行的分析，因为财务管理的目标就是股东价值最大化。虽然企业投资者对企业价值最大化分析所运用的指标可能是多样化的，但市场价值分析指标肯定是其中最主要的指标，因为企业价值最大化的市场体现是最公平的。市场价值分析指标主要包括每股收益、市盈率、股利支付率、市净率、每股账面价值、每股营业现金净流量、现金股利保障倍数等指标。

11.1 市场价值分析的意义和作用

市场价值分析是财务报表分析的重要内容之一，具有广泛的用途，也是现代财务分析的一个必要组成部分，是进行财务估价的一种特殊形式。

11.1.1 企业市场价值分析的意义

企业市场价值分析是通过分析和衡量企业的公平市场价值、投资者的盈利状况，以及盈利的分配状况，向市场提供有关信息，以帮助投资人和管理当局改善决策。

企业市场价值分析提供的信息不仅仅是企业价值的一个数字，它还包括在价值产生过程中形成的大量信息。例如，企业价值是由哪些因素驱动的，销售净利率对企业价值的影响有多大，提高投资资本报酬率对企业价值的影响有多大等。即使企业价值的最终评估值不很准确，这些中间信息也是很有意义的。因此，不要过分关注最终结果而忽视价值产生过程中形成的其他信息。

企业的市场价值分为经济价值和会计价值。经济价值是经济学家所持的价值观念，它是指一项资产的公平市场价值，通常用该资产所产生的未来现金流量的现值来计量。而对于习惯于使用会计价值和历史成交价格的会计师，特别要注意区分会计价值与经济价值、现时市场价值与公平市场价值之间的关系。

1. 会计价值与市场价值

会计价值是指资产、负债和所有者权益的账面价值，即过去形成这些资产、负债和所有者权益时的交易价值。会计价值与市场价值是两回事。

会计报表以交易价格为基础。例如，某项资产以1 000万元的价格购入，该价格客观地计量了资产的价值，并且有原始凭证支持，会计师就将它记入账簿。过了几年，由于技术更新，该资产的市场价值已经大大低于1 000万元，或者由于通货膨胀其价值已远高于最初的购入价格，记录在账面上的历史成交价格与现实的市场价值已经毫不相关，但会计师仍然不能修改原来的记录。会计师只有在资产需要折旧或摊销时，才修改资产账面价值的记录。

1）会计师选择历史成本的理由

会计师选择历史成本而舍弃现行市场价值的理由有以下几点。

（1）历史成本具有客观性，可"重复验证"。这正是现行市场价值所缺乏的，而会计师以及审计师的职业地位，需要客观性的支持。

（2）如果说历史成本与投资人的决策不相关，那么现行市场价值也同样与投资人的决策不相关。投资人购买股票的目的是获取未来收益，而不是企业资产的价值。企业的资产不是被出售，而是被使用并在产生未来收益的过程中消耗殆尽。与投资人决策相关的信息，是资产在使用中可以带来的未来收益，而不是其现行市场价值。

由于财务报告采用历史成本报告资产价值，其符合逻辑的结果之一就是否认资产收益和股权成本，只承认已实现收益和已发生费用。

会计规范的制定者出于某种原因，要求会计师在一定程度上使用市场价值计价，但是效果并不好。美国财务会计准则委员会要求对市场交易活跃的资产和负债使用现行市场价值计价，引起很大争议。我国在企业会计具体准则中曾要求使用公允市价报告，也引起很大争议，并在新的《企业会计准则》中被修改，回到历史成本，仅要求部分资产使用公允市价报告。

其实，会计报表数据的真正缺点，主要不是没有采纳现时价格，而是没有关注未来价值。因为会计准则的制定者不仅很少考虑现有资产可能产生的未来收益，而且把许多影响未来收益的资产和负债项目从报表中排除了。比如，表外的资产项目应包括良好管理、忠诚的顾客、先进的技术等；而表外的负债项目则应包括过时的生产线、低劣的管理等。

2）历史成本计价的不足

历史成本计价受到很多批评，主要有以下几点。

（1）制定经营或投资决策必须以现实的和未来的信息为依据。历史成本会计提供的信息是面向过去的，与管理人员、投资人和债权人的决策缺乏相关性。

（2）历史成本不能反映企业真实的财务状况。资产的报告价值是未分配的历史成本（或剩余部分），并不是可以支配的资产或可以抵偿债务的资产。

（3）现实中的历史成本计价会计缺乏方法上的一致性。其货币性资产不按历史成本反映，非货币性资产在使用历史成本计价时也有很多例外，所以历史成本会计是各种计价方法的混合，不能为经营和投资决策提供有用的信息。

（4）历史成本计价缺乏时间一致性。资产负债表把不同会计期间的资产购置价格混合在一起，使之缺乏明确的经济意义。因此，价值评估通常不使用历史购进价格，只有在其他方法无法获得恰当的数据时才将其作为质量不高的替代品。

2. 现时市场价值与公平市场价值

企业市场价值分析的目的是确定一个企业的公平市场价值，而所谓"公平市场价值"，是指在公平的交易中，熟悉情况的双方，自愿进行资产交换或债务清偿的金额。资产被定义为未来的经济利益，所谓"经济利益"，其实就是现金流入，资产就是未来可以带来现金流入的资源。由于不同时间的现金不等价，需要通过折现处理，因此，资产的公平市场价值就是未来现金流入的现值。然而未来的现金流很难确定，用以折现的时间价值也会受很多因素的影响。

而现时市场价值是指按现行市场价格计量的资产价值，它可能是公平的，也可能是不公平的。

首先，作为交易对象的企业，通常没有完善的市场，也就没有现成的市场价格。例如，非上市企业或它的一个部门，由于没有在市场上挂牌，其价格也就不得而知。而对于上市企业来说，每天参加交易的只是少数股权，多数股权不参加日常交易，因此市价只是少数股东认可的价格，未必代表公平价值。

其次，以企业为对象的交易双方，由于存在比较严重的信息不对称，人们对于企业的预期会有很大差距，成交的价格不一定是公平的。

再次，股票价格是经常变动的，人们不知道哪一个是公平的。

最后，评估的目的之一是寻找被低估的企业，也就是价格低于价值的企业，而如果用现时市价作为企业的估价，则企业价值与价格相等，那就会任何有意义的信息也得不到。

11.1.2 企业整体经济价值的类别

以上明确了价值评估的对象是企业的总体价值，但这并不够，还需要进一步明确是"哪一种"整体价值。

1. 实体价值与股权价值

当一家企业收购另一家企业时，可以收购卖方的资产，而不承担其债务；或者购买它的股份，同时承担其债务。例如，A企业以10亿元的价格买下了B企业的全部股份，并承担了 B 企业原有的 5 亿元债务,收购的经济成本是 15 亿元。通常,人们说 A 企业以 10 亿元收购了 B 企业,其实并不准确。对于 A 企业的股东来说,他们不仅需要支付 10 亿元现金(或是价值 10 亿元的股票换取 B 企业的股票),而且要以书面契约形式承担 5 亿元债务。实际上他们需要支付 15 亿元,10 亿元现在支付,另外 5 亿元将来支付,因此他们用 15 亿元购买了 B 企业的全部资产。因此,企业的资产价值与股权价值是不同的。

企业全部资产的总体价值称为"企业实体价值",而企业实体价值是股权价值与债务价值之和:

$$企业实体价值 = 股权价值 + 债务价值$$

股权价值在这里不是所有者权益的会计价值(账面价值),而是股权的公平市场价值。债务价值也不是它们的会计价值(账面价值),而是债务的公平市场价值。

大多数企业并购是以购买股份的形式进行的,因此评估的最终目标和双方谈判的焦点是卖方的股权价值。但是,买方的实际收购成本等于股权成本加上所承接的债务价值。

2. 持续经营价值与清算价值

企业能够给所有者提供价值的方式有两种:一种是由营业所产生的未来现金流量的现值,称为持续经营价值;另一种是停止经营,出售资产产生的现金流,称为清算价值。这两者的评估方法和评估结果有明显区别。因此,评估时必须明确拟评估的企业是一个持续经营的企业还是一个准备清算的企业,评估的价值是其持续经营价值还是其清算价值。在大多数情况下,评估的是企业的持续经营价值。一个企业的公平市场价值,应当是持续经营价值与清算价值中较高的一个。

一个企业持续经营的基本条件,是其持续经营价值超过清算价值。依据理财的"自利原则",当未来现金流的现值大于清算价值时,投资人会选择持续经营。如果现金流量下降,或者资本成本提高,使未来现金流量现值低于清算价值时,投资人会选择清算。

一个企业的持续经营价值已经低于其清算价值,本应当进行清算,但是,也有例外,就是控制企业的人拒绝清算,企业得以持续经营。这种持续经营摧毁了股东本来可以通过清算得到的价值。

3. 少数股权价值与控股权价值

企业的所有权和控制权是两个极为不同的概念。首先,少数股权对于企业事务发表的意见无足轻重,只有获取控制权的人才能决定企业的重大事务。例如,我国多数上市企业是"一股独大",大股东决定了企业的生产经营,少数股权基本上没有决策权。其次,从世界范围看,多数上市企业的股权高度分散化,没有哪一个股东可以控制企业,此时有效控制权被授予董事会和高层管理人员,所有股东只是"搭车的乘客",不满意的乘客可以"下车",但是无法控制"方向盘"。

在股票市场上交易的只是少数股权,大多数股票并没有参加交易,掌握控股权的股东,也不参加日常的交易。市场上看到的股价,通常只是少数已经交易的股票价格,它们衡量的只是少数股权的价值,而少数股权与控股股权的价值差异,则明显地出现在收购交易当中。在评估企业价值时,必须明确拟评估的对象是少数股权价值,还是控股权价值。

买入企业的少数股权和买入企业的控股权,是完全不同的两回事。买入企业的少数股权,是承认企业现有的管理和经营战略,此时的买入者只是一个旁观者;而买入企业的控股权，投资者就获得了改变企业生产经营方式的充分自由，或许就可能增加企业的价值。

这两者是如此不同，以至于可以认为，这是同一企业的股票在两个分割开来的市场上的交易，一个是少数股权市场，它交易的是少数股权代表的未来现金流量；另一个是控股权市场，它交易的是企业控股权代表的现金流量。获得控股权不仅意味着取得了未来现金流量的索取权，而且同时获得了改组企业的特权。因此可以说，在两个不同市场里交易的，实际上代表着不同的资产。

从少数股权投资者来看，V（当前）是企业股票的现时市场价值，它是现有管理和战略条件下企业能够给股票投资人带来的现金流量现值。而对于谋求控股权的投资者来说，V（新的）是企业股票的公平市场价值，它是企业进行重组、改进管理和经营战略后可以为投资人带来未来现金流量的现值。新的价值与当前价值的差额称为控股权溢价，它是由于转变控股权增加的价值：

$$控股权溢价 = V(新的) - V(当前)$$

总之，在进行企业市场价值分析时，首先要明确拟评估的对象是什么，分清是企业的实体价值还是股权价值，是持续经营价值还是清算价值，是少数股权价值还是控股权价值。它们是不同的评估对象，有不同的评估目的，需要使用不同的方法进行评估。

11.2　市场价值财务指标分析

市场价值财务指标是分析企业财务状况、股票价格、盈利能力和盈利分配状况的重要指标，一般包括以下内容。

11.2.1　普通股每股收益

普通股每股收益（EPS）也称普通股每股利润或每股盈余，是指公司净利润与流通在外（国内为发行在外）普通股的比值。该比率反映普通股的获利水平，是衡量上市公司盈利能力的重要财务指标。其公式为：

$$每股收益 = 净利润 / 年度末普通股数$$

1. 计算时应注意的问题

（1）对于编制合并报表的上市公司，应当以合并报表的数据为基础计算。

（2）对于有优先股的上市公司，净利润应当扣除优先股股利，即：

$$每股收益 = (净利润 - 优先股股利) / 年度末普通股数$$

（3）如果年内股份总数有增减时，应当按照加权平均股数计算年末股份数（当月发行，当月不计，从下月开始计算）。

【例11-1】　LZ公司20×5年余末、20×6年年末发行在外的股数有1 000万股，20×7年5月8日增发了500万股，而20×5年全年、20×6年全年、20×7年全年净利润分别为-5 801万元、10 500万元和521万元，则该公司：

20×7 年加权平均发行在外的普通股股数＝1 000+500×（7/12）＝1 292（万股）

20×5 年每股收益＝−5 801/1 000＝−5.80（元）

20×6 年每股收益＝10 500/1 000＝10.50（元）

20×7 年每股收益＝521/1 292＝0.40（元）

该公司 20×5 年和 20×6 年的每股收益发生了颠覆性的变化，主要是因为净利的变化所致，但一家公司在 2 个年度间的利润会发生如此大的变化，实在是令人匪夷所思，如果不是因为市场对其产品的需求发生了颠覆性的改变，也就只能从人为因素的角度猜测了。

而 20×7 年度每股收益较之 20×6 年度的大幅缩水，一方面是该公司利润的大幅降低，另一方面就是发行在外股数的增加了。一般而言，一家公司若能有资格配股，按现行规则应该是连续 3 年盈利才行，不应该发生此种情况，当然送红股例外，而此例只是虚构，主要是想说明导致该公司每股收益变化的几种可能性。

（4）我国《企业会计准则第 34 号——每股收益》中有以下规定。

第五条 发行在外普通股加权平均数按下列公式计算：

发行在外普通股加权平均数＝期初发行在外普通股股数+当期新发行普通股股数×

已发行时间÷报告期时间−当期回购普通股股数×

已回购时间÷报告期时间

已发行时间、报告期时间和已回购时间一般按照天数计算；在不影响计算结果合理性的前提下，也可以采用简化的计算方法。

潜在普通股是指赋予其持有者在报告期或以后期间享有取得普通股权利的一种金融工具或其他合同，包括可转换债券、认股权证、股份期权等。

稀释性潜在普通股是指假设当期转换为普通股会减少每股收益的潜在普通股。

如果企业有可转换债券、认股权证等稀释性潜在普通股时，则可计算稀释每股收益指标，但计算时应注意以下几点。

① 现阶段，能够稀释每股收益指标的项目基本有可转换债券和认股（认沽）权证。

② 有关分母的计算，可按我国《企业会计准则第 34 号——每股收益》的相关要求。

③ 如果是可转换债券，由于在转换为股票前其利息已经在税前列支，因此转换后需要对其净利进行调整，调整后分子的金额是：未稀释前的净利+已转换的可转换债券利息×（1−所得税率）。

④ 如果是认股（认沽）权证，则分子无须调整。

2. 分析需注意的问题

（1）每股收益不反映股票所包含的风险。

（2）股票是一个"份额"概念，不同股票的每一股份在经济上不等量，它们所含有的净资产和市价不同，即换取每股收益的投入量不相同，限制了每股收益的公司间比较。

（3）每股收益多不一定意味着多分红，还要看公司的股利分配政策。

（4）由于不同公司每股收益所含的净资产和市价不同，即每股收益的流入量不同，因而限制了公司之间每股收益的比较，但股票价格与每股收益是有相关性的。

（5）股票投资是对公司未来的投资，而每股收益反映的是过去的情况，投资者应结合公司其他财务指标进行综合分析和判断。

（6）企业净利润中可能包含非正常经营性项目，而在计算确定每股收益时重点考虑的是正常经营性项目，故应将非正常经营性项目剔除，这样计算的每股收益会更有利于投资者对公司业绩进行评价。

（7）所谓简单资本结构，是指股东权益中，或者只保持一种股本，即普通股；或者还包括那些非潜在稀释收益的有价证券（如不可转换优先股）。

（8）所谓复杂资本结构，是指包括除上述简单资本结构以外的所有资本结构。倘若企业发行了对每股收益有潜在匀减影响的可转换债券、股票期权和认股权证，那么其资本结构称为是复杂的。

11.2.2　市盈率

市盈率（price-to-earnings ratio，PE 或 P/E ratio）亦称价格收益比，是一种倍数指标，市盈率是指在一个考察期（通常为 12 个月的时间）内，股票的价格和每股收益的比例。若假定企业取得每股收益后均完全分配，该指标可反映投资者投资额的回收期，其倒数就是投资回报率。其计算方法为：

市盈率＝普通股每股市场价格/普通股年每股收益

1. 计算时应注意的问题

市盈率越低，代表投资者能够以较低价格购入股票以取得回报。假设某股票的市价为 24 元，而过去 12 个月的每股收益为 3 元，则市盈率为 24/3＝8，该股票被视为有 8 倍的市盈率，即每付出 8 元可分享 1 元的盈利，投资回报率为 12.5%，若该公司的每股收益不变，则说明 8 年可收回投资。投资者计算市盈率主要是用于比较不同股票的价值。在理论上，股票的市盈率越低，越值得投资；但在实务中，股票的市盈率越低，说明投资者越少。因此，比较不同行业、不同国家、不同时段的市盈率往往不大可靠，而比较同类市场、同一时段、同类股票的市盈率较有实用价值。

投资者通常利用该比例值估量某股票的投资价值，或者用该指标在不同公司的股票之间进行比较，作为比较不同价格的股票是否被高估或低估的依据。然而，用市盈率衡量一家公司股票的质地时，并非总是准确的。一般认为，如果一家公司股票的市盈率过高，那么该股票的价格具有泡沫，价值被高估。然而，当一家公司增长迅速及未来的业绩增长非常看好时，股票目前的高市盈率可能恰好准确地估量了该公司的价值。需要注意的是，利用市盈率比较不同股票的投资价值时，这些股票必须属于同一个行业，因为此时公司的每股收益比较接近，相互比较才有效。

1）股票有较高市盈率的意义

（1）市场预测该企业未来的盈利增长速度可能较快。

（2）该企业一贯盈利可观，但在前一个年度出现一次性的特殊支出，降低了盈利。

（3）出现泡沫，该股票被追捧。

（4）该企业有特殊的优势，保证能在低风险情况下持久获得未来盈利。

（5）市场上可选择的股票有限，在供求定律下，股价将上升，这使跨时间的市盈率比较变得意义不大。

单纯用"市盈率"来衡量不同证券市场的优劣和贵贱具有一些片面性，因为投资股票只是对上市公司未来发展的一种期望，而已有的市盈率只能说明上市公司过去的业绩，并不能代表公司未来的发展。但同业的市盈率有参考比照的价值，如以同类股票来说，历史平均市盈率就有参照的价值。任何股票，若市盈率大大超出同类股票的价格，都需要有充分的理由支持，而这往往离不开该公司未来盈利将会有一个快速增长的动因这一预计。一家公司享有非常高的市盈率，说明投资人普遍相信该公司未来每股盈余将快速成长，以至数年后市盈率可降至合理水平。而一旦盈利增长不如理想，支撑高市盈率的力量无以为继，股价往往会大幅回落。

2）市盈率指标存在的问题

市盈率指标用于衡量股市平均价格是否合理具有一些内在的不足。

（1）计算方法本身的缺陷。成分股指数中样本股的选择具有随意性，因为各国市场计算的平均市盈率均与其选取的样本股有关，样本进行调整，平均市盈率也随之变动。即使是综合指数，也存在亏损股与微利股对市盈率的影响不连续的问题。

（2）市盈率指标很不稳定。随着经济的周期性波动，上市公司每股收益也会大起大落，这样算出的平均市盈率就会大起大落，以此来调控股市，必然会带来股市的动荡。

（3）每股收益只是股票投资价值中的一个影响因素。投资者选择股票不一定要看市盈率，因为很难根据市盈率进行套利，也很难根据市盈率的大小来得出某股票有投资价值或没有投资价值。

2. 分析需注意的问题

市盈率是一个非常粗略的指标，考虑到可比性，对同一指数不同阶段的市盈率进行比较才有意义，而对不同市场的市盈率进行横向比较时应特别小心。

（1）综合指数的市盈率与综合指数的市盈率比，成分指数的市盈率与成分指数的市盈率比。综合指数的样本股包括市场上的所有类型的股票（沪深市场上 ST 股除外），市盈率一般比较高，而成分指数的样本股是精挑细选的，通常平均股本较大、平均业绩较好，所以其市盈率比较低一些。而经常看到的国外股票的市盈率大多是成分指数的市盈率，如果将它们与我国综合指数的市盈率相比较，则犯了概念性错误。

（2）市盈率应与基准利率挂钩。基准利率是人们投资收益率的参照系数，反映了整个社会资金成本的高低。一般来说，如果其他因素不变，基准利率的倒数与股市平均市盈率存在正向关系。

（3）市盈率应与股本挂钩。平均市盈率与总股本和流通股本都有关，总股本和流通股本越小，平均市盈率就会越高；反之，就会越低。中外莫不如此。

（4）市盈率应与股本结构挂钩。市盈率和股本结构也有关系，因为这与供求关系相关，如果股份是全流通的，市盈率就会低一些，如果股份不是全流通的，那么流通股的市盈率就会高一些。目前的中国市场，非流通股占到总股本的 2/3，在它们没有流通的情况下，流通股的市盈率较高，也是正常的。

（5）市盈率应与成长性挂钩。同样是 20 倍市盈率，上市公司平均每年利润增长 7% 的市场就要远比上市公司平均每年利润增长 3% 的市场有投资价值。

（6）市盈率与一些文化性因素有关。例如，居民投资方式的可选择性，以及投资理念、一国文化（制度、传统、风俗、习惯等）、外汇管制等因素，都与平均市盈率水平的高低有关。

接例 11-1，若 LZ 公司 20×5 年年末、20×6 年年末、20×7 年年末的股价分别为 10 元、15 元和 12 元，则该公司：

20×5 年市盈率＝10/-5.80＝-1.72（倍）

20×6 年市盈率＝15/10.50＝1.43（倍）

20×7 年市盈率＝12/0.40＝30（倍）

该公司 20×5 年的市盈率显然没有任何意义，它既不能反映投资的回收期，也不能准确表达出投资的回报率，但它又确实是资本市场中的一种现实存在，说明了市盈率指标本身的缺陷。

评价 20×6 年该公司市盈率指标的意义其实也不大，即使从纵向角度看该公司股价的回升，也仅仅说明了投资者对该公司未来发展的谨慎乐观，与市盈率指标本身的意义关系不大。而纵向的每股收益指标的颠覆性变化，只能加深投资者对其净利润变化的疑惑。

似乎只有 20×7 年的市盈率指标表现的比较正常，30 年的回收期，3.33% 的平均年投资回报率，但显然它不是一个稳定的发生，与市盈率指标计算的假设不符。或者说，该公司并非是一个可持续发展的公司，因为该公司的盈利能力不具持续性。

需要说明的是，之所以认为该公司 20×7 年的市盈率指标表现的比较正常，是因为该项指标与普通投资者的期望报酬率相关。在 20×7 年之前，整体经济增长较快、企业利润率较高时，一般投资者的期望回报率为 5%～10%，相对应的市盈率倍数为 10～20 倍，故新股上市时一般要求市盈率不超过 15 倍，而目前要求的市盈率为 30 倍，其对应的回报率则为 3%～5%。

11.2.3 股利支付率

股利支付率是衡量普通股的每股收益中，有多大比例的现金股利可用于支付，即现金股利占收益的比重，它反映了公司的股利分配政策和支付股利的能力。其计算公式为：

股利支付率＝普通股每股现金股利/普通股每股收益

1. 计算时应注意的问题

一般来说，公司发放股利越多，股利的分配率越高，因而对股东和潜在投资者的吸引力越大，也就越有利于建立良好的公司信誉。

一方面，由于投资者对公司的信任，会使公司股票供不应求，从而使公司股票市价上升。公司股票的市价越高，对公司吸引投资、再融资越有利。另一方面，过高的股利分配政策，不仅会使公司的留存收益减少，并且如果公司要维持高股利分配政策而对外大量举债，会增加资金成本，最终必定会影响公司的未来收益和股东权益。

股利支付率是股利政策的核心。确定股利支付率，首先要弄清公司在满足未来发展所需的资本支出需求和营运资本需求，有多少现金可用于发放股利；然后考察公司所能获得的投资项目的效益如何。如果现金充裕，投资项目的效益又很好，则应少发或不发股利；如果现金充裕但投资项目效益较差，则应多发股利。

2. 分析要点

（1）从稳健性出发，计算股利支付率时分母可采用稀释的每股收益。

（2）多数公司不愿意降低股利支付率，因为这会对普通股股票的市价产生不利影响。关于多高的股利支付率比较适中尚无定论，有些股东愿意多拿股利，还有一些股东愿意把收益多用于投资，以期获得更多的收益。在后一种情况下，股利支付率会比较低。

仍然以例11-1为例，若LZ公司20×5年年末、20×6年年末、20×7年年末的股利支付政策分别为：不分配股利、每10股送1股红股、每10股支付0.10元现金股利，则该公司：

20×5年股利支付率＝0/-5.80＝0

20×6年股利支付率＝0/10.50＝0

20×7年股利支付率＝0.10/0.40＝25%

该公司20×5、20×6年均未支付现金股利，可能仅是其股利支付政策而已，也可能是其没有足够的现金用于支付股利，后一种可能性更大一些，因为20×5年毕竟是亏损，而20×6年尽管是盈利，但却要弥补以往的亏损，况且已用送红股的方式给了股东以回报。当然，20×5年尽管是亏损年，但并非说明不可以支付现金股利，因为红利的支付与否，取决于该公司是否具有足够的留存收益，以及充分的现金储备。

应该说该公司对于应给予股东的回报还是足够重视的，这一点可以从其20×7年的股利支付率看出。25%的股利支付率，对于一个刚走出经营困境的企业而言，足以说明其对股东的诚意。

通常，某些投资者还会计算一种与股利支付率类似的股利率指标，该指标反映普通股每股股利与每股市场价格之间的关系，即公司所支付的现金股利占市价的比重。其计算公式如下：

股利率＝普通股每股现金股利/普通股每股市价

或＝股利支付率/市盈率

股利率指标主要应用于非上市公司的少数股权，在这些公司，股东难以出售其股票，也没有能力影响股利分配政策，其持有股票的主要动机就在于获得稳定的股利收益。因为不能得到像上市公司那样的资本收益（利得），股利率就成为衡量此种股票投资价值的主要依据。

11.2.4 市净率

市净率是指每股市价与每股净资产账面价值之间的比值，也称净资产倍率，是一种倍数指标，市净率的计算方法为：

$$市净率＝每股市价/每股净资产$$

或： $$净资产倍率＝每股市价/每股净资产账面价值$$

1. 计算时应注意的问题

股票净值即股本、资本公积、盈余公积和未分配盈余等项目的合计，它代表全体股东共同享有的权益，也称净资产。净资产的多少是由股份公司经营状况决定的，股份公司的经营业绩越好，其资产增值越快，股票净值就越高，因此股东所拥有的权益也越多。

所以，股票净值是决定股票市场价格走向的主要依据。上市公司的每股内含净资产值高而每股市价不高的股票，即市净率越低的股票，其投资价值越高；反之，其投资价值越低。市净率能够较好地反映出"有所付出，即有回报"的理念，它能够帮助投资者寻求哪个上市公司能以较少的投入得到较高的产出，对于大的投资机构，它能帮助其辨别投资风险。

市净率可用于投资分析。每股净资产是股票的账面价值，它是用成本计量的，而每股市价是这些资产的现在价值，它是证券市场上交易的结果。市价高于账面价值时企业资产的质量较好，有发展潜力；反之，则资产质量较差，没有发展前景。优质股票的市价都超出每股净资产许多，一般市净率达到 3 可以树立较好的公司形象。市价低于每股净资产的股票，就像售价低于成本的商品一样，属于"处理品"。当然，"处理品"也不是没有购买价值，问题在于该公司今后是否有转机，或者购入后经过资产重组能否提高盈利能力。

2. 市净率分析要点

严格来说，市净率指标并非衡量盈利能力的指标，每股净资产指标反映了流通在外（或发行在外）的每股普通股所代表的企业登记在账面价值上的股东权益额。一般市场价值与其账面价值并不接近，账面价值反映的是成本，是过去付出的；股票的市价反映的是现在的价值，市净率是将一个企业净资产的账面历史数据与现实市场数据放在一起比较，本身计算口径并不一致，是对过去价值的现时衡量。

运用市净率指标，可以对股票的市场前景进行判断，若投资者对某种股票的发展前景持悲观态度，股票市价就会低于其账面价值，即市净率小于 1，表明投资者看淡该公司的发展前景；反之，当投资者对股票的前景表示乐观时，股票的市价就会高于其账面价值，市净率就会大于 1。市净率越大，说明投资者普遍看好该公司，认为该公司有发展前途。

市净率的指标与市盈率指标不同，市盈率指标主要从股票的获利性角度进行考虑，而市净率指标主要是从股票的账面价值角度进行考虑。当然，与市盈率指标一样的是，市净率指标也必须建立在完善、健全的资本市场基础上，才能据以对公司作出合理、正确的分析评价。

仍然以例 11-1 为例，若 LZ 公司 20×5 年年末、20×6 年年末、20×7 年年末的净资产分别为 500 万元、1 000 万元和 1 200 万元，则该公司：

20×5 年每股净资产=500/1 000=0.5（元）

20×6 年每股净资产=1 000/1 000=1（元）

20×7 年每股净资产=1 200/1 292=0.93（元）

20×5 年市净率=10/0.5=20（倍）

20×6 年市净率=15/1=15（倍）

20×7 年市净率=12/0.93=12.9（倍）

一般来说，市价高于账面价值时，既倍率较高时，说明企业资产的质量较高，有发展潜力；反之，则质量较差，发展潜力较弱。但也可认为，倍率较低时，投机价值较大；反之则较弱。而该公司的股价变动情况应该是说明了后一种可能，表明了投资者对其后市的看淡，是一种对投资风险的警示。

11.2.5 其他市场价值分析指标

除以上几项反映企业市场价值的指标外，通常报表分析者还会计算以下几项反映企业市场价值的指标。

1. 每股账面价值

每股账面价值反映发行在外的每股普通股所代表的股东权益，故也称每股净资产或每股权益。其计算公式为：

每股账面价值＝（股东权益总额－优先股权益）/发行（流通）在外的普通股数

每股账面价值在理论上提供了股票的最低价值，如果企业的股票价格低于净资产的成本，而成本又接近可变现价值，则说明企业已无存在价值，清算是股东最好的选择。

2. 每股营业现金净流量

每股营业现金净流量反映发行在外的每股普通股所能获得的现金流量，它通常应该高于每股收益，因为现金流量中没有减去折旧等没有实际导致现金流出的费用。其计算公式为：

每股营业现金净流量＝（营业现金净流量－优先股股利）/发行（流通）在外的普通股数

在短期经营中，每股营业现金净流量在反映企业进行资本支出和支付股利的能力方面，要优于每股收益。但该指标不能代替衡量企业盈利能力的每股收益，可作为与市场价值指标有关的补充指标。

3. 现金股利保障倍数

现金股利保障倍数反映的是企业用营业现金净流量支付现金股利的能力，该比例越高说明企业支付现金股利的能力越强。其计算公式为：

现金股利保障倍数＝每股营业现金净流量/每股现金股利

该指标属于财务弹性分析指标，表明企业用年度正常经营活动所产生的现金净流量来支付股利的能力。该指标还可用来体现支付股利的现金来源及其可靠程度，是对传统的股利支付率的修正和补充。但由于股利发放与管理当局的股利政策有关，因此，该指标对财务分析只起参考作用。

本章小结

市场价值分析是财务报表分析的重要内容之一，主要是站在投资者的角度，对企业的价值最大化进行的分析，其分析指标主要包括每股收益、市盈率、股利支付率、市净率、每股账面价值、每股营业现金净流量、现金股利保障倍数等。对于习惯于使用会计价值和历史成交价格的会计师而言，应特别要注意区分会计价值与经济价值、现时市场价值与公平市场价值之间的关系。

本章习题

一、单项选择题

1. 会计价值是指资产、负债和所有者权益的（　　），即过去形成这些资产、负债和所有者权益时的交易价值。

A. 账面价值　　　　B. 公允价值　　　　C. 市场价值　　　　D. 重置价值

2. 现时市场价值是指按（　　）市场价格计量的资产价值，它可能是公平的，也可能是不公平的。

A. 过去　　　　　　B. 现行　　　　　　C. 未来　　　　　　D. 重置

3. 一个企业持续经营的基本条件，是其持续经营价值超过（　　）。

A. 市场价值　　　　B. 购买价值　　　　C. 清算价值　　　　D. 重组价值

4. 稀释性潜在普通股是指假设当期转换为普通股会减少每股收益的（　　）。

A. 潜在优先股　　　B. 潜在库藏股　　　C. 潜在库存股　　　D. 潜在普通股

二、多项选择题

1. 如果公司有可转换债券、认股权证等可稀释潜在普通股时，则可计算稀释每股收益指标，但计算时应注意以下几点：（　　）。

A. 现阶段，能够稀释每股收益指标的项目基本有可转换债券和认股（认沽）权证

B. 有关分母的计算，可按我国《企业会计准则第 34 号——每股收益》的相关要求

C. 如果是可转换债券，由于在转换为股票前其利息已经在税前列支，因此转换后需要对其净利进行调整，调整后分子的金额是未稀释前的净利+已转换的可转换债券利息×(1−所得税率)

D. 如果是认股（认沽）权证，则分子无须调整

2. 如果某股票有较高市盈率，则代表（　　）

A. 市场预测未来的盈利增长速度可能较快

B. 该企业一贯盈利可观，但在前一个年度出现一次特殊支出，降低了盈利

C. 出现泡沫，该股票被追捧

D. 市场预测未来的盈利增长速度可能较慢

3. 股票净值即股本、资本公积、盈余公积和未分配盈余等项目的合计，它代表全体股东共同享有的权益，也称（　　）。

A. 负债及股东权益　　　　　　　　　B. 总资产

C. 净资产　　　　　　　　　　　　　D. 股东权益

4. 市场价值分析指标主要包括（　　）等指标。

A. 每股收益、市盈率、股利支付率、市净率

B. 每股收益、市盈率、股利支付率、利息保障倍数

C. 每股账面价值、每股营业现金净流量、现金股利保障倍数

D. 股利率、每股营业现金净流量、现金股利保障倍数

三、判断题

1. 现时市场价值是指按现行市场价格计量的资产价值，它可能是公平的，也可能是不公平的。 （ ）

2. 普通股每股收益（PE）也称普通股每股利润或每股盈余，是指公司净利润与流通在外（国内为发行在外）普通股的比值。 （ ）

3. 市净率是指市价与每股净资产之间的比值，也是一种倍数指标。 （ ）

4. 市净率指标与市盈率指标不同，市盈率指标主要从股票的获利性角度进行考虑，而市净率指标主要是从股票的账面价值角度进行考虑。 （ ）

四、简答题

1. 简述会计价值与经济价值、现时市场价值与公平市场价值之间的关系。

2. 简述市盈率和市净率指标的意义和计算方法。

3. 简述每股营业现金净流量和现金股利保障倍数指标的意义和计算方法。

4. 简述市场价值分析指标之间的相互关系。

五、计算题

已知某公司有关报表数据如表11-1所示。

表 11-1　某公司报表数据　　　　　　　　　　单位：元

项　目	20×6 年	20×7 年
流动资产	3 000 000	4 000 000
非流动资产	5 000 000	6 000 000
总资产	8 000 000	10 000 000
负债总额	4 000 000	5 000 000
普通股本	1 000 000	1 000 000
净利润（50%现金股利）	1 000 000	2 000 000
营业现金净流量	1 000 000	1 500 000
每股市价	10	12

要求：

根据以上资料计算相关指标，并作出分析。

六、案例分析

某股份有限公司 20×7 年度业绩快报更正公告

本公司及董事长、总会计师、会计机构负责人及全体董事会成员保证公告内容真实、准确和完整，并对公告中的虚假记载、误导性陈述或重大遗漏承担责任。

由于公司本期合并范围发生了变化及作出了前期会计差错更正，使得公司目前有关财务数据和指标与公司于 20×8 年 1 月 9 日刊登的 20×7 年度业绩快报中的相关财务数据和指标存在较大的差异。现将更正的有关情况说明如下。

一、主要会计数据（单位：万元）

主要会计数据	20×7年			20×6年			本期比上期增减/%		
	更正后	更正前	差异幅度/%	更正后	更正前	差异幅度/%	更正后	更正前	差异幅度/%
营业收入	95 926	85 166	12.63	72 221	60 088	20.19	32.82	41.74	-21.37
营业利润	31 325	29 373	6.65	23 343	18 897	23.53	34.19	55.44	-38.33
利润总额	34 614	32 674	5.94	23 202	17 675	31.27	49.19	84.86	-42.03
净利润	26 399	26 666	-1.00	15 868	14 486	9.54	66.37	84.08	-21.06

二、主要财务指标

主要会计数据	20×7年			20×6年			本期比上期增减/%		
	更正后	更正前	差异幅度/%	更正后	更正前	差异幅度/%	更正后	更正前	差异幅度/%
每股收益	0.59	0.60	-1.67	0.35	0.32	9.386	8.57	87.50	-21.63
净资产收益率	19.28	20.45	-1.171	4.36	13.54	0.82	4.92	6.91	-1.99
每股净资产	3.06	2.92	4.79	2.47	2.40	2.92	23.89	21.67	10.24

差异原因如下。

1. 作出前期会计差错更正

20×7年12月，公司向中华人民共和国海口海关补缴20×8年购买"向华轮""向安轮"两艘集装箱船舶进口海关关税款10 693 359.16元，因该事项发生于20×6年以前年度，本期作为前期会计差错更正进行了追溯调整，影响期初所有者权益减少10 693 359.16元，相应调减"期初未分配利润"9 624 023.24元，调减期初"盈余公积"1 069 335.92元，调增期初"应交税费"10 693 359.16元。

2. 合并范围的变化情况

根据《企业会计准则第33号——合并财务报表》的规定，将本公司下属子公司广州××船务有限公司和原按权益法核算的公司深圳市××油运贸易有限公司纳入本公司合并报表范围，并作为会计政策变更采用追溯调整法核算。

公司对因上述更正给投资者造成的不便表示歉意。

特此公告。

董事会

20×8年3月21日

要求：

根据以上资料作出相应评价。

参考答案

一、单项选择题

1. A　　2. B　　3. C　　4. D

二、多项选择题

1. ABCD　　2. ABC　　3. CD　　4. AC

三、判断题

1. √　　2. ×　　3. √　　4. √

第 12 章

财务报告综合分析

前面各章都是从不同的角度对财务报表的某一方面进行分析和评价，本章是把财务报表分析的各个方面统一起来，作为一个整体进行分析，故称为综合分析。本章在阐述综合分析的意义之后，重点介绍杜邦分析法和雷达图分析法，以及它们之间的相互关系，并将这两种分析方法具体运用于现实生活中企业的案例分析。

12.1 财务报告综合分析概述

12.1.1 财务报告综合分析的内涵与特征

财务报告综合分析是以企业的财务会计报告等核算资料为基础，将各项财务分析指标作为一个整体，全面、系统、综合地对企业财务状况、经营成果和现金流量情况进行剖析、解释和评价，说明企业的整体财务状况和效益优劣的一种分析方法。

财务报告分析的最终目的是全面、准确、客观地揭示企业财务状况和经营情况，并借以对企业经济效益优劣作出合理的评价，显然，要达到这样一个分析目的，仅仅从企业偿债能力、盈利能力和营运能力，以及资产负债表、利润表、现金流量表、会计报表附注分析的不同侧面，分别对企业的财务状况和经营成果进行具体的分析，是不可能得出合理、正确的综合性结论的，有时候甚至得出错误的结论。因为，企业的经济活动是一个有机的整体，要全面评价企业的经济效益，仅仅满足于某些局部的分析是不够的，而应将相关联的各种报表、各项指标联系在一起，从整体出发，进行全面、系统、综合的分析。

财务报告综合分析与前述的财务指标单项分析相比，具有以下特点。

1. 分析方法不同

单项分析通常采用由一般到个别，把企业财务活动总体分解为各个具体部分，然后逐一加以考察分析；而综合分析则是通过归纳综合，把个别财务现象上升到综合活动的总体层面作出总结。因此，单项分析具有实务性与实证性特点，而综合分析则具有高度的抽象性与概括性特点，并着重从整体上概括一个企业财务状况的本质特征。当然，综合分析要以各单项分析指标及其各指标要素为基础，要求各单项指标要素及计算的各项指标一定要真实、全面和适当。在此基础上，通过选择能将以上各项单项指标综合起来进行分析和评价的方法，以达到能综合评价企业盈利能力、偿债能力及营运能力等企业总体营运能力，以及未来趋势变化状况的总体分析结论的要求。所以，只有把单项分析和综合分析结合起来，才能提高财务报告分析的质量，满足各个利益主体对财务报告分析的需求。

2. 分析的重点和比较基准不同

单项分析的重点和比较基准是财务计划、行业实务和财务理论标准，而综合分析的重点和基准是企业整体的发展现状和趋势。因此，单项分析把每个分析的指标放在同等重要的地位，忽视了各种指标之间的相互关系，而财务综合分析则强调各种指标有主辅之分，并且特别注意主辅指标的本质联系和层次关系。

12.1.2 财务报告综合分析的意义

通过以上单项分析特点与综合分析特点的比较，可以看出，财务综合分析在满足企业管理的要求方面是十分必要的，并具有重要意义。

1. 分析目的的差异

财务报告分析的最终目的是全面、准确、客观地揭示企业财务状况和经营成果情况，并借以对企业经济效益优劣作出合理的评价。局部不能代表整体，某项指标的好坏不能说明整个企业经济效益的高低。因此，只有将盈利能力、偿债能力、营运能力等各项指标联合起来，作为一套完整的体系，相互配合使用，才能从整体上把握企业财务状况和经营成果情况，对企业作出综合评价。

2. 分析结论的差异

相对于单项指标分析，财务报告综合分析的结果更有利于同一企业不同时期的比较分析，以及不同企业之间的比较分析。进行这样的比较分析时，可以消除时间和空间上的差异，使分析结论更具有可比性，从而有利于企业从整体上、本质上反映和把握企业的财务状况与经营成果。

总之，做好财务报表的综合分析和评价工作，可以更正确地评价企业的财务状况、经营成果和现金流量情况，揭示企业未来的报酬和风险，以满足企业外部有关方面的需求；可以更好地检查企业预算完成情况，考核经营管理人员的业绩，为建立健全合理的激励机制提供帮助，以满足企业内部所有者的需求。

12.1.3 财务报告综合分析的依据和方法

1. 分析的依据

财务报告综合分析的依据主要是企业提供的各有关财务报表，以及与财务报表相关的附注信息及其他信息。但由于会计信息的不对称性，企业的外部分析人员，以及那些与企业经营活动不甚相关的分析人员，一般很难获得一个企业完整的财务信息。因此，财务综合分析的主要依据是所分析企业提供的公开财务会计报表，以及与财务报表相关的附注信息，如上市公司披露的年度报告一些相关机构提供的行业信息，相关政府机构提供的统计信息等，就是进行财务综合分析的基础资料。

2. 分析的方法

财务报告综合分析的方法很多，其中包括杜邦分析法、雷达图分析法，以及其他一些综合评价方法，如经济增加值、平衡计分卡等新兴的财务报告分析方法。

12.2 杜邦分析法

12.2.1 传统的杜邦分析体系

杜邦分析法是一种传统的综合财务报表分析体系，由美国杜邦公司在 20 世纪 20 年代首创，经过多次改进，逐渐把各种单项财务比率指标通过纵向整合，形成一个完整的综合财务报表分析体系。

1. 杜邦分析体系的核心比率

权益净利率是杜邦分析体系的核心比率，其依据是股东权益的最大化是企业财务管理的最终目标。该指标有很好的可比性，既可以用于不同企业之间的比较，也可用于同一企业不同时期的比较。由于资本具有逐利性，总是流向投资报酬率高，尤其是净资产收益率高的行业和企业，因而使得各企业的权益净利率趋于接近。如果一个企业的权益净利率经常高于其他企业，就会引来竞争者，迫使该企业的权益净利率降低到平均水平。但如果一个企业的权益净利率经常低于其他企业，就可能得不到追加资金的支持，就会被市场驱逐，使得幸存企业的股东权益净利率提升到平均水平。

权益净利率不仅有很好的可比性，而且有很强的综合性。例如，为了提高股东权益净利率，管理者有 3 个可以使用的杠杆：

$$权益净利率 = (净利润/销售收入) \times (销售收入/总资产) \times (总资产/净资产)$$

$$= 销售净利率 \times 总资产周转率 \times 权益乘数$$

以上公式中，无论是其中哪一个比率的提升，都会导致权益净利率的提升。其中，"销售净利率"是利润表的概括,基本可以概括反映一个企业的总体经营成果;而"权益乘数"是资产负债表的概括,表明资产、负债和所有者权益之间的比例关系,可以反映一个企业最基本的财务状况;至于"总资产周转率"则是把利润表和资产负债表联系起来,使权益净利率可以综合概括整个企业的经营活动和财务活动的业绩。同时,由于采用的是相对数,也就方便了不同规模企业之间的比较。

现以SDD公司为例,说明杜邦分析法的运用,其数据如表12-1和表12-2所示。

表12-1　资产负债表

编制单位:SSD　　　　　　　　　　　20×7年12月31日　　　　　　　　　　　单位:万元

资　　产	年初数	年末数	负债及股东权益	年末数	年初数
流动资产:			流动负债:		
货币资金	50	25	短期借款	60	45
交易性金融资产	6	12	应付票据	5	4
应收票据	8	11	应付账款	100	109
应收账款	398	199	预收账款	10	4
其他应收款	12	22	应付职工薪酬	2	1
预付账款	22	4	应付股利	28	10
存货	119	326	应交税费	5	4
一年内到期非流动资产	45	4	应付利息	12	16
其他流动资产	40	7	其他应付款	14	13
流动资产合计	700	610	预计负债	2	4
			一年内到期的长期负债	50	—
			其他流动负债	12	10
			流动负债合计	300	220
非流动资产:			非流动负债:		
可供出售金融资产	—	45	长期借款	450	245
长期股权投资	30	—	应付债券	240	260
固定资产	1 238	955	长期应付款	50	60
在建工程	18	35	其他非流动负债	—	15
固定资产清理	—	12	非流动负债合计	740	580
无形资产	6	8	负债合计	1 040	800
长期待摊费用	5	15	股东权益:		
其他非流动资产	3	—	股本	100	100
			资本公积	10	10
			盈余公积	100	40
			未分配利润	750	730
非流动资产合计	1 300	1 070	所有者权益合计	960	880
资产总计	2 000	1 680	负债和所有者权益合计	2 000	1 680

表 12-2 利润表

编制单位：SDD 公司   20×7 年度   单位：万元

项　目	本年金额	上年金额
一、营业收入	3 000	2 850
减：营业成本	2 644	2 503
税金及附加	28	28
销售费用	22	20
管理费用	46	40
财务费用	110	96
投资收益	6	—
二、营业利润	156	163
加：营业外收入	45	72
减：营业外支出	1	—
三、利润总额	200	235
减：所得税费用	64	75
四、净利润	136	160

根据以上资料，可得 SDD 公司 20×7 年度杜邦分析图，如图 12-1 所示。

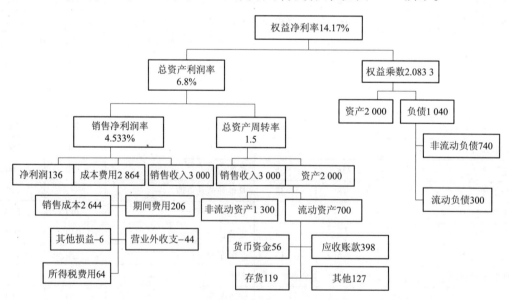

图 12-1 传统杜邦分析体系的基本框架

　　下面以 SDD 公司权益净利率（净资产利润率）的比较和分解为例，说明其一般分析方法。

　　权益净利率的比较对象可以是其他企业的同期数据，也可以是本企业的历史数据，这里仅以 SDD 公司本年与上年数据的比较为例。

$$权益净利率=销售净利率×总资产周转率×权益乘数$$
$$20×7 年权益净利率=4.533\%×1.5×2.083\ 3=14.17\%$$
$$20×6 年权益净利率=5.614\%×1.696\ 4×1.909\ 1=18.18\%$$
$$权益净利率变动=14.17\%-18.18\%=-4.01\%$$

上述计算说明，与 20×6 年相比，20×7 年 SDD 公司的权益净利率降低了，公司整体业绩不如 20×6 年，属于股东的回报降低了。其中，影响权益净利率变动的不利因素是销售净利率和资产周转率的下降，而有利因素是权益乘数的提高。

利用连环替代法可以定量分析上述 3 个因素对权益净利率变动的影响程度。

（1）销售净利率变动的影响。按 20×7 年销售净利率计算的 20×6 年权盈净利率为：

$$20×6 年权益净利率=4.533\%×1.696\ 4×1.909\ 1=14.68\%$$
$$销售净利率变动的影响=14.68\%-18.18\%=-3.5\%$$

（2）资产周转率变动的影响。按 20×7 年销售净利率、总资产周转率计算的 20×6 年权盈净利率为：

$$20×6 年权益净利率=4.533\%×1.5×1.909\ 1=12.98\%$$
$$总资产周转率变动的影响=12.98\%-14.68\%=-1.7\%$$

（3）权益乘数变动的影响。权盈乘数变动的影响为：

$$权益乘数变动的影响=14.17\%-12.98\%=1.19\%$$
$$合计=-3.5\%+（-1.7\%）+1.19\%=-4.01\%$$

通过以上分析可知，最重要的不利因素是销售净利率降低，使权益净利率降低 3.5%；其次是总资产周转率降低，使权益净利率降低 1.7%；有利的因素是权益乘数提高，使权益净利率增加 1.185%。不利因素超过有利因素，所以权益净利率降低了 4.01%（需要说明的是，此处的 4.01%，是指 4.01 个百分点，是差额，不是商数）。由此，应重点关注销售净利率降低的原因，并加以改进，最终提升权益净利率。

杜邦分析法的一个最大优势就是可以连续使用以上的连环替代法，分别计算分析导致销售净利率和总资产周转率变化的各项因素，以明确最终导致权益净利率发生变化的各个利润表和资产负债表项目，从而从纵向角度对一个企业的权益净利率进行评价。

2. 传统杜邦分析体系的局限性

传统杜邦分析体系虽然被广泛使用，但是也存在某些局限性。

（1）指标总资产利润率的"总资产"与"净利润"不匹配。首先被质疑的是总资产利润率的计算公式，因为总资产是全部资产提供者享有的权利，而净利润是专门属于股东的，两者不匹配。由于总资产净利率的"投入与产出"不匹配，故而该指标不能有效地反映全部出资人实际的投资回报率，为了改善该比率的配比，需要重新调整其分子和分母。

为公司提供资产的人包括股东、有息负债的债权人和无息负债的债权人，后者不要求分享收益，要求分享收益的是股东、有息负债的债权人。因此，需要计量股东和有息负债债权人投入的资本，并且计量这些资本产生的收益，然后两者相除才是合乎逻辑的资产报酬率，才能准确反映企业的基础盈利能力。

（2）没有区分经营活动损益和金融活动损益。传统财务分析体系没有将财务成本管理区分为经营活动和金融活动。而对于多数企业来说，金融活动是净筹资，它们在金融市场上主要是筹资，而不是投资。筹资活动没有产生净利润，而是支出净费用，这种筹资费用是否属于经营活动的费用，即使在会计规范的制定中也存在争议，各国的会计规范对此的处理也不尽相同。

同时，从财务管理的基本理念看，企业的金融资产是投资活动的剩余，是尚未投入实际经营活动的资产，应将其从经营资产中剔除。与此相适应，金融费用也应从经营收益中剔除，才能使经营资产和经营收益匹配。因此，正确计量基础盈利能力的前提是区分经营资产和金融资产，区分经营收益与金融收益（费用）。

（3）没有区分有息负债与无息负债。既然要把金融（筹资）活动分离出来单独考察，就会涉及单独计量筹资活动的成本问题，而负债的成本（利息支出）仅仅是有息负债的成本。因此，必须区分有息负债与无息负债，利息与有息负债相除，才是实际的平均利息率。此外，区分有息负债与无息负债后，有息负债与股东权益相除，可以得到更符合实际的财务杠杆。因为无息负债没有固定成本，本来就没有杠杆作用，将其计入财务杠杆，会歪曲财务杠杆的实际作用。

针对上述问题，人们对传统的杜邦财务分析体系进行了一系列改进，逐步形成了一个新的分析体系。

12.2.2　改进的杜邦分析体系

1. 修正的资产负债表的有关概念

为满足改进的杜邦分析体系的需要，可以将传统资产负债表的相关项目进行修正，使之满足以下项目的要求，其基本等式为：

$$净经营资产＝净金融负债+股东权益$$

其中：

$$净经营资产＝经营资产-经营负债$$
$$净金融负债＝金融负债-金融资产$$

此等式与传统杜邦分析体系的主要区别如下。

（1）区分经营资产和金融资产。经营性资产是指销售商品或提高劳务所涉及的资产，而金融性资产是指利用经营活动产生的额外现金过程所涉及的资产。分析时要注意识别对下列项目的调整。

① 货币资金是经营性资产还是金融资产，在判断时有三种方法：第一，将全部货币资金列为经营性资产；第二，根据行业或公司历史平均的货币资金/平均销售额×本期销售额，推算经营活动需要的货币资金额，多余部分列为金融资产；第三，将货币资金全部列为金融资产。在编制管理用资产负债表时，要事先明确采用哪一种处理方法。

② 应收票据有两种：一种是以市场利率计息的投资，属于金融资产；另一种是无息应收票据，应归入经营资产。

③ 短期权益性投资是金融资产。

④ 短期和长期的债务投资（非金融企业）都是金融资产。

⑤ 长期权益投资属于经营性资产。

⑥ "应收利息"是金融资产；"应收股利"分为两种情况：经营性权益投资形成的应收股利属于经营资产，短期权益投资形成的应收股利属于金融资产。

⑦ 递延所得税资产列为经营资产。

⑧ 其他资产，如果查不到结果，列为经营资产。

（2）区分经营负债和金融负债。经营负债是指销售商品或提高劳务中所涉及的负债，而金融负债是指债务筹资活动所涉及的负债。大部分负债都是金融性的，并且不难识别，包括短期借款、一年内到期的长期负债、长期借款、应付债券等。分析时需要注意识别以下项目。

① 有息的短期应付票据属于金融负债；无息应付票据，应归入经营负债。

② 优先股属于金融负债。

③ "应付利息"属于金融负债；"应付股利"分为两部分：优先股的应付股利属于金融负债，普通股的应付股利属于经营负债。

④ 递延所得税负债列为经营负债。

⑤ 融资租赁引起的长期应付款属于金融负债；经营活动引起的长期应付款属于经营负债。

⑥ 其他负债，如果查不到结果，列为经营负债。

综上所述，修正后的资产负债表的基本公式如下：

$$资产＝经营资产+金融资产$$
$$＝（经营性流动资产+经营性长期资产）+（短期金融资产+长期金融资产）$$
$$负债＝经营负债+金融负债$$
$$＝（经营性流动负债+经营性长期负债）+（短期金融负债+长期金融负债）$$
$$净经营资产＝经营资产-经营负债$$
$$＝（经营性流动资产+经营性长期资产）-（经营性流动负债+经营性长期负债）$$
$$＝（经营性流动资产-经营性流动负债）+（经营性长期资产-经营性长期负债）$$
$$＝净经营性营运资本+净经营性长期资产$$
$$净金融负债＝金融负债-金融资产＝净负债$$
$$净经营资产＝净负债+股东权益＝净投资资本$$

2. 修正的利润表的有关概念

区分经营活动和金融活动，不仅涉及资产负债表，还涉及利润表。因为经营活动的利润反映着管理者的经营业绩，它们是经营企业的目的，也是增加股东财富的基本途径。而金融活动的目的是筹集资金，筹集资金的目的是投资生产产品，进而获取利润，不是投资金融市场获利。因而利用投资的剩余部分返回到资本市场上取得金融收益，不是企业的经营目标。

（1）区分经营损益和金融损益。经营损益和金融损益的划分，应与资产负债表上经营资产和金融资产的划分相对应。金融损益是指金融负债利息与金融资产收益的差额，即扣除利息收入、金融资产公允价值变动损益等以后的利息费用。由于存在所得税，还应计算该利息费用的税后结果，即净金融损益。而经营损益是指除金融损益以外的其他所有当期损益。分析时注意金融损益涉及对以下项目的调整。

① 财务报表中"财务费用"包括利息支出减利息收入、汇兑损益以及相关的手续费、企业发生的现金折扣或收到的现金折扣。理论上，现金折扣属于经营损益，但实际被计入财务费用的数额很少，所以可以把"财务费用"全部作为金融损益处理。

② 财务报表的"公允价值变动损益"中，属于金融资产价值变动的损益，应计入金融损益，其数据来自财务报表附注，其他进经营损益。

③ 财务报表的"投资收益"中，既有经营资产的投资收益，也有金融资产的投资收益，只有后者属于金融损益，其数据可以从财务报表附注"产生投资收益的来源"中获得。

④ 财务报表的"资产减值损失"中，既有经营资产的减值损失，也有金融资产的减值损失，只有后者属于金融损益，其数据可从财务报表附注"资产减值损失"中获得。

此外，有一部分利息费用已经被资本化计入相关固定资产成本，甚至已经计入折旧费用，作为经营费用抵减收入，对其进行追溯调整十分困难，通常忽略不计。

（2）分摊所得税。既然已经区分了经营损益和金融损益，与之相关的所得税也应分开。分摊的简便方法是，根据企业实际负担的平均所得税税率计算各自应分摊的所得税；严格方法是，分别根据适用税率计算应负担的所得税（各种债权和债务的适用税率不一定相同，例如国债收益免税等）。

综上所述，修正的利润表的基本公式如下：

税后经营净利润＝税前经营利润×（1−所得税税率）

$$=净利润+税后利息费用$$

$$=净利润+利息费用×（1−所得税税率）$$

也可以将传统利润表的相关项目进行修整，使之满足以下项目的要求。其基本等式：

$$净利润＝经营利润−净利息费用$$

其中：经营利润＝税前经营利润×（1−所得税税率）

净利息费用＝利息费用×（1−所得税税率）

3. 改进的杜邦分析体系的核心公式

改进的杜邦分析体系的核心公式为：

$$权益净利率=\frac{经营利润}{股东权益}-\frac{净利息}{股东权益}$$

$$=\frac{经营利润}{净经营资产}×\frac{净经营资产}{股东权益}-\frac{净利息}{净负债}×\frac{净负债}{股东权益}$$

$$=\frac{经营利润}{净经营资产}×\left(1+\frac{净负债}{股东权益}\right)-\frac{净利息}{净负债}×\frac{净负债}{股东权益}$$

$$=净经营资产利润率+$$

（净经营资产利润率−净利息率）×净财务杠杆

根据该公式，权益净利率的高低取决于 3 个驱动因素：净经营资产利润率（可进一步分解为销售经营利润率和净经营资产周转率）、净利息率和净财务杠杆。

12.3　雷达图分析法

雷达图分析法也称综合财务比率分析图法，又可称为戴布拉图、螂蛛网图、蜘蛛图分析法。它是将一个公司的各项财务分析所得的财务数据和指标，就其比较重要的项目集中列示在一个圆形的图表上，来表现一个公司各项财务指标的情况，让使用者能一目了然地了解公司各项财务指标的变动情况及其趋势。

雷达图分析法最早产生于日本，早期主要运用于偿债能力评价，是对客户财务能力分析的重要工具。雷达图分析法主要是从动态和静态两个方面分析和评价客户的财务状况、经营成果、成长风险和其他经营业绩，其中的静态分析将客户的各种财务指标与其他相似客户或整个行业的财务指标作横向比较，而动态分析则把客户现时的财务指标与先前的财务指标作纵向比较，以发现客户在财务及经营情况方面的发展、变化趋势。与杜邦分析法相比，雷达图分析法将横向和纵向的分析比较方法结合起来，主要通过综合评价客户的收益性、成长性、安全性、流动性和生产性这 5 类指标，达到综合评价一个公司的财务状况和经营业绩这两个方面的质量的结果。

1. 收益性指标

收益性指标分析的目的是观察客户一定时期内的收益及盈利能力。其主要指标含义及计算公式如表 12-3 所示。

表 12-3　企业收益性指标

收益性指标	基 本 含 义	计 算 公 式
资产报酬率	反映的是企业总资产的盈利能力和运营效益	（净收益＋利息费用＋所得税）/平均资产总额×100%
所有者权益报酬率	反映的是企业所有者投资的回报能力	[（税后利润－优先股股息）/股东权益]×100%
普通股权益报酬率	反映的是从普通股东的角度体现的企业盈利能力	（净利润－优先股股利）/普通股权益平均额×100%
普通股每股收益	反映的是普通股每股盈利能力的大小	（净利润－优先股股利）/加权平均普通股股数
股利支付率	反映的是企业的股利政策	每股股利/每股收益×100%
市盈率	反映的是企业股价水平的合理性	普通股每股市场价格/普通股每年每股盈利
销售利税率	反映的是企业的盈利和纳税水平	（利税总额/销售净收入）×100%
毛利率	反映的是企业销售收入的收益水平	[（销售收入－销售成本）/销售收入]×100%
净利润率	反映的是企业的盈利能力	（净利润/营业收入）×100%
成本费用利润率	反映的是经营耗费带来的经营成果	（净收益＋利息费用＋所得税）/成本费用总额×100%

2. 安全性指标

安全性是指企业经营的安全程度，也可以说是指企业资金调度的安全性。计算分析安全性指标的目的是对企业一定时期内偿债能力进行分析，以评价其合理性及风险程度，其主要指标的含义及计算公式如表12-4所示。

表 12-4   企业安全性指标

安全性指标	基 本 含 义	计 算 公 式
流动比率	反映的是企业短期偿债能力和风险程度	流动资产/流动负债
速动比率	反映的是企业流动资产中那些可以立即变现用于偿还流动负债的资产的变现能力	速动资产/流动负债 速动资产=流动资产−存货 或：速动资产=流动资产−存货−预付账款−待摊费用
资产负债率	反映的是企业在清算时保护债权人利益的程度	(负债总额/资产总额)×100%
所有者（股东）权益比率	反映的是企业长期财务状况和长期偿债能力	资产总额/所有者权益
利息保障倍数	反映的是企业支付负债利息的能力	(利润总额+利息费用)/利息费用

3. 流动性指标

分析流动性指标的目的是观察企业在一定时期内资金周转状况，了解企业资产的质量掌握企业的经营绩效情况。企业主要的流动性指标的含义及计算公式如表12-5所示。

表 12-5   企业流动性指标

流动性指标	基 本 含 义	计 算 公 式
总资产周转率	反映企业全部资产的经营质量和利用效率	营业收入/平均资产总额
固定资产周转率	反映企业厂房、设备等固定资产的利用效率	营业收入/平均固定资产
流动资产周转率	反映企业流动资产的利用效率	营业收入/平均流动资产
应收账款周转率	反映企业的应收账款回收速度	营业收入/平均应收账款
存货周转率	反映存货的周转速度	营业成本/平均存货

4. 成长性指标

分析成长性指标的目的是观察企业在一定时期内经营能力的未来变化趋势，一个企业可能收益性高，但成长性却未必好，有可能其未来盈利能力在下降。因此，以可持续发展的角度分析企业，动态地掌握企业财务资料，对企业的利益相关者尤为重要。企业主要的成长性指标的含义及计算公式如表12-6所示。

表 12-6　企业成长性指标

成长性指标	基 本 含 义	计 算 公 式
销售收入增长率	反映的是企业销售收入的变化趋势	[（本年末销售收入-上年末销售收入）/上年末销售收入]×100%
税前利润增长率	反映的是企业税前利润的变化趋势	（本期税后利润-基期税后利润）/基期税后利润
固定资产增长率	反映的是企业产能的扩张	[（期末固定资产总值-期初固定资产总值）/期初固定资产总值]×100%
人员增长率	反映的是企业人员变化的趋势	[（本年人员数量-去年人员数量）/去年人员数量]×100%
产品成本降低率	反映的是产品成本变化的趋势	本期产品成本/前期产品成本

5. 生产性指标

分析生产性指标的目的是了解在一定时期内企业的生产经营能力、水平和成果的分配，以及劳动生产率的情况，本质上是一种统计指标，企业主要的生产性指标的含义及计算公式如表 12-7 所示。

表 12-7　企业生产性指标

生产性指标比率	基 本 含 义	计 算 公 式
人均销售收入	反映企业的人均销售能力	销售收入/平均职工人数
人均净利润	反映企业的人均创利能力	净利润/平均职工人数
人均资产总额	反映企业的人均生产能力	资产总额/平均职工人数
人均工资	反映企业的人均报酬情况	工资总额/平均职工人数

表 12-3～表 12-7 所反映的企业财务能力的五大指标的分析结果，可以通过与行业或其他相关标准的比较分析以雷达图分析法的形式反映出来。

以下通过 A 公司 2017 年的相关财务数据来说明雷达图分析法的实际运用。A 公司具体四大财务能力指标（企业生产能力指标因缺乏比较标准未予列示）数据和比较数据及分析方法如表 12-8 所示。

表 12-8　A 公司雷达图分析表

企业指标类型	名　　称	实际值	行业平均值	对比值
流动性指标	流动比率	2.410	2.130	1.131
	速动比率	0.730	0.300	2.433
	应收账款周转率	20.950	7.895	2.654
	存货周转率	0.550	0.630	0.873
收益性指标	销售利润率	0.115	0.085	1.347
	总资产经营利润率	0.081	0.079	1.031
	净资产收益率	0.115	0.115	0.996

企业指标类型	名　　称	实际值	行业平均值	对比值
成长性指标	营业收入增长率	0.202	0.395	0.511
	净利润增长率	0.619	0.418	1.481
	权益资本增长率	0.319	0.391	0.816
安全性指标	资产负债率	0.594	0.549	0.925
	经营净现金流量与总资产比率	2.386	0.445	5.362
	利息保障倍数	13.765	7.632	1.804

根据表 12-8 中第 2 列（名称）、第 4 列（行业平均值，将全部数据改为 1）和第 5 列（对比值）绘制雷达分析图，如图 12-2 所示。

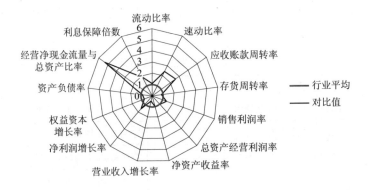

图 12-2　A 公司 2017 年雷达分析图

根据图 12-2 所示，最小圆圈代表同行业平均水平，以 0 倍数表示，外圈数字则分别表示平均水平的倍数，同心圆的 13 个扇形区分别代表所选择的 13 个财务指标，对比值表示的是 A 公司同期的相应财务指标，它们与平均值形成封闭不规则的多边形，反映的是 A 公司的现实财务状况。

图 12-2 表明，在 A 公司所有 13 个比较指标中，有 8 个指标高于行业平均水平，低于行业平均水平的 5 个，其中经营净现金流量与总资产比率是行业平均水平的 5 倍多，说明该公司的总体经营情况较之行业平均水平更好。并且，即使是低于行业平均水平的 5 个指标也并非表示差，如资产负债率低于行业平均水平，但并非不好。相对比较差的是营业收入增长率，只占行业平均水平的 50% 强，这说明该公司的未来发展潜力有待增强，需要改进。总体而言，A 公司的大多数指标都达到或超过了行业的平均水平线，这说明该公司在行业中整体还是处在一个相对较好且稳定的状态。

本章小结

　　财务报告综合分析是以企业的财务会计报告等数据资料为基础，将各项财务分析指标作为一个整体，全面、系统、综合地对企业财务状况、经营成果和现金流量情况进行剖析、解释和评价，说明企业的整体财务状况和效益的好坏及未来可能的发展趋势。

　　财务报告综合分析的方法很多，其中包括杜邦分析法、雷达图分析法，以及其他如经济增加值、平衡计分卡等新兴的财务报告分析方法。

本章习题

一、单项选择题

1. 产权比率与权益乘数的关系是（　　）。
　　A. 产权比率×权益乘数＝1
　　B. 权益乘数＝1/（1−产权比率）
　　C. 权益乘数＝（1+产权比率）/产权比率
　　D. 权益乘数＝1+产权比率

2. 在杜邦财务分析体系中，起点指标是（　　）。
　　A. 总资产周转率　　　　　　　　B. 净资产收益率
　　C. 销售净利率　　　　　　　　　D. 总资产报酬率

3. 下列权益净利率的计算公式中不正确的是（　　）。
　　A. 税后经营利润率×净经营资产周转次数+经营差异率×净财务杠杆
　　B. 净经营资产利润率+杠杆贡献率×净财务杠杆
　　C. 净经营资产利润率+杠杆贡献率
　　D. 净经营资产利润率+（净经营资产利润率−税后利息率）×净财务杠杆

4. A公司下一年度的净资产收益率目标为16%，资产负债率调整为45%，则其总资产净利率应达到（　　）。
　　A. 8.8%　　　　　B. 16%　　　　　C. 37.8%　　　　　D. 7.2%

二、多项选择题

1. 权益净利率是杜邦分析体系的核心比率，其计算公式为：（　　）
　　A. 权益净利率＝（净利润/销售收入）×（销售收入/总资产）×（总资产/净资产）
　　B. 权益净利率＝销售净利率×总资产周转率×权益乘数
　　C. 权益净利率＝销售净利率×总资产周转率×1/（1−产权比率）
　　D. 权益净利率＝销售净利率×总资产周转率×1/（1−资产负债率）

2. 传统杜邦分析体系虽然被广泛使用，但是也存在某些局限性，包括（　　）。
　　A. 指标总资产利润率的"总资产"与"净利润"不匹配
　　B. 没有区分经营活动损益和金融活动损益
　　C. 没有区分有息负债与无息负债

D. 没有区分有息资产与无息资产

3. 雷达图分析法也称综合财务比率分析图法，又可称为（　　　）分析法。

A. 戴布拉图　　　　B. 蜘蛛网图　　　　C. 散点图　　　　D. 蜘蛛图

4. 雷达图将横向和纵向的分析比较方法结合起来，主要综合评价客户的（　　　）指标。

A. 收益性、成长性、安全性　　　　　　B. 利润、安全性、流动性

C. 稳健性、流动性、生产性　　　　　　D. 流动性、生产性

三、判断题

1. 某公司今年与上年相比，销售收入增长 10%，净利润增长 8%，资产总额增加 12%，负债总额增加 9%。可以判断，该公司权益净利率比上年下降了。　　　　　　（　　）

2. 净金融负债等于金融负债减去金融资产，在数值上它等于净经营资产减去股东权益。
　　　　　　　　　　　　　　　　　　　　　　　　　　　　　　　　　（　　）

3. 雷达图分析法主要是从动态和静态两个方面分析客户的财务状况、经营成果和其他经营业绩。　　　　　　　　　　　　　　　　　　　　　　　　　　　　　（　　）

4. 雷达图中各项指标的比较对象只能是行业平均水平。　　　　　　　　　（　　）

四、计算题

已知某公司 20×7 年会计报表的有关资料如表 12-9 所示。

表 12-9　某公司 20×7 年会计报表有关资料

资产负债表项目	年　　初　　数	年　　末　　数
资产	8 000	10 000
负债	4 500	6 000
所有者权益	3 500	4 000
利润表项目	上年数	本年数
营业收入	（略）	20 000
净利润	（略）	500

要求：

计算杜邦财务分析体系中的下列指标（凡计算指标涉及资产负债表项目数据的，均按平均数计算）：

（1）净资产收益率；

（2）总资产净利率（保留 3 位小数）；

（3）总资产周转率（保留 3 位小数）；

（4）权益乘数。

五、简答题

1. 什么是传统的杜邦分析体系？其作用是什么？

2. 什么是修正的杜邦分析体系？其意义是什么？

3. 什么是雷达图分析法？与杜邦分析体系相比有什么不同？

4. 简述雷达图的制作过程。

六、案例分析

1. A 公司是一家上市公司，试运用杜邦分析法，解释各指标变动趋势和原因。A 公司的基本财务数据如表 12-10、表 12-11 所示。

表 12-10 A 公司的基本财务数据一

单位：万元

项目	净利润	销售收入	资产总额	负债总额	全部成本
20×6 年度	10 284.04	411 224.01	306 222.94	205 677.07	403 967.43
20×7 年度	12 653.92	757 613.81	330 580.21	215 659.54	736 747.24

表 12-11 A 公司的基本财务数据二

年　　度	20×6	20×7
权益净利率	0.097	0.112
权益乘数	3.049	2.874
资产负债率	0.672	0.652
资产净利率	0.032	0.039
销售净利率	0.025	0.017
总资产周转率	1.34	2.29

问题：

请试对该公司的权益净利率进行分析。

2. 某公司相关的指标在行业中的对比值如表 12-12 所示。

表 12-12 某公司相关指标在行业中的对比值

指 标 名 称	对 比 值
流动比率	1.8
销售收入增长率	0.8
存货周转率	0.9
人员增长率	5.2
净资产收益率	0.8
资产负债率	0.6
速动比率	2.4
市盈率	8.3
净利润增长率	0.7
成本费用利润率	0.7
销售利税率	1.6
利息保障倍数	2.0

问题：

（1）分析上述指标，并分别归类到五大指标中；

（2）请利用上述所给指标，用 Word 软件画出雷达图；

（3）根据所画雷达图，对企业在行业中所处的地位给予评估。

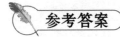 **参考答案**

一、单项选择题

1. D   2. B   3. B   4. A

二、多项选择题

1. ABD   2. ABC   3. ABD   4. AD

三、判断题

1. √   2. √   3. √   4. ×

第 13 章

资产负债表分析

学习目标

1. 了解企业资产结构、资本结构的内容。
2. 明确资产结构、资本结构的分析方法。
3. 掌握资产负债表的会计分析评价方法。
4. 理解资产负债表分析的其他方法。

学习重点

1. 掌握资产结构、资本结构和其他财务指标的计算与分析评价方法，并能够进行资产负债表的实际分析。
2. 通过对资产负债表有关项目的会计分析和勾稽分析，对企业各种资源的利用情况作出评价，进而对企业财务状况作出整体评价。

资产负债表分析的意义是揭示企业所拥有或控制的，能以货币表现的经济资源的规模及分布形态，以及企业全部资金的来源及其构成情况，并通过对资产与负债、所有者权益的对比，对企业的偿债能力及举债能力进行评价；通过对不同时点资产负债表的比较分析，判断企业目前的财务状况和未来的发展趋势；通过对资产负债表有关项目的勾稽和指标分析，对企业各种资源的利用情况作出评价，进而对企业财务状况和经营成果作出整体评价。

13.1 资产负债表分析的意义

在资产负债表上，企业有多少资产，是什么资产；有多少负债，是哪些负债；净资产是多少，其构成怎样，都反映得清清楚楚。在对财务报表的分析中，资产负债表是一个很好的开端，因为它体现了企业的财务结构和状况。资产负债表描述了它在发布那一时点企业的财务状况，正如同人们拿一台照相机在高速行进的车辆中按下快门，只不过这里的"车辆"是资金流。人们得到一幅静态的画面，它只描述了当时的状况，即信息具有时效性。因此，资产负债表分析的意义主要表现在以下 4 个方面。

1. 分析企业资产的分布及利用状况

资产负债表能够反映企业在特定时点拥有的资产及其分布状况的信息，它表明企业在特定时点所拥有的资产总量有多少，资产是什么。例如，流动资产有多少，固定资产有多少，长期投资有多少，无形资产有多少等。

2. 分析企业所承担的债务类型及偿还时间

资产负债表能够表明企业在特定时点所承担的债务、偿还时间和偿还对象。如果是流动负债，就必须在 1 年内偿还；如果是长期负债，偿还期限就可以超过 1 年。因此，从资产负债表可以清楚地知道，在特定时点上企业欠了谁多少钱，该什么时候偿还。

3. 分析企业净资产及其形成原因

资产负债表能够反映在特定时点投资人所拥有的净资产及其形成的原因。在某一个特定时点，资产应该等于负债加所有者权益，因此，净资产就是资产减负债。应该注意的是，可以说资产等于负债加所有者权益，但绝不能说资产等于所有者权益加负债，它们有着根本性的区别，因为会计规则特别强调先人后己，即企业的资产首先要用来偿还债务，剩下的不管多少，都归投资人所有。如果先讲所有者权益，就是先己后人，这在会计规则中是不允许的。

4. 企业的财务发展状况及其趋势

资产负债表能够反映企业财务发展状况的趋势。当然，孤立地看一个时点数，也许反映的问题不够明显，但是如果把几个时点数排列在一起，企业财务发展状况的趋势就很明显了。例如，企业的应收账款，第 1 年是 10 万元，第 2 年是 20 万元，第 3 年是 30 万元，第 4 年是 40 万元。如果把这 4 年的时点数字排在一起，就很容易发现，这个企业的应收账款呈逐年上升的趋势。应收账款逐年上升的趋势表明，或者销售环节没有管好应收账款，或者说明企业做好了，市场扩大了，相应的应收账款也增加了。例如，拍电影时，摄影师只能一个一个镜头地拍摄，每个镜头仅仅是一幅静态的画面。但是，如果把每一个镜头有机地连起来，就会构成一部生动形象的动态电影。从这个角度来说，如果一个企业的管理者能够关注每一个时点的状况，就会对企业的财务状况有一个比较全面的了解；反之，不注重捕捉时点数，将会给企业的管理造成比较大的失误。

总之，资产负债表主要提供有关企业财务状况方面的信息。通过资产负债表，可以提供某一日期企业资产的总额及其结构，表明企业拥有或控制的资源及其分布情况，即有多少资源是流动资产，有多少资源是长期投资，有多少资源是固定资产，等等；可以提供某一日期的负债总额及其结构，表明企业未来需要用多少资产或劳务清偿债务及清偿时间，即流动负债有多少、长期负债有多少、长期负债中有多少需要用当期流动资金进行偿还等；可以反映所有者所拥有的权益，据以判断资本保值、增值的情况，以及对负债的保障程度。

资产负债表还可以提供进行财务分析的基本资料，如将流动资产与流动负债进行比较，计算出流动比率；将速动资产与流动负债进行比较，计算出速动比率等，可以表明企业的变现能力、偿债能力和资金周转能力，从而有助于会计报表使用者作出经济决策。

13.2 资产负债表水平分析和结构分析

资产负债表水平分析和结构分析的目的是从横向和纵向两个方面概括地分析一个企业资产、权益的变动情况，以便对资产负债表的变动原因从趋势和结构两个角度作出解释并进行分析。其分析所需相关数据如表 13-1 所示。

表 13-1 WK 股份有限公司资产负债表水平和结构表　　　　单位：元

项目	20×7 年	20×6 年	变动额	变动率/%	结构分析/% 20×7 年	结构分析/% 20×6 年
资产						
流动资产：						
货币资金	23 001 923 830.80	19 978 285 929.92	3 023 637 900.9	15.13	16.72	16.76
交易性金融资产	740 470.77	—	740 470.77	0	0.000 53	0
应收账款	713 191 906.14	922 774 844.24	−209 582 938.1	−22.71	0.52	0.77
预付款项	8 736 319 500.73	3 160 518 998.56	5 575 800 502.17	176.42	6.35	2.65
其他应收款	7 785 809 435.41	3 496 096 906.25	4 289 712 529.16	122.70	5.66	2.93
存货	90 085 294 305.52	85 898 696 524.95	4 186 597 780.57	4.87	65.46	72.04
流动资产合计	130 323 279 449.37	113 456 373 203.92	16 866 906 245.45	14.87	94.71	95.15
非流动资产：						
可供出售金融资产	163 629 472.66	167 417 894.55	−3 788 421.89	−2.26	0.12	0.14
长期股权投资	3 565 383 001.51	2 485 725 268.99	1 079 657 732.52	43.43	2.59	2.08
投资性房地产	228 143 157.99	198 394 767.05	29 748 390.94	14.99	0.17	0.17
固定资产	1 355 977 020.48	1 265 332 766.18	90 644 254.3	7.16	0.98	1.06
在建工程	593 208 234.13	188 587 022.90	404 621 211.23	214.55	0.43	0.16
无形资产	81 966 325.94	—	81 966 325.94	0	0.06	0
长期待摊费用	31 318 689.65	25 268 164.97	6 050 524.68	23.95	0.02	0.02
递延所得税资产	1 265 649 477.66	1 449 480 632.53	−183 831 154.87	−12.68	0.92	1.22
非流动资产合计	7 285 275 380.02	5 780 206 517.17	1 505 068 862.85	26.04	5.29	4.85
资产合计	137 608 554 829.39	119 236 579 721.09	18 371 975 108.30	15.41	100	100
流动负债：						
短期借款	1 188 256 111.11	4 601 968 333.32	−3 413 712 222.21	−74.18	0.86	3.86
交易性金融负债	—	1 694 880.00	−1 694 880.00	0	0	0.001 4
应付票据	30 000 000.00	—	30 000 000.00	0	0.021 8	0
应付账款	16 300 047 905.75	12 895 962 836.63	3 404 085 069.12	26.40	11.85	10.82
预收款项	31 734 801 163.76	23 945 755 139.85	7 789 046 023.91	32.53	23.06	20.08

项目	20×7年	20×6年	变动额	变动率/%	结构分析/%	
					20×7年	20×6年
应付职工薪酬	806 504 472.20	517 762 853.19	288 741 619.01	55.77	0.59	0.43
应交税费	1 176 877 640.28	−861 985 122.52	2 038 862 762.80	236.53	0.86	0.72
其他应付款	9 258 734 468.30	9 968 304 370.93	−709 569 902.63	−7.12	6.73	8.36
应付利息	122 643 721.10	219 884 034.75	−97 240 313.65	−44.22	0.09	0.18
一年内到期的非流动负债	7 440 414 366.78	13 264 374 576.45	−5 823 960 209.67	−43.91	5.41	11.12
流动负债合计	68 058 279 849.28	64 553 721 902.60	3 504 557 946.68	5.43	49.46	54.14
非流动负债:						
长期借款	17 502 798 297.11	9 174 120 094.83	8 328 678 202.28	90.78	12.72	7.69
应付债券	5 793 735 805.14	5 768 015 997.01	25 719 808.13	0.45	4.21	4.84
预付负债	34 355 814.95	41 729 468.03	−7 373 653.08	−17.67	0.025	0.035
其他非流动负债	8 408 143.82	12 644 849.82	−4 236 706.00	−33.51	0.006	0.011
递延所得税负债	802 464 465.02	867 797 927.60	−65 333 462.58	−7.53	0.58	0.73
非流动负债合计	24 141 762 526.04	15 864 308 337.29	8 277 454 188.75	52.18	17.54	13.30
负债合计	92 200 042 375.32	80 418 030 239.89	12 052 012 135.43	14.99	67.00	67.44
所有者权益						
股本	10 995 210 218.00	10 995 210 218.00	0	0	7.99	9.22
资本公积	8 557 716 583.44	7 853 144 319.55	704 572 263.89	8.97	6.22	6.59
盈余公积	8 737 841 436.85	6 581 984 978.14	2 155 856 458.71	32.75	6.35	5.52
未分配利润	8 808 398 744.05	6 184 277 986.66	2 624 120 757.39	42.43	6.40	5.19
外币报表折算差额	276 721 078.80	277 307 760.05	−586 681.25	−0.21	0.20	0.23
归属于母公司所有者权益合计	37 375 888 061.14	31 891 925 262.40	5 483 962 798.74	17.20	27.16	26.75
少数股东权益	8 032 624 392.93	6 926 624 218.80	1 106 000 174.13	15.97	5.84	5.81
所有者权益合计	45 408 512 454.07	38 818 549 481.20	6 589 962 972.87	16.98	33.00	32.56
负债及所有者权益合计	137 608 554 829.39	119 236 579 721.09	18 371 975 108.30	15.41	100	100

13.2.1 资产负债表水平分析

1. 从投资或资产角度进行分析

根据表 13-1 的有关数据可得图 13-1。

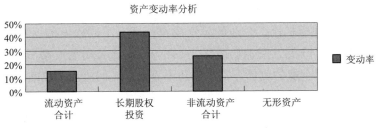

图 13-1　WK 股份有限公司资产变动率分析图

图 13-1 说明以下问题。

（1）20×7 年 WK 公司的流动资产较上年增加了 16 866 906 245.45 元，增长率保持在 14.87%，这主要是预购量增加使预付款项增加了 176.42%，投入合营、联营的款项使其他应收款大幅度提高至 122.7% 造成的。同时，企业的经营规模扩大，使全部资产的比例增加了 15.41%。

（2）公司的非流动资产较 20×6 年增加了 1 505 068 862.85 元，增长率是 26.04%，这主要是由于企业的在建工程有了大幅度提高，增长了 214.55%，在可供出售金融资产和递延所得税费用有所下降的情况下，非流动资产保持了较高比例的增长。

（3）企业的长期股权投资较 20×6 年增长了 43.43%，这主要是 WK 母公司在 20×7 年度向联营公司投入了更多资本造成的，使得账面的投资额增加了。

（4）公司的无形资产由于没有 20×6 年的参照值，因此无法计算其变化规律。虽然该公司 20×7 年的无形资产数额不太高，对总资产的影响比较小，但该公司 20×6 年的无形资产数额为零却是让人感到奇怪的，因为无形资产为零一方面说明该公司的技术含量较低，但更关键的是，该公司居然没有一分钱的土地使用权。

总体而言，该公司的总资产较 20×6 年增加了 15.41%，主要是由于长期股权投资、投资性房地产和在建工程的增加所致，固定资产也有一定程度增加，说明该公司现有的生产规模略有扩张，也似乎比较热衷于进行股权投资事项。

2. 从筹资或权益角度进行分析

根据表 13-1 的有关数据可得图 13-2 和图 13-3。

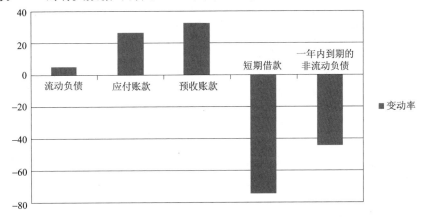

图 13-2　WK 股份有限公司流动负债项目分析图

图 13-2 说明以下问题。

（1）与企业的资产规模相比，企业的筹资规模分别有不同程度的变化。企业的总负债增加额为 12 052 012 135.43 元，增加幅度为 14.99%，与该公司的流动资产增幅基本持平，小于总资产的增幅，说明企业的负债筹资规模还不算太大。但流动负债的增幅偏低，远低于流动资产的增幅，只有 5.43%，但企业的非流动负债却增加了 52.18%，尤其是企业的长期借款增加了 90.78%，说明企业的借款结构发生了变化，开始更热衷于长期债务，倾向高成本、低风险经营策略。

（2）在流动负债的增幅中，企业的短期借款和一年内到期的非流动负债呈现负方向的变化，并且幅度比较大。其中短期借款下降了 74.18%，一年期的非流动负债比例下降了 43.91%，都是由于偿还贷款造成的企业借款结构的变化。然而令人奇怪的是，长期借款的急剧上升和短期借款的大幅下降，理应导致应计利息的大幅上升，但实际却是应付利息的大幅下降，难道是所借款项的利息计算方式发生了变化？

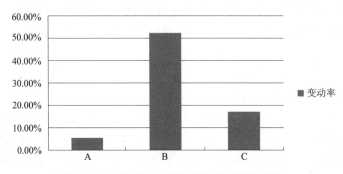

图 13-3　WK 股份有限公司权益项目分析图

图 13-3 说明 WK 公司所有者权益（C）比较稳定，仅增加了 6 589 962 972.87 元，增长比例达到 16.98%，略高于总资产的增长，其增加的主要原因是净利润增加导致留存收益的增加，其他客观因素对权益项目的影响不大。当然，相对于（A）流动负债的增加比例略高，但远低于（B）长期负债的增加比例。

总体而言，该公司非流动资产的增幅明显高于流动资产，说明公司的流动性在降低，可能导致公司资产质量的下降。而长期资金来源的增幅大幅上升，从好的方面来说，财务风险下降了，因为偿债能力相对上升了，尤其是短期偿债能力，但资金成本却上升了。

13.2.2　资产负债表垂直分析

资产负债表垂直分析也称为构成分析，是将资产负债表各项目与项目总额（总资产或总权益）相比，计算出该项目在项目总额中所占比重，同时将各项目构成与不同时期数据或是同行业同期水平相比较，从而分析其所占比重的合理性及其原因，进而判断企业财务状况的发展趋势。

垂直分析的主要目的是使企业了解到所处行业的经营特点和技术特点，同时在行业中找寻自身所处的地位。例如，房地产行业的流动资产一般大于流动负债，行业中大多数企业都习惯选择以长期借款筹资等。当然，在同一个行业中，企业选择流动资产、长期负债等项目经营占比的大小，也能反映出企业的经营特点。流动资产和流动负债高的企业，稳定性虽差但是相对较灵活，而长期资产和长期负债低的企业资金雄厚，但是灵活性却很差；长期投资高的企业，相对的投资收益和风险就高；固定资产更新比例高的企业，企业的技术改造能力比较强，装备水平也比较高；无形资产比例高的企业，未来的发展潜力相对较强，开发创新能力也比同类企业高。

1. 流动资产的构成分析

对于一个企业的流动资产比例高低，没有一个绝对的标准，若要分析流动资产的结构是否合理，需要将企业其他资产与流动资产结合在一起分析。一般而言，固定资产占比高的企业，基本属于重工业企业、高技术含量或资金密集型企业；而流动资产占比高的企业，则比较注重通过加速周转来提升企业的效率。在其他资产没有发生改变的情况下，流动资产的比重上升将会带动企业生产经营额的大幅度增长，但如果企业的流动资产增长速度超过了销售的增长速度，就会发生企业资产的无效增加，比如应收账款和存货的大幅增加，也就表示了企业的资产利用效率下降，这样流动资产的占用比例就不合理。

流动资产占用的合理程度还要结合企业的利润进行分析。假设企业的流动资产在资产总额中的比重上升，企业的利润也是随之增长的，那么说明企业的流动资产在资产总额中所占比重是合理的；如果企业的流动资产大幅度提高，但是企业的利润额却没有什么改变，那么可以分析出企业经营中可能存在大量的应收账款拖欠导致的坏账增加，或者是企业的产品销售不足导致的存货损失。

保持流动资产的合理结构，有利于企业流动性的增强，带动企业应变能力、偿债能力的增强。当然，对于企业流动资产比重的大小，还要根据不同行业、不同企业的实际情况来分析其存在的合理程度。

此外，企业还可以将流动资产各项目进行分拆，分别从货币资金、可交易性金融资产、应收账款、其他应收款等项目各自占总资产的比重，来对企业流动资产在各项目上发生的变化，以及流动资产各项目与利润表的相关项目之间的勾稽关系进行一个理性的分析。

2. 固定资产的构成分析

一个企业的固定资产比例，取决于企业的行业特点、生产规模和发展方向。因此，在对固定资产分析的同时，应首先对企业自身的经营特点进行全面了解，从而因地制宜，得出一个相适合的标准比重。如果固定资产比例过高，会导致企业生产能力过剩，造成企业资金的无效使用，但过低又会影响企业正常的生产经营活动。一般来说，工业企业的固定资产比重较商业和服务性企业高一些，具体比例应视企业的技术和资本密集程度而定，技术和资本密集程度高的，其比例应该超过50%；技术密集程度低的，则一般在50%以下。

因此，对于固定资产占总资产的比重，要结合行业和企业自身特点进行评价与制定，这样才能达到优化资源配置的目的。当然，在报表分析时，通常也可以通过一个企业的非流动资产，尤其是固定资产比重来判断企业的性质，以及其技术和资本的密集程度。

3. 流动负债的构成分析

对于一个企业的流动负债比例，其比重越高，代表企业对于短期资金的依赖性越大，企业的偿债压力就越大，同时要求企业的资金周转速度就要越快；反之，则说明企业对短期资金的依赖程度较小，偿债压力相对也较小，企业的资金周转速度也可以相对慢一些。

相对而言，那些重工业企业资产或资金周转的速度会慢一些，因此会对长期资金来源的要求会高一些。不过，有时这些企业也会通过延迟付款的方式来提升流动负债的比重。

因此，企业还应该将流动负债的各项目进行分拆分析，分别从应付账款、应付票据、预收款项等项目各自占流动负债的比重，来对企业在各资产项目，尤其是流动资产项目上发生的变化进行一个理性的分析。

一般而言，应付账款和应付票据的变动往往主要与企业存货的购进相关（当然也会与固定资产的购进相关），预收账款则与企业的销售相关，了解它们之间的变动可以借此评价企业的市场地位、购销企业之间的相互关系，以及彼此产品的适销对路情况。

应付款项除了与资产项目发生相关关系外，也可能与其他报表项目发生关系。比如，应交税金说明的是本期应交而未交的税金，本期应交的税金数额可以从利润表获得，而实际缴纳的税金则可以从现金流量表获得。了解这些数额之间的不同也是报表分析的一个重要内容，这就是报表勾稽关系的分析，而这种分析方式同样适用于对资产项目、利润表和现金流量表各相关项目的分析。

4. 长期负债的构成分析

一个企业的长期负债比例，说明企业对于长期资金来源的依赖程度。一般来说，企业的长期负债所占比重越高，表明企业在经营中借助于长期资金发展的程度就越高，企业的发展比较稳健，但筹资成本较高。

而长期负债的构成分析，包括长期负债与流动负债及所有者权益之间的比例分析，以及长期负债自身各项目的分析。可以通过指标分析来说明其财务风险程度，以及对债权人和股东的负责程度；可以通过会计分析来评价长期负债各项目之间的合理性；也可以通过勾稽关系分析来发现各项目之间的相互关系。

5. 所有者权益的构成分析

一个企业的所有者权益比例可以反映一个企业承担风险能力的大小，也能反映一个企业对于负债偿还的保障程度。所有者权益的比例越大，企业的财务状况就越稳定，对于债权人的保障程度也就越高，发生破产或债务危机的可能性就越小，当然，股东收益的最大化将受到考验。

企业可以将所有者权益各项目进行分拆，分别从实收资本、资本公积、盈余公积、未分配利润等项目各自占所有者权益的比重，它们之间的相互关系，以及与其他项目的勾稽关系，来对企业所有者权益在各项目上发生的变化进行一个理性的分析。

下面仍然以表13-1的数据为例，并作图13-4和图13-5说明资产负债表的垂直分析。

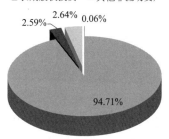

图 13-4　WK 股份有限公司资产项目分析图（20×7 年）

图 13-4 说明，WK 公司 20×7 年的非流动资产占总资产的比例为 5.29%，流动资产的占比为 94.71%，而固定资产仅为总资产的 0.98%。至于流动资产比例在下降，说明企业已经开始注意到房地产的技术含量问题，故在建工程有较大幅度上升，但终究不能改变房地产企业属于发包型企业的特征。

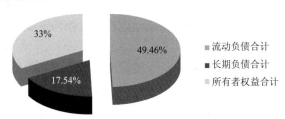

图 13-5　WK 股份有限公司权益分析图（20×7 年）

图 13-5 说明，WK 公司的资产负债率 20×7 年为 67%。从总体上看，WK 公司的负债筹资结构比较高，财务风险也比较大。同时，虽然该公司的资产负债率较 20×6 年下降了0.44 个百分点，但长期负债比例却大幅增加，说明该公司的筹资政策发生了改变，负债筹资的成本更高了，偿债压力减轻了。

13.3　资产负债表各项目分析和指标分析

13.3.1　资产负债表各项目分析

1. 流动资产项目分析

（1）WK 公司 20×7 年货币资金增加了 3 023 637 900.90 元，提高了 15.13%，主要是由于经营扩大而导致的举债规模扩大，包括预收款项的增加，这一点可以从货币资金占总资产的比重看出，其比重 20×7 年较 20×6 年下降了近 0.04 个百分点，由 16.76% 下降到16.72%。同时，企业的应收账款减少了 22.71%，这也是货币资金增加的重要原因，因为销售增长了，资金回笼加快了。

（2）WK 公司 20×7 年其他应收款有了大幅度增加，增加了 4 289 712 529.16 元，比例上升了 122.70%，主要是企业投入合营、联营公司的项目发展金额增加导致的，说明该公司的经营政策可能发生改变。

（3）WK 公司的预付款项 20×7 年较 20×6 年有了大比例的攀升，增长 5 575 800 502.17 元，增幅为 176.42%，是新建项目预付地价的增加而引起这一大比率的变动，应该是低价拿到了一块土地。

（4）WK 公司存货占总资产的比重 20×7 年较 20×6 年下降了近 6.6 个百分点，其中完工开发产品与在建开发产品分别下降了 2.76% 和 6.64%，而拟开发土地却因为新项目的到来不降反升，提高了 2.81 个百分点。

2. 非流动资产项目分析

（1）WK 公司 20×7 年非流动资产总体增加了 1 505 068 862.85 元，增幅达 26.04%。其中，固定资产净额的增加幅度不大，增加了 7.16%，但其占总资产的比重却降低了，主要是在建工程异军突起，比 20×6 年的在建工程数额增加了 214.55%，20×7 年度企业新获取大小项目 44 项，并且都处在实施前期阶段，必然使在建工程激增，同时也为企业的固定资产总体上升奠定了基数。但房地产企业将新增地产项目作为企业的在建工程，似乎不太符合财务处理规则。

（2）WK 公司 20×7 年的长期股权投资、投资性房地产也都在高速增长，增幅均超过了流动资产和存货增长比例，似乎说明 WK 公司对本业的看淡。不过，考虑到在建工程的会计处理，也可能是会计处理存在问题。

（3）WK 公司自 20×7 年开始有了无形资产 81 966 325.94 元，不知为何物，难道过去该公司不占用一点土地？当然，无形资产占总资产的比重仅为 0.06%，显然比例很小，但分析其内涵很有意义，最好是新技术专利之类的，不过更可能是土地使用权。

3. 流动负债项目分析

（1）WK 公司短期借款为 1 188 256 111.11 元，比 20×6 年度下降幅度达 -74.18%，说明企业 20×7 年度偿还外债较多，但并非举债减少，因为长期借款增加了。主要是该公司改变了借款结构，即期债务的偿还压力降低了，财务风险也相对减小。

（2）WK 公司的应付账款增加了 3 404 085 069.12 元，增幅达 26.40%，主要是由于应付地价、在建项目的增加所致。同时，20×7 年度应付账款占总资产的比重从 20×6 年的 10.82% 上升到 11.85%，共上升了 1.03 个百分点。虽然企业的应付账款增加了，但是其他应付款却是不升反降。归其原因，主要是 20×7 年度企业应付关联方（持有 5% 以上股份）的股权款及合作公司往来款大量减少，也就是所谓的关联企业交易减少了。

（3）WK 公司 20×7 年预收账款增加了 7 789 046 023.91 元，增幅达 32.53%，占总资产的比重由 20×6 年的 20.08% 上升为 23.06%，上升了 2.98 个百分点。预收账款的增加主要是由于预售量的增加，说明 WK 公司的预收账款发展比较正常，没有大的波动，这也显示了公司的强劲预售能力。

（4）WK 公司由于本期偿还短期债务，带来的另一个变化是企业的应付利息减少了将近五成，达 44.22%，占总资产的比重也有明显的下降。一年期非流动负债也随着借款结构的改变而有明显的下降，降低了 43.91%。

如果考虑到该企业负债总额并未下降，只是流动负债的下降，那应付利息的下降只能说明该企业本期实际支付利息的力度提升了，而并非是应付利息下降了，当然这需要结合利润表和现金流量表一并进行分析。若非如此，则说明该企业借款的利息率的计算口径不合常理。

4. 非流动负债项目分析

（1）WK 公司长期借款增加了 8 328 678 202.28 元，增幅较大，达到 90.78%，远远超出总资产的增长幅度，是货币资金增加额的约 2.75 倍，这显然是由于企业业务规模的扩大，导致的筹资策略改变而引起的借款结构的变化。

（2）WK 公司应付债券仅微弱地增长了 0.45%，占总资产的比重也没有太大的变化，说明该公司现金流来源的多样化。同时，该公司的预计负债、其他长期负债、递延所得税负债都是下降的，特别是其他非流动负债下降了 33.51%，也同样说明了以上的判断。

5. 所有者权益（股东权益）项目分析

（1）WK 公司股本在 20×6 年度和 20×7 年度未发生任何改变，但由于企业的资产是在逐年增加的，因此它们占总资产的比重有了一定程度的下降，从 9.22% 下降到 7.99%。

（2）WK 公司资本公积增加了 704 572 263.89 元，增幅为 8.97%，占总资产的比重由 6.59% 下降到 6.22%。股本未变，说明没有增资配股，但资本公积却增加了，不知为何。

（3）WK 公司盈余公积增加了 2 155 856 458.71 元，增幅达 32.75%，但占总资产的比重由 20×6 年度的 5.52% 上升为 6.35%；未分配利润增加了 2 624 120 757.39 元，增幅为 42.43%，占总资产的比重由 20×6 年的 5.19% 上升到 6.40%。盈余公积和未分配利润的增加，应该都是依赖于企业净利润的稳步增长。

从上述分析可以看出，目前 WK 股份有限公司较为稳定，但趋向于外部筹资，尤其是长期负债筹资。可以推测，公司发展很顺利，可以筹集很大一部分外部资本，利用杠杆效应，能够赚取高额利润。

13.3.2 资产负债表指标分析

根据表 13-1 的数据及其他数据，可以计算 WK 公司 20×5—20×7 年资产负债表各相关指标，如表 13-2 所示。

表 13-2　WK 公司资产负债表相关指标

项　　目	20×7 年	20×6 年	20×5 年
流动比	1.91	1.76	1.96
速动比	0.59	0.43	0.59
现金比	0.34	0.31	0.35
利息赚取倍数	16.02	10.62	3.64
资产负债率	67%	67.44%	66.11%

1. 流动比分析

表 13-2 说明，WK 公司 20×5 年年末的流动比为 1.96，处在 1.5～2 的状态，其偿债能力相对是比较好的。但是在 20×6 年年末时，可能是由于受到金融危机的影响，企业的流动比下降到 1.76，偿债能力有所下降，但是 20×7 年年末，企业由于货币资金的增加，使流动比也同样上升到 1.91，基本上恢复到金融危机前的水平。由于 WK 公司是以开发房地产为主营业务的公司，即房地产对于 WK 公司属于存货，因此 WK 公司的流动比较其他行业的企业要高很多。

2. 速动比分析

由表 13-2 中的比率计算结果可知，流动比率与速动比率的作用都是衡量企业偿还债务的能力，因此两者基本保持在一个变化趋势下，同样都是 20×6 年最低，20×5 年和 20×7 年基本一致，资本流动性一般，也说明该公司生产的季节性特点。同时，其速动比占流动比的比重大致在 1/4，说明由于 WK 公司属于房地产行业，其存货以房地产为主，数额巨大，所以其速动比有其特殊性。

3. 现金比分析

从表 13-2 中的计算结果可以看出，WK 公司的现金比在 20×6 年是有所下降的，但是总体上现金比还是非常稳定的。现金比率一般被认为在 20% 以上就是好的，而 WK 公司的现金比率达到 30% 以上，保持了一个相对较好的比例。

综合以上 3 个指标，WK 公司基本上维持在资金流动性一般的情况，同时结合公司所在的房地产行业的特殊性，可以认为 WK 公司还是承担了一定的短期偿债风险。如果 WK 公司的房产销售存在问题，其短期偿债能力是会受到很大影响的。

4. 利息赚取倍数分析

从表 13-2 中的计算结果可知，20×6 年 WK 公司的利息赚取倍数与 20×5 年相比，有了大幅度的上升，而 20×7 年相较 20×6 年又增大了，说明该公司的盈利能力很强，同时也说明了举债能力的充分。

利息赚取倍数不仅反映企业盈利能力的大小，而且反映盈利能力对偿还到期债务的保证程度，它既是企业举债经营的前提依据，也是衡量企业长期偿债能力大小的重要标志。一个企业维持正常偿债能力，利息赚取倍数至少应大于 1，WK 公司 3 年内的比例数值都达到了该指标，并且利息赚取倍数越高，说明企业偿债能力很强。

5. 资产负债率分析

从表 13-2 中的计算结果可以看出，WK 公司在 20×5—20×7 年的 3 年中，资产负债率先升后降，基本上稳定在 66% 左右。20×6 年的资产负债率比 20×5 年的 66.11% 增加了 1.33 个百分点，20×7 年的资产负债率较 20×6 年又有一定程度的下降。考虑到房地产行业的整体情况，WK 公司的财务状况称得上相对稳健。

以 D/C（长期有息负债占资本的比例）来衡量，WK 公司高于行业平均水准（平均数和中位数分别为 35.07% 和 35.93%），但如果以全部有息负债占资本的比例来衡量，则 WK 公司的指标与资产负债率指标一样仍处于行业中游。之所以会出现这种情况，是因为 WK 公司的全部有息负债中，短期借款只占负债比例的 1.29%，而行业平均数为 12.97%，表明房地产行业上市公司大多采取了以长期债务代替短期债务的策略来降低短期偿债风险，而 WK

公司显然在这方面更加谨慎。

有息负债少似乎是好事，但考虑到与供应商的关系，可以认为过多地占用上游企业资金并不值得提倡。尽管 WK 公司 20×7 年度负债增长迅猛，但与有息负债和预收账款等相比，应付账款增长相对缓慢。

根据以上分析，WK 公司尽管注重防范风险，但并没有过分追求短期的指标好看。如何通过资本市场的支持抓住宏观调控带来的机遇是公司目前考虑的重点问题。可以预计的是，未来 WK 公司仍将进行多次股权融资（为扩张打基础），而其在资本市场的良好声誉有助于融资成功。因此，个别时点负债过高并不值进一步得过分担心，尤其是在行业整体负债率偏高的情况下，只要财务保持相对稳健即可。

本章小结

资产负债表所提供的是企业静态财务状况信息，而财务状况是企业生产经营过程中最核心的问题之一。企业财务状况直接关系到企业的生存与发展。本章以资产负债表为依据，重点阐述资产、资本结构对企业财务状况的影响，以及企业偿债能力计算与分析评价的内容和方法。

了解和认识企业的资产结构和资本结构是进行财务状况分析评价的必然要求。企业资产结构是否合理，关系企业资源的利用效果和应对财务风险的能力；企业资本结构是否合理，不仅体现了企业的经济实力，而且直接影响企业经济基础的稳定。

资产负债表同利润表、现金流量表有机结合起来，还能评价企业的营运能力和未来现金支付能力，为经营者、投资者和长期债权人提供决策依据。

本章习题

一、单项选择题

1. 短期借款的特点是（　　）。
   A. 风险较大　　　　　　　　　　B. 利率较低
   C. 弹性较差　　　　　　　　　　D. 满足长期资金需求
2. 如果按成本与市价孰低法计价，资产负债表中长期投资项目反映的是（　　）。
   A. 投资发生时的账面价值　　　　B. 投资发生时的市值
   C. 决算日的账面价值　　　　　　D. 决算日的市值
3. 存货发生减值是因为（　　）。
   A. 采用先进先出法　　　　　　　B. 采用后进先出法
   C. 可变现净值低于账面成本　　　D. 可变现净值高于账面成本
4. 企业资本结构发生变动的原因是（　　）。
   A. 发行新股　　　　　　　　　　B. 资本公积转股
   C. 盈余公积转股　　　　　　　　D. 以未分配利润送股

二、多项选择题

1. 资产负债表分析的目的是（　　　）。

　　A. 有利于债权人对回收债券保证程度的判断

　　B. 评价企业会计对企业经营状况的反映程度

　　C. 修正资产负债表的数据

　　D. 评价企业的会计政策

　　E. 说明资产负债表的编制方法

2. 引起所有者权益结构变动的情况有（　　　）。

　　A. 发行新股　　　　　　　　　　B. 配股

　　C. 资本公积转股　　　　　　　　D. 盈余公积转股

　　E. 以送股进行利润分配

3. 进行负债结构分析时必须考虑的因素有（　　　）。

　　A. 负债规模　　　　　　　　　　B. 负债成本

　　C. 债务偿还期限　　　　　　　　D. 财务风险

　　E. 经营风险

4. 所有者权益结构分析应考虑的因素有（　　　）。

　　A. 企业控制权　　　　　　　　　B. 企业利润分配政策

　　C. 财务风险　　　　　　　　　　D. 权益资金成本

　　E. 经济环境

三、判断题

1. 资产负债表中某项目的变动幅度越大，对资产或权益的影响就越大。　　（　　　）

2. 如果本期总资产比上期有较大幅度增加，表明企业本期经营卓有成效。　（　　　）

3. 资产负债表结构分析通常采用水平分析法。　　　　　　　　　　　　（　　　）

4. 负债结构变动一定会引起负债规模发生变动。　　　　　　　　　　　（　　　）

四、简答题

1. 简述资产负债表的水平分析和垂直分析。

2. 简述资产结构分析的意义，影响资产结构的因素有哪些？

3. 简述资产负债表分析的意义。

4. 资本结构的含义是什么？影响资本结构的因素有哪些？

五、计算题

某企业是一家上市公司，其年报有关资料如下。

1. 业务数据

企业资产负债表如表 13-3 所示。

表13-3 某企业资产负债表 单位：万元

资产	期初	期末	负债及所有者权益	期初	期末
流动资产：			流动负债：		
货币资金	8 679	20 994	短期借款	13 766	37 225
交易性金融资产		973	应付账款	2 578	5 238
应收账款	12 873	18 730	应付工资	478	508
存货	13 052	15 778	应交税金	51	461
其他流动资产	2 828	3 277	其他应付款	2 878	7 654
流动资产合计	37 432	59 752	流动负债合计	19 751	51 086
长期股权投资	13 957	15 197	非流动负债	640	320
固定资产	20 033	42 939	负债合计	20 391	51 406
在建工程	9 978	1 534	所有者权益：		
无形资产	690	1 384	股本	16 535	24 803
非流动资产合计	44 658	61 054	资本公积	25 752	17 484
			盈余公积	6 017	7 888
			未分配利润	13 395	19 225
			所有者权益合计	61 699	69 400
合计	82 090	120 806	合计	82 090	120 806

要求：

根据以上资料从会计和财务指标两个方面对该公司的财务状况进行分析并作出评价。

六、案例分析

某微电子股份有限公司20×7年度业绩快报

本公司及董事会全体成员保证公告内容的真实、准确和完整，不存在虚假记载、误导性陈述或重大遗漏。

特别提示：

本公告所载20×7年度财务数据已经公司内部审计部门审计，未经会计师事务所审计，与经会计师事务所审计的财务数据可能存在差异，请投资者注意投资风险。

一、20×7年度主要财务数据

单位：（人民币）元

	20×7年1—12月	20×6年1—12月	增减幅度/%
营业收入	1 124 192 738.69	1 026 528 825.21	9.51
营业利润	81 795 736.21	102 467 757.14	−20.17
利润总额	84 338 339.43	101 850 843.47	−17.19

续表

	20×7 年 1—12 月	20×6 年 1—12 月	增减幅度 /%
净利润	73 896 484.28	89 282 118.57	−17.23
基本每股收益/元	0.33	0.45	−26.67
净资产收益率	7.71%	25.07%	下降 17.36 个百分点
	20×7 年年末	20×6 年年末	增减幅度/%
总资产	2 032 100 252.81	1 438 857 480.00	41.23
所有者权益	958 742 304.30	356 413 527.78	169.00
股本	267 000 000.00	200 000 000.00	33.50
每股净资产/元	3.59	1.78	101.69

注：上述基本每股收益以归属于母公司所有者的净利润计算；净资产收益率以归属于母公司所有者的净利润按照全面摊薄法计算；所有者权益、每股净资产等指标以归属于母公司的数据填列。

二、经营业绩和财务状况的简要说明

1. 报告期内，公司通过增加营销力量、调整营业策略等措施，克服了市场波动带来的不利影响，营业收入较 20×6 年度增长 9.51%。

报告期内，由于受到市场波动、人民币对美元持续升值、人力成本增加、原材料价格上涨等减利因素影响，公司归属于母公司所有者的净利润较 20×6 年度减少 17.29%。

报告期内，由于公司首次公开发行 6 700 万人民币普通股股票和募集资金到账，公司总资产、所有者权益及股本较 20×6 年度有大幅增长。

2. 报告期内，公司基本每股收益和净资产收益率下降的原因是：归属于母公司所有者的净利润较 20×6 年度有所减少，同时公司股本和所有者权益较 20×6 年度增幅较大。

董事会
20×8 年 2 月 21 日

要求：

从会计和财务指标两个角度对该公司的财务状况进行分析。

 参考答案

一、单项选择题

1. A　　2. D　　3. C　　4. A

二、多项选择题

1. ABCD　　2. ABCDE　　3. ABCD　　4. ABDE

三、判断题

1. ×　　2. ×　　3. ×　　4. ×

第 14 章

利润表分析

学习目标

1. 了解企业盈利结构对盈利水平的影响。
2. 掌握企业盈利能力、营运能力、发展能力的主要分析评价指标。
3. 明确利润表的会计分析评价方法。
4. 理解利润表的其他分析评价方法，为进行报表综合分析奠定基础。

学习重点

1. 掌握企业盈利能力、营运能力、发展能力指标的计算与分析评价方法，能够进行利润表分析的实际操作。
2. 通过对利润表有关项目的会计分析，对企业各种资源的利用情况作出评价，进而对企业的经营成果作出整体评价。

利润表是反映企业在一定会计期间经营成果的报表，通常按照各项收入、成本费用，以及构成利润的各个项目分类分项列示。因此，对利润表的分析不仅能够了解企业的盈利能力和发展趋势，而且如果与资产负债表结合还能评价企业的营运能力、发展能力，以及长期偿债能力；如果与现金流量表的净流量比较，还可以了解企业盈利的质量。因此，利润表是会计报表使用者最关心的三大会计报表之一，会计人员要善于利用利润表所揭示的信息，积极为企业经营决策提供分析依据。

14.1 利润表分析的意义

企业利润通常是指企业收入减去成本费用后的余额，亦称为财务成果或经营成果。利润的意义在于它是企业和社会积累与扩大再生产的重要源泉，是反映企业经营业绩的最重要指标，是企业投资与经营决策的重要依据。利润表分析应包括的内容如图 14-1 所示。

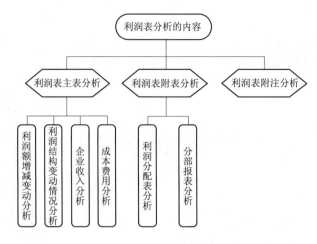

图 14-1　利润表分析的内容

1. 利润表主表分析

对利润表主表分析主要是对各项利润额的增减变动、结构的增减变动，以及影响利润的收入与成本进行分析。

（1）利润额增减变动分析。通过对利润表的水平分析，从利润的形成角度，反映利润额的变动情况，揭示企业在利润形成过程中的管理业绩及存在的问题。

（2）利润结构变动情况分析。对利润结构变动分析主要是在对利润表进行垂直分析的基础上，揭示各项利润与相应的收入、成本费用之间的关系，以反映企业各环节的利润构成、收入及成本费用水平。

（3）企业收入分析。企业收入分析的内容包括收入的确认与计量分析、影响收入的价格因素与销售量因素分析、企业收入的构成分析，以及收入的现金回笼程度分析（这需要结合资产负债表和现金流量表一并分析）等。

（4）成本费用分析。成本费用分析包括产品销售成本分析和期间费用分析两部分。其中，产品销售成本分析包括销售总成本分析和单位销售成本分析，而期间费用分析则包括销售费用分析和管理费用分析，以及成本的现金流出程度分析（这也需要结合资产负债表和现金流量表一并分析）等。

2. 利润表附表分析

利润表附表分析主要是对利润分配表及分部报表进行分析。

（1）利润分配表分析。通过利润分配表分析，反映企业利润分配的数量与结构变动，揭示企业在利润分配政策、会计政策，以及国家有关法律、法规的变动对利润分配的影响。

（2）分部报表分析。通过对分部报表的分析，反映企业在不同行业、不同地区的经营状况和经营成果，为企业优化产业结构，进行战略调整指明方向。

3. 利润表附注分析

利润表附注分析主要是根据利润表附注或财务情况说明书等相关详细信息，分析说明企业利润表及附表中的重要项目的变动情况，深入揭示利润形成及分配变动的主观原因与客观原因。

14.2　利润表水平分析和结构分析

14.2.1　利润表水平分析

利润表水平分析和结构分析的目的是从横向与纵向两个方面概括地分析一个企业的收入、费用变动情况及其趋势，以便从水平和垂直两个方面对利润表各项目的变动及其原因作出解释并进行分析。其分析所需相关数据如表14-1所示。

表 14-1　A 股份有限公司 20×5—20×7 年利润表定比水平分析　　　单位：元

项　　目	20×7 年/%	20×6 年/%	20×5 年/%	20×5 年实际数
一、营业总收入	125.19	114.20	100.00	2 161 592 738
二、营业总成本	89.89	90.55	100.00	2 869 515 622
其中：营业成本	122.97	113.87	100.00	1 644 351 453
税金及附加	172.24	171.83	100.00	8 790 458
销售费用	89.99	133.14	100.00	195 723 247
管理费用	69.33	71.68	100.00	321 717 587
财务费用	98.46	105.66	100.00	130 392 163
资产减值损失	2.61	14.39	100.00	568 540 712
加：投资收益	−109.69	12 424.80	100.00	767 154
三、营业利润	−117.88	−95.09	100.00	−707 155 729
加：营业外收入	337.65	4 541.92	100.00	2 573 869
减：营业外支出	81.04	29.09	100.00	2 720 277
其中：非流动资产处置净损失	68.30	−8 694.04	100.00	848 113
四、利润总额	−118.80	−111.55	100.00	−707 302 137
五、净利润	−113.28	−106.30	100.00	−725 755 685

根据表14-1的利润表相关数据分析如下。

（1）营业总收入20×5—20×7年每年以10%左右的比例增长，而营业成本增长比例略低于营业总收入增长比例，因此营业毛利的增长更快些，说明该公司的经营业绩稳定。营业收入是销售单价与销量的乘积，而营业成本是单位成本与销量的乘积，故营业收入与营业成本的差异就是单价和单位成本的差异。此例说明，该公司单价上升的幅度高于单位成本，市场前景不错。

（2）税金及附加在营业总收入逐年大幅提升的背景下，20×6年相比20×5年有更大幅度的提升，而20×7年相比20×6年则变化不大，说明20×6年的存货购进大幅下降，20×7年的存货购进则与20×6年基本持平。

（3）销售费用、管理费用和财务费用三项费用总额逐年大幅度下降，为营业利润的提升做出了贡献。但20×6年销售费用的增长显然过高，超过了收入的增长，原因是加大了产品的推广力度而促使了销售费用的提升。从20×7年的结果看，此项提升工作取得了成效，因为20×7年在营业收入大幅度增长的情况下，销售费用相比20×6年大幅度下降了，甚至还远远低于20×5年水平，说明该公司对销售费用的处置措施成效明显。

其实，更应该得到表彰的是该公司对管理费用的控制，收入持续上升，而管理费用不升反降，说明该公司的管理环节和技巧在不断的改进。不过同时也彰显出该公司过去糟糕的管理水平。

至于财务费用的变化，只是说明该公司现在相对现金比较充裕了，对债务的需要不是那么迫切了。

（4）资产减值损失，20×6年度和20×7年度较之20×5年度大幅度持续下降，显然不合常理，实际是该公司各类已经计提坏账准备的应收账款和其他应收款的收回，使得资产减值损失大幅度下降，很可能是"人为"操作的成果。

（5）投资收益。20×6年的大幅度上升和20×7年极度下降就像坐过山车一般，明显有违常态，有操纵利润嫌疑。对营业外收入的处置也类似，包括营业外收入与营业外支出之间存在的明显差异，均说明了该公司实际经营状况，以及持续经营能力的困境。尤其是如此的努力，最终也没有改变公司亏损的结果，应该是努力的力度和方向发生了问题。

总体而言，该公司的营业收入逐年提升，营业毛利也逐年提升，三项费用总额虽然也在逐年小幅度下降，但由于其本身总额太大，无法包含在毛利之中，反而让营业毛利总是很容易被三项费用吞失，说明了该公司管理水平的糟糕。至于该公司20×6年度亏损额的大幅度下降，以及20×7年度的一举扭亏为盈，显然得益于20×6年度该公司对资产减值项目的艺术化会计处理；而20×7年度的利润持续增长局面，主要是依靠新收购企业的利润、为关联企业提供芯片开发服务、营业外收入的异常大幅增加，以及原已计提坏账准备的应收账款的收回这4大块来实现的，并最终完成了摘帽工程。

14.2.2　利润表结构分析

利润表结构分析是将常规形式的利润表换算成结构百分比形式的利润表，即以营业收入总额为共同基数，定为100%，然后再求出表中各项目相对于共同基数的百分比，从而可以了解企业有关销售利润率及各项费用率的情况，同时其他各个项目与关键项目之间的比例关系也会更加清晰地显示出来。具体地说，利润表的纵向结构分析可分为企业的收支结构分析和盈利结构分析两部分。通过收支结构分析，揭示出企业的各项支出对于总收入的比重，从而可以判明企业盈利形成的收支成因，从整体上说明企业的收支水平，并可以查找出制约企业盈利水平提高的主要支出项目。而盈利的结构分析主要是指所得税占利润总额的比重，以及归属于母公司的净利占合并净利的比重等。

表14-2以上述A公司20×7年的利润表为例，并以B公司的利润表结构为参照，说明利润表的结构分析。

表14-2 A公司与B公司20×7年利润表结构分析 %

项　　　　目	A公司20×7年数据	B公司20×7年数据
一、营业总收入	100.00	100.00
二、营业总成本	95.32	97.18
其中：营业成本	74.72	66.58
税金及附加	0.56	0.94
销售费用	6.51	11.99
管理费用	8.24	13.76
财务费用	4.74	2.95
资产减值损失	0.55	0.95
加：公允价值变动损益	0.00	-0.29
投资收益	0.00	0.28
三、营业利润	4.67	2.81
加：营业外收入	0.32	2.48
减：营业外支出	0.08	0.18
四、利润总额	4.91	5.11
减：所得税费用	27.51	15.50
五、净利润	3.56	4.32

根据表14-2的利润表相关数据分析如下。

（1）A公司毛利占营业收入的比重为25.28%，较之B公司的33.42%低了8.14个百分点，主要是营业成本的占比过高所致，当然也可能是A公司产品的单价过低，说明A公司在市场开拓或成本控制方面与B公司有较大的差距。但如果考虑到A公司对期间费用的控制能力，似乎A公司毛利率较差的主要原因应该是市场开拓能力比较弱，而非内部成本控制能力。

（2）A公司营业利润率为4.67%，高于B公司的2.81%，高了1.86个百分点，主要是A公司的销售费用和管理费用大幅低于B公司所致，说明A公司在内部成本控制这一块比B公司做得更好。但这种比较只是矬子里面拔大个而已，因为这两家企业的管理费用和销售费用占比比大多数企业的比值偏高很多，说明这两家企业的市场规模较之其企业规模而言偏小。

（3）A公司净利润率为3.56%，又低于B公司的4.32%，低了0.76个百分点，主要是营业外收入过低，以及所得税费用偏高所致。营业外收入偏低是因为其补贴偏低所致，而所得税费用偏高应该是其利润总额中应纳税所得偏低所致，说明A公司的非营业活动盈利能力差于B公司。

表14-2的对比很有意思，如果假设两个企业的所得税率都相同，会计所得与应纳税所得相同，且均按税前利润乘固定税率计算所得税费用，则在比较分析一个企业的财务成果时，依据税前利润和税后利润作为评价标准的结果是一样的。这样，一张利润表可以提供3个利润，即毛利润、营业利润和净利润。

在此情况下，如果要求通过3种利润率来比较评价两家公司的经营业绩，试问，你会更看重哪种利润？

例如，有 A、B 两家公司，其营业利润率和净利率分别是 22%、10% 和 20%、12%，你认为哪家公司的经营业绩更正常？显然人们看到 B 公司的营业利润率较低，但净利率较高，说明该公司的营业内业务相对较差，但营业外收入却较 A 公司好很多，这些收入可能是由于该公司处置固定资产所导致，也可能是由于交换、重组、盘盈、补贴所导致。显然，如果站在持续经营的角度，会更看重营业利润而非净利。

也可以将以上的比例看做是毛利率和营业利润率，如果是 B 公司的毛利率较低，但营业利润率较高，则说明该公司在投资控制，尤其是期间费用控制方面做得比较好。一般而言，对期间费用控制方面做得比较好，说明该公司的内部控制工作比较到位，那很明显，该公司对营业成本的控制也不会做得太差。比较而言，则说明 A 公司的内部控制能力相对较差，但毛利率却较高，这说明 A 公司更擅长市场开拓。尽管理财的最高境界是既能开源，又能节流，但如果只能选择一项，估计年轻人会比较倾向于开源，而年长者会比较倾向于节流，这是因为其开源能力已经相对较弱。

14.3　利润表各项目的指标分析

企业财务通则规定的考核企业盈利能力的指标分为 3 部分，包括与销售有关的盈利能力指标、与投资有关的盈利能力指标和与资本有关的盈利能力指标。但对一般企业而言，除了前两方面的盈利能力分析指标外，会更多地从耗费的角度考核获利情况，即考虑使用与费用有关的盈利能力指标。

14.3.1　与销售有关的盈利能力指标分析

在绝大多数企业中，产品销售收入是收入最主要的来源，产品销售利润的高低直接反映了企业生产经营状况和经济效益的好坏。由此可见，对企业销售能力的分析就成为企业盈利能力分析的重点，与此相关的指标主要有销售毛利率（或主营业务利润率）、营业利润率和销售净利润率等。

仍以 A 公司为例，并以表 14-3 列示其利润表。

表 14-3　A 公司利润表　　　　　　　　　　　　　　　单位：元

项　　目	20×7 年	20×6 年	20×5 年
一、营业总收入	2 706 062 399.99	2 468 596 744.39	2 161 592 738.28
其中：营业收入	2 706 062 399.99	2 468 596 744.39	2 161 592 738.28
二、营业总成本	2 579 533 368.69	2 598 363 149.48	2 869 515 622.11
其中：营业成本	2 021 986 036.73	1 872 468 189.24	1 644 351 453.32
税金及附加	15 140 644.20	15 104 838.16	8 790 458.19
销售费用	176 122 297.56	260 581 857.55	195 723 247.03
管理费用	223 044 370.44	230 603 848.15	321 717 587.37

续表

项　　目	20×7 年	20×6 年	20×5 年
财务费用	128 382 998.81	137 773 357.16	130 392 163.75
资产减值损失	14 857 020.95	81 831 059.22	568 540 712.45
加：投资收益（损失以"-"号填列）	-74 364.98	95 317 351.21	767 154.04
其中：对联营企业和合营企业的投资收益	883 754.14	446 187.45	-67 844.10
三、营业利润（亏损以"-"号填列）	126 454 666.32	-34 449 053.88	-707 155 729.79
加：营业外收入	8 690 572.99	116 903 027.46	2 573 869.39
减：营业外支出	2 204 424.71	791 425.12	2 720 277.75
其中：非流动资产处置净损失	579 242.73	-73 735 314.60	848 113.20
四、利润总额（亏损总额以"-"号填列）	132 940 814.60	81 662 548.46	-707 302 138.15
减：所得税费用	36 577 767.54	35 941 233.70	18 453 547.55
五、净利润（净亏损以"-"号填列）	96 363 047.06	45 721 314.76	-725 755 685.70
归属于母公司所有者的净利润	45 646 436.44	31 782 083.73	-731 788 312.61
少数股东损益	50 716 610.62	13 939 231.03	6 032 626.91
六、每股收益：			
（一）基本每股收益	0.104 0	0.072 4	-1.667 0
（二）稀释每股收益	0.104 0	0.072 4	-1.667 0

1. 销售毛利率

销售毛利率是指企业在一定时期内营业收入与营业成本之间的差额占营业收入的比率，它反映了企业每单位销售收入能带来多少毛利，表明企业商品销售的盈利能力，是评价企业盈利能力的主要指标。

根据表 14-3 所示的 A 公司利润表，其销售毛利率的计算如表 14-4 所示。

表 14-4　A 公司销售毛利率计算表　　　　　　　单位：元

项　　目	20×7 年	20×6 年	20×5 年
营业收入	2 706 062 400	2 468 596 744	2 161 592 738
营业成本	2 021 986 037	1 872 468 189	1 644 351 453
销售毛利	684 076 363	596 128 555	517 241 285
销售毛利率	25.28%	24.15%	23.93%

由表 14-4 可知，A 公司的销售毛利率在逐年平稳上升，而由表 14-1 可知，在毛利率上升的同时，营业收入和营业成本也在逐年平稳上升，但该公司 20×7 年度营业收入的上升幅度为 9.62%，大于营业成本的上升幅度 7.99%，表明该公司的市场份额比较稳定，销售价格的升幅大于营业成本的升幅，应该说比较合理。

2. 营业利润率

营业利润率是指企业在一定时期内营业利润与营业收入的比率，它反映了企业每单位销售收入能带来多少营业利润，表明企业营业活动的盈利能力，是评价企业营业活动盈利能力的主要指标。

根据表 14-3 所示的 A 公司利润表，其营业利润率的计算如表 14-5 所示。

表 14-5 A 公司营业利润率计算表 单位：元

项 目	20×7 年	20×6 年	20×5 年
营业利润	126 454 666	−34 449 054	−707 155 730
营业收入	2 706 062 400	2 468 596 744	2 161 592 738
营业利润率	4.7%	−1.4%	−32.7%

由表 14-4 可知，A 公司 20×5 年和 20×6 年的营业利润率均为负数，20×7 年扭亏为盈，这其中固然有毛利率上升的贡献，但由表 14-1 可知，在毛利率上升的同时，该公司三大期间费用及资产减值损失均发生了一定程度的下降，尤其是管理费用，下降幅度最大。但由于管理费用通常是一种与企业生产能力和规模保持匹配的固定性费用，其大幅降低，通常说明公司的经营发生了困难，导致其生产规模发生萎缩等。但如果是某年的管理费用大幅度上升，则可能是发生了大幅度裁员等相关事项。至于资产减值损失的大幅度降低，则很可能是由于企业经营困难导致的会计调节。因此，对该公司营业利润的扭亏为盈应持谨慎乐观态度。

3. 销售净利润率

销售净利润率是指企业实现的净利润与营业收入的比例关系，用以衡量企业在一定时期营业收入获取最终利润的能力。

根据表 14-3 所示的 A 公司利润表，其销售净利润率的计算如表 14-6 所示。

表 14-6 A 公司销售净利润率计算表 单位：元

项 目	20×7 年	20×6 年	20×5 年
净利润	96 363 047	45 721 314	−725 755 685
营业收入	2 706 062 400	2 468 596 744	2 161 592 738
销售净利润率	3.56%	1.85%	−33.58%

由表 14-6 可知，A 公司销售净利润率持续上升，销售净利润率由 20×5 年的 −33.58% 上升至 20×7 年的 3.56%，这表明该公司在经营管理方面是有成效的。当然，希望其成效是在经营方面，而非会计处理或资产处置方面，因为其 20×6 年的营业外收入过大。

另外，销售净利润率指标并不能全面反映企业的盈利能力，因为较高的销售净利润率也可能是依靠较大的资产或资本的投入来维持的。因此，还必须分析企业运用资源的效率和投资报酬率，才能真正判明企业的盈利水平。

14.3.2 与投资有关的盈利能力指标分析

企业收入的取得是以一定的原始投资为基础的，在通常情况下，企业的投资额大，取得的收入就多，利润的绝对数就大；反之亦然。因此，一个企业获得利润的多少，是与企业的投资额相联系的，要正确考核企业的盈利能力，就必须计算投资报酬率。投资报酬率是指投资所取得的利润，投资报酬率是投入资本与所获得利润的比率关系，是从投入产出角度反映企业盈利能力的指标。投资报酬率指标一般包括总资产利润率、净资产利润率和股本金收益率等。

1. 总资产利润率

总资产利润率是指企业实现的净利润与平均总资产的比例关系，用以衡量企业在一定时期所投入总资产获取利润的能力。

根据表 14-3 所示的 A 公司利润表及其他相关资料，其总资产利润率的计算如表 14-7 所示。

表 14-7　A 公司总资产利润率计算表　　　　　单位：元

项　　目	20×7 年	20×6 年	20×5 年
净利润	96 363 047	45 721 314	−725 755 685
平均总资产	3 529 758 813	3 631 996 850	4 353 087 981
总资产利润率	2.73%	1.26%	−16.67%

由表 14-7 可知，近 3 年 A 公司总资产利润率呈上升趋势，特别是 20×6 年上升幅度较大，说明该公司净利润的上升幅度高于总资产的上升幅度，投入产出效益是可取的。但 A 公司的总资产利润率总体较低，属于微利企业。

总资产利润率的变化为：$2.73\% - 1.26\% = 1.47\%$

其中：总资产周转率变动的影响 $= (76.66\% - 67.97\%) \times 1.85\% = 0.16\%$

销售净利率变动的影响 $= 76.66\% \times (3.56\% - 1.85\%) = 1.31\%$

即 20×7 年总资产利润率比 20×6 年上升 1.47 个百分点，其中总资产周转率变动的影响为 0.16 个百分点，销售净利率变动的影响为 1.31 个百分点。

2. 净资产利润率

净资产利润率亦称净资产收益率，是企业一定时期净利润与平均净资产的比率，该指标表明企业所有者权益所获报酬的水平。

根据表 14-3 所示的 A 公司利润表及其他相关资料，其净资产利润率的计算如表 14-8 所示。

表 14-8　A 公司净资产利润率计算表　　　　　单位：元

项　　目	20×7 年	20×6 年	20×5 年
净利润	96 363 047	45 721 314	−725 755 685
平均净资产	487 230 950	440 877 878	687 517 903
净资产利润率	19.78%	10.37%	−105.56%

由表 14-8 可知，近 3 年 A 公司净资产利润率呈上升趋势，特别是 20×6 年上升幅度较大，说明该公司 20×6 年度净利润的上升幅度高于净资产的上升幅度，但 20×7 年开始趋缓并

反转。并且，由于20×7年净资产的上升幅度高于总资产的上升幅度，故该公司20×7年度的净资产利润率的上升幅度低于总资产利润率的上升幅度，说明由于该公司20×7年度的资产负债率在降低，影响了股东的回报率。

净资产利润率的变化为：19.78% − 10.37% = 9.41%

其中：总资产利润率变动的影响 = (2.73% − 1.26%) × 8.24 = 12.1%

权益乘数变动的影响 = (7.24 − 8.24) × 2.73% = −2.73%

即20×7年净资产利润率比20×6年上升了9.41%，其中，由于总资产利润率的上升导致净资产利润率上升了12.1%，但由于权益乘数的下降导致净资产利润率下降了2.73%。

3. 股本金收益率

股本金收益率就是每股收益，是指净利润与企业股本的比率，用以表明企业所有者投入资本赚取利润的能力。

根据表14-3所示的A公司利润表及其他相关资料，其每股收益的计算如表14-9所示。

表14-9 A公司每股收益计算表　　　　　　单位：元

项　目	20×7年	20×6年	20×5年
净利润	96 363 047	45 721 314	−725 755 685
企业股本	438 986 400	438 986 400	438 986 400
每股收益	0.22	0.10	−1.65

由表14-9可知，由于近3年A公司的股本没有变化，但净利润却稳步上升，故每股收益逐年提升，特别是20×6年上升幅度较大。但20×6年的企业股本和所有者权益平均值基本持平，说明该公司的所有者权益基本是由股本构成，基本没有资本公积和留存收益，过去年度的市场表现和经营业绩乏善可陈，以后的经营情况可能也不乐观。

14.3.3　与费用有关的盈利能力指标分析

企业收入的取得是以一定的支出为前提的，而企业的利润则是收入与其相关支出配比的差额。在通常情况下，企业取得的收入多，其支出也多。企业希望的是以尽可能少的支出取得尽可能多的收入，从而实现利润的最大化。因此，一个企业获得利润的多少是与企业的耗费相联系的，考核企业的盈利能力，分析企业各项支出的效益，有必要计算与费用有关的盈利能力指标。体现与费用有关的盈利能力的指标主要有成本费用利润率和利息保障倍数等。

1. 成本费用利润率

成本费用利润率指标包括成本毛利率，主要反映毛利占营业成本的比重，是饮食业喜欢使用的一个重要财务指标，也简称毛利率，但与销售毛利率的意义不同。另一个经常使用的成本费用利润率指标是营业总成本利润率，主要反映单位营业成本的盈利能力。

根据表14-3所示的A公司利润表的相关资料，其营业总成本利润率的计算如表14-10所示。

表 14-10   A 公司营业总成本利润率计算表   单位：元

项　　目	20×7 年	20×6 年	20×5 年
净利润	96 363 047	45 721 314	−725 755 685
营业总成本	2 579 533 369	2 598 363 149	2 869 515 622
营业总成本利润率	3.74%	1.76%	−25.29%

由表 14-10 可知，近 3 年 A 公司营业总成本利润率持续上升，其中 20×6 年由于扭亏为盈，故上升幅度较大；而 20×7 年则由于利润持续上升，营业总成本有所下降，使得企业经济效益不断提高。

2. 利息保障倍数

利息保障倍数是指一个企业每期获得的收益与所支付的利息费用之间的倍数关系。利息保障倍数越大，企业偿还即期债务利息的能力必然越强，通常也就有能力偿还到期的债务本金。所以，利息保障倍数指标可以用于衡量企业所获得的收益承担应支付到期利息费用的能力，既可以用来评价企业的盈利能力，也可借此分析企业的长期偿债能力。

根据表 14-3 所示的 A 公司利润表及报表附注的相关资料，其利息保障倍数的计算如表 14-11 所示。

表 14-11   A 公司利息保障倍数计算表   单位：元

项　　目	20×7 年	20×6 年	20×5 年
利息费用	128 382 998	137 773 357	130 392 163
息税前利润	132 940 814	81 662 548	−707 302 138
利息保障倍数	1.04	0.59	−5.42

由表 14-11 可知，近 3 年 A 公司的利息保障倍数持续上升，但总体保障倍数不强，说明该公司的息税前利润盈利能力不强，即经营活动的盈利能力不强，当然也可能是利息数额太大，即资产负债率太高所致。无论是何种原因，均说明该公司持续经营活动的盈利能力不强，财务风险较大。

14.3.4   营运能力指标分析

资产营运是企业在生产经营过程中实现资本增值的过程，是宏观资源配置与微观经济管理的综合反映。资产营运状况关系到一个企业资本增值的程度。一般而言，营运效率越高，企业的盈利能力就越大，资产变现损失的风险就越小，偿债能力就越强，资本增值就越快；反之，则相反。资产营运效果主要是通过资产周转速度的快慢来体现，故评价企业资产营运能力是通过利润表与资产负债表有关项目的结合分析来确定的，其主要分析评价的指标有总资产周转率、国定资产周转率、流动资产周转率、应收账款周转率、存货周转率等。

1. 总资产周转率

总资产是指企业所拥有或控制的，能以货币计量的全部经济资源。总资产周转率是指企业营业收入与资产平均总额的比率，即企业每一元的总资产在一定时期内（通常为 1 年）创造营业收入的额度，是反映全部资产利用效率的指标。

根据表 14-3 所示的 A 公司利润表及其他相关资料，其总资产周转次数和周转天数的计算如表 14-12 所示。

表 14-12　A 公司总资产周转次数和周转天数计算表　　　　单位：元

项　目	20×7 年	20×6 年	20×5 年
营业收入	2 706 062 399	2 468 596 744	2 161 592 738
资产平均总额	3 529 758 813	3 631 996 850	4 353 087 981
总资产周转次数	0.77	0.68	0.50
总资产周转天数	467	529	720

由表 14-12 可知，A 公司 20×7 年总资产周转率为 0.77 次，平均约 467 天周转一次，即每一元的总资产每年能创造 0.77 元的营业收入，说明该公司的资产利用效果较差，当然，比较以往还是进步了。

总资产周转次数的变化为：0.77-0.68=0.09（次）

其中：流动资产周转次数对总资产周转次数的影响＝（0.97-0.85）×79.69%＝0.095（次）

流动资产占总资产比重变动对总资产周转次数的影响＝0.97×（79.21%－79.69%）＝-0.005（次）

由此可见，A 公司总体的总资产营运效率较差，但在 20×6 年周转速度基础上，20×7 年有所上升，20×7 年总资产周转次数较 20×6 年上升了 0.09 次，其中，由于流动资产周转次数的加快使总资产的周转次数加快了 0.095 次，但流动资产占总资产比重的下降使总资产的周转次数下降了 0.005 次，合计为 0.09 次，说明该公司总资产周转率的加速主要是由于流动资产周转率的加速所导致，该公司基本是一家非技术、资本密集型企业。

2. 固定资产周转率

固定资产周转率是指企业年营业收入与固定资产平均总额的比率，它反映了企业固定资产周转的快慢、变现能力和有效利用程度。

根据表 14-3 所示的 A 公司利润表及其他相关资料，其固定资产周转次数和周转天数的计算如表 14-13 所示。

表 14-13　A 公司固定资产周转次数和周转天数计算表　　　　单位：元

项　目	20×7 年	20×6 年	20×5 年
营业收入	2 706 062 399	2 468 596 744	2 161 592 738
固定资产平均总额	392 135 536	472 472 039	567 298 956
固定资产周转次数	6.90	5.22	3.81
固定资产周转天数	52	69	94

由表 14-13 可知，A 公司 20×7 年固定资产周转率为 6.90 次，平均约 52 天周转一次，即每一元的固定资产每年能创造 6.90 元的营业收入，说明该公司的固定资产利用效果尚可，同时比以往也有进步。

3. 流动资产周转率

流动资产周转率是指企业一定期间（通常为 1 年）营业收入与流动资产平均总额的比率，是反映企业流动资产周转速度和综合利用效率的指标。

根据表 14-3 所示的 A 公司利润表及其他相关资料，其流动资产周转次数和周转天数的计算如表 14-14 所示。

表 14-14　A 公司流动资产次数和周转天数计算表　　　　单位：元

项　　目	20×7 年	20×6 年	20×5 年
营业收入	2 706 062 399	2 468 596 744	2 161 592 738
流动资产平均总额	2 796 173 333	2 894 188 759	3 539 750 011
流动资产周转次数	0.97	0.85	0.61
流动资产周转天数	371	424	590

由表 14-14 可知，A 公司 20×7 年流动资产周转率为 0.97 次，平均约 371 天周转一次，即每一元的流动资产每年能创造 0.97 元的营业收入，说明该公司的流动资产利用效果比较差，不过比以往还是进步了。

A 公司流动资产周转率和固定资产周转率对比鲜明，应该是流动资产占总资产的比重过高所致，说明该公司的服务能力高于其制造能力，或者是其制造能力的技术含量不高。

$$流动资产周转次数的变化为：0.97-0.85=0.12（次）$$
其中：流动资产垫支周转次数影响 =（0.73-0.65）×132% = 0.11（次）
$$收入成本比变动影响 = 0.73×（134\%-132\%）= 0.01（次）$$

即流动资产周转率增长受流动资产垫支周转次数和收入成本比变动两个因素共同影响，但流动资产垫支周转次数影响更大。

注：流动资产垫支周转次数 = 营业成本/流动资产平均总额

$$收入成本比 = 营业收入/营业成本$$

流动资产垫支周转次数的变化为：0.74-0.65=0.09（次）
其中：存货周转次数影响 =（2.48-2.10）×30.74% = 0.12（次）
$$存货构成率影响 = 2.48×（29.21\%-30.74\%）= -0.03（次）$$

注：存货构成率 = 存货/流动资产

由此可见，流动资产垫支周转次数的提升主要是存货周转次数的上升引起的。

4. 应收账款周转率

在理论上，应收账款周转率是指企业在一定时期内（通常为 1 年）商品或产品赊销净额与应收账款平均余额（包括应收票据）的比率，但由于赊销净额很难取得，故实际计算时一般采用营业收入与应收账款平均余额计算此指标，是反映企业应收账款变现速度和管理效率的指标。

根据表 14-3 所示的 A 公司利润表及其他相关资料，并假定该公司赊销收入占营业收入的 70%，则其应收账款周转次数和周转天数的计算如表 14-15 所示。

表 14-15　A 公司应收账款周转次数和周转天数计算表

单位：元

项　　目	20×7 年	20×6 年	20×5 年
赊销收入净额	1 894 243 679	1 728 017 720	1 513 114 916
应收账款平均余额	933 632 965	1 125 961 796	1 495 473 848
应收账款周转次数	2.03	1.53	1.01
应收账款周转天数	177	235	356

注：赊销收入净额假设按营业收入的 70% 计算。

20×7 年赊销收入净额 = 2 706 062 399×70% = 1 894 243 679（元）

20×6 年赊销收入净额 = 2 468 596 744×70% = 1 728 017 720（元）

20×5 年赊销收入净额 = 2 161 592 738×70% = 1 513 114 916（元）

从表 14-15 中可以看出，A 公司 20×7 年和 20×6 年应收账款周转次数较 20×5 年均有增加，从 20×5 年的 1.01 次增长到 20×7 年的 2.03 次，说明该公司应收账款回款速度加快，质量有所提升，说明该公司的信用政策趋于合理，产品的市场需求趋于好转，但总体一般，需要进一步努力。

5. 存货周转率

存货周转率是指企业一定时期内（通常为 1 年）产品或商品销货成本与存货平均总额的比率，是反映企业存货周转速度、存货质量和流动性的指标，也是评价企业购入存货、投入生产、销售收回等环节的管理状况和运营效率的综合性指标。

根据表 14-3 所示的 A 公司利润表及其他相关资料，其存货周转次数和周转天数的计算如表 14-16 所示。

表 14-16　A 公司存货周转次数和周转天数计算表

单位：元

项　　目	20×7 年	20×6 年	20×5 年
营业成本	2 021 986 036	1 872 468 189	1 644 351 453
存货平均总额	816 879 414	889 308 549	1 227 857 328
存货周转次数	2.48	2.11	1.34
存货周转天数	145	171	269

从表 14-16 中可以看出，A 公司 20×7 年、20×6 年、20×5 年存货周转次数逐年提高，存货周转天数逐年缩短，总体看该公司存货管理水平趋好。

本章小结

　　利润表是反映企业一定时期经营成果的报表，而经营成果是企业生产经营的归属和目标。本章主要以利润表为依据，同时结合资产负债表相关数据，重点阐述企业盈利能力、营运能力和自身发展能力指标计算、分析的内容及方法。

　　企业自身发展能力是投资者、经营者，以及潜在投资人和债权人关心的资讯，该能力来源于内部积累，贵在可持续性。

　　利润表若同现金流量表有机结合起来，还能评价企业盈利与收现的真实性，判断企业当期实现利润的含金量，为全面评价企业的经营业绩提供依据。

　　需要说明的是，该章指标中很多使用了平均数，是因为分子数据使用的是累计数，而分母数据是时点数，它们其实是因为不可比而采取的一种不得已手段。现实中也大量存在不使用平均数，而直接使用期末数的习惯。

本章习题

一、单项选择题

1. 反映企业全部财务成果的指标是（　　）。
　　A. 主营业务利润　　　　　　　　B. 营业利润
　　C. 利润总额　　　　　　　　　　D. 净利润

2. 某公司2017年的营业收入为1 200万元，销售毛利率为20%，年初的存货为600万元，年末的存货为900万元，则该公司2017年的存货周转天数为（　　）天。（一年按360天计算）
　　A. 225　　　　　B. 281.25　　　　C. 115.2　　　　D. 460.8

3. 甲公司2017年的营业净利率比2016年下降5%，总资产周转率提高10%，假定其他条件与2016年相同，那么甲公司2017年的净资产收益率比2016年提高（　　）。
　　A. 4.5%　　　　B. 5.5%　　　　C. 10%　　　　D. 10.5%

4. 销售品种构成变动会引起产品销售利润变动，主要是因为（　　）。
　　A. 各种产品的价格不同　　　　　B. 各种产品的单位成本不同
　　C. 各种产品的单位利润不同　　　D. 各种产品的利润率不同

二、多项选择题

1. 影响主营业务利润的基本因素有（　　）。
　　A. 销售量　　　　　　　　　　　B. 单价
　　C. 期间费用　　　　　　　　　　D. 销售品种构成
　　E. 产品等级

2. 企业的收入从广义上讲应包括（　　）。
　　A. 主营业务收入　　　　　　　　B. 其他业务收入

C. 股利收入　　　　　　　　　　D. 利息收入

E. 营业外收入

3. 假设其他因素不变，下列变动中有助于提高杠杆贡献率的有（　　）。

A. 提高净经营资产利润率　　　　B. 降低负债的税后利息率

C. 减少净负债的金额　　　　　　D. 减少经营资产周转次数

4. 财务费用项目分析的内容包括（　　）。

A. 借款总额　　B. 利息支出　　C. 利息收入　　D. 汇兑收益

E. 汇兑损失

三、判断题

1. 息税前利润是指没有扣除利息和所得税前的利润，即等于营业利润与利息支出之和。　　　　　　　　　　　　　　　　　　　　　　　　　　　　　（　　）

2. 利润表附表反映了会计政策变动对利润的影响。　　　　　　　　（　　）

3. 如果某一分部的对外营业收入总额占企业全部营业收入总额 50% 及以上，则不需编制分部报表。　　　　　　　　　　　　　　　　　　　　　　　　（　　）

4. 税率的变动对产品销售利润没有影响。　　　　　　　　　　　　（　　）

5. 按我国现行会计制度规定，企业当期实现的净利润即为企业当期可供分配的利润。　　　　　　　　　　　　　　　　　　　　　　　　　　　　　　（　　）

四、简答题

1. 决定销售净利润率高低的因素有哪些？

2. 简述利息保障倍数指标的意义。

3. 企业营运能力分析指标有哪些？

4. 计算分析应收账款周转率指标应注意哪些问题？

5. 影响存货周转率的因素有哪些？

五、计算题

HN 公司是一家上市公司，主要生产小型及微型处理计算机，其市场目标主要定位于小规模公司和个人使用。该公司生产的产品质量优良、价格合理，在市场上颇受欢迎，销路很好，因此该公司也迅速发展壮大起来。公司当前正在做 20×7 年度的财务分析，下一周，财务总监将向总经理汇报 20×7 年度公司的财务状况和经营成果，汇报的重点是公司经营成果的完成情况，并要出具具体的分析数据。

张某是该公司的助理会计师，主要负责利润的核算、分析工作，财务总监要求张某对公司 20×7 年度有关经营成果的资料进行整理分析，并对公司经营成果的完成情况写出分析报告，以供公司领导决策考虑。接到财务总监交给的任务后，张某立刻收集有关经营成果的资料，具体资料如表 14-17～表 14-19 所示。

表 14-17　HN 公司 20×7 年利润表

编制单位：HN 公司　　　　　　　　　　20×7 年利润表　　　　　　　　　　单位：万元

项　目	20×7 年	20×6 年
一、营业收入	1 296 900	1 153 450

续表

项　　目	20×7年	20×6年
二、营业成本	1 070 955	968 091
税金及附加	14 396	6 805
销售费用	2 723	1 961
管理费用	124 502	108 309
财务费用	−24 122	105 541
三、营业利润	108 446	−37 257
加：营业外收入	80	
减：营业外支出	3 113	1 961
四、利润总额	105 413	−39 218
减：所得税费用	23 344	4 268
五、净利润	82 069	−43 486

表14-18　HN公司财务费用表　　　　　　　单位：万元

项　　目	20×7年	20×6年
利息支出	970	128 676
减：利息收入	26 854	25 320
汇兑损失	3 108	2 809
减：汇兑收益	1 480	756
其他	134	132
财务费用	−24 122	105 541

表14-19　HN公司管理费用明细表　　　　　　单位：万元

项　　目	20×7年	20×6年
工资及福利费	64 540	64 320
劳动保险费	4 340	4 308
业务招待费	8 988	4 211
工会经费	1 150	1 048
折旧费	1 540	1 540
技术开发费	38 600	27 856
其他	5 344	5 026
管理费用	124 502	108 309

要求：

请运用案例中提供的信息，从会计项目和财务指标两个方面对该公司20×7年利润结构变动情况进行分析评价。

六、案例分析

某石油技术股份有限公司20×7年度业绩快报

本公司及董事会全体成员保证公告内容真实、准确和完整，并对公告中的虚假记载、误导性陈述或重大遗漏承担责任。

本公告所载 20×7 年度财务数据已经公司内部审计部门审计，未经会计师事务所审计，确切数据以公司披露的 20×7 年年度报告为准，提请投资者注意投资风险。

一、20×7 年度主要财务数据

单位：元

项　　目	20×7 年度	20×6 年度	本年比上年增减
营业收入	254 158 572.23	250 968 376.43	1.27%
营业利润	32 318 525.18	31 480 106.94	2.66%
利润总额	32 703 970.29	31 236 950.27	4.70%
净利润	27 128 960.72	26 109 927.80	3.90%
基本每股收益	0.36	0.35	2.86%
净资产收益率	15.20%	16.75%	−1.55%
	2007 年末	2006 年末	
总资产	339 264 491.18	302 568 580.91	12.13%
股东权益	178 503 474.14	155 852 861.90	14.53%
股本	74 458 689.00	74 458 689.00	0.00%
每股净资产	2.40	2.09	14.83%

注：

1. 公司 20×8 年 1 月 17 日向社会公开发行了 2 500 万流通股，截至目前公司总股本为 9 945.87 万股。

2. 业绩快报公告所载的是 20×7 年年末数据。

3. 上述数据以公司合并报表数据填列。

4. 上述净利润、基本每股收益、净资产收益率、股东权益、每股净资产等指标以归属于母公司股东的数据填列，净资产收益率按全面摊薄法计算。

二、经营业绩和财务状况的简要说明

1. 经营业绩说明

公司报告期内经营状况良好，报告期内实现收入 25 415.86 万元，比上年同期增长 1.27%，实现营业利润 3 231.85 万元，比上年同期增长 2.66%，实现归属于母公司的净利润 2 712.90 万元，比上年同期增长 3.90%。公司 20×7 年实现收入、利润都比上年同期略有增加，主要是公司的主营业务的市场较稳定，为油田提供的各项技术服务较成熟。

2. 财务状况说明

报告期内公司财务状况较好，报告期内公司总资产为 33 926.45 万元，比上年同期增长 12.13%，归属于母公司所有者权益为 17 850.35 万元，比上年同期增长 14.53%，每股净资产为 2.40 元，比上年同期增长 14.83%，增长的原因主要是经营业绩稳中略有增长。

董事会

20×8 年 2 月 22 日

要求：
从会计项目和财务指标两个角度对该公司的财务状况进行分析。

参考答案

一、单项选择题

1. C　　 2. B　　 3. A　　 4. D

二、多项选择题

1. ABCD　　 2. ABCDE　　 3. AB　　 4. BCDE

三、判断题

1. ×　　 2. ×　　 3. ×　　 4. ×　　 5. ×

第 15 章

现金流量表分析

学习目标

1. 了解现金流量表分析的意义。
2. 掌握现金流量的增减变动分析、结构分析的内容和方法。
3. 明确现金流量的各项指标分析方法。
4. 理解财务比率分析的内容和方法。

学习重点

1. 掌握现金流量趋势分析、结构分析和财务比率分析的计算方法，能够进行现金流量表分析的操作。
2. 理解企业现金流量与利润之间的关系。

现金流量表是反映企业一定期间现金及现金等价物流入、流出和净流量信息的财务报表，是企业财务报表三大主表之一。通过揭示企业获取现金及现金等价物的能力，可以评价企业经营活动及其成果的质量；通过现金及现金等价物流入和流出结构的变化，可以评价和预测企业的财务状况。在市场经济中，现金与现金流量和一个企业的生存、发展、壮大息息相关。但是，要真正发挥现金流量表的作用，还需要对现金流量有深入的认识并掌握一定的分析技巧。

15.1 现金流量表分析的意义

15.1.1 企业现金流量表分析的意义

现金流量表是以现金为基础编制的反映企业财务状况变动的报表，它反映企业一定会计期间内有关现金及现金等价物的流入、流出和净流量信息，表明企业获得现金及现金等价物的能力。

根据我国会计准则的规定，现金是指公司库存现金，可以随时用于支付的存款，以及其他货币资金。此处的现金有别于会计上所说的现金，不仅包括"现金"账户核算的现金，而且还包括公司"银行存款"账户核算的存入金融机构、随时可以用于支付的存款，也包括"其他货币资金"账户核算的外埠存款、银行汇票存款、银行本票存款和在途货币资金等。

现金等价物是指公司持有的期限短、流动性强、易于转换为已知金额现金，以及价值变动风险很小的投资。现金等价物虽然不是现金，但因其支付能力与现金的差别不大，可视为现金。

现金流量是某一段时期内企业现金流入和流出的数量。例如，企业出售商品、提供劳务、出售固定资产、向银行借款等取得现金，形成企业的现金流入；购买原材料、接受劳务、购置固定资产、对外投资、偿还债务等而支付现金，形成企业的现金流出。现金流量信息可以表明企业经营状况是否良好、资金是否紧缺、企业偿付能力大小等，从而为投资者、债权人、企业管理者提供非常有用的信息。同时还应注意，企业现金形式的转换不会产生现金的流入和流出。例如，企业从银行提取现金，是企业现金存放形式的转换，并未改变现金流量；同样，现金与现金等价物之间的转换也不改变现金流量，如企业将一个月前购买的有价证券变现，收回现金，并不增加和减少现金流量。

15.1.2　现金流量质量分析的意义

所谓现金流量的质量，是指企业的现金流量能够按照企业的预期目标进行运转的质量。具有较好质量的现金流量应当具有以下特征：① 企业现金流量的状态体现了企业发展的战略要求；② 在稳定发展阶段，企业经营活动的现金流量应当与企业经营活动产生的利润有一定的对应关系，并能为企业的扩张提供现金流量的支持。而现金流量质量分析是评价现金流量对企业真实经营状况的客观反映程度，并通过提供相应的筹资、投资等以下几个方面的现金流量信息，为改善企业财务与经营状况、增强持续经营能力起到推动作用。

1. 提供筹资方面的信息

企业筹资能力的大小及其筹资环境是债权人和投资人共同关心的问题，通过对筹资能力和筹资环境的分析，有助于企业正确地进行经济决策。这是因为筹资活动产生的现金流量信息，不仅关系企业目前现金流量的多少，而且还关系企业未来现金流量的大小，以及企业资本结构和资金成本等问题。而现行现金流量表中的筹资活动所产生的现金流量，既包括所有者权益性筹资的现金流入量和流出量，又包括债务性筹资的现金流入量和流出量。

因此，在分析时，分析者不能仅仅看筹资活动产生的现金净流量是正还是负，而更应注意筹资活动产生的现金净流量是由权益性筹资活动引起的还是由债务性筹资活动引起的。如果筹资活动现金净流量是正的，而且主要是由债务性筹资活动所引起的，则一方面说明企业的债务将会增加，资金来源增加，资本结构中负债比例将会提高，当然，企业的财务风险也会增加；另一方面也预示着企业未来现金流出量将会增加。

如果筹资活动现金净流量是负的，而且负值现金净流量主要是由于债务性筹资活动所引起的，那么通过比较现金流量表，并结合资产负债表及其附注，就可以说明企业是否处于债务偿付期。若如此，则一方面说明企业在近期可能会有大量的现金流出；另一方面还应结合经营活动的现金流量情况及企业生产经营情况，分析企业未来的资金需要量。通过这样的分析，分析者就可以大致判明企业未来可能会有多少筹资需求。

2. 提供投资方面的信息

企业对外投资情况及其效果也是投资人和债权人共同关心的问题，因为企业对外投资及其效益的好坏，直接关系企业的盈利或损失。同时，投资收益质量的好坏，即投资收益收现比例的大小，也直接关系投资人和债权人的经济利益能否实现。现金流量表中的投资活动所产生的现金流量信息，可以帮助投资人和债权人对企业投资活动及其效益进行评价，从而帮助他们作出正确的经济决策。

通常，投资活动的现金流量与经营活动的现金流量密切相关。如果经营活动取得的净现金流量足够大，说明企业的投资空间足够大或偿还债务的能力足够强。

3. 提供与企业战略有关的信息

对投资活动产生的现金流量进行分析，可以先从投资活动现金净流量开始。如果投资活动现金净流量是正值，除了收到的是利息收入及债权性投资的收回外，收到的现金是由于固定资产、无形资产等投资活动所产生的，则说明企业有可能处于转轨阶段，或者有可能调整其经营战略等。若投资活动现金净流量为负值，而且主要是由于非债权性投资活动所引起的，则说明企业可能处于扩张性阶段，在一般情况下，预示着企业在将来会有相应的现金流入。但在分析时，还应结合企业投资的方向分析其投资风险，从而进一步确定投资活动现金流入的风险、时间和金额。

一般而言，衡量一个企业的经营状况良好与否，可以通过评价经营活动现金净流量与投资活动现金净流量的关系来实现。如果一个企业投资活动的现金净流量总是为负，说明该企业的投资欲望比较强。并且，此种欲望如果又是建立在经营活动现金净流量完全覆盖的基础上，那么进一步说明，该企业以往的投资是合理的，经营活动是稳定的，未来的投资效益也是可预期的。

4. 提供纳税方面的信息

我国现行现金流量表对企业纳税信息的披露较为充分。通过现金流量表，结合资产负债表中有关应付税金和利润表中的收入及税前净利润等指标，使用者可以了解以下信息。

（1）企业实际纳税占全部应纳税的百分比，即了解企业实际缴纳税金情况，是否存有拖欠税金情况，如有，则会影响企业未来的现金流量。

（2）通过将纳税现金流量与企业经营活动产生的现金净流量相比较，可以了解企业经营活动所产生的现金净流量能否满足纳税的需要，如若不能，则说明企业纳税现金还需其他资金来源。

5. 提供有关资产管理效率方面的信息

分析者可以通过对企业经营活动产生的现金流量进行分析，结合资产负债表和利润表中有关现金、存货、应收账款、应付账款、收入、成本、费用等各勾稽项目之间的增减变动情况，并了解现金流量表附注中的有关内容，可以判断和分析企业应收账款的管理效率和存货的管理效率，以及各项收入的回笼质量、成本费用的支出频率情况，从而预测企业未来的现金流入量和流出量。

比如，可以通过"销售商品、提供劳务收到的现金"项目、"营业收入"项目、"应收账款"项目和"应收票据"项目之间的勾稽关系，评价收入的质量；通过"购买商品、接受劳务收到的现金"项目、"存货"项目、"应付账款和应付票据"项目之间的勾稽关系，评价现金流出的频率，以及通过"支付的各种税金"项目、"税金及附加"项目、"应交税金"项目，评价企业应交税金的应付实缴情况。

6. 对未来现金流量的预测

人们分析现金流量表，与其说是为了了解企业过去各种活动所引起的现金流量的变动，不如说是为了了解企业未来的各项活动及所引起的现金流量变动情况。使用者可以从多方面进行分析，预测企业未来的现金流量。在分析时，尤其应注意对现金流量表附注所披露的与现金流量没有关系的投资活动及筹资活动的分析，因为这些活动信息有利于信息使用者评估企业未来的现金流量。

对企业未来现金流量的分析，可以从以下 3 个方面着手。

（1）分析企业经营性应收项目及其占销售收入比例的变动情况。应收项目的增加，说明企业未来可能会有现金流入，但还应结合企业长期的收账政策及其效果进行分析，才能确定。如果应收项目占销售收入的比例较小，而且能够长期保持，只要企业有足够的销售收入，未来就会有足够的现金流入。

（2）分析经营性应付项目及其占销售收入比例的变动情况。应付项目的增加，预示着企业未来将有大量的现金流出。同时，应付项目占销售收入比例越高，未来现金流出的压力就越大。

（3）其他。如果对投资支出、筹资增加和股利政策等进行分析，同样可以预测企业未来的现金流量情况。

7. 有关企业分配方面的信息

有关企业分配方面的信息主要是指利息和现金股利的支付方面的信息，实质上是指企业支付能力的分析。企业有时虽有丰厚的利润，但未必就有较强的偿债能力和股利支付能力，因为偿还债务和支付股利必须要有足够的现金。因此，报表使用者通过对现金流量表的分析，可以获得企业用于偿还债务和支付股利的现金信息，这种信息与其经济利益更具相关性，因为投资者和债权人将资金投入企业的目的就是获得盈利并保证其资金的安全。但是，他们所追求的很可能是以现金形式表现的投资回报，而不是用货币计量的账面利润。

当然，对这方面的分析结论，也可以通过对三大报表有关项目之间的勾稽关系分析和评价中获得。

15.1.3　现金流量表分析的内容

1. 现金流量表一般分析

现金流量表一般分析是直接以现金流量表为依据，分析各主要项目变动对经营活动现金流量、投资活动现金流量和筹资活动现金流量的影响，以说明企业现金流入量、现金流出量和净流量的规模及特点。

2. 现金流量表水平分析

现金流量表水平分析主要是通过对比不同时期的各项现金流量变动情况，揭示企业当期现金流量水平及其变动情况，反映企业现金流量管理的水平与特点。

3. 现金流量表结构分析

现金流量表结构分析是指通过计算企业各项目现金流入量占现金总流入量的比重，以及各项目现金流出量和净流量占现金总流出量和净流量的比重，揭示企业经营活动、投资活动和筹资活动的特点，以及对现金净流量的影响方向和程度。

4. 现金流量与利润综合分析

现金流量与利润综合分析通过对现金流量与净利润的对比分析，一方面揭示现金净流量与利润的区别，另一方面揭示二者的关系，并通过二者之间的关系反映企业的盈利质量和财务状况。

15.2　现金流量趋势分析

现金流量表对于财务分析人员来说，一个重要的意义就是预测企业未来现金流量的变动情况，以及与资产负债表和利润表的勾稽关系。但是，单看企业一个时期的现金流量表并不能使财务人员准确地判断企业财务状况和经营成果变动的原因，不能有效地预测企业未来的现金流量状况。只有对连续数期的现金流量表进行比较分析，才能了解哪些项目发生了变化，并从中掌握其变动趋势，从大局上把握企业的发展方向，进而作出正确的决策。

15.2.1　现金流量的趋势分析方法

现金流量的趋势分析至少需掌握 3 年或 3 年以上的现金流量资料。通过现金流量的趋势分析，可以观察企业现金流入、流出的长期变动趋势，并根据此趋势预测企业未来现金流入、流出可能达到的水平。现金流量趋势分析的方法有两种：定比分析法和环比分析法。

根据表 15-1 的 DL 股份有限公司现金流量表，计算定比分析数据如表 15-2 所示，并可以采用定比分析法分析该公司 4 年现金流量的变动趋势。

表 15-1　DL 股份有限公司现金流量表

编制单位：DL 股份有限公司　　　　　　　　　　　　　　　　　　　　　　单位：万元

项　目	行次	20×4 年	20×5 年	20×6 年	20×7 年
一、经营活动产生的现金流量					
销售商品、提供劳务收到的现金	1	439 089	629 157	806 457	869 219
收到的税费返还	3	5 518	11 674	8 647	7 397
收到的其他与经营活动有关的现金	8	23 559	33 096	36 382	54 555
现金流入小计	9	468 166	673 927	851 486	931 171
购买商品、接受劳务支付的现金	10	265 248	358 433	450 561	481 638
支付职工工资和为职工支付的现金	12	28 063	45 190	53 574	58 685
支付的各种税费	13	67 745	113 895	146 641	153 601
支付的其他与经营活动有关的现金	18	73 700	103 420	90 108	123 451

续表

项　　目	行次	20×4年	20×5年	20×6年	20×7年
现金流出小计	20	434 756	620 938	740 884	817 375
经营活动产生的现金流量净额	21	33 410	52 989	110 602	113 796
二、投资活动产生的现金流量	22				
收回投资所收到的现金	23	6 699	4 587	4 049	15
取得投资收益所收到的现金	25	324	202	5	15
处置固定资产、无形资产和其他长期资产所收到的现金净额	28	231	18 633	5 370	4 740
收到的其他与投资活动有关的现金	29	501	543	477	402
现金流入小计	30	7 755	23 965	9 901	5 172
购建固定资产、无形资产和其他长期资产所支付的现金	31	68 122	77 498	49 903	46 767
投资所支付的现金	35	22 944	48 891	17 209	8610
支付的其他与投资活动有关的现金	36	6 512	3 520	7 692	2 544
现金流出小计	37	97 578	129 909	74 804	57 921
投资活动产生的现金流量净额		−89 823	−105 944	−64 903	−52 748
三、筹资活动产生的现金流量	38				
吸收投资所收到的现金	40	3 309	80 624	944	123 703
借款所收到的现金	43	224 361	374 095	413 628	289 593
收到的其他与筹资活动有关的现金	44	346	70	3 592	1 787
现金流入小计	45	228 016	454 789	418 164	415 083
偿还债务所支付的现金	46	130 495	391 746	407 554	423 136
分配股利、利润和偿付利息所支付的现金		22 137	23 844	26 998	37 684
支付的其他与筹资活动有关的现金	52	1 052	3 253	3 274	7 747
现金流出小计	53	153 684	418 843	4 37 826	468 567
筹资活动产生的现金流量净额	54	74 332	35 946	−19 662	−53 484
四、汇率变动对现金的影响	55	46	−6	−30	−5
五、现金及现金等价物净增加额	56	17 965	−17 014	26 006	7 558

表15-2　DL股份有限公司4年的现金流量表定比分析表

项　　目	行次	20×4年	20×5年	20×6年	20×7年
一、经营活动产生的现金流量					
销售商品、提供劳务收到的现金	1	100	143.28	183.67	197.97
收到的税费返还	3	100	211.56	156.71	134.06
收到的其他与经营活动有关的现金	8	100	140.48	154.42	231.56
现金流入小计	9	100	143.95	181.88	198.9

续表

项　目	行次	20×4年	20×5年	20×6年	20×7年
购买商品、接受劳务支付的现金	10	100	135.13	169.86	181.58
支付职工工资和为职工支付的现金	12	100	161.03	190.91	209.12
支付的各种税费	13	100	167.12	216.46	226.73
支付的其他与经营活动有关的现金	18	100	140.32	122.26	167.5
现金流出小计	20	100	142.82	170.41	188.01
经营活动产生的现金流量净额	21	100	158.61	331.05	340.61
二、投资活动产生的现金流量					
收回投资所收到的现金	22	100	68.47	60.44	0.22
取得投资收益所收到的现金	23	100	62.32	1.61	4.65
处置固定资产、无形资产和其他长期资产所收到的现金净额	25	100	8 070.71	2 325.78	2 053.17
收到的其他与投资活动有关的现金	28	100	108.33	95.01	80.15
现金流入小计	29	100	309.02	127.66	66.69
购建固定资产、无形资产和其他长期资产所支付的现金	30	100	113.76	73.25	68.65
投资所支付的现金	31	100	213.09	75	37.53
支付的其他与投资活动有关的现金	35	100	54.06	118.12	39.06
现金流出小计	36	100	133.13	76.66	59.35
投资活动产生的现金流量净额	37	100	117.95	72.26	58.72
三、筹资活动产生的现金流量					
吸收投资所收到的现金	38	100	2 436.62	28.54	3 338.59
借款所收到的现金	40	100	166.74	184.36	129.07
收到的其他与筹资活动有关的现金	43	100	20.24	1 038.46	516.68
现金流入小计	44	100	199.46	183.39	182.04
偿还债务所支付的现金	45	100	300.2	312.31	324.259 1
分配股利、利润和偿付利息所支付的现金	46	100	107.71	121.96	170.23
支付的其他与筹资活动有关的现金	52	100	309.41	311.35	736.75
现金流出小计	53	100	272.54	284.89	304.89
筹资活动产生的现金流量净额	54	100	48.36	−26.45	−71.95
四、汇率变动对现金的影响	55	100	−12.69	−65.69	−11.82
五、现金及现金等价物净增加额	56	100	−94.71	144.76	42.07

通过表15-2中DL股份有限公司4年现金流量定比分析表，可以看出该公司现金流量的动态趋势如下。

（1）DL股份有限公司的经营活动现金净流量在逐年增加，尤其是20×6年流入量的增长，主要是通过销售商品、提供劳务收到的现金的增加，由此导致该年的现金净流量较

20×5 年有大幅增长，说明该公司自身经营能力正在增强，发展趋势相对平稳。

（2）DL 股份有限公司的投资活动现金净流量在减少，主要原因是购置固定资产、无形资产和其他长期资产所支付的现金，对外投资增幅较大，说明该公司的投资欲望在降低，可能是企业经营已进入成熟期，也可能是企业没有好的投资方向。

（3）DL 股份有限公司的筹资活动现金净流量在减少，主要原因是经营净流量的大幅增加，以及投资欲望的降低，还款数额较大，降低了资产负债率。

总体而言，该公司发展比较稳健，现金也比较充足。但似乎经营策略太过稳健，可能影响企业未来的市场布局，从而影响企业的持续发展能力。

15.2.2　现金流量趋势分析应注意的问题

（1）现金流量的趋势分析一般比较 3～5 年的资料就可以了，资料选择的年限太长，不仅加大工作量，而且与当期的相关性也减弱了。

（2）除进行定比分析外，最好还能进行环比分析，因为定比分析主要是从静态角度进行分析，而环比分析主要是从动态角度进行分析，两者结合分析就会比较全面。

15.3　现金流量结构分析

15.3.1　现金流量结构分析的意义

现金流量结构可以划分为现金流入结构、现金流出结构和现金净流量结构。现金流量结构分析是以这 3 类结构中某一类或一类中某个项目占其总体的比重所进行的分析。通过结构分析可以具体了解现金主要来自哪里，主要用于何处，以及净现金流量是如何构成的，并可以进一步分析个体（即项目）对总体所产生的影响、发生变化的原因和变化的趋势，从而有利于对现金流量作出更准确的评价，所以现金流量结构分析有重要意义。

现金流量结构分析一般采用结构百分比法。其基本公式为：

$$比重 = 某一类或一类中某个项目金额 / 总体金额$$

15.3.2　现金流量结构分析计算与说明举例

现根据 DL 股份有限公司 20×7 年度数据进行结构分析，其结构分析数据如表 15-3 所示。

表 15-3　DL 股份有限公司现金流量结构分析汇总表

项　　　目	流入/万元	流出/万元	净流量/万元	内部结构/%	流入结构/%	流出结构/%
一、经营活动						

项　目	流入/万元	流出/万元	净流量/万元	内部结构/%	流入结构/%	流出结构/%
销售商品	869 219			93.35		
税费返还	7 397			0.79		
其他现金收入	54 554			5.86		
现金收入小计	931 171			100	68.90	
购买商品劳务		481 638		58.93		
支付给职工		58 685		7.18		
支付各项税费		153 601		18.79		
其他现金支出		123 451		15.10		
现金支出小计		817 375		100		60.82
经营流量净额			113 796			
二、投资活动						
收回投资	15			0.29		
取得投资收益	15			0.29		
处置固定资产	4 740			91.65		
收到其他收入	402			7.77		
现金收入小计	5 172			100	0.38	
购置固定资产		46 767		80.75		
投资支付现金		8 610		14.86		
其他现金支出		2 543		4.39		
现金支出小计		57 921		100		4.31
投资流量净额			-2 748			
三、筹资活动						
吸收投资	123 703			29.80		
借款	289 593			69.77		
收到其他现金	1 787			0.43		
现金收入小计	415 083			100	30.72	
偿还债务		423 136		90.31		
偿付利息		37 684		8.04		
支付其他		7 747		1.65		
现金支出小计		468 567		100		34.87
筹资流量净额			-3 484			
汇率变动影响			-5			
合计	1 351 426	1 343 863	7 558		100	100

注：表中各项目名称已高度简化，具体可参见表15-1。

1. 流入结构分析

流入结构分析分为总流入和3项（经营、投资、筹资）活动现金的内部结构分析。

DL股份有限公司的总流入中经营活动现金流入占68.9%，是其主要来源；投资活动现金流入仅占0.38%，不太重要；筹资活动现金流入占30.72%，也占有重要地位。说明该公司的现金流入结构总体比较合理，因为其经营活动流入的占比最高，而投资活动流入的占比最低。经营活动的占比高说明了公司持续经营的能力比较强，而投资活动的占比低则说明了公司过去投资的有效性。

其中，经营活动现金流入中销售商品收到的现金占93.35%，比较正常，表明该公司正常经营活动的现金流入强劲，至于税费返还，主要是说明公司出口及退税的情况；投资活动的现金流入中，投资收回和处置固定资产占91.65%，说明大部分是回收资金而非获利，表明该公司以往的投资活动仍然不太理想；筹资活动中借款占69.77%，吸收投资占29.80%，表明该公司的追加资金来源主要是借款而非吸收投资。

2. 流出结构分析

流出结构分析也分为总流出和3项（经营、投资、筹资）活动现金流出的内部结构分析。

DL股份有限公司的总流出中经营活动现金流出占60.82%，低于总流入中经营活动现金流入的占比，说明经营活动的现金净流量可能为正；投资活动现金流出占4.31%，高于总流入中投资活动现金流入的占比，说明投资活动的现金净流量可能为负；筹资活动现金流出占34.87%，高于总流入中筹资活动现金流入的占比，说明筹资活动的现金净流量可能为负。由于总的净流量为正，说明该公司经营活动现金流入量充分，除能满足投资活动的现金流出需求外，还能满足偿还债务的要求。当然，也可能是该公司缺乏好的投资机会或投资欲望比较低所致。

经营活动流出中，购买商品和劳务占58.93%，比较合理，但支付给职工的及为职工支付的仅占7.18%，比重过低，因为大多数企业会在10%上下，当然也可能是劳动效率高所致，但可能性不大；税费占18.79%，居然是工资的2倍还多，说明负担较重；筹资流出中还本占90.31%，是绝大部分，显然与投资活动流出的不充分有关。

3. 流入流出比分析

流入流出比 = 现金流入量/现金流出量

经营活动流入流出比 = 931 171/817 375 = 1.14

投资活动流入流出比 = 5 172/57 921 = 0.09

筹资活动流入流出比 = 415 083/468 567 = 0.89

经营活动流入流出比为1.14，表明企业1元的流出可换回1.14现金流入，此比值越大越好。

投资活动流入流出比为0.09，表明公司处在扩张时期。一般发展时期此比值较小，而衰退或缺少投资机会时期此比值较大。

筹资活动流入流出比为0.89，表明还款明显大于借款。

该公司经营活动现金流量净额为113 796万元，现金存量增加7 558万元，用于投资的净流出是52 748万元，用于还款的净流出是53 484万元，汇率影响减少5万元，最终净额全部来自经营活动现金流量净额，为7 558万元。很难评价孰好孰坏，因为缺乏相关行业数据的比较，只能说该公司通过经营活动创造的现金净流量足够大，但投资欲望也足够缺乏，最终只能用现金去偿还债务了。

4. 现金流量结构分析应注意的问题

现金流量的内部结构就是经营活动、投资活动、筹资活动三者对现金净流量的贡献。在这一分析过程中，需要结合企业所处的经营寿命周期确定分析的重点。

（1）对处于开发期的企业，经营活动现金流量可能为负，但投资的欲望却十分强烈，应重点分析企业的筹资活动，分析其资本金是否足值到位，流动性如何，企业是否过度负债，有无继续筹措足够经营资金的可能；同时判断其投资活动是否适合经营需要，有无出现资金挪用或费用化现象，以及应通过现金流量预测分析将还款期限定于经营活动可产生净流入时期。

（2）对处于增长期的企业，经营活动现金流量应该为正，投资欲望开始趋于稳定，需要重点分析其经营活动现金流入、流出结构，分析其货款回笼速度、赊销是否有力和得当，了解成本、费用控制情况，以预测企业发展空间，企业是否充分利用应付款项等，同时要关注这一阶段企业有无过分扩张导致债务增加。

（3）对处于成熟期的企业，经营活动现金流量应该为正，且比较稳定，投资活动和筹资活动趋于正常化或适当萎缩，需要重点分析其经营活动现金流入是否有保障，现金收入与销售收入增长速度是否匹配，同时关注企业是否过分支付股利，有无资金外流情况，现金流入是否主要依赖投资收益或不明确的营业外收入。

（4）对处于衰退期的企业，经营活动现金流量开始萎缩，需要重点分析其投资活动在收回投资过程中是否获利，有无冒险性的扩张活动，同时要分析企业是否及时缩减负债，减少利息负担。这一阶段的贷款额不应超过其还款能力，使现金净流量出现赤字。

结合上述DL股份有限公司资料分析，可以大致推断，该公司应该处于成熟期，主营业务突出，销售回笼较好，费用也得到了有效控制，而且企业在盈利时还能及时调整其筹资份额，减轻了利息负担。

15.4 现金流量比率分析

现金流量比率分析是指现金流量与其他项目数据相比所得的比值。由于现金流量表按照经营活动、投资活动和筹资活动提供了现金流入、流出和净流量的数据与信息，它们是衡量和评价经营活动、投资活动和筹资活动的重要标准。因此，利用现金流量与其他有密切关系的项目数据相比得出的比率，可以从更加广泛的角度和多个方面对企业的财务状况、经营绩效和能力作出衡量与评价。现金流量比率分析是现金流量分析的一种重要方式，在财务报表分析中占有重要的地位。

现金流量比率分析主要从偿债能力、支付能力、资本支出能力、盈利能力和服务质量等方面进行分析。

本节财务比率计算数据资料均来自DL股份有限公司的资产负债表、利润表和现金流量表20×7年度数据。

15.4.1　偿债能力比率分析

一个企业的偿债能力主要看资产的流动性，即资产的变现速度和变现能力如何评价。而在资产中，以现金及现金等价物的变现速度最为快捷，变现能力最强。就债务偿还来说，最终还是现金。因此，用现金流量来衡量和评价企业的偿债能力，应当是最稳健、最能说明问题的。将现金流量比率与流动比率、速动比率、资产负债率等相结合，交互使用，多角度观察，能对企业的偿债能力作出较为准确的判断与评价。

分析偿债能力的现金流量比率有现金净流量与当期债务比、债务保障率、到期债务本息支付比率等。

1. 现金净流量与当期债务比

现金净流量与当期债务比是指年度经营活动现金净流量与当期债务的比值，是表明现金净流量对当期债务偿还满足程度的指标。其计算公式为：

现金净流量与当期债务比（倍）＝（经营活动现金净流量/流动负债）×100%

现金净流量与当期债务比与反映企业短期偿债能力的流动比率相似，该指标数值越高，现金流入对当期债务清偿的保障程度越强，表明企业的流动性越好；反之，则表明企业的流动性较差。

根据 DL 股份有限公司 20×7 年度数据进行现金净流量与当期债务比计算分析，该公司经营活动现金净流量为 113 796 万元，流动负债为 371 951 万元，现金净流量与当期债务比为 0.31（倍），经营活动现金净流量占流动负债的 1/3 不到，考虑到即使是流动负债也不需要即期偿还，这样的倍数应算合理，表明企业偿还当期债务有一定的保障。

2. 债务保障率

债务保障率是以年度经营活动现金净流量与全部债务总额相比较，表明企业现金净流量对其全部债务偿还的满足程度。其计算公式为：

债务保障率＝（经营活动现金净流量/负债总额）×100%

根据 DL 股份有限公司 20×7 年度数据进行债务保障率计算分析，该公司经营活动现金净流量为 113 796 万元，全部负债为 483 650 万元，债务保障率为 23.52%。

现金净流量与债务总额之比的数值也是越高越好，它同样是债权人所关心的一种现金流量分析指标。该公司最大的付息能力为 23.53%，即平均利率高达 23.53%时企业仍能按时支付利息，而只要能按时支付利息，就能借新债还旧债。如果市场利率为 10%，则该公司最大的负债能力为 113 796/10% = 1 137 960 万元。

仅从支付息能力看，企业还可以借债 654 310 万元（1 137 960−483 650），可见该公司的举债能力还是不错的。

3. 到期债务本息支付比率

到期债务本息支付比率是指经营活动现金净流量与到期债务及利息的比率。其计算公式为：

到期债务本息支付比率＝经营活动现金净流量/（到期债务+借款到期利息支出）

本期到期的债务是指本期到期的长期债务和本期应付票据（指贴现票据），通常这两种债务是不能展期的，必须如数偿还。当到期债务本息支付比率小于1时，表明企业经营活动产生的现金净流量不足以偿付到期债务本息。

该公司经营活动现金净流量为 113 796 万元，到期债务为 69 264 万元（其中：一年内到期的长期负债 6 139 万元，应付票据 52 545 万元，本期利息 10 580 万元），即经营活动现金净流量是到期债务本息的 1.64 倍。该比率说明，企业虽然可以支付到期债务，但若考虑投资活动的需求，仅靠经营活动创造的现金有一定的难度，企业创造现金的能力有待提高。

15.4.2　现金流量支付能力分析

本节重点分析股利支付能力比率和现金充足性比率。

1. 股利支付能力比率

股利支付能力比率是指企业经营活动现金净流量可以用于支付现金股利的能力。其计算公式为：

$$股利支付能力比率 = 经营活动现金净流量 / 现金股利 \times 100\%$$

经营活动现金净流量可以从现金流量表取得数据，而现金股利是指本期已宣告分配的全部现金股利，该比率越大，说明企业支付现金股利的能力越强；反之，则说明企业支付现金股利的能力越弱。

2. 现金充足性比率

现金充足性比率是对企业进行综合平衡，是否有足够现金偿还债务、进行投资，以及支付股利和利息的一个比率。其计算公式为：

$$现金充足性比率 = 经营活动现金净流量 / （现金投资 + 存货增加 + 股利 + 偿付债务）$$

现金充足性比率指标主要分析了解企业经营活动现金净流量是否可用于支付现金股利、偿还债务、进行现金投资和增加存货。该比率大于1，说明其现金充足性较好。

15.4.3　获现能力分析

分析获现能力的指标主要有每元销售净现金流入、每股经营现金流量和全部资产现金回收率。

1. 每元销售净现金流入

每元销售净现金流入是指经营活动现金净流量与营业收入的比值，它反映企业通过销售获现的能力。其计算公式如下。

$$每元销售净现金流入 = 经营活动现金净流量 / 营业收入$$

DL 股份有限公司按照权责发生制确认的营业收入为 750 796 万元，按收付实现制（即销售商品、提供劳务收到的现金）确认的收入为 869 219 万元，由于经营性支出较大，经营活动现金净流量为 113 796 万元，导致每元销售净现金收入仅为 0.151 7 元，即一元的收入增加现金 0.151 7 元，说明企业销售创造现金的能力不强，赊销比例过高或收账期过长。

2. 每股经营现金流量

每股经营现金流量是反映发行在外的每股普通股票平均占有的现金流量，或者说是反映公司为每股普通股获取的现金流入量的指标。其计算公式为：

每股经营现金流量＝(经营活动现金净流量－优先股股利)/发行在外的普通股数

经计算，DL 股份有限公司每股普通股获取的净现金流入量为 1.88 元（113 796/60 685）。说明企业通过经营活动创造的现金流，若仅用于支付普通股股利还是足够的。

3. 全部资产现金回收率

全部资产现金回收率是经营活动现金净流量与全部资产的比值，说明企业资产产生现金的能力。其计算公式为：

全部资产现金回收率＝经营活动现金净流量/全部资产×100%

经计算，DL 股份有限公司占用总资产为 900 220 万元，则全部资产现金回收率＝113 796/900 220＝12.64%，说明企业总资产产生现金的能力较弱。

15.4.4　资本支出能力分析

资本支出能力分析是建立在对企业现金流量表中投资活动的现金流出，以及对长期资产进行处置的现金流入的基础上进行的分析。其分析方法主要包括投资活动融资比率和现金再投资比率两部分。

1. 投资活动融资比率

投资活动融资比率主要用于衡量企业全部投资活动的现金流出的资金来源。其计算公式为：

投资活动融资比率＝投资活动现金净流量/(经营活动现金净流量＋
筹资活动现金净流量)

DL 股份有限公司 20×7 年度的投资活动融资比率
＝－52 748/(113 796－53 484)＝－87.46%

投资活动融资比率原则上应为│0.2～0.5│，如果大于 1，企业现金的流动性将会受到严重影响。DL 股份有限公司实际状态接近于 1，即经营活动产生的现金净流量一半用于归还债务和利息，一半投资于资本性支出，因此，企业现金的流动性受到一定程度的影响。

2. 现金再投资比率

现金再投资比率的计算公式如下。

现金再投资比率＝(经营活动现金净流量－现金股利)/[(固定资产净额＋
长期投资＋在建工程＋其他资产)＋(流动资产－流动负债)]

现金再投资比率的分子为保留在企业内部供再投资的现金净流量，分母为总资产减去流动负债。一般认为，该比率达到 7.5%～11.5% 为理想水平。

15.4.5　收益质量分析

收益质量分析主要是指分析会计收益与现金净流量的比例关系，评价收益质量的财务比率是营运指数。其计算公式为：

$$营运指数=经营活动现金净流量/经营所得现金$$

其中，经营所得现金是指经营净收益与非付现费用之和；经营净收益是指净收益与非经营收益之差。有关收益质量的信息，列示在现金流量表的补充资料中。

DL 股份有限公司 20×7 年度现金流量表补充资料，如表 15-4 所示。

表 15-4   DL 股份有限公司 20×7 年度现金流量表补充资料   单位：万元

将净利润调节为经营活动的现金流量	金额	说　　明
净利润	25 387	
加：计提的资产减值准备	10 609	没有支付现金的费用共 655 32 万元。如果少提取这类费用，增加收益却不增加现金流入，会使收益质量下降
固定资产折旧	49 732	
无形资产摊销	3 487	
长期待摊费用摊销	75	
待摊费用增加	−37	
预提费用	1 666	
处置固定资产损失	1 236	非经营净收益为−12 618 万元，不代表正常的收益能力
固定资产报废损失	29	
财务费用	12 233	
投资收益	−1 390	
递延税款贷项（减：借项）	510	
存货的减少（减：增加）	−8 425	经营资产净增加 10 118 万元，收益不变，现金减少，收益质量下降
经营性应收项目的减少（减：增加）	−1 693	
经营性应付项目的增加（减：减少）	20 377	负债增加 20 377 万元，收益不变，现金增加
经营活动产生的现金流量净额	113 796	

根据表 15-4 计算营运指数指标如下。

$$经营净收益=净收益-非经营收益$$
$$=25\ 387+126\ 18=38\ 005（万元）$$
$$经营所得现金=经营净收益+非付现费用$$
$$=38005+655\ 32=103\ 537（万元）$$
$$营运指数=113\ 796/103\ 537=1.10$$

即该公司不考虑非经营收益（处置固定资产的损失、固定资产报废损失属于投资活动；财务费用、投资收益属于投资活动），再剔除谨慎性原则的考虑，实际经营所得现金应为 103 537 万元，与经营活动现金净流量基本一致。

本章小结

现金流量是评价企业财务状况和效绩的一个重要标准，本章以现金流量表为依据，重点阐述现金流量分析的内容和方法。

现金流量趋势分析的目的是使报表使用者、投资者可以了解企业财务状况的变动过程及其变动原因，并在此基础上预测企业未来的财务状况，为企业的决策提供依据。

现金流量结构分析是帮助报表使用者、投资者了解和掌握企业现金流入量的主要来源及现金流量的主要去向，进一步分析企业财务状况的形成过程、变动过程及其变动原因。

现金流量比率分析将现金流量表同资产负债表、利润表有机地联系起来，对那些不能直接对比的财务报表及其不同性质的项目进行计算分析，以揭示企业的财务状况和经营成果。

本章习题

一、单项选择题

1. 下列现金流量比率中，最能反映盈利质量的指标是（　　）。

    A. 现金毛利率　　　　　　　　　　B. 现金充分性比率

    C. 流动比率　　　　　　　　　　　D. 盈余现金保障倍数

2. 在企业处于高速成长阶段，投资活动现金流量往往是（　　）。

    A. 流入量大于流出量　　　　　　　B. 流出量大于流入量

    C. 流入量等于流出量　　　　　　　D. 不一定

3. 根据《企业会计准则第31号——现金流量表》的规定，支付的现金股利归属于（　　）。

    A. 经营活动　　　B. 筹资活动　　　C. 投资活动　　　D. 销售活动

4. 下列财务活动中不属于企业筹资活动的是（　　）。

    A. 发行债券　　　　　　　　　　　B. 分配股利

    C. 吸收权益性投资　　　　　　　　D. 购建固定资产

二、多项选择题

1. 现金流量表中现金所包括的具体内容有（　　）。

    A. 库存现金　　　B. 银行存款　　　C. 短期证券　　　D. 发行债券

    E. 发行股票

2. 属于筹资活动现金流量的项目有（　　）。

    A. 短期借款增加　　　　　　　　　B. 资本净增加

    C. 增加长期投资　　　　　　　　　D. 偿还长期债券

    E. 取得债券利息收入收到的现金

3. 下列活动中，属于经营活动现金流量的项目有（　　）。

A. 销售商品收到的现金 　　　　　　B. 分配股利支出的现金

C. 提供劳务收到的现金 　　　　　　D. 出售设备收到的现金

E. 缴纳税款支出的银行存款

4. 属于筹资活动现金流量的项目有（　　）。

A. 短期借款的增加 　　　　　　　　B. 支付给职工的现金

C. 或有收益 　　　　　　　　　　　　D. 分配股利所支付的现金

E. 取得债券利息收入

三、判断题

1. 固定资产折旧的变动不影响当期现金流量的变动。 （　　）

2. 经营活动产生的现金流量大于零说明企业盈利。 （　　）

3. 企业分配股利必然引起现金流出量的增加。 （　　）

4. 利息支出将对筹资活动现金流量和投资活动现金流量产生影响。 （　　）

5. 企业支付所得税将引起筹资活动现金流量的增加。 （　　）

6. 计提坏账准备将引起经营活动现金流量的增加。 （　　）

四、简答题

1. 简述经营现金流量与净利润综合分析的作用。

2. 借助现金流量指标，如何评价盈利质量？

3. 简述现金流量结构分析的意义。

4. 简述现金流量趋势分析的意义。

五、计算题

ABC 公司 20×6 年度和 20×7 年度现金流量资料如表 15-5 所示。

表 15-5　ABC 公司现金流量表

编制单位：ABC 公司 单位：万元

项　　目	20×7 年	20×6 年
一、经营活动产生的现金流量		
销售商品、提供劳务收到的现金	1 240	1 039
收到的租金	0	0
收到的增值税销项税额和返回的增值税款	20	12
收到的除增值税以外的其他税费返还	13	8
收到的其他与经营活动有关的现金	59	70
现金流入小计	1 332	1 129
购买商品、接受劳务支付的现金	985	854
经营租赁所支付的现金	0	0
支付给职工及为职工支付的现金	60	63
支付的增值税款	76	127
支付的所得税款	53	22
支付的除增值税、所得税以外的其他税费	14	10

续表

项　目	20×7年	20×6年
支付的其他与经营活动有关的现金	109	202
现金流出小计	1 297	1 278
经营性活动产生的现金流量净额	35	−149
二、投资活动产生的现金流量		
收回投资所收到的现金	205	260
分得股利或利润所收到的现金	25	20
取得债券利息所收到的现金	12	10
处置固定资产、无形资产和其他长期资产而收到的现金净额	0	0
现金流入小计	242	290
购建固定资产、无形资产和其他长期资产所支付的现金	155	175
权益性投资所支付的现金	104	200
债券性投资所支付的现金	0	0
支付的其他与投资活动有关的现金	0	0
现金流出小计	259	375
投资活动产生的现金流量净额	−17	−85
三、筹资活动产生的现金流量		
吸收权益投资所收到的现金	150	177
发行债券所收到的现金	0	0
借款所收到的现金	165	263
收到的其他与投资活动有关的现金	0	0
现金流入小计	315	440
偿还债务所支付的现金	175	325
发生筹资费用所支付的现金	12	10
分配股利或利润所支付的现金	5	0
偿付利息所支付的现金	10	15
融资租赁所支付的现金	0	0
减少注册资本所支付的现金	0	0
支付的其他与筹资活动有关的现金	0	0
现金流出小计	202	350
筹资活动产生的现金流量净额	113	90
四、汇率变动对现金的影响额	0	0
五、现金及现金等价物净增加额	131	−144

要求：

从现金流量角度对企业财务活动进行综合分析。

六、案例分析

某电器公司今日发布未审计的半年报称：关于 2017 年本公司人民币 5.76 亿元的货物销售事项的跟踪，前任审计师在其 2017 年度审计报告的审计意见中提出本公司对两家国内客户销售人民币 5.76 亿元的货物，但未能从客户取得直接的回函确认，而且截至 2017 年 12 月 31 日该笔货款尚未收回。本公司董事会与管理当局对此事作了积极的跟踪，该事项的跟踪处理情况如下。

经查证，前任审计师审计意见中所提及的人民币 5.76 亿元的销售，是依据本公司 2017 年向两家客户实际开销售发票金额人民币 2.03 亿元，加上本公司 2017 年年底向两家客户已出库未开票货物补记收入人民币 4.27 亿元，再减去本公司 2017 年对两家客户确认的退货人民币 0.54 亿元后计算得出的。而实际上，本公司 2017 年向两家客户实际开销售发票金额人民币 2.03 亿元中有人民币 1.21 亿元属于本公司对 2016 年度的已出库未开票货物补开发票，该笔销售本公司在 2016 年已经确认了销售收入，所以当中只有人民币 0.82 亿元包含在本公司 2017 年度的收入中，本公司 2017 年度实际上向该两家客户销售了人民币 4.27 亿元加上人民币 0.82 亿元总共人民币 5.09 亿元的货物，其中已经收到货款的销售为人民币 0.78 亿元，另外人民币 4.31 亿元的货物由于该两家客户到期未能付款，在本公司要求下已将货物陆续退回本公司，该批退回的货物大部分已经在 2018 年上半年销售给其他客户。对于该笔人民币 4.31 亿元的退货，由于占 2017 年度对该客户的销售比例不正常，并且前任审计师对该笔销售的真实性作出怀疑，本公司管理层认为，该笔人民币 4.31 亿元的销售在 2017 年确认收入不适当，所以本公司按追溯调整法进行了处理，此项追溯调整调减了本公司 2018 年年初未分配利润人民币 1.12 亿元。

这个解释表明，该公司 2017 年度确实虚增巨额的收入和利润，而实际上，从该解释我们也可以发现，计入 2016 年度 1.2 亿元收入确认也是有疑问的，怀疑计入 2017 年度更恰当；事实上，2016 年度确认收入有多少属于 2017 年度可能还有待进一步核查，这只是一份管理层没有变动情况下未审计的半年报，相信还有更多的财务舞弊手法还未为人所知。实际上，结合 2017 年报对提取退货准备的解释，可以判断该电器公司 2016 年度也犯了同样的错误，至少有 1.2 亿元收入怀疑是虚构的或有提前确认之嫌。

要求：

评价该电器公司的此半年报。

参考答案

一、单项选择题

1. D   2. B   3. B   4. D

二、多项选择题

1. ABC   2. AD   3. ACE   4. AD

三、判断题

1. ×   2. ×   3. ×   4. ×   5. ×   6. √

第 16 章

利用财务报表进行预测

财务报表是企业过去生产经营情况的会计信息汇总，而会计信息能够影响信息使用者的决策，即其具有预测价值和反馈价值。所谓预测价值，是指会计信息能够帮助信息使用者评价过去、现在和未来事项并预测其发展趋势，从而影响信息使用者基于这种评价和预测所作出的决策；所谓反馈价值，是指会计信息能对信息使用者以前的评价和预测结果予以证实或纠正，从而促使信息使用者维持或改变以前的决策。由此可见，会计信息是经济预测的重要依据。

16.1 预测的基本方法

财务报表预测包括整体预测，即根据过去的财务报表预测未来的财务报表，也可以在过去信息的基础上作出一些指标的预测。下面简单介绍一些常用的预测方法。

16.1.1 时间序列预测法

时间序列预测法是把未来视为过去和现在的延伸，认为以往对有关指标发生影响作用的各种因素，在目前和将来仍然起作用，所以可以根据这种作用的延续趋势来预测未来的发展。根据数据影响因素的不同，具体包括以下几种。

1. 趋势平均法

假设某企业产品每月销售量的样本序列为 y_1，y_2，…，y_t，其某年的销售量在某一水平线上下波动，波动趋势如图 16-1 所示。

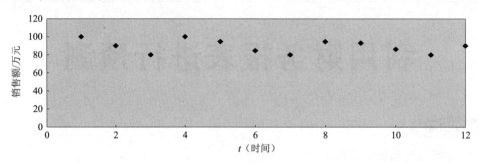

图 16-1　销售量散布图

已知现在时刻为 t，试求在 $t+1$ 时刻序列 y_{t+1} 的预测值（记为 $\hat{y}_{t+1}$）。

最简单的预测方法是以本月的销售量作为下月销售量的预测值，即 $\hat{y}_{t+1}=y_t$。同样的预测方法可以用在可比财务报表基础上，或者是运用在计算财务报表有关比率的基础上，来推断企业现在或未来的偿债能力、盈利能力、现金流转情况，以及财务弹性和资产、负债、所有者权益之间的合理结构，从而为有关决策提供参考依据。该预测方法对会计信息的计算处理比较简单，预测时主要依靠对比判断和经验判断，具有简单直观、应用广泛的特点。在对上市公司的财务状况进行分析时经常采用这种方法。

上述预测方法的主要优点是简单方便，使用成本低，在序列值的变化稳定且上下波动幅度小的情况下，有一定的预测精度。其主要缺点是未能充分利用历史的数据信息，易受随机波动的影响，如果序列的波动幅度大，则预测误差就较大。

为了克服随机干扰的影响，常常考虑使用平均数预测法，其基本思想是每次取一定数量时期的数据平均，按时间顺序逐次推进，每推进一次，舍去前一个数据，增加一个后续相邻的新数据，再进行平均，这样平均值就构成一个新的序列。如果原来的时间序列没有明显的不稳定变动，则可用最近时期的一次移动平均数作为下一个时期的预测值。即在掌握了 m（$m>n$）期数据资料的基础上，按照事先确定的期数（n）逐期计算 n 期的算术平均数，并以最后一个 n 期的平均数作为计划期预测值。其公式为：

$$\hat{y}_{t+1}=\frac{y_t+y_{t-1}+\cdots+y_{t-n+1}}{n}$$

【例 16-1】　某企业 20×7 年各月份的销售额如表 16-1 所示。

表 16-1　某企业销售额预测　　　　　　　　　　　　　　　单位：万元

时间	销售额/万元	三期移动平均预测值		四期移动平均预测值	
		预测值	相对误差	预测值	相对误差
20×7-01	120				
20×7-02	125				

时间	销售额/万元	三期移动平均预测值		四期移动平均预测值	
		预测值	相对误差	预测值	相对误差
20×7-03	131				
20×7-04	130	125.33	3.6%		
20×7-05	130	128.67	1.0%	126.50	2.7%
20×7-06	135	130.33	3.5%	129.00	4.4%
20×7-07	144	131.67	8.6%	131.50	8.7%
20×7-08	147	136.33	7.3%	134.75	8.3%
20×7-09	148	142.00	4.1%	139.00	6.1%
20×7-10	148	146.33	1.1%	143.50	3.0%
20×7-11	149	147.67	0.9%	146.75	1.5%
20×7-12	154	148.33	3.7%	148.00	3.9%
20×8-01		150.33		149.75	

其中：表 16-1 中第 3 栏的数据计算为：
$$125.33=(120+125+131)/3$$
$$128.67=(125+131+130)/3$$
其他数据依次类推，则 20×8 年 1 月份数据的预测值为：
$$150.33=(148+149+154)/3$$
表 16-1 中第 4 栏的数据计算为：
$$3.6\%=(130-125.33)/125.33$$
其他类推。
表 16-1 中第 5 栏的数据计算为：
$$126.50=(120+125+131+130)/4$$
$$129.00=(125+131+130+130)/4$$
其他数据依次类推，则 20×8 年 1 月份数据的预测值为：
$$149.75=(148+148+149+154)/4$$
表 16-1 中第 6 栏的数据计算为：
$$2.7\%=(130-126.5)/130$$
其他类推。

由表 16-1 可画出预测图，如图 16-2 所示。

由图 16-2 可知，当 n 取不同值时，各期的移动平均值及所计算的预测值是不同的，并且对真实值的变化趋势的反应灵敏性及修匀程度也是不同的。

如果在预测中考虑变动趋势值，则可按照表 16-2 所示进行计算。

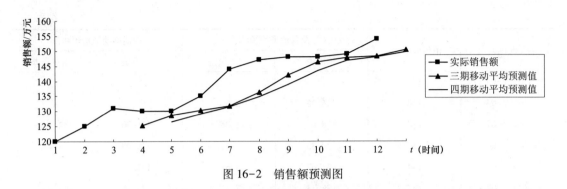

图 16-2   销售额预测图

表 16-2   销售额预测   单位：万元

20×7 年月份	销售额	五期平均	变动趋势	三期趋势平均数
1	120			
2	125			
3	131	127.2		
4	130	130.2	3.0	
5	130	134.0	3.8	3.3
6	135	137.2	3.2	3.5
7	144	140.8	3.6	3.5
8	147	144.4	3.6	3.3
9	148	147.2	2.8	2.8
10	148	149.2	2.0	
11	149			
12	154			

其中，五期平均值计算：127.2=（120+125+131+130+130）/5

变动趋势值计算：3.0=130.2-127.2

三期趋势平均数计算：3.3=（3.0+3.8+3.2）/3

其他数据依次类推。

现在假设该企业在 20×7 年 10 月份要根据趋势预测法预测 20×8 年 1 月份的销售额。根据表 16-2 的资料，按五期平均值计算，最接近时期的平均销售额是 20×7 年 9 月份计算的平均销售额 147.2 万元，从 20×7 年 9 月份到 20×8 年 1 月份相距 4 个月，而 20×7 年 8 月到 10 月每月平均增长 2.8 万元，由此可得 20×8 年 1 月份销售额预测值为：

$$147.2+2.8×4=158.4（万元）$$

2. 指数平滑法

趋势平均法把前后各期数据的重要性同等看待，而现实案例中，往往近期的数据对预测值的影响程度要大得多，而且这种方法要求历史数据具备较好的线性变化趋势，如果线性变化趋势较弱则预测误差较大。因此，可以运用指数平滑法来进行预测。

以 Y_t 表示第 t 期的实际值，$\hat{y_t}$ 表示第 t 期的预测值，$\hat{y}_{t+1}$ 表示第 $t+1$ 期的预测值，则预

测模型为：

$$\hat{y}_{t+1} = \alpha Y_t + (1-\alpha)\hat{y}_t$$

$$\hat{y}_{t+1} = \hat{y}_t + \alpha(Y_t - \hat{y}_t)$$

其中，α 称为平滑系数或修匀系数，它直接影响预测结果。α 值越大，预测值对实际数据的变化反应越敏感，预测值越不稳定；该值越小，则预测值就越趋于平稳。因此，在实际问题中，如果时间序列变化比较平稳，则 α 应取值小一些，若时间序列存在较大增加或降低趋势，则 α 应取值大一些。由此模型可知，一次指数平滑法的预测值可以看成前一期的预测值加上前一期的预测绝对误差的影响值。

【例16-2】 继续以表16-1的数据为例，可以看出销售量呈线性增长的态势，因此假设 $\alpha = 0.7$，采用一次指数平滑法进行预测，结果如表16-3所示（选用第一期数据120为初始平滑预测值）。

表16-3 某企业销售额预测 单位：万元

20×7年月份	销售额	0.7×上期实际销售额	上期预测值	0.3×上期预测值	本期平滑预测值
1	120				120.0
2	125	84.0	120.0	36.0	120.0
3	131	87.5	120.0	36.0	123.5
4	130	91.7	123.5	37.1	128.8
5	130	91.0	128.8	38.6	129.6
6	135	91.0	129.6	38.9	129.9
7	144	94.5	129.9	39.0	133.5
8	147	100.8	133.5	40.0	140.8
9	148	102.9	140.8	42.3	145.2
10	148	103.6	145.2	43.5	147.1
11	149	103.6	147.1	44.1	147.7
12	154	104.3	147.7	44.3	148.6
		107.8	148.6	44.6	152.4

表16-3中第3栏的数据计算为：

$$84 = 120 \times 0.7$$

$$87.5 = 125 \times 0.7$$

其他数据依次类推。

表16-3中第4栏的数据为上期预测数据，第一期预测数据取第一期实际值。

表16-3中第5栏的数据计算为：

$$36 = 120 \times 0.3$$

表16-3中第6栏的数据计算为：

$$120 = 预定初始值$$

$$120=84(第3栏数据)+36(第5栏数据)$$

其他数据依次类推。

由表 16-3 可以看出，20×8 年 1 月份的销售额预测值为 152.4 万元。

3. 直线趋势法

直线趋势法主要是看过去的数据是否与时间之间存在线性关系，如果存在线性关系，就可以用最小二乘法求出趋势方程，从而进行预测。

根据表 16-2 的数据，可以画出其趋势线，如图 16-3 所示。并可求出其趋势方程为：

$$Y=118.9+3.0\ t$$

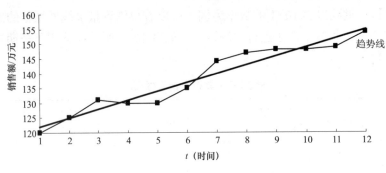

图 16-3　销售额预测图

根据上述线性关系，可以预测 20×8 年 1 月份的销售额为：

$$Y=118.9+3.0\times13=157.9（万元）$$

以上假定预测对象主要受趋势变化影响，介绍了线性趋势预测。但如果预测对象随时间的变化不呈线性趋势，而是非线性趋势，则可以用非线性趋势预测的方法，如多项式曲线趋势预测、对数曲线趋势预测、罗吉斯特曲线趋势预测等。

16.1.2　因果预测法

因果预测法是根据历史数据，找到要预测的变量和与其相关联的变量之间的因果关系，从而建立相应的因果预测模型，再根据模型计算出数据，结合定性分析来推断预测对象未来的财务状况。一般常常使用这种方法预测成本、费用、利润、销售额等。

因果预测法又包括一元线性回归模型预测、多元线性回归模型预测和非线性回归模型预测。利用一元回归分析或多元回归分析进行预测，一般可以分为以下 4 个步骤。

第一步：对预测对象 Y 进行分析，得出影响其变化的相关因素 X_i，建立以预测对象为因变量的回归模型。

第二步：用最小二乘原理对模型的参数进行估计，求出回归方程，即：

$$Y=b_0+b_1X_1+\cdots+b_kX_k+\varepsilon$$

第三步：进行经济检验和统计检验。经济检验主要是检验参数估计量的符号和大小是否与经济理论与实际经验相符，是否能够解释经济现象。而统计检验包括对模型参数的检验（逐个对各因素变量与预测对象变量的总体回归关系分别进行推断）和对回归模型的总检验

（综合检验诸因素变量与预测对象变量在总体上是否有显著回归）。

第四步：利用所求回归方程进行预测。

【例6-3】 某公司根据以往数据进行分析发现，其利润 Y 与销售收入 X_1，以及当年的经营费用 X_2 有关。根据公司资料，已知14年来的利润额、销售收入、经营费用等统计数据，如表16-4所示。

表16-4 某公司的利润额、销售收入、经营费用　　　　　单位：万元

时间/年	1	2	3	4	5	6	7
利润额	12.3	16.0	15.7	21.2	17.9	18.8	15.4
销售收入	263.3	275.4	278.3	296.7	309.3	315.8	318.8
经营费用	93.1	93.9	92.5	89.2	91.7	96.5	100.0
时间/年	8	9	10	11	12	13	14
利润额	19.0	20.0	18.4	21.8	24.1	25.6	30.0
销售收入	333	340.2	350.7	367.3	381.3	406.5	430.8
经营费用	103.9	102.5	102.5	102.1	101.5	101.2	99.0

假设 Y 与 X_1、X_2 之间的相关关系是线性的，将表16-4中的数据输入统计软件或 Excel 表格中，进行二元回归分析，可得如表16-5所示的结果。

表16-5 统计结果

回归统计	
Multiple R	0.959 1
R Square	0.919 9
Adjusted R Square	0.905 3
标准误差	1.418 3
观测值	14.000 0

方差分析

	df	SS	MS	F	Significance F
回归分析	2	254.040 8	127.020 4	63.143 4	0.000 0
残差	11	22.127 8	2.011 6		
总计	13	276.168 6			

	Coefficients	标准误差	t Stat	P-value	下限 95.0%	上限 95.0%
Intercept	21.316 1	8.626 1	2.471 1	0.031 1	2.330 2	40.301 9
X Variable 1	0.109 1	0.010 5	10.355 2	0.000 0	0.085 9	0.132 2
X Variable 2	-0.387 9	0.107 7	-3.601 4	0.004 2	-0.624 9	-0.150 8

因此，由表 16-5 可得二元线性模型为：

$$Y = 0.109 \ 1X_1 - 0.388X_2 + 21.316$$

该模型表示，在经营费用不变的情况下，销售收入每增加 1 元，企业将获利 0.109 1 元。同样，在销售额不变的情况下，经营费用每增加 1 元，企业利润将减少 0.388 元。

下面可对该回归方程进行显著性检验——F 检验，即检验因变量 Y 与各自变量 X 之间的总体线性关系是否显著。由表 16-5 的数据可得 $F = 63.143 \ 4$，若给定 $\alpha = 0.05$，临界值 $F_\alpha(2,11) = 3.98$，则 $F > F_\alpha(2,11)$，所以回归方程是显著的。其次，再对回归系数进行显著性检验，在 $\alpha = 0.05$ 的显著性水平下，$t_{\alpha/2}(11) = 2.201$；各统计量 $T = \dfrac{\hat{b_i}}{S(\hat{b_i})}$（$i = 0, 1, 2$）分别为 2.471 1、10.355 2、-3.601 4，即 $|T| > t_{\alpha/2}$，即各系数均显著。

最后，可以根据该二元线性模型进行下一个年度的利润预测。假设下一个年度的销售额估计为 450 万元，经营费用控制在 100 万元，则利润预测值为：

$$Y = 0.109 \ 1 \times 450 - 0.388 \times 100 + 21.316 = 31.604 \ （万元）$$

另外，回归分析也通常用于对一些重要指标的估算上，如估算资本资产定价模型（CAPM）中的 β 值。

资本资产定价模型用不可分散化的方差来度量风险，将风险与预期收益联系起来，任何资产不可分散化的风险都可以用 β 值来描述，并相应地计算出预期收益率。

$$R = R_f + \beta(R_m - R_f)$$

式中：R_f 为无风险利率；R_m 为市场的预期收益率；R 为投资者所要求的收益率，即贴现率。

对该模型中的 β 值估算的一般方法是对股票收益率（R）与市场收益率（R_m）进行回归分析：

$$R = a + bR_m$$

式中：a 为回归曲线的截距；b 为回归曲线的斜率。

$$b = \frac{\sigma_{RR_m}}{\sigma_m^2}$$

16.2　其他定量预测方法

一方面，由于经济业务的复杂性，使企业财务状况的变化受很多复杂因素的影响；另一方面，经济数量分析的理论和方法也在不断发展，其他一些定量预测方法也逐渐应用于经济预测。

16.2.1　马尔可夫预测法

时间序列预测法中假定时间序列仅受长期趋势的影响，不受随机变动的影响。但实际经济问题，如市场销售情况及企业生产经营利润，往往受随机变动影响较显著。因此，对这类随机时间序列预测，可以利用马尔可夫预测法进行。

马尔可夫预测法实际上是一种概率预测法，其根据目前的变量情况，结合概率来推算有关变量未来的变化趋势，是利用马尔可夫链的一些特有性质对经济过程进行研究的一种方法。假如随机过程 $X(t)$，$t=0$ 时的状态 $X(0)$ 已知，则 $t=1$ 时的状态 $X(1)$ 仅与 $X(0)$ 有关，而与 0 时刻以前的状态无关，则称 $X(t)$ 为马尔可夫过程，其一个重要的特点就是无后效性。若马尔可夫过程中的时间参数取值为离散的，则称之为马尔可夫链。这种预测方法不需要连续不断的历史观察数据，只要有最近的资料就可以预测未来。

【例 16-4】 已知某企业过去 24 个月的销售额如表 16-6 所示，现假定某个月销售额高于 150 万元的为畅销，在 100 万~150 万元之间为正常，低于 100 万元为滞销。

表 16-6 某企业销售额　　　　　　　　　　　　　　　　单位：万元

时间（t）	1	2	3	4	5	6	7	8	9	10	11	12
销售量	83	86	106	154	160	48	46	71	139	125	96	139
销售状态	S1	S1	S2	S3	S3	S1	S1	S1	S2	S2	S1	S2
时间（t）	13	14	15	16	17	18	19	20	21	22	23	24
销售量	64	85	64	104	78	114	157	190	106	102	106	95
销售状态	S1	S1	S1	S2	S1	S2	S3	S3	S2	S2	S2	S1

首先，将销售额区分成 3 种状态：畅销、滞销和正常。S1 表示滞销，S2 表示正常，S3 表示畅销。由表 16-6 中数据可知，各种状态 S1、S2、S3 的总数分别为 11、9 和 4。记 m_{ij} 为基期是第 i 种状态到下一期为第 j 种状态的次数。P_{ij} 为基期是第 i 种状态到下一期为第 j 种状态的概率，也称为一步转移概率。如 P_{11} 表示第 t 期为 S1，即滞销状态，第 $t+1$ 期也为 S1，即滞销状态。其概率计算公式为：

$$P_{ij} = \frac{M_{ij}}{\sum\limits_{j=1}^{n} M_{ij}}$$

由表 16-6 可知：

$$m_{11} = 5 \qquad m_{12} = 5 \qquad m_{13} = 0$$
$$m_{21} = 4 \qquad m_{22} = 3 \qquad m_{23} = 2$$
$$m_{31} = 1 \qquad m_{32} = 1 \qquad m_{33} = 2$$

由此可得出一步转移概率矩阵 $\boldsymbol{P}$ 为：

$$\begin{pmatrix} P_{11} = \dfrac{5}{10} & P_{12} = \dfrac{5}{10} & P_{13} = 0 \\[2mm] P_{21} = \dfrac{4}{9} & P_{22} = \dfrac{3}{9} & P_{23} = \dfrac{2}{9} \\[2mm] P_{31} = \dfrac{1}{4} & P_{32} = \dfrac{1}{4} & P_{33} = \dfrac{2}{4} \end{pmatrix}$$

然后，由表 16-6 中第 24 期数据可知，产品处于滞销状态，则初始概率向量为：

$$\boldsymbol{P}(0) = (1 \quad 0 \quad 0)$$

则：

$$\boldsymbol{P}(1) = \boldsymbol{P}(0)\boldsymbol{P} = (1 \quad 0 \quad 0) \begin{pmatrix} P_{11} = \dfrac{5}{10} & P_{12} = \dfrac{5}{10} & P_{13} = 0 \\ P_{21} = \dfrac{4}{9} & P_{22} = \dfrac{3}{9} & P_{23} = \dfrac{2}{9} \\ P_{31} = \dfrac{1}{4} & P_{32} = \dfrac{1}{4} & P_{33} = \dfrac{2}{4} \end{pmatrix} = \left(\dfrac{5}{10} \quad \dfrac{5}{10} \quad 0 \right)$$

$$\boldsymbol{P}(2) = \boldsymbol{P}(1)\boldsymbol{P} = \left(\dfrac{5}{10} \quad \dfrac{5}{10} \quad 0 \right) \begin{pmatrix} P_{11} = \dfrac{5}{10} & P_{12} = \dfrac{5}{10} & P_{13} = 0 \\ P_{21} = \dfrac{4}{9} & P_{22} = \dfrac{3}{9} & P_{23} = \dfrac{2}{9} \\ P_{31} = \dfrac{1}{4} & P_{32} = \dfrac{1}{4} & P_{33} = \dfrac{2}{4} \end{pmatrix}$$

$$= (0.472\,2 \quad 0.416\,7 \quad 0.111\,1)$$

$$\boldsymbol{P}(3) = \boldsymbol{P}(2)\boldsymbol{P} =$$

$$(0.472\,2 \quad 0.416\,7 \quad 0.111\,1) \begin{pmatrix} P_{11} = \dfrac{5}{10} & P_{12} = \dfrac{5}{10} & P_{13} = 0 \\ P_{21} = \dfrac{4}{9} & P_{22} = \dfrac{3}{9} & P_{23} = \dfrac{2}{9} \\ P_{31} = \dfrac{1}{4} & P_{32} = \dfrac{1}{4} & P_{33} = \dfrac{2}{4} \end{pmatrix}$$

$$= (0.449\,0 \quad 0.402\,8 \quad 0.148\,2)$$

依次类推，可得 $\boldsymbol{P}(k-1) = \boldsymbol{P}(0) \cdot \boldsymbol{P}$

上述结果说明，该企业接下来 3 个月的销售情况：第一个月出现畅销的可能性为 0，滞销和正常情况各占一半；第二个月畅销的可能性为 0.111 1，滞销的可能性为 0.472 2，正常的可能性为 0.416 7；第三个月畅销的可能性为 0.148 2，滞销的可能性为 0.449，正常的可能性为 0.402 8。

16.2.2 灰色预测法

1. 灰色系统理论

灰色系统理论由邓聚龙教授于 1982 年提出，是研究少数据不确定性的理论，即只需少量的数据便可以进行建模。对于信息不完整或数据数量过少的系统环境，此理论发挥了较强的实用性。

灰色系统理论最主要的功能是找出影响系统的参数，并建立其数学关系式。依据模型的用途与描述方法不同，则有不同的关系式。将一切随机过程看做是在一定范围内变化的灰色量，将随机过程看做是在一定范围内变化的、与时间有关的灰色量过程，只要原始数据有 4 个以上，就可通过生成变换来建立灰色模型。即灰色系统理论通过对数据的累加运算、累减运算、均值运算后形成生成空间，直接对生成空间进行建模预测，而后再还原成原始数列，从而达到预测目的。

灰色预测数据的特点如下。

（1）序列性。作为灰色预测的原始数据，一般以时间序列的形式出现，这就是数据的序列性。

（2）少数据性。由于少到4个数据就可建立灰色预测模型，因此灰色预测的原始序列可以少到只有4个数据，这就是灰色预测数据的少数据性。

（3）全信息性。行为数据是影响行为的所有因子共同作用于行为的结果，因此行为数据中包含全部行为信息，这就是数据的全信息性。

（4）时间传递性。建立灰色预测模型的数据，是时间存在轴（u轴）上的数据，可是，通过模型可以获得未来轴（v轴）上的数据，即预测数据，这就是数据从现在传递到未来的时间传递性。

（5）因果性。前因引起后果的规律为因果律。因信息覆盖（简称覆盖）的不同，因果律可分为以下几类：白因白果律，因与果均有白信息覆盖；白因灰果律，因为白覆盖，果为灰覆盖；灰因白果律，因为灰覆盖，果为白覆盖；灰因灰果律，因与果均为灰覆盖。

2. 预测步骤

关于灰色预测的理论部分这里略去，有兴趣的读者可以参考《灰预测与灰决策（修订版）》。下面以某上市公司连续5年的财务报表的主要数据（见表16-7）为例（其中前4年数据为原始数据，第5年数据用来与模型预测数据进行比较），以说明灰色预测的计算步骤。

表16-7　某上市公司连续5年的财务报表摘要　　　　单位：千元

年序	1	2	3	4	5
流动资产	22 099 608	23 486 255	28 135 958	30 476 134	32 302 539
长期投资	10 243 188	15 587 220	17 234 670	22 157 099	34 107 462
固定资产	19 274 729	22 158 951	25 086 477	31 515 752	38 873 830
其他资产	2 004 142	940 602	1 423 974	1 844 966	2 110 394
流动负债	24 139 187	28 012 097	23 531 544	27 863 606	28 533 956
其他负债	2 330 175	2 917 696	2 781 186	5 273 112	4 968 114
股本	17 818 257	19 778 265	21 854 983	24 368 306	27 172 025
保留盈余	6 662 054	7 415 185	11 843 982	11 605 888	13 289 600
营业收入	63 824 599	64 723 249	77 390 203	91 493 898	88 865 489
营业毛利	1 321 786	14 087 468	16 383 021	17 490 080	18 073 295
营业损益	6 426 848	6 656 253	7 860 161	8 742 275	8 837 380
营业外收入	1 512 919	2 143 253	2 155 862	3 623 264	2 611 469
营业外损失	2 160 307	2 469 157	2 141 342	3 516 148	3 049 907
利息费用	1 220 486	1 468 776	1 320 017	1 561 551	2 039 643
税前损益	5 779 460	6 330 349	7 874 682	8 849 391	8 398 942
税后损益	5 132 131	5 713 635	6 977 713	8 020 399	7 780 246
每股盈余	1.89	2.1	2.57	2.95	2.86

第一步：级比检验。假设 X 为给定序列，则：

$$X_{\text{流动资产}} = (x(1), x(2), x(3), x(4))$$
$$= (22\ 099\ 608, 23\ 486\ 255, 28\ 135\ 958, 30\ 476\ 134)$$

（1）求级比。

$$\sigma(k) = \frac{x(k-1)}{x(k)}$$

$$\sigma = (0.940\ 959\ 212, 0.834\ 741\ 614, 0.923\ 212\ 833)$$

（2）级比判断。

$$\sigma(k) \in (e^{-\frac{2}{n+2}}, e^{\frac{2}{n+2}})$$

$N=4$，则级比取值范围为 $(0.670\ 320\ 046,\ 1.491\ 824\ 698)$。

由此可见，该序列的级比值均落入参照区间，可以作满意的 GM（1，1）建模进行灰色预测。

第二步：序列变换。如果级比值有超出区间范围，则需要对原始数据列进行变换，可采取对数变换、方根变换或平移变换，然后再对新系列进行级比判断。本例中的数据无须作此处理。

第三步：为 GM（1，1）建模。

（1）GM（1，1）建模序列：

$$x^{(0)} = (x^{(0)}(1), x^{(0)}(2), x^{(0)}(3), x^{(0)}(4))$$
$$= (22\ 099\ 608, 23\ 486\ 255, 28\ 135\ 958, 30\ 476\ 134)$$

（2）$x^{(0)}$ 的 AGO 序列 $x^{(1)}$：

$$x^{(1)}(k) = \sum_{m=1}^{k} x^{(0)}(m)$$

可得：

$$x^{(1)}(k) = (22\ 099\ 608, 45\ 585\ 863, 73\ 721\ 821, 104\ 197\ 955)$$

（3）求 $x^{(1)}$ 的均值序列 $z^{(1)}$：

$$z^{(1)}(k) = 0.5 \times (x^{(1)}(k) + x^{(1)}(k-1)) \qquad k = 2, 3, 4$$

可得：

$$z^{(1)}(k) = (33\ 842\ 735.5, 59\ 653\ 842, 88\ 959\ 888)$$

（4）求中间参数：

$$C = \sum_{k=2}^{n} z^{(1)}(k) = 33\ 842\ 735.5 + 59\ 653\ 842 + 88\ 959\ 888 = 182\ 456\ 465.5$$

$$D = \sum_{k=2}^{n} x^{(0)}(k) = 23\ 486\ 255 + 28\ 135\ 958 + 30\ 476\ 134 = 82\ 098\ 347$$

$$E = \sum_{k=2}^{n} z^{(1)}(k) x^{(0)}(k) = 23\ 486\ 255 \times 33\ 842\ 735.5 + 28\ 135\ 958 \times 59\ 653\ 842 + 30\ 476\ 134 \times 88\ 959\ 888 = 5.184\ 4 \times 10^{15}$$

$$F = \sum_{k=2}^{n} (z^{(1)}(k))^2 = 33\ 842\ 735.5^2 + 59\ 653\ 842^2 + 88\ 959\ 888^2 = 1.261\ 78 \times 10^{16}$$

（5）计算 GM（1，1）参数 a、b：

$$\Delta_a = CD - (n-1)E = -5.738\ 58 \times 10^{14}$$

$$\Delta = (n-1)F - C^2 = 4.562\ 96 \times 10^{15}$$

$$\Delta_b = DF - CE = 8.996\ 91 \times 10^{22}$$

$$a = \frac{\Delta_a}{\Delta} = -0.125\ 764\ 363$$

$$b = \frac{\Delta_b}{\Delta} = 19\ 717\ 275.29$$

$$b/a = -156\ 779\ 511$$

（6）模型选定。选用白化式模型：

$$x^{(1)}(k+1) = \left(x^{(0)}(1) - \frac{b}{a}\right)e^{-ak} + \frac{b}{a}$$

$$x^{(0)}(1) = 22\ 099\ 608$$

第四步：利用模型进行预测。得出第5年的流动资产预测值 $x^{(0)}(5)$：

$$x^{(1)}(5) = (22\ 099\ 608 + 156\ 779\ 511)e^{4 \times 0.125\ 764\ 363} - 156\ 779\ 511 = 139\ 045\ 386.2$$

$$x^{(0)}(5) = x^{(1)}(5) - x^{(1)}(4) = 139\ 045\ 386.2 - 104\ 197\ 955 = 34\ 847\ 431.24$$

第五步：对其他项目同样运用前面4步，即可得到预测年度的财务报表，如表16-8所示。

表 16-8　某上市公司第5年的财务报表预测结果与实际值比较　　　　单位：万元

编号	科目	第5年实际值	第5年预测值	预测相对误差
1	流动资产	32 302 539	34 847 431.24	0.08
2	长期投资	34 107 462	25 833 755.82	-0.24
3	固定资产	38 873 830	36 876 528.05	-0.05
4	其他资产	2 110 394	2 489 475.807	0.18
5	流动负债	28 533 956	26 312 272.57	-0.08
6	其他负债	4 968 114	6 608 846.787	0.33
7	股本	27 172 025	26 919 508.77	-0.01
8	保留盈余	13 289 600	14 766 995.81	0.11
9	营业收入	88 865 489	107 699 106.9	0.21
10	营业毛利	18 073 295	19 586 772.52	0.08
11	营业损益	8 837 380	10 008 687.54	0.13
12	营业外收入	2 611 469	4 469 909.2	0.71
13	营业外损失	3 049 907	3 982 994.546	0.31
14	利息费用	2 039 643	1 549 147.188	-0.24
15	税前损益	8 398 942	104 44 093	0.24
16	税后损益	7 780 246	9 449 850.289	0.21
17	每股盈余	2.86	3.477 844 289	0.22

在实际进行财务预测时，以上定量方法或模型只是处理数据的一种手段，并不是预测的全部。在预测之前，必须进行资料的收集、整理，这是预测的主要步骤，也是定量预测的基础。同时，在进行预测时，要注意定量、定性预测相结合。例如，在具有完备的统计资料条件下，应先应用一定的数学方法进行加工处理，找出有关变量之间规律性的联系，将其作为预测的一个重要依据。但如果预测期发生了较大的影响因素，如市场或企业发生了一些变化，则还需要请熟悉情况和业务的专家进行分析判断，提出对定量结果的修正意见，才能够取得满意的预测效果。

本章小结

　　本章主要介绍了如何利用财务报表信息进行基本定量预测分析的方法，如时间序列预测法和因果预测法，以及考虑随机因素影响的马尔可夫预测法和基于灰色系统理论的灰色预测法，还介绍了实务中常用的一些专题预测模型。

本章习题

一、单项选择题

1. 时间序列预测法是把未来视为过去和现在的延伸，认为以往对有关指标发生影响作用的各种因素，在（　　）仍然起作用。

    A. 目前和将来　　　　B. 预测和决策中　　　C. 预测分析中　　　　D. 在决策分析中

2. 为了克服随机干扰的影响，常常考虑使用（　　）。

    A. 趋势平均法　　　　　　　　　　　B. 平均数预测法

    C. 指数平滑法　　　　　　　　　　　D. 因果预测法

3. 下列关于经济预测的说法中，正确的是（　　）。

    A. 会计信息是经济预测的基础

    B. 广义的财务预测包括编制全部的预计财务报表

    C. 会计信息是经济预测的重要依据

    D. 财务预测的结果仅仅是一个资金需要量数字

4. 时间序列预测法中假定时间序列仅受（　　）的影响，不受随机变动的影响

    A. 短期趋势　　　B. 宏观环境　　　C. 微观环境　　　D. 长期趋势

二、多项选择题

1. 预测的基本方法包括（　　）。

    A. 时间序列预测法　　　　　　　　　B. 因果预测法

    C. 马尔可夫预测法　　　　　　　　　D. 销售百分比法

2. 灰色预测数据的特点包括序列性；（　　）。

    A. 少数据性　　　B. 全信息性　　　C. 时间传递性　　　D. 因果性

3. 利用一元回归分析或多元回归分析进行预测，一般可以分为以下几个步骤（　　）。

A. 第一步：对预测对象 Y 进行分析，得出影响其变化的相关因素 X_i，建立以预测对象为因变量的回归模型

B. 第二步：用最小二乘原理对模型的参数进行估计，求得回归方程

C. 第三步：进行经济检验和统计检验。经济检验主要是检验参数估计量的符号和大小是否与经济理论与实际经验相符，是否能够解释经济现象

D. 第四步：利用所求回归方程进行预测

三、判断题

1. 趋势平均法具有简单直观、应用广泛的特点。　　　　　　　　　　　　（　　）

2. 如果线性变化趋势较弱，可以运用指数平滑法来进行预测。　　　　　　（　　）

3. 灰色系统理论最主要的功能是找出影响系统的参数，并建立其数学关系式。（　　）

4. 可持续增长率是指增发新股并保持目前经营效率和财务政策条件下公司销售所能增长的最大比率。　　　　　　　　　　　　　　　　　　　　　　　　　　　　（　　）

四、计算题

1. 某企业本年度每月的销售额如表 16-9 所示，请根据趋势平均法预测明年 1 月份的销售额。

表 16-9　某企业的销售额　　　　　　　　　　单位：万元

月份	1	2	3	4	5	6	7	8	9	10	11	12
销售额	33 000	34 000	37 000	34 000	41 000	44 000	50 000	46 000	47 000	52 000	45 000	55 000

2. 请根据表 16-9 中的数据运用指数平滑法预测明年 1 月份的销售额。

3. 某企业 20×2—20×7 年销售额的数据如表 16-10 所示，请根据直线趋势法预测其 20×6 年的销售额。

表 16-10　某企业的销售额　　　　　　　　　　单位：万元

年份	20×2	20×3	20×4	20×5	20×6	20×7
销售额	14 000	17 000	18 000	21 000	25 000	26 000

4. 某产品在市场上的销路可以划分为 3 种状态：畅销、平销和滞销。畅销是指产品销量不小于产量；平销是指销量超过产量的 90% 但小于产量；滞销是指销量不到产量的 90%。由历史数据可知如下一步转移概率：连续两年畅销的可能性为 0.52，畅销转平销的概率为 0.36，畅销转滞销的可能性为 0.12；平销转畅销、平销和滞销的概率分别为 0.53、0.44、0.03；滞销转畅销、平销和滞销的概率分别为 0.45、0.33、0.22。如果今年产品销路处于畅销状态，请问明年出现 3 种情况的可能性各为多少？

五、案例分析

卡特彼勒在中国内地的投资，最初始于 1995 年，当时其与徐州机械工程集团共同设立了一家合资企业，但直到 2003 年，在中国市场的业务也不理想。因此，要想实现从全球产业链和供应链的角度在中国整合资源与市场的目标，选择并购之路才是捷径。于是，在 2004 年 5 月，卡特彼勒开始对国内老牌企业——山东工程机械公司（以下简称山工机械）

进行兼并重组。

据了解，有40多年历史的山工机械，年生产能力为5 000台，销售额10亿元人民币，在中国装载机行业中排名第七，总资产约6亿元人民币，资产负债率较高，净资产仅436万元。"此次并购谈判的细节至今没有公开，据说原因是交易额低得可怜。"某知情人士对《中国经济周刊》透露说。

2005年4月，山东省外经贸厅公布：3月10日，卡特彼勒（中国）投资有限公司和卡特彼勒（香港）有限公司分别出资130.8万元人民币和43.6万元人民币，以股权并购方式获得山东工程机械公司30%和10%的股权，成立中外合资经营企业。项目投资总额620万元人民币，注册资本436万元人民币。即卡特彼勒用不到200万元人民币收购山工机械这家销售收入10亿元、国内工程机械企业排名第七的国有企业40%的股份，顺利地将其纳入自己的中国体系内。而收购山工机械40%的股份也只是卡特彼勒的一期并购，卡特彼勒提出有权在未来3年内随时收购山工机械的剩余股份。即其余60%的股份将在适当时机收归美商的麾下。

这是卡特彼勒首次整体收购中国企业，此并购案也是卡特彼勒在华并购战略的第一个实质性战果。对卡特彼勒来说，这应该是"做了一笔很划算的买卖"。

要求：

收集此项并购案的完整资料，并作出评价和计算。

 参考答案

一、单项选择题

1. A   2. B   3. C   4. D

二、多项选择题

1. ABCD   2. ABCD   3. ABCD

三、判断题

1. √   2. √   3. √   4. √

第 17 章

利用财务信息进行公司估值

学习目标

　　1. 了解基于现金流的几种估值模型。
　　2. 明确如何及为什么用乘数模型进行估值。
　　3. 掌握自由现金流模型的使用方式。
　　4. 理解不同估值模型之间的关系。

学习重点

　　1. 掌握几种常用的估值模型，并能运用这些模型进行估值。
　　2. 只要可以获得充足的信息预测公司自由现金流，则自由现金流模型的一般形式就可以用于对任何公司进行估价。

　　利用财务报表信息进行公司估值是财务报表分析的一种重要应用形式。在进行公司估值过程中，需要先对被估值公司的财务报表及业务状况进行分析，并根据市场环境等因素利用预测方法作出预计，并进行合理假设，如贴现率的估算、预期股利增长率估计等，然后再根据估值模型对该公司的股票价值或公司价值进行估计。

17.1　股利贴现模型

17.1.1　基本模型及增长模型

　　股利贴现模型是股权自由现金流模型的特例，其原理是任何证券的价值都是由未来产生的现金流的现值构成的。为了决定普通股权益的价值，需要预测未来的股息流，并用普通股股东要求的回报率或普通股的成本将这一系列的股利现金流贴现为现值。由此，可以得出基本的股利贴现模型：

$$每股股票价值 = \sum_{t=0}^{\infty} \frac{DPS_t}{(1+r)^t}$$

式中：DPS_t 为预期每股股利；r 为权益成本。

虽然股利贴现模型很简单，但正确预测股利流却是困难的，因为从上式可以看出，该模型需要预测无限年度的股利，这显然是不可能的，所以通常会假设股利以一定的比率增长，以简化对股利流的预测，并且通过对未来增长率的不同假设还构造出了几种不同形式的股利贴现模型：一阶段股利模型、二阶段股利模型和三阶段股利模型。该模型除了要求输入预期股利之外，还必须输入投资者要求的股权资本收益率，而投资者要求的股权资本收益率与现金流的风险有关，一般会使用资产定价模型，如资本资产定价模型（CAPM），对权益成本进行合理的估计。

而所谓一阶段股利增长模型，即假设股利增长率保持 g 不变，也称作 Gordon 增长模型。当 $g<r$ 时，可表示为：

$$每股股票的价值 = DPS_1 / (r-g)$$

式中：DPS_1 为下一年的预期股利；r 为权益成本；g 为永续的股利增长率。

【例17-1】 假设某公司下一年的预期股利为 3 元，权益成本为 12%，并且预期股利会以每年 5% 的增长率永远继续下去，则该公司的每股股票价值为：

$$每股股票价值 = DPS_1 / (r-g) = 3 / (12\% - 5\%) = 42.86（元）$$

Gordon 增长模型是用于估计权益资本价值的一种简单、有效的方法，但应用该模型时需要注意以下几点。

（1）公司预期的股利增长率持续不变，意味着公司其他的经营指标（包括净收益）也将预期以同一速度增长。

（2）需要确定一个合理的稳定增长率 g^*。因为，如果采用的增长率高于 g^*，而且一直坚持这样的增长率，到若干年之后，企业会出现没有足够的现金来支付股利的情况。反之，如果采用的增长率低于 g^*，则企业最终会产生无限大金额的现金，若这部分现金没有支付出去，在模型计算企业价值的时候又不考虑这部分价值，显然不合理。因此，必须找到一个合理的稳定增长率 g^*。

（3）Gordon 增长模型是对股票进行估价的一种简单而快捷的方法，但是它对选用的增长率特别敏感，当模型选用的增长率收敛于贴现率的时候，计算出的价值会变得无穷大。

【例17-2】 考虑一只股票，它下一时期的预期每股股利为 2.50 元，贴现率为 15%。在以下两种假设条件下，求股票的价值。

（1）假设预期永续增长率 $g=8\%$。

（2）假设预期永续增长率 $g=14\%$。

则，当 $g=8\%$ 时，股票的价值为：

$$每股股票价值 = 2.50 / (0.15 - 0.08) = 35.71（元）$$

当 $g=14\%$ 时，股票的价值为：

$$每股股票价值 = 2.50 / (0.15 - 0.14) = 250（元）。$$

总之，Gordon 增长模型最适用于具有下列特征的公司：公司以一个与名义经济增长率相当或稍低的速度增长；公司已制定好股利支付政策，并且这一政策将持续到将来。

17.1.2　股利贴现模型的扩展形式

前面对于模型的分析局限于单一的股利增长率，股利流模型也可以采用其他模式，如逐年预测股利到哪一年，然后从这一年开始使用 Gordon 增长模型，或者对一些时期采用不同的增长率。可以用二阶段股利模型为例来说明这种形式，这种模型认为公司具有持续 n 年的超常增长时期和随后的永续稳定增长时期。两阶段股利模型如图 17-1 所示。

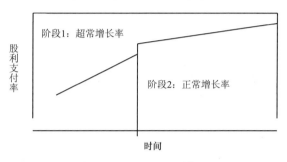

图 17-1　两阶段股利模型

两阶段股利模型的计算公式为：

每股股票的价值＝超常增长阶段股票股利的现值＋期末股票价格的现值

$$P_0 = \sum_{t=1}^{n} \frac{\mathrm{DPS}_t}{(1+r)^t} + \frac{P_n}{(1+r)^n}$$

在超常增长率（g）和股利支付率在前 n 年中保持不变的情况下，这一公式可简化为：

$$P_0 = \frac{\mathrm{DPS}_0(1+g)\left[1-\frac{(1+g)^n}{(1+r)^n}\right]}{(r-g)} + \frac{\mathrm{DPS}_{n+1}}{(r_n-g_n)(1+r)^n}$$

$$其中：P_n = \frac{\mathrm{DPS}_{n+1}}{r_n-g_n}$$

式中：DPS_t 为第 t 年预期的每股股利；r 为超常增长阶段公司的要求收益率（股权资本成本）；P_n 为第 n 年末公司每股股票的价格；g 为前 n 年的超常增长率；g_n 为 n 年后永续增长率；r_n 为稳定增长阶段公司的要求收益率。

和前面的 Gordon 增长模型一样，这个模型对股利增长率的假设也很敏感。同样，股利贴现模型的其他扩展形式，如三阶段模型也存在这个问题。

17.2　权益现金流模型

股利现金流模型是指公司在偿还债务及其他一些资本索取权之后的一种现金流模型，而权益现金流是指公司在每年偿还一定的利息或本金，以及为其今后的发展而维护现有的资产、购置新的资产支付现金流后，股东还能获得的现金流。无论其是否作为股息支付，这部分现金流称为权益现金流，其贴现模型为：

$$股票每股价值 = \sum_{t=0}^{\infty} \frac{FTE_t}{(1+r)^t}$$

式中：FTE_t 为 t 时期的权益现金流；r 为权益成本。

在这个模型中，预测的是股息融资的现金流 FTE，而不是预测股息流本身。权益现金流等于自由现金流加上非经营性现金流，再减去偿还负债和支付给其他资本提供者的金额。FTE 是公司能否顺利支付股利的一个指标，有些公司会持将其所有的 FTE 都作为股利支付给股东的政策，但大多数公司都或多或少地保留部分股权自由现金流，这可能是基于以下几个因素的考虑。

（1）股利稳定性。一般公司都不愿意变动股利支付额，而且因为股利的流动性远小于收益和现金流的波动性，所以人们认为股利具有黏性。

（2）未来投资的需要。如果一个公司预计其在将来所需的资本性支出会有所增加，由于新发行股票的成本很高，那么它就不会把所有的 FCFF 当做股利派发给股东，往往保留一些多余的现金并把它作为满足未来投资所需资金的来源。

（3）税收因素。如果对股利征收的所得税率高于资本利得的税率，则公司会发放相对较少的股利现金，而把多余的现金保留在企业内部。

（4）信号作用。公司经常把股利支付额作为其未来发展前景的信号，如果股利增加，则公司前景看好；如果股利下降，则公司前景黯淡。

应该说，只要公司有恰好足够的股利流并具有相同的价值，则股利贴现模型和权益现金流模型的计算结果应该是一样的。

【例 17-3】 A 公司在接下来的两年内预计每年每股的权益现金流为 100 元，权益成本为 10%。并假设：

（1）公司将每年所有的 100 元的现金流都用来支付股利；

（2）公司第一年没有支付股利，而是将这些现金投资于净现值为零的项目，第二年将所有现金流作为股利支付。

则两种模型下每股股票的价值为：

$$股票每股价值(FTE) = \sum_{t=1}^{2} \frac{100}{(1+10)^t} = 173.55 \ (元)$$

因为每年的权益现金流等于股利流，所以两种模型的计算结果是一样的。

第一年的股利 = 0，第二年的股利流 = 100×（1+10%）+100 = 210，按照股利贴现模型，股票每股价值 = 0+210/（1+10）^{2} = 173.55 元。

即两个模型的计算结果相等。

17.3 自由现金流模型

前面两节讨论了通过对预期分配给股东的股利流直接贴现而得到权益价值的股息贴现模型，以及贴现所有者权益净流入的权益现金流模型。本节介绍在实际中最为广泛使用的估值模型—自由现金流模型。公司自由现金流是企业所有权利要求者，包括普通股股东、优先股股东和债权人的现金流总和。只要可以获得充足的信息来预测公司自由现金流，则自由现金流模型的一般形式就可以用于对任何公司进行估价。

17.3.1 公司自由现金流的计算

在这里，仅介绍 FCF 一般模型。在 FCF 一般模型中，公司的价值可以表示为预期的各期公司自由现金流量（FCF_t）的现值之和。即：

$$公司的价值 = \sum_{t=1}^{\infty} \frac{FCF_t}{\prod_{j=1}^{t}(1+WACC_j)}$$

式中：FCF_t 为第 t 年的自由现金流量；$WACC_j$ 为公司第 j 期的加权平均资本成本。

$$FCF = EBIT \times (1-T) + D\&A - \Delta NWC - CapEx$$

或

$$FCF = EBITDA \times (1-T) + D\&A \times T - \Delta NWC - CapEx$$

或

$$FCF = NI + (IE-II) \times (1-T) + D\&A - \Delta NWC - CapEx$$

式中：EBIT 为息税前利润；EBITDA 为息、税、折旧、摊销前的利润；D&A 为折旧和摊销；CapEx 为资本性投资；NI 为净利；IE 为利息费用；II 为利息收入；T 为税率；ΔNWC 为净营运资本增加值。

如果各期的加权平均资本成本不变，则上式可以简化为：

$$公司的价值 = \sum_{t=1}^{\infty} \frac{FCF_t}{(1+WACC_j)^t}$$

同样，在一定的假设条件下，由此模型可以拓展成一阶段模型和二阶段模型甚至三阶段模型。

【例 17-4】 已知 A 公司 20×2 年底发行在外的股票是 300 万股，股价为 19 元。全年销售额为 12 300 万元，息税前利润为 1 000 万元，资本支出为 300 万元，折旧为 250 万元，年底净营运资本为 220 万元。目前，公司债务价值 3 000 万元，加权平均资本成本为 11%。并对 A 公司进行以下预测。

（1）20×3 年到 20×7 年的销售增长率为 8%，预计息税前利润、资本支出、折旧和营运资本都与销售额同步增长。

（2）从 20×8 年开始，公司进入稳定增长阶段，销售额和息税前利润年均增长 1%。资本支出、净营运资本与销售同步增长，折旧与资本支出相等。20×8 年偿还到期债务后，加权平均资本成本降为 10%。

（3）公司平均所得税率为 36%。

则该公司每股股票价值计算如下。

按自由现金流计算公式，可以计算出 20×2—20×8 年度的自由现金流，结果如表 17-1 所示。

表 17-1　A 公司 20×2—20×8 年度的自由现金流　　　　　单位：万元

年　　度	20×2	20×3	20×4	20×5	20×6	20×7	20×8
增长率		8%	8%	8%	8%	8%	1%
息税前利润	1 000	1 080	1 166	1 260	1 360	1 469	1 484
息税前利润×（1-T）	640.00	691.20	746.50	806.22	870.71	940.37	949.77
资本支出（-）	300.00	324.00	349.92	377.91	408.15	440.80	445.21
折旧（+）	250.00	270.00	291.60	314.93	340.12	367.33	445.21
（净营运资本）	220.00	237.60	256.61	277.14	299.31	323.25	326.48
净营运资本变动（+）		17.60	19.01	20.53	22.17	23.94	3.23
自由现金流量（=）		619.60	669.17	722.70	780.52	842.96	946.54

其中：自由现金流量 619.60＝691.20+270-324-17.60，其他类推。

公司的股权价值可以计算为：

$$公司的价值 = \sum_{t=1}^{\infty} \frac{FCF_t}{\prod_{j=1}^{t}(1+WACC_j)}$$

$$= \sum_{t=1}^{5} \frac{FCF_t}{(1+WACC_1)^t} + \frac{FCF_6/(WACC_2-g)}{(1+WACC_1)^5}$$

$$= \frac{619.6}{(1+11\%)} + \frac{669.17}{(1+11\%)^2} + \frac{722.70}{(1+11\%)^3} +$$

$$\frac{780.52}{(1+11\%)^4} + \frac{842.96}{(1+11\%)^5} +$$

$$\frac{946.54/(10\%-1\%)}{(1+11\%)^5}$$

$$= 8\ 885.55（万元）$$

每股股票价值＝股权价值/股份数＝(8 885.55-3 000)/300＝19.62（元/股）

19.62（元/股)>19（元/股），即该股票目前被市场低估了。

17.3.2　模型的适用性

与股利贴现模型或权益现金流模型不同，FCF 模型是对整个企业而不是股权进行估价。但是，股权的价值可以用企业的价值减去发行在外债务的市场价值得到。由于此模型可以作为股权估价的一种替代方法，于是就出现了两个问题：为什么对公司整体而不是仅对股权进行估价？用公司估价模型间接计算出的股权价值是否与前面所介绍的股权估价方法得出的结果相一致？

因为公司自由现金流（FCF）是债务偿还前现金流，所以使用公司估价方法的好处是不需要明确考虑与债务相关的现金流，而在估计股权自由现金流（FTE）时必须考虑这些与债务相关的现金流。在财务杠杆预期将随时间发生重大变化的情况下，这个好处对于简化计算、节约时间非常有帮助。但是，公司估价方法也需要关于负债比率和利息率等方面的信息来计算资本加权平均成本。

如果满足下列条件，用公司估价方法和股权估价方法计算出的股权价值是相等的。

（1）在两种方法中对公司未来增长情况的假定要一致，这并不意味着两种方法所使用的增长率是相同的，而是要求根据财务杠杆比率对收益增长率进行调整。这一点在计算期末价值时尤为突出，FCF和FTE应假设具有相同的稳定增长率。

（2）债务的定价正确。在FCF方法中，股权的价值是用整个企业的价值减去债务的市场价值得到的。如果公司的债务被高估，则由FCF方法得到的股权价值将比使用股权估价模型得到的股权价值低；相反，如果公司的债务被低估，则公司估价模型得到的股权价值较高。

具有很高的财务杠杆比率或财务杠杆比率正在发生变化的公司，尤其适于使用FCF方法进行估价。因为偿还债务导致的波动性，计算这些公司的股权自由现金流（FTE）是相当困难的。而且，因为股权价值只是公司总价值的一部分，所以对增长率和风险的假设更加敏感。

使用股权自由现金流的一个最大问题是，股权现金流经常出现负值，特别是那些具有周期性或很高财务杠杆比率的公司。由于FCF是债务偿还前现金流，它不太可能是负值，从而最大限度地避免了估价中的尴尬局面。

17.4　乘数模型

前面3节介绍了贴现现金流方法，但在实务中，许多分析员会使用乘数方法，因为使用这种方法比较快捷，简便。

17.4.1　乘数模型的意义

在乘数模型中，假定对不同公司而言，公司价值与一些选定的特定变量之间的比值相等，这个比值就称为乘数，那些特定变量就称为价值驱动因素，而公司估值就是乘数和价值驱动因素的乘积。在实践中，常用的乘数有每股收益（市盈率倍数法）、每股净资产（净资产倍数法）、每股销售收入（每股销售收入倍数法，或者称市收率倍数法）等。其中，市盈率倍数法在估价中得到广泛应用。这主要是基于以下原因。首先，市盈率是一个将股票价格与当前公司盈利状况联系在一起的一种直观的统计比率；其次，对大多数股票来说，市盈率易于计算并很容易得到，这使得股票之间的比较变得十分简单；最后，它能作为公司一些其他特征（包括风险性与成长性）的代表。而且，市盈率也更能反映市场中投资者对公司的看法。例如，如果投资者对零售业股票持乐观态度，则该行业公司股票的市盈率将较高，以反映市场的这种乐观情绪。当然，事物均有两面性，这也同时被看成是市盈率的一个弱点，特别是当市场对所有股票的定价出现系统性误差的时候，如果投资者高估了零售业股票的价值，则使用该行业公司股票的平均市盈率将会导致估价中出现错误。

17.4.2 使用乘数模型估值的步骤

1. 选择可用于比较的企业

使用乘数方法评价的第一个步骤是要决定用于产生乘数的样本公司，并特别注意所选择公司性质的相似性。一般有以下几个常见的选取标准：产业的分类、技术、客户层、规模、举债程度。

2. 选择乘数的基础

在进行乘数分析时，需要某些指标可用于将比较公司的价值转换成比例，以方便换算成所欲评价企业的价值。在进行分析时，分析人员通常会采用多项指标，一般通用的有销售收入、毛利、盈余和账面价值。但是在实务上的运用中可以发现，一些具有产业特性的指标，应用起来会比其他指标好。例如，像钢铁业适用账面资本，因为其属于一种资本密集的产业，而高科技产业使用研发费用（R&D）当作指标应该会比账面资本额要好，所以不同性质的公司应该使用不同的指标，不能一体适用。

3. 求出性质相近公司的行业乘数指标并加以平均

在决定了应该使用哪些指标作为行业乘数的计算基础后，下一步是将所选出的样本公司的公平价值分别除以所选取的指标，分别求出各企业的乘数后，再将各企业的乘数加以平均，便可得出运用在评价目标企业的行业乘数。

4. 估计评价企业的指标

在求出行业乘数指标后，因企业价值代表的是企业未来的经济价值，所以还必须去预计企业相同指标的未来数额，并将其与所估计出的产业乘数相乘以求得企业价值。

5. 评估企业价值

乘数方法的最后一个步骤是将所预计的企业指标与各项行业乘数相乘而得出企业的价值。这个步骤表面上看好像最简单，没有特别困难的地方，但是必须知道，依各项产业乘数指标所算出来的企业价值通常不会相同，从而解释各项指标所产生的结果间为何会有差异，以及企业的价值该如何去决定，就变成这个步骤中最重要的一个环节。

【例7-5】 假设需要对A公司的股价作估计，知道该公司拥有每股10元的收益。并且，还有以下2个与A公司可比的公司资料，如表17-2所示。

表 17-2 可比公司数据

	每股价格/元	每股收益/元	市盈率/倍
B公司	30	1.5	20
C公司	63	3.0	21

首先，可以用平均法求出可比公司的平均市盈率=（20+21）/2=20.5（倍），即乘数=20.5，则：

$$A公司每股价值=PE×EPS=20.5×10=205（元）$$

【例17-6】 假设在例17-5中，同行业中还有一家公司，其资料如表17-3所示，再用乘数法对A公司的股价进行估计。

表 17-3 可比公司数据和估值

	每股价格/元	每股收益/元	市盈率/倍
B 公司	30	1.5	20
C 公司	63	3.0	21
D 公司	45	1.0	45

如果采用严格的平均法可能会导致以下结果：

$$行业平均市盈率＝（20+21+45）/3＝28.667（倍）$$

即乘数＝28.667，则：

$$A 公司每股价值＝PE×EPS＝28.667×10＝286.67（元）$$

股价从 205 元增加到 286.67 元，上升了 40%。从表 17-3 中的数据可以看出，D 公司与其他两家公司的市盈率差异巨大，说明 D 公司可能并不与另外两家公司相似。因此，更好的做法是要分析 D 公司的市盈率与其他两家公司不同的原因，再确定目标公司 A 是应该与 B、C 公司相似还是与 D 公司更相似，从而准确选择合理的乘数值。

17.4.3 对乘数模型的质疑

许多学者都不赞同乘数方法。他们认为，企业价值是由预期未来现金流决定的，因此计算公司价值应该先推测公司未来的现金流并进行贴现。一方面，乘数方法中，认为价值驱动因素是会计收益而不是现金流，而企业的盈余受会计人员采用的诸多会计方法影响，如折旧、摊销、存货和收入确认的不同方法。如果采用不同的会计方法处理，可能会造成盈余结果的很大差异。因此，在运用乘数模型时，必须先进行会计分析，调整一家公司的盈余，使这家公司和可比公司达到真正意义上的可比。另一方面，乘数法只是用一年的结果来进行预计，那就意味着这种方法忽略了所有超出第一年的预期结果。以一个简单例子加以说明：如果 A 公司每年的盈余都是 500 万元，而 B 公司的盈余预计将在未来几年中从 500 万元增加到 1 000 万元。这两家公司实际上具有不同的价值，但如果简单运用乘数模型，对两家第一年的盈余应用相同的乘数，则会给出两家公司具有相同价值的不正确结果。

上述质疑是有道理的，但如果运用乘数模型时，综合考虑盈余增长、会计方法和盈余质量 3 个因素，则虽然实际创造价值的是现金流，但乘数分析仍然会是现金流价值估计的一个快捷工具。

17.5 两类方法的比较与汇总

17.3 节介绍了折算现金流量法，17.4 节介绍了乘数模型法，每一种方法在学术界或实务界都有其支持者，亦各有其适用的情况及范围。下面用表列的方式（见表 17-4）将这两种方法做一个比较分析，以求得一个整体的了解。

表 17-4　两类方法的比较

	折算现金流量法	乘数模型法
适用情况	1. 当可取得公司正确详尽的现金流量与资金成本的预测信息时 2. 公司为非上市企业，且其产业性质特殊时	当所需评价的公司所处行业中有许多性质相近的公司，且某一指标与公司价值密切相关时
使用限制	1. 当无法取得企业相关的预测信息或取得成本过高时 2. 当企业的现金流量及资金成本等关键变量波动过剧时	当所需评价企业性质特殊，找不到相近的公司可供比较时
优点	1. 最符合学术上对价值的推论 2. 使用较具弹性，能依不同的关键变量的预期来评价公司	使用简便，最具有经济效益与时效性
缺点	使用程序烦琐，需估计大量变量，花费成本大且不确定性高	1. 影响企业价值因素众多，却仅使用一单一指标加以衡量，过于简单化 2. 易受会计处理原则的影响 3. 即使身处同一行业，不同公司间本质上仍有相当差异

本章小结

　　本章介绍了财务报表分析的一种重要应用形式，即利用财务报表信息进行公司估值的模型，包括基于现金流的折现模型和乘数模型，以及两类模型的比较。

本章习题

一、单项选择题

1. 虽然股利贴现模型很简单，但正确预测股利流却是（　　　）。
　　A. 可能的　　　　　　B. 方便的　　　　　　C. 进步的　　　　　　D. 困难的

2. 在 FCF 一般模型中，（　　　）可以表示为预期的各期公司自由现金流量（FCF_t）的现值之和。
　　A. 权益价值　　　　B. 资产价值　　　　C. 公司的价值　　　　D. 市场价值

3. 在乘数模型中，公司估值就是乘数和价值驱动因素的乘积（　　　）。
　　A. 权益价值　　　　B. 公司价值　　　　C. 资产价值　　　　D. 市场价值

4. 下列哪项不属于市盈率的驱动因素（　　　）。
　　A. 增长率　　　　　B. 股权报酬率　　　　C. 股利支付率　　　　D. 股权成本

二、多项选择题

1. 关于实体现金流量和股权现金流量的内容叙述正确的有（　　　）。

A. 实体现金流量不受企业资本结构的影响

B. 股权现金流量的风险比实体现金流量的风险大，它包含了财务风险

C. 实体现金流量模型比股权现金流量模型简洁且使用广泛

D. 股权现金流量等于实体现金流量减去债权人现金流量

2. 某公司 2017 年税前经营利润为 1 000 万元，所得税率为 25%，折旧与摊销为 100 万元，经营现金增加 50 万元，经营流动资产增加 250 万元，经营流动负债增加 120 万元，有息流动负债增加 70 万元，长期资产净值增加 400 万元，无息长期债务增加 200 万元，有息长期债务增加 230 万元，利息费用 30 万元。假设公司不保留额外金融资产，则下列说法正确的有（ ）。

A. 2017 年经营现金毛流量为 850 万元　　B. 2017 年经营现金净流量为 670 万元

C. 实体现金流量为 370 万元　　　　　　D. 股权自由现金流量为 647.5 万元

3. 下列关于经济利润的公式正确的是（ ）。

A. 经济利润＝税后净利润−股权资本费用

B. 经济利润＝税后经营利润−税后利息−股权资本费用

C. 经济利润＝税后经营利润−全部资本费用

D. 经济利润＝税前经营利润−税后利息−股权费用

4. 企业运用市盈率模型进行价值评估时，下列表述正确的是（ ）。

A. 市盈率把价格和收益联系起来，直接反映企业投入与产出的关系

B. 市盈率涵盖了风险补偿率、增长率、股利支付率的影响，具有很高的综合性

C. 市盈率模型最适合连续盈利，并且贝塔值接近于 1 的企业

D. 市盈率模型最适合拥有大量资产、净资产为正值的企业

三、判断题

1. 估计后续期自由现金流量永续增长率时，当永续增长率上升时，通常自由现金流量会下降。　　　　　　　　　　　　　　　　　　　　　　　　　　　　　（ ）

2. 利用市净率模型估计企业价值，在考虑可比企业时，应考虑的因素要比市盈率模型多一个考虑因素，即股东权益报酬率。　　　　　　　　　　　　　　　　　（ ）

3. 企业实体现金流量是企业价值评估中最重要的概念之一，是指企业提供给所有投资人（包括债权人和股东）的全部现金流量。　　　　　　　　　　　　　　　（ ）

4. 在运用市盈率模型评估企业价值时，可以用增长率修正实际市盈率，把增长率不同的同业企业纳入可比范围。　　　　　　　　　　　　　　　　　　　　　　（ ）

四、计算题

1. A 公司预计在 2018 年支付每股 2 元的股利，其权益成本为 12%。假设其在年度的最后一天支付所有股利。

（1）如果 A 公司希望一直保持 4% 的股利增长速度，则 2020 年 12 月 31 日该公司的每股价值为多少？

（2）假设 A 公司股票在 12 月 31 日的价格为每股 40 元。如果市场认为该公司的权益成本为 12%，那么市场认为 A 公司的股利增长率应该保持在多少？

2. 某企业的权益成本为 15%，目前的股利为 2.5 元。根据以往的经验，该企业的增长

率为 5%～10%。请用 Gordon 增长模型对该企业进行估值。

3. B 公司预测 2018 年的权益现金流为 1 000 万元，并预计每年以 3%的速度一直增长下去，假设该公司的权益成本为 12%，那么公司的价值是多少？

4. C 公司截至 2017 年底发行在外的股票为 400 万股，股价 15 元。2017 年销售额为 12 300 万元，息税前利润为 1 000 万元，资本支出为 300 万元，折旧为 250 万元，2017 年年底营运资本为 220 万元。目前，公司债务价值 3 000 万元，资本成本为 12%对公司进行以下假设。

（1）2018—2020 年的销售增长率为 8%。预计息税前利润、资本支出、折旧和营运资本都与销售额同步增长。

（2）从 2021 年开始，公司进入稳定增长阶段，销售额和息税前利润每年增长 2%。资本支出、营运资本与销售同步增长，折旧与资本支出相等。2021 年偿还到期债务后，资本成本降为 10%。

（3）公司平均所得税率为 33%。

试计算：

① 该公司 2018—2021 年的自由现金流量；

② 根据 2018—2021 年自由现金流量的计算结果，用自由现金流模型分析该公司股票是否被市场低估。

5. Lisa 想通过市盈率来估计一家未上市公司的价值。首先，其经过认真分析，最终选择了 3 家可比公司，其资料如表 17-5 所示。

表 17-5 3 家可比公司资料

可比公司	每股价格/元	2018 年预计 EPS	2019 年预计 EPS
A	84. 13	3. 81	4. 19
B	37. 94	1. 49	1. 63
C	65. 75	2. 67	2. 96

而且估计目标公司 2018 年和 2019 年的盈余分别为 1 500 万元和 1 550 万元。

试问：

该公司 2018 年和 2019 年的价值是多少？

五、案例分析

日前，全球第二大钢铁巨头阿赛洛与莱钢集团签署协议，以每股 5.888 元的价格受让莱钢集团持有的莱钢股份 38.41%的股权，该价格已超过协议签署日的二级市场价格，而如果考虑到对价支付，阿赛洛的受让成本更是远高于流通股价格。

水泥板块的定价也在经受着一场"良性"的颠覆。刚刚完成股改的华新水泥近日公告，拟向公司第二大股东 Holchin B. V. 定向发行 1.6 亿股 A 股，发行价格则不低于公告前 20 个交易日 A 股股票均价的 120%。而另有消息说，正在谈判中的海德堡收购冀东水泥，更有可能创出天价。

外资为何以如此高的价格介入相关公司？它从什么角度来评判收购对象的价值？业内人士认为，在近期发生的收购案例中，重置成本的概念非常清晰。而以此衡量，外资看似匪夷所思的收购价格又是另外一番光景。

如果以 7 元/股的增发价格计算，Holchin B. V. 增资华新水泥折算成的吨产能收购价格不过 110 元，华新同日公布的投资决议则显示，新增产能的平均成本大致为 165 元/吨，而这一水平还低于行业平均水平。

以二级市场现有的估值体系衡量，华新水泥 31 倍的最新 PE 显然缺乏吸引力。但从重置成本的角度，外资的这项交易又确实很合算。一些业内人士从产业资本和金融资本的差异来解释定价的偏离。但同时也有人认为，这种解释并不充分，因为无论是什么形态的资本，在逐利和追求投资回报方面并无二致。

在产业资本看来，对于钢铁、水泥这种周期性非常强的行业，以波峰、波谷时期的业绩为基础进行市盈率定价有失偏颇。2015 年，华新水泥毛利率跌至近年来的低点，仅为19.07%，利润总额也因此降至 8138 万元。但如果熨平产业周期，华新水泥近 7 年的平均毛利率为 28.33%。其潜台词是，如果公司毛利率恢复到平均水平，按 2015 年主营收入计算，利润总额将达到 3.2 亿元左右，由此计算的市盈率无疑具有投资价值。

从这个角度理解，重置成本定价模式其实也隐含了可观的财务收益率。对此，更宏观的一种解释是，类似水泥、钢铁这样的资金密集行业，长期看将获得一个社会平均利润率。而当 200 元/吨的重置成本能够获得平均利润率时，以 110 元/吨的收购成本介入，显然又意味着超额利润。

要求：

收集此项受让案的完整资料，并作出评价和计算。

 参考答案

一、单项选择题

1. D　　2. C　　3. B　　4. B

二、多项选择题

1. ABCD　　2. ABCD　　3. ABC　　4. ABC

三、判断题

1. √　　2. √　　3. √　　4. √

第 18 章

财务报表分析方法的具体运用

以上各章分别介绍了在分析财务报表时应掌握的一些概念和方法，本章将选择一家上市公司的实际财务报表信息，从商业战略、会计方法、财务指标和公司前景 4 个方面进行分析，以期概括本书的内容。

18.1　利润表分析

之所以从利润表开始分析，是因为利润是一个企业的财务成果，而资产表现的是创造这一成果的能力，至于现金流量，则反映了这一成果的质量。

本书选择上海国际港务有限责任公司作为分析案例，主要是因为之前各章的举例都是以制造业为例，故本章选择一服务性企业，且服务性企业的业务一般比较单一，特征明显，方便分析。

上港集团是上海港公共码头的运营商，是于 2003 年 1 月由原上海港务局改制后成立的大型专业化集团企业。2005 年 6 月，上港集团经整体改制，成立了股份制公司，2006 年 10 月 26 日在上交所上市，成为全国首家整体上市的港口股份制企业，目前是我国大陆地区最大的港口类上市公司，也是全球最大的港口公司之一。公司主要从事港口相关业务，主营业务分为：集装箱板块、散杂货板块、港口物流板块和港口服务板块。

公司经营范围主要为：国内外货物（含集装箱）装卸（含过驳）、储存、中转和水陆运输，集装箱拆拼箱、清理、修理、制造和租赁，国际航运、仓储、保管、加工、配送及物流信息管理，为国际旅客提供候船和上下船舶设施和服务，船舶引水、拖带，船务代理，货运代理，为船舶提供燃物料、生活品供应等船舶港口服务，港口设施租赁，港口信息、技术咨询服务，港口码头建设、管理和经营，港口起重设施、搬运机械、机电设备及配件的批发及进出口（涉及行政许可的凭许可证经营）。

公司经营模式主要为：为客户提供港口及相关服务，收取港口作业包干费、堆存保管费和港口其他收费。

公司主要业绩驱动因素：一方面，宏观经济发展状况及发展趋势对港口行业的发展具有重要影响。另一方面，港口进出口货物需求总量与腹地经济发展状况也是密切相关，腹地经济发展状况会对集装箱货源的生成及流向产生重要作用，并直接影响到港口货物吞吐量的增减。上海港的经济腹地主要是由上海市、江苏省和浙江省形成的长江三角洲地区，其辐射力可沿长江上溯至中国广大的内陆地区，上述地区能否保持经济持续快速稳定增长的态势对上海港货物吞吐量，特别是集装箱吞吐量的增长至关重要。综上，公司港口业务量的增减将直接影响到公司的经营业绩。

本书以上海国际港务股份有限公司 2016 年年度合并利润表作为分析依据，并作为本章所有分析的开始，首先做分析表如表 18-1 所示。

表 18-1 上海国际港务股份有限公司利润水平和结构分析表 金额单位：元

项目	2016 年度	垂直分析	2015 年度	垂直分析	增减额	增减率
一、营业收入	31 359 178 524.08	100%	29 510 831 899.38	100%	1 848 346 624.69	6.26%
二、营业总成本	25 601 426 253.34	81.64%	23 186 279 050.20	78.57%	2 415 147 203.14	10.42%
营业成本	21 926 328 322.97	69.92%	19 721 226 471.89	66.83%	2 205 101 851.08	11.19%
税金及附加	262 830 579.57	0.838%	245 863 259.41	0.83%	16 967 320.16	6.90%
销售费用	40 720 689.03	0.128%	11 699 610.52	0.04%	29 021 078.51	248.06%
管理费用	2 560 258 339.90	8.16%	2 334 059 227.00	7.91%	226 199 112 90	9.69%
财务费用	719 482 420.20	2.29%	849 235 319.06	2.88%	-129 750 898.86	-15.28%
资产减值损失	91 805 901.67	0.3%	24 195 162.32	0.08%	67 610 739.35	279.44%
公允价值变动损益	—		—			
投资收益	3 462 466 326.52	11.04%	2 261 195 925.05	7.66%	1 201 270 401.47	53.12%
三、营业利润	9 220 218 597.26	29.40%	8 585 748 774.23	29.09%	634 469 823.03	7.40%
营业外收入	787 994 233.64	2.51%	1 302 721 392.67	4.41%	-514 727 159.03	-39.51%
营业外支出	66 328 130.21	0.21%	36 924 955.40	0.13%	29 403 174.81	79.63%
四、利润总额	9 941 884 700.69	31.70%	9 851 545 211.50	33.38%	90 339 489.19	0.91%
所得税费用	1 853 983 184.90	18.64%	1 986 273 247.56	20.16	-132 290 062.66	-6.70%
五、净利润	8 087 901 515.79	25.79%	7 865 271 963.94	26.65%	222 629 551.85	2.82%
归属于母公司所有者的净利润	6 939 077 201.08	85.80%	6 562 453 504.51	83.43%	376 643 696.57	5.74%
少数股东损益	1 148 824 314.71	14.20%	1 302 818 459.43	16.57%	-153 994 144.72	-11.83%
六、每股收益						
基本每股收益	0.299 4		0.285 3		0.014 1	4.94%
稀释每股收益	0.299 4		0.285 3		0.014 1	4.94%
七、其他综合收益	-2 134 683 261.65		-221 486 205.95			
八、综合收益总额	5 953 218 254.14		7 643 785 757.99			
归属于母公司所有者的综合收益总额	4 789 528 027.14		6 340 921 302.91			
归属于少数股东的综合收益总额	1 163 690 227.00		1 302 864 455.08			

根据表 18-1 可作利润表会计及财务分析如下。

（1）该公司 2016 年度营业收入较上期增加了 1 848 346 624.69 元，增长率为 6.26%，主要是由于主营业务收入中的港口物流板块业务收入上升所致。报告期内，港口物流板块业务收入最高，占总营业收入的 57%，较去年同期上升 10.88%；集装箱板块的毛利率最高，为 55.63%，比去年同期上升 1.18%；散杂货板块的营业收入最低，并较去年同期下降 19.10%；具体内容如图 18-1、表 18-2 所示。

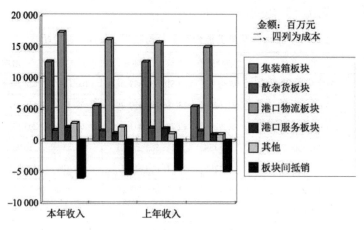

图 18-1　上港集团各项收入/成本对比图

表 18-2　上港集团主营业务分布情况　　　　　　　　　　单位：元

主营业务分行业情况					
分行业	营业收入	营业成本	毛利率/%	营业收入比上年增减/%	营业成本比上年增减/%	毛利率比上年增减/%
集装箱板块	12 604 032 353.04	5 591 798 539.97	55.63	1.18	3.35	减少 0.93 个百分点
散杂货板块	1 682 097 321.62	1 658 956 471.36	1.38	-19.10	-1.81	减少 17.37 个百分点
港口物流板块	17 337 442 964.87	16 120 432 368.40	7.02	10.88	8.21	增加 2.29 个百分点
港口服务板块	2 115 582 564.26	1 200 890 393.98	43.24	6.59	6.10	增加 0.27 个百分点
其他	2 667 812 014.07	2 283 696 089.32	14.72	119.16	120.99	减少 0.70 个百分点
板块间抵销	6 002 385 245.95	5 415 576 237.51	9.78	27.31	11.27	—
合计	30 414 581 971.91	21 440 197 625.52	29.51	6.10	11.11	减少 3.17 个百分点

主营业务分地区情况					
分地区	营业收入	营业成本	毛利率/%	营业收入比上年增减/%	营业成本比上年增减/%	毛利率比上年增减/%
国内	30 414 581 971.91	21 440 197 625.52	29.51	6.10	11.11	减少 3.17 个百分点
合计	30 414 581 971.91	21 440 197 625.52	29.51	6.10	11.11	减少 3.17 个百分点

其中的板块间抵销数额，反映的应该是该企业内部各业务板块之间未实现最终交易的关联交易（往来）的抵销数总额。但该抵销数额在报表附注（五）关联交易情况一栏没有对

应数据，故不知其具体抵销内容。

比较有趣的是分行业栏目的"其他"项目，从该公司财务报告附注中可以了解到，主要是由于公司全资子公司上海上港集团足球俱乐部有限公司主营业务收入和主营业务成本项目。因为一直以为投资足球俱乐部应该是个纯烧钱项目，这里居然还能盈利，令人难以置信。

另外，该公司利润表中的营业收入为 31 359 178 524.08 元，较之上年上升了 6.26%，其中，主营业务（见表 18-2）的营业收入为 30 414 581 971.91 元，较之上年上升了 6.10%；其他业务为 2 677 812 014.07 元，较之上年上升了 119.16%。

2016 年，公司营业收入和营业成本的增长，主要原因是 2016 年公司开始合并上海锦江航运（集团）有限公司，使利润表营业收入及营业成本同比增加，同时包含公司控股子公司上海港房地产经营开发公司的南欧城二期项目结转收入和成本。

这一说明的潜台词似乎是，该公司 2016 年本来应该是负增长，现在的增长是因为兼并所导致，但细分栏目中并未看见"房地产板块"，不知是否说明此业务算其他业务。

该公司在其 2016 年年报的第 11 页写道：2016 年，面对错综复杂、持续低迷的航运市场形势，公司上下全力以赴、多措并举，确保了主业生产稳定增长，巩固了港口的竞争优势。报告期内，公司母港货物吞吐量完成 5.14 亿吨，同比增长 0.1%。其中，母港散杂货吞吐量完成 1.47 亿吨，同比下降 5.4%，跌幅较 2015 年收窄 10.7 个百分点，主要由于受到经济增长减速、腹地产业结构调整和能源结构变化的影响，年内铁矿石、钢材、原木等散杂货吞吐量较上年有所下降。母港集装箱吞吐量完成 3 713.3 万标准箱，同比增长 1.6%，再创历史新高，并自 2010 年起，上海港年集装箱吞吐量已连续七年保持世界第一。其中，洋山港区完成集装箱吞吐量 1 561.6 万标准箱，同比增长 1.4%。2016 年，公司进一步深化和拓展水水中转业务，水水中转比例达到 46.5%。公司实现营业收入 313.59 亿元，同比增加 6.26%，归属于母公司的净利润 69.39 亿元，同比增加 5.74%。

结合以上的分析可知，该公司本年度营业收入的增长，一方面因兼并所致，另一方面则应该是服务单价的上升所致。否则，归属于母公司的净利润不应该同比增长。

（2）该公司 2016 年度营业成本较上期增加了 2 205 101 851.08 元，增长率为 11.19%，其中主营业务成本增长了 11.11%，其他业务成本增长了 14.38%，成本的增长明显超过了收入的增长，有点莫名其妙。原因是，港口企业的营业成本基本都是固定性费用，比如码头和各项设备的折旧、物耗和工资等，很少有变动性费用，故如此大幅度的上升，只能用管理水平较低来评价。

收入增长 6.26%，成本增长 11.19%，导致营业成本占营业收入的比重由 2015 年的 66.83% 上升至 2016 年的 69.92%，上升了 3.09 个百分点，结果，毛利相对下降了 356 755 226.38 元。

（3）该公司 2016 年度税金及附加比上年增加了 16 967 320.16 元，增长率为 6.90%，看似与营业收入 6.26% 的增长基本保持一致，略高的增长应该是过去管理费用的杂项税（表 8-3 中从资源税到河道管理费项目，那些上年没有对比数的项目）全部进入流转税所致。其内容构成如表 18-3 所示。

表 18-3 上港集团税金及附加分布情况   单位：元

项目	本期发生额	上期发生额
消费税		
营业税	65 572 535.05	115 518 243.46
城市维护建设税	14 382 412.08	14 403 857.98
教育费附加	31 747 284.15	43 277 286.94
资源税		
房产税	41 827 652.79	
土地使用税	27 090 246.67	
车船税	1 645 479.51	
印花税	10 105 589.87	
河道管理费	6 244 557.70	
土地增值税	64 093 988.03	72 016 908.75
其他	120 833.72	646 962.28
合计	262 830 579.57	245 863 259.41

但从表 18-3 可以看到，该公司 2016 年度税金及附加的增长是其合计数的增长，包含了各项杂项税费的增长，但由于杂项税费上年没有列示对比数，全部算是净增长，故其增长比例与收入的增长比例其实不可比。即，既不能说明该公司的全部收入均已计税，也不能说明税项或税率的改变对该公司的实际税金缴纳产生了任何实质性的影响。但若剔除杂项税额，则该公司本期的税金及附加是下降的，这显然和收入的增长不匹配。

另外，从报表附注中没有看见该公司 2016 年度的增值税数额，只是从资产负债表的应交税费明细中了解到，该公司 2016 年末尚未缴纳（期末余额）的增值税为 79 513 239.32元，而上年数为 90 061 170.41 元，下降了 10 547 931.09 元。同样，营业税也是下降的，下降了 43.24%，当然，营业税的数额是本期发生额，与增值税的期末余额不同。

尽管上海市从 2012 年开始进行"营改增"改革试点，但至少到 2016 年，上港集团的此项改革似乎还没有完全到位，这就使得对该公司税费缴纳合理性的分析比较困难。但在营业收入上升的同时，增值税和营业税合计的下降却是明显的。虽然营业税和增值税的销项税额理论上都是按营业收入的一定比例计算，但在此公司中，就营业税的下降而言，可以认为其相当大的一部分业务已经转至缴纳增值税部分；而就增值税的下降而言，一般可以理解为是其进项税额的上升超过销项税额的上升，从而导致其本期实际缴纳的增值税大幅下降所致。然而令人困惑的是，就上港集团这样的服务性企业而言，有什么样的货物或服务需要购进，从而产生进项税？充其量就是其 2016 年刚兼并的上海港房地产经营开发公司，而其存货确实增加了超过 80%。

若就此而言，考虑到房地产公司的业务量占集团公司业务量的比重太少，同时考虑到营改增导致的大量营业税改为增值税的结果，故对该公司流转税额的下降存疑。

（4）该公司 2016 年度销售费用较上期增加了 29 021 078.51 元，增长率为 248.06%，超过了营业收入的增长 9 倍，但考虑到营业费用占该公司营业收入的比重仅为 0.04%～

0.128%，故其影响程度有限。

一般来说，销售费用主要是广告和渠道费用，但由于该公司主要是港口作业，故其应该很少发生销售费用。而本年度的销售费用发生如此大的增加，显然是因为兼并地产公司所导致。

（5）该公司 2016 年度管理费用较上期增加了 226 199 112 90 元，增长率为 9.69%，较之营业收入的 6.26%，增加了 3.43 个百分点，并且 2 个年度的管理费用均占营业收入的 8% 左右，显得偏高、偏重，很不合理。如果再考虑到原归属于管理费用的大量税费已经转移至税金及附加，那此种增加就显得更不合理。

一般就制造企业而言，管理费用占比的高低，通常与该企业的管理效率相关，当然港口企业是否比较特殊，需要与其他港口企业进行横向比较；而增长比例的较明显上升，一般与兼并和裁员相关。

（6）该公司 2016 年度财务费用较上期下降了 129 750 898.86 元，下降率为 15.28%，占比为 2.29%，比较合理，说明该公司不差钱。当然，贷款的大幅减少，一方面，与该公司的营业收入增长相关，另一方面，也应该与该公司本年度基本建设的大幅减速存在关联。

（7）该公司 2016 年度资产减值损失较上期增加了 67 610 739.35 元，增长率为 279.44%，具体内容如下：

项　目	2016 年度	2015 年度
坏账损失	83 390 133.65	24 195 162.32
存货跌价损失	201 955.63	
固定资产减值损失	8 213 812.39	
合计	91 805 901.67	24 195 162.32

一直以为像这样有一定程度垄断性质的国企，根本不会存在应收账款的，当然更不要说坏账了，即使有也应该很少。但该公司似乎不这样，坏账不仅有，而且还不少，且增长比例也着实惊人。

（8）该公司 2016 年度投资收益较上期上升了 1 201 270 401.47 元，增长率为 53.12%，主要是长期股权投资收益的增长，增长了 66.39%，说明该公司的投资效益还不错。

（9）该公司 2016 年度营业利润较上期增加了 634 469 823.03 元，增长率为 7.40%，高于营业收入的增长率 6.26%，但低于营业总成本的增长率 10.49% 和营业成本的增长率 11.42%。显然，该公司营业利润的大幅度上升，主要是得益于投资收益的大幅度上升。或者说，该公司自身的经营效益本年度其实是下降的，但得益于对外投资效益的上升，从而使得该公司的经营利润较之上年有了一个比较好的上升。

考察一个企业的利润质量，主要看三个指标，净利、营业利润和毛利，以及其相对数，而其中最主要的指标就是毛利及其相对数，因为毛利是营业利润和净利发生的基础，说明一家公司通过自身经营活动所能创造的盈利能力。

（10）该公司 2016 年度营业外收入较上期减少了 514 727 159.03 元，下降率为 39.51%。比较有趣的是其内容构成，在本期所有营业外收入中，非流动资产处置利得合计占总发生额的 9.18%，政府补助占 61.33%，无法支付的应付款项占 8.19%，结转轨道交通十号线相关补偿费用占 12.65%，海事局港建费代征手续费占 1.32%，其余的为其他。若将其中的补贴和补偿加以合计，占总额的 73.98%。

（11）该公司 2016 年度营业外支出较上期上升了 29 403 174.81 元，增长率为 79.63%，尽管增长比率很高，但增长数额不大，因为其发生额仅为营业外收入发生额的 13.67%，主要是处置非流动资产损失所致。

（12）该公司 2016 年度的税前会计利润总额为 9 941 884 700.69 元，税前利润率为 31.70%，绝对数较上期增加了 90 339 489.19 元，增长率为 0.91%，但相对数却较上期的 33.38% 下降了 1.68 个百分点。显然，该公司利润率很高，但增长率偏低，尤其是相对营业利润 7.40% 的增长率，明显偏低，这当然是因为受到营业外收入的大幅度下降，以及营业外支出的大幅度上升影响。

（13）该公司 2016 年度的所得税费用为 1 853 983 184.90 元，较上期降低了 132 290 062.66 元，降低率为 6.70%，占当年利润总额的 18.65%。其会计利润与所得税的计算调整方式如表 18-4 所示。

表 18-4　会计利润与所得税的计算　　　　　　　　　　　　单位：元

项　　目	本期发生额
利润总额	9 941 884 700.69
按法定/适用税率计算的所得税费用	2 485 471 175.17
子公司适用不同税率的影响	3 362 396.35
调整以前期间所得税的影响	2 960 586.03
非应税收入的影响	−750 154 947.48
不可抵扣的成本、费用和损失的影响	43 259 517.57
使用前期未确认递延所得税资产的可抵扣亏损的影响	
使用前期未确认递延所得税资产的可抵扣暂时性差异或可抵扣亏损的影响	−38 385 191.93
本期末确认递延所得税资产的可抵扣暂时性差异或可抵扣亏损的影响	107 800 834.99
税收优惠的影响	−331 185.00
所得税费用	1 853 983 184.90

若按目前国家规定的所得税率 25%，计算任一企业的所得税费用，均不可能是其税前利润与 25% 的乘积，原因就是此表中存在的各种调整事项。

此表的第一行是会计所得。理论上，用此表最后一行的所得税费用除以 25%，可得应纳税所得。依此例，该公司的应纳税所得 = 1 853 983 184.90/25% = 7 415 932 739.60（元）。

事实上，用调整"所得"的方式比调整"费用"的方式更直观，也更容易理解，因为能追溯。

（14）该公司 2016 年度的净利为 8 087 901 515.79 元，较上期增加了 222 629 551.85 元，增长率为 2.82%。而净利润率本年度为 25.79%，上年度为 26.65%，降低了 0.86 个百分点。其中，归属于母公司所有者的净利润 6 939 077 201.08 元，占比为 85.80%，少数股东损益为 14.20%，而去年的占比分别是 83.43% 和 16.57%，说明该公司的股权更集中了。

从利润率结构分析来看，25.79% 的净利率显然很高，应该是得益于垄断效应。但从趋势分析来看，增长率为 -0.86 个百分点，毛利率的下降更明显，说明了该公司的增长乏力，应该是与整个大环境的变化相关，因为类似于这样的服务性企业，只能去被动地适应整体经济环境的变化。

该公司 2016 年的净利率 25.79%，较之 2015 年的 26.65% 降低了 0.86 个百分点，而营业利润率和毛利率分别为 29.40% 和 29.09%，30.08% 和 33.17%，前者上升了 0.31 个百分点，后者下降了 3.09 个百分点。前者是一个企业发生的正常和持续经营的结果，而后者则是一个企业偶尔发生的非正常经营活动的结果，两者的重要性显而易见。

因此，如果仅看净利率的变化，似乎可以得出该公司 2016 年度的经营业绩下降了，但如果结合营业利润率的变化，显然这样的结论又不是太准确。如果结合以上两个利润率的变化结果，相对比较准确的结论应该是，该公司的正常经营活动的业绩较之上个年度提升了，但由于受到营业外的收入和支出因素的影响，拖累了该公司整体的经营业绩，导致了该公司最终净利率的下降。

这样的结论是否就是准确的？其实也未必，因为 2016 年度的毛利率下降了，而且下降的幅度还比较大。同时，毛利率也属经营活动，而且是正常、持续经营活动的主体。

从财务会计角度，任一企业的经营活动，也无非就是一个开源节流的过程。其中，各项收入的发生，是开源的结果，而各项成本、费用的发生，则是节流的结果。企业理财的目的，无非就是，尽可能多地开源，同时尽可能大地节流，以获得尽可能高的利润。

从企业管理的角度，开源和节流是一个硬币的两面，同样重要。但相对而言，开源（主要是营业收入）面向企业外部，难于把握，变幻莫测，受制于人；而节流（包括营业成本），则主要面向企业内部，容易控制，变化有序，主动性强。就像一个人的人生，如果让某人在开源、节流两个方面只能选择一面，相信大多数年轻人更愿意选择开源，而大多数老年人则更愿意选择节流，原因显而易见。

所以，如果一家企业有很强的开源能力，相信只要它愿意，其节流能力也不会太差；反之，有能力节流的企业，却未必一定有能力开源，就像年纪大的人一样。

至于该公司毛利率和营业利润率的变化，其营业收入是上升的，说明其开源是增长的（尽管这种增长是人为，而非自然方式），而毛利率的下降只是因为其营业成本的上升幅度更大而已，也就是说，是其节流没有做得更好而已，就像现在的年轻人，纵使有较强的开源能力，但无奈花费无度，也是枉然。

但令人匪夷所思的是，就一般工商企业而言，发生这样的毛利变化，通常是因为购、销价格的倒挂所导致，而港口这样的服务性企业，似乎不应该存在营业成本的增幅远大于营业收入增幅这样的情况，因为这种类型的企业，应该很少有直接、变动性营业成本的发生，他们的营业成本的主要构成，不外乎码头、各项设备的折旧费用，和一线员工的工资等（一些物料的消耗占比有限），而类似于一般工商企业的存货构进成本应该显然与它们无关，当然也就不可能发生价格倒挂的问题，以及由此导致的营业收入增幅低于营业成本增幅，或者营业收入的降幅小于营业成本降幅这样的问题，因为它们的营业成本构成内容大部分都是固定性的。唯一可能导致这种收入和成本倒挂的因素，就是一线员工的工资增长远超营业收入的增长。如果真是如此，那恭喜那些员工。

不过这样涨工资的可能性微乎其微。如果基于理性角度，应该是该公司主营业务收入明显下降，但主营业务成本因企业性质的原因，几乎没有下降。同时，所收购公司的毛利空间要比母公司的小得多，结果所导致的收入上升有限，但成本上升却比较明显，这应该是比较合乎逻辑的解释。

以上分析说明，该公司的主营业务受大环境的影响，在不断萎缩，估计将会继续萎缩，但这并不一定会影响该公司总体营业收入的增长和不断增长。然而从理性角度，评价一家公司的经营绩效，主要着眼点应放在该公司可持续增长的主营业务（港口业务）环节上。

18.2 资产负债表分析

由于一个企业利润的创造主要取决于其资产的配置、质量和利用的效率，以及其权益的结构和管理水平的高低，因此，有必要通过对资产负债表的分析来辩明该公司创造利润的能力与其结果之间的因果关系。

对上港集团的资产质量分析可通过表 18-5 展开。

表 18-5　上港集团股份有限公司资产负债表水平和结构表　　　　单位：元

项目	2016-12-31	2015-12-31	变动额	变动率	结构分析	结构分析
流动资产：						
货币资金	12 239 286 917.50	11 537 309 222.83	701 977 694.67	6.08%	10.48%	11.71%
应收票据	373 975 106.40	404 596 808.84	−30 621 702.44	−7.57%	0.32%	0.41%
应收账款	2 738 633 599.99	2 421 353 497.48	317 280 102.51	13.10%	2.35%	2.46%
预付账款	297 607 394.46	293 513 364.70	4 094 029.76	1.39%	0.25%	0.30%
应收利息	1 504 916.51	1 061 091.36	443 825.15	41.83%	0.001%	0.001%
应收股利	476 367 139.08	82 675 401.08	393 691 738	476.19%	0.41%	0.08%
其他应收款	385 408 567.59	394 731 739.57	−9 323 171.98	−2.36%	0.33%	0.40%
存货	6 211 857 820.11	3 433 547 470.47	2 778 310 349.64	80.92%	5.32%	3.49%
一年内到期的非流动资产	219 950 651.77	28 849 304.29	191 101 347.48	662.41%	0.19%	0.03%
其他流动资产	801 968 950.78	394 750 405.10	407 218 545.68	103.16%	0.69%	0.40%
流动资产合计	23 746 561 064.19	18 992 388 305.72	4 754 172 758.47	25.03%	20.33%	19.28%
非流动资产：						
可供出售金融资产	14 060 981 033.50	1 972 125 323.45	12 088 855 710.05	612.99%	12.04%	2.00%
持有至到期投资	3 300 000.00	3 300 000.00	—	—	0.003%	0.003%
长期应收款	472 566 084.19	47 981 481.41	424 584 602.78	884.89%	0.40%	0.05%
长期股权投资	22 703 986 413.43	20 091 825 668.91	2 612 160 744.52	13%	19.44%	20.39%
投资性房地产	745 871 381.20	779 834 630.20	−33 963 249	−4.36%	0.64%	0.79%

项目	2016-12-31	2015-12-31	变动额	变动率	结构分析	结构分析
固定资产	34 688 018 590.94	35 514 712 289.36	-826 693 698.42	-2.33%	29.70%	36.05%
在建工程	472 692 086.44	1 365 285 486.44	-892 593 400	-65.38%	0.40%	1.39%
固定资产清理	6 106 647.41	8 370 340.86	-2 263 693.45	-27.04%	0.005%	0.008%
无形资产	13 780 639 543.30	13 634 598 778.51	146 040 764.79	1.07%	11.80%	13.84%
商誉	15 024 099.69	15 024 099.69	—	—	0.01%	0.02%
长期待摊费用	5 017 213 127.07	5 048 586 986.28	-31 373 859.21	-0.62%	4.29%	5.12%
递延所得税资产	925 215 122.94	637 290 716.08	287 924 406.86	45.18%	0.79%	0.65%
其他非流动资产	146 601 675.72	403 593 203.78	-256 991 528.06	-63.68%	0.13%	0.41%
非流动资产合计	93 038 215 805.83	79 522 529 004.97	13 515 686 800.86	17%	79.67%	80.72%
资产总计	116 784 776 870.02	98 514 917 310.69	18 269 859 559.33	18.55%	100%	100%
流动负债：						
短期借款	22 580 513 000.00	3 500 000 000.00	19 080 513 000	545.16%	19.34%	3.55%
应付短期融资券	4 000 000 000.00		4 000 000 000	—	3.43%	—
应付票据						
应付账款	2 051 754 738.40	1 859 055 306.05	192 699 432.35	10.37%	1.76%	1.89%
预收账款	180 419 128.08	666 183 121.25	-485 763 993.17	-72.92%	0.15%	0.68%
应付职工薪酬	508 817 120.28	505 974 811.85	2 842 308.43	0.56%	0.44%	0.51%
应交税费	1 497 225 635.75	1 226 852 594.99	270 373 040.76	22.04%	1.28%	1.25%
应付利息	225 487 991.62	203 106 765.18	22 381 226.44	11.02%	0.19%	0.21%
应付股利	95 582 040.55	70 801 437.30	24 780 603.25	35%	0.08%	0.07%
其他应付款	2 046 363 261.36	3 929 079 558.41	-1 882 716 297.05	-47.92%	1.75%	3.99%
一年内到期的非流动负债	736 881 965.93	6 551 821 321.26	-5 814 939 355.33	-88.75%	0.63%	6.65%
流动负债合计	33 923 044 881.97	18 512 874 916.29	15 410 169 965.68	83.24%	29.05%	18.79%
长期负债：						
长期借款	4 791 627 046.67	10 718 732 541.45	-5 927 105 494.78	-55.30%	4.10%	10.88%
应付债券	8 000 000 000.00		8 000 000 000	—	6.85%	—
长期应付款	970 036 019.92	1 182 286 877.65	-212 250 857.73	-17.95%	0.83%	1.20%
专项应付款	77 504 518.14	76 228 448.18	1 276 069.96	1.67%	0.07%	0.08%
递延收益	102 283 536.59	134 509 661.70	-32 226 125.11	-23.96%	0.09%	0.14%
递延所得税负债	681 907 549.04	745 722 115.17	-63 814 566.13	-8.56%	0.58%	0.76%
非流动负债合计	14 623 358 670.36	12 857 479 644.15	1 765 879 026.21	13.73%	12.52%	13.05%
负债合计	48 546 403 552.33	31 370 354 560.44	17 176 048 991.89	54.75%	41.57%	31.84%
股东权益：						

项目	2016-12-31	2015-12-31	变动额	变动率	结构分析	结构分析
股本	23 173 674 650.00	23 173 674 650.00	0	0	19.84%	23.52%
资本公积	8 583 778 849.41	8 677 599 003.53	-93 820 154.12	-1.08%	7.35%	8.81%
减：库藏股						
其他综合收益	-767 151 320.16	1 382 397 853.78	-2 149 549 173.94	-155.49%	-0.66%	1.40%
专项储备	826 313.87	743 125.71	83 188.16	11.19%	0.000 7%	0.000 8%
盈余公积	5 412 388 117.27	4 744 817 543.62	667 570 573.65	14.07%	4.63%	4.82%
未分配利润	24 320 344 835.56	21 628 965 190.41	2 691 379 645.15	12.44%	-81.05%	21.96%
归属于母公司所有者权益	60 723 861 445.95	59 608 197 367.05	1 115 664 078.90	1.87%	88.99%	88.78%
少数股东权益	7 514 511 871.74	7 536 365 383.20	-21 853 511.46	-0.29%	11.01%	11.22%
股东权益合计	68 238 373 317.69	67 144 562 750.25	1 093 810 567.44	1.63%	58.43%	68.16%
负债和股东权益总计	116 784 776 870.02	98 514 917 310.69	18 269 859 559.33	18.55%	100%	100%

根据表 18-5 可作资产负债表会计及财务分析如下。

（1）该公司 2016 年货币资金较上期增长了 701 977 694.67 元，增幅为 6.08%，低于营业收入的增幅，并且其比重由 2015 年占资产总额的 11.71% 下降为 2016 年的 10.48%，下降了 1.23 个百分点。

货币资金绝对额的上升幅度略低于营业收入的上升幅度，但基本持平。影响因素主要有：应收账款和应收票据的合计上升幅度超过了营业收入的增幅，影响了现金的回笼，尤其是预收账款的大幅度下降；存货增加了 80.92%，但应付账款却只增加了 10.37%；尽管短期借款的增幅相当大，但由于长期借款的大幅度减少，以及各项资产的增加，尤其是总资产的基数比较大，从而影响到货币资金的变动。

该公司 2016 年的现金比为 0.36（倍），现金流量债务比为 0.006（倍），显然静态的现金偿债能力明显好于动态，说明该公司存量现金充分，不差钱。这种动态现金比的相对不足，恰恰说明该公司结存现金的过量。

（2）该公司 2016 年应收票据较上期减少 30 621 702.44 元，减幅为 7.57%，其中银行承兑汇票占全部应收票据的 59.58%，应收票据质量一般。

（3）该公司 2016 年应收账款较上期增加 317 280 102.51 元，增幅为 13.10%，超过同期营业收入的一倍，即使再加上应收票据一并计算，整体应收款项的增长幅度也大致是营业收入增幅的 2 倍左右，说明该公司应收款项的回笼减速了，应收款项的质量下降了。当然，这还要结合坏账准备、现金流量表的相关项目一并分析。

该公司 2016 年的应收账款（包括应收票据）周转率为 10.07 次（31 359 178 524.08/3 112 608 706.39），2015 年的应收账款周转率为 10.44 次（29 510 831 899.38/2 825 950 306.32），同样说明该公司应收账款的质量下降了。

在应收账款上升的同时，该公司的坏账准备也由 2015 年的 186 177 184.42 元，占应收账款比重的 7.14%，上升为 2016 年的 247 166 900.15 元，占比为 8.28%。在该公司会计政策不变的情况下，该公司的坏账准备占其应收账款的比重提升，也说明了该公司应收账款的环境恶化了，风险增加了。当然，这也与该公司应收账款数额本身的提升幅度较大相关。

至于与现金流量表之间的关系，将会结合流量表的相关内容一并分析。

（4）该公司 2016 年预付账款比年初增加了 4 094 029.76 元，增幅为 1.39%，主要是一些与基本建设项目相关的预付款。

（5）该公司 2016 年应收利息较之上期增加了 443 825.15 元，增幅为 41.83%，主要是委托贷款的应收利息大幅增加所致，增幅为 99.56%，而同期的定期存款和债券投资数额几乎没有变动。看起来委托贷款成了该公司新的创收渠道，当然前提是，该公司不差钱。

（6）该公司 2016 年应收股利较之上期增加了 393 691 738 元，增幅为 476.19%，主要是中建港务建设有限公司的一笔高达 355 728 537.10 元的应收股利，此股利的账龄已达 3 年以上，但至今尚不能收回。

让人疑惑的是，此一细项的期初余额仅为 14 561 637.68 元，与期末余额相差 341 166 899.42 元，巨大增幅由此而来。但既然此笔应收股利 3 年尚未收回，那期初的余额去了哪里？

（7）该公司 2016 年的其他应收款较年初下降了 9 323 171.98 元，降幅为 2.36%，说明该公司其他应收款的回笼情况趋于好转，显然与应收账款的情况正好相反。但需要说明的是，考虑到各项准备的存在，资产负债表资产方列示的各项目，是指其账面价值减去准备以后的余额。就该公司而言，其 2016 年其他应收款的账面价值为 702 372 333.39 元，较之上年的账面价值 697 396 334.25 元，上升了 4 975 999.14 元。显然，其所谓的下降，只是坏账准备计提的更多而已，在会计政策没有改变的情况下，更多的坏账准备，只能说明公司的其他应收款的质量更差，风险更大。

（8）该公司 2016 年存货比年初增加了 2 778 310 349.64 元，增幅为 80.92%，主要是房地产开发项目，几乎没有计提准备，显然是看好房地产前景的，不过当时是 2016 年，而现在是 2018 年。

该公司的 2016 年度的存货周转率为 5.05 次，而 2015 年度为 8.59 次，就一般概念而言，当然是存货的质量下降了，但就房地产企业而言，大量囤积土地和物业，并不一定是坏事，尤其是在 2016 年度的上海。存货分类的具体内容如表 18-6 所示。

表 18-6 上港集团存货分类表

单位：元

项目	期末余额			期初余额		
	账面余额	跌价准备	账面价值	账面余额	跌价准备	账面价值
原材料	125 581 879.70	66 520.36	125 515 359.34	107 273 383.40	66 520.36	107 206 863.04
在产品	10 066 664.44		10 066 664.44	7 198 519.08		7 198 519.08
库存商品	183 390 613.14	6 349 685.73	177 040 927.41	186 317 142.70	6 147 730.10	180 169 412.60
周转材料	865 346.94		865 346.94	1 080 393.15		1 080 393.15
消耗性生物资产						

续表

项目	期末余额			期初余额		
	账面余额	跌价准备	账面价值	账面余额	跌价准备	账面价值
建造合同形成的已完工未结算资产						
委托加工物资	25 905.99	25 905.99			25 905.99	25 905.99
房地产开发成本	5 773 202 480.54		5 773 202 480.54	3 059 482 721.78		3 059 482 721.78
房地产开发产品	125 167 041.44		125 167 041.44	78 409 560.82		78 409 560.82
合计	6 218 299 932.19	6 442 112.08	6 211 857 820.11	3 439 787 626.92	6 240 156.45	3 433 547 470.47

注：表18-6取自上海证交所网站原表，考虑到"账面余额=账面价值-跌价准备"，作者判断表18-6中的账面余额和账面价值数据颠倒了。

（9）该公司2016年一年内到期的非流动资产比年初增加了191 101 347.48元，增长率为662.41%，主要有两笔业务事项：一笔是用于帮助子公司融资租赁而付出的质押资产，账面价值为122 687 239.71元；另一笔是委托招商银行向四家公司发放的抵押贷款，金额为87 310 587.06元，年利率为7%，2年期，每月等额还本付息。

比房地产利率还高。须知，等额偿还等于收2倍利率。

（10）该公司2016年其他流动资产年末余额比年初余额增加407 218 545.68元，增加比例为103.16%，主要是1年期的委托贷款，利率为2.3%。

该公司的余钱真多喔！多问一句，为洋山港专修的S2和东海大桥，谁出的钱？

（11）该公司2016年的流动资产合计比年初增加了4 754 172 758.47元，增幅为25.03%，远超营业收入的增长，并由2015年的占资产总额的19.28%，增加到2016年的20.33%，占比提升了1.05个百分点，显然主要是由于应收账款和存货增加所致，表明公司的流动性也并未实质增强。

该公司2016年的流动资产周转率为1.32次，较之2015年的1.55次降低了14.84%，说明该公司的流动资产质量下降了。不过就中国企业的一般状况而言，超过1次的周转率，应该还算不错。另外，大致20%的流动资产占比，说明该公司是一个资本密集型企业（不知是否能算技术密集型企业），这种类型的企业，非流动资产的占比通常超过50%，特征就是固定性成本的比重较高，从而导致营业收入的适当变动就会使得毛利或营业利润发生大幅变动，也就是经营风险比较大。

该公司流动资产的流动性似乎增加了，但质量下降了，主要是应收账款和存货的增加，因为这些项目的增加对营业收入的提升没有起到帮助作用。

其中，流动性的增长是相对于总资产的占比而言，而流动资产的质量则相对于营业收入而言。这就像宏观经济中的货币量和GDP之间的关系，如果货币供应量的提升没有能够有效帮助GDP有更大幅度的提升，就可以认为，流动性提升了，质量下降了。

该公司2016年的流动比为0.7倍，较之2015年的1.03倍下降了32.04%，持续偏低，说明该公司偿还到期债务的能力更差了。当然，这只是站在债权人角度所进行的评价，因为债权人认为，流动比一般应保持在1.5～2倍之间比较合适，这样才能比较有效地保护债权人的利益，降低债务不能收回的财务风险。

该公司2016年的速度比为0.52倍，较之2015年的0.84倍下降了38.10%，也偏低，同样说明该公司偿还到期债务的能力比较差。

从债权人角度，速动比一般应保持在0.7～1倍之间比较合适，理由是制造业的存货应占全部流动资产的40%～50%，存货过高可能影响资产的流动性，过低则又可能影响生产活动的正常进行。不过该企业并非制造企业，因而保持较低的存货有其合理性，从这个意义上，该公司的存货不是偏低了，而是偏高了。

即使制造企业，若站在所有者和管理者的角度，过高的流动比和速动比也不可取。因为过高的流动比和速动比，意味着企业将承担更高的资金占用成本，以及由于资产质量下降所导致的资产不能有效使用而发生的机会成本和经营风险。

可以举个简单的例子，假设流动资产全部为应收款，流动负债全部为应付款，你愿意更多应收款还是应付款？相信企业更愿意更多应付款，而债权人则更愿意更少应付款。

展开说一句，如果没有一个共同接受的标准，那这个世界发生的任何事情，均无所谓是非、好坏、对错、善恶之别。

（12）该公司2016年的可供出售金融资产比上年增加了12 088 855 710.05元，增长率为612.99%，主要是可供出售的权益工具按市价计算的增值。

不知如何评价，眼光好？运气好？不过余钱是肯定多。

这种类型公司的特征是，前期投入巨大，后期稳稳回收。同时，因前期投入的钱通常来自财政，故后期获得的回报就不知道该如何处置了。

（13）该公司2016年的持有至到期投资与上年持平，是以往年度购买的债券投资。

（14）该公司2016年的长期应收款较之上年增加了424 584 602.78元，增长率为884.89%，其内容报表附注中未作详细描述，应该就是前述（9）用于帮助子公司融资租赁而导致的长期应收款中超过1年以上才能收回的部分。

（15）该公司2016年的长期股权投资年末余额比年初余额增加了2 612 160 744.52元，增幅为13%，主要是对一些合营和联营企业的投资。

其实此项与第（12）项都属股权投资范畴，可以将第（12）项看作是短期股权投资，因其主要目的是投机，并可随时变现；而此项则为长期股权投资，因其主要目的是投资，并不可随意变现。

理论上，短期投资和长期投资的划分标准是其变现可能和时间，但实务中，大量的原本意为短期持有的股权投资，因套牢、政策变更，或其他原因，不得不长期持有，从而形成了所谓长期性质的可供出售金融资产。

（16）该公司2016年的投资性房地产年末余额比年初余额降低了33 963 249元，降低率为4.36%，其原价没有变动，主要是计提了折旧，说明该公司投资性房地产的价值按成本计价了。

（17）该公司2016年的固定资产净额比年初降低了826 693 698.42元，降幅为2.33%，由2015年占资产总额的36.05%，降低到2016年的29.70%，原因是新增资产的数额小于折旧和减值准备的数额，且新增资产的增幅远低于总资产的增幅。

该公司 2016 年固定资产周转率为 0.90 次，2015 年为 0.83 次，尽管周转次数都很低，但 2016 年还是比 2015 年提升了 0.08 次，说明固定资产的利用效益在提高。但若按其原值计算，则 2016 年的周转率为 0.56 次，而 2015 年为 0.54 次，周转率更低，周转率幅度也仅是提升了 0.037 次。说明以上对固定资产净额降低原因的分析是合理的，且该公司固定资产的利用效率是比较低的。

当然，港口类企业的前期投入巨大，故而达产前的固定资产利用效率偏低是合理的，正常情况下会随着逐步达产，固定资产的利用效率逐步提升。但就该公司而言，一方面，其提升的幅度偏低，另一方面，因其主营业务收入已开始萎缩，本期营业收入的增长完全是依赖所兼并的房地产公司的收入增长所致，故而对其未来的充分达产表示怀疑。同时，考虑到此类企业固定资产投入的整体性，即不可分割性，预计其未来主营业务固定资产的利用效率将会更低。

（18）该公司 2016 年的在建工程比上年降低了 892 593 400 元，减幅为 65.38%，说明了新增低于转出，应该是合理的，也是符合以上分析结论的。

（19）该公司 2016 年的固定资产清理比上年降低了 2 263 693.45 元，减幅为 27.04%，主要是职工住宅等固定资产的清理。

此账户年末本应无余额，不知为何很多公司会有余额。

（20）该公司 2016 年的无形资产比上年增加了 146 040 764.79 元，增幅为 1.07%，内容主要是土地使用权。

比较突出的是球员技术（不懂，估计应该是技术球员的购买价吧？）项目，其账面原值占所有无形资产账面原值的 5.85%，仅次于土地使用权 92.62% 的占比，且期末账面原值是期初账面原值的 2.55 倍。其摊销也厉害，似乎采用快速摊销法，1 年摊销在 60% 左右，没有减值准备。

（21）该公司 2016 年的商誉没有变化，与上年持平，应该是购买上港集团足球俱乐部（徐根宝足球俱乐部）时的溢价。

（22）该公司 2016 年的长期待摊费用比上年下降了 31 373 859.21 元，减幅为 0.62%，主要是码头港外设施支出的摊销。

（23）该公司 2016 年的递延所得税资产比上年上升了 287 924 406.86 元，增幅为 45.18%，主要是各项"临时性差异"导致的会计所得和应纳税所得的差额增加所致。

（24）该公司 2016 年的其他非流动资产比上年降低了 256 991 528.06 元，降幅为 63.68%，内容还是委托贷款，利率是 6%，减少的原因是应 1 年内收回的已转至有关流动资产项目。

（25）该公司 2016 年的非流动资产合计比上年上升了 13 515 686 800.86 元，增幅为 17%，显然主要是因为各项股权投资的增加，应该是说明该公司自身的增长乏力，钱又多的不知如何是好，故而加大了对外投资的力度。

好有画面感。

（26）该公司 2016 年资产总计为 116 784 776 870.02 元，2015 年为 98 514 917 310.69 元，增加了 18 269 859 559.33 元，增幅为 18.55%，而同期流动资产的增幅为 25.03%，非

流动资产为17%。显然，资产总计的增加主要是由于流动资产的增加所致，但由于非流动资产的占比过高，故而拉低了总资产的增幅，即使如此，仍远超营业收入6.26%的增幅。

该公司2016年总资产周转率为0.27次，较之2015年的0.3次又下降了10%，说明该公司资产的利用效率不仅偏低，而且持续走低，这应该与该公司的前期扩张，或者说与该公司前期预期的盲目乐观有一定的关系。当然，仅依赖两三年的走势，还不足以得出肯定的结论。

该公司2016年总资产净利率为6.93%，较之2015年的7.98%，降低了13.16%。应该说，该公司的销售净利率还是相当不错的，2016年为25.79%，2015年为26.65%，虽然有所降低，但当今世道，一个企业能获得超过25%的净利率，那是很多企业的毛利率都望尘莫及的，当然，这与该公司的垄断经营效应有很大的关系，但确实也与公司上下的努力有一定关系。

但由于该公司资产总计的大幅增加，而营业收入的增加仅为资产总计增加的33.75%，故而拉低了总资产净利率，说明公司营业收入的增加完全是依赖大量的投资所致，这一点与中国的国情倒是基本相符，同样属投资拉动型经济。投资大量增加，但并未导致收入同比增加，从而使得总资产周转率下降了，同时使得总资产净利率同样大幅下降。

以上是基于财务角度进行的分析，如果再结合利润表的相关项目基于会计角度进行分析，资产的效率问题将会显得更为明显。

该公司的毛利率虽然比较高，但开始走低，走低的原因显然是营业成本的增幅大于营业收入的增幅，而营业成本的走高又与庞大资产的摊销相关。庞大的资产需要摊销，但又无法通过它们创造更多的营业收入，那这样的资产就会成为无效资产，从而导致资产的利用效率和盈利能力下降。如果近期市场开拓无望，那解决的良方只有一条，清理那些无效的资产，这就是所谓"资产负债表缩表"。

当然，谈何容易。这就像在生活中，很多人会觉得房子越住越小，因为东西越来越多，很多明显无用的物品，总是舍不得丢弃，从而导致资产利用效率的严重下降。

另外，根据个人的经验，判断一个企业是属于资本或技术密集型企业，还是劳动密集型企业，大致可以根据该企业流动资产占总资产的比重得出。一般而言，如果一家企业的流动资产占比超过50%，可以大致得出此家企业应属于劳动密集型企业，反之则为资本或技术密集型企业。

一个比较有趣的例子是，过去一直以为汽车业应属于资本或技术密集型企业，但事实是，中国此类企业的固定资产占比平均只是在10%上下，超过20%的企业几乎没有，完全颠覆了人们的传统印象。推断原因是设备陈旧或购买时已是二手设备，又或者它们确实就是劳动密集型企业。

这也是判断一家企业经营杠杆的大小和经营风险高低的重要依据。就该公司而言，肯定是一家资本密集型企业，但是否是技术密集型，个人不明确，但其经验杠杆的影响却表现得非常明显。

（27）该公司2016年短期借款较之上年提升了19 080 513 000.00元，增幅为545.16%，其中信用借款占全部借款的78.74%，其余为保证（为子公司担保）借款，说明该公司的信用情况良好。

应该说该公司并不缺钱，近期也似乎不应该有主营业务扩张的欲望，那此番短期借款的超大幅度上升，应该与举短债、偿长债的理念相关，以及与兼并相关。以上流动资产分析中，应收款和存货的大幅上升就是兼并所致。

（28）该公司2016年应付短期融资券增加4 000 000 000.00元，年初为0，增加的原因是发行了1年期的短期债券，利率为2.63%，没有说明用途。

（29）该公司2016年应付账款期末较期初增加了192 699 432.35元，增幅为10.37%，主要是应付劳务款的增加。

该公司存货增加了2 778 310 349.64元，增幅为80.92%，没有应付票据，应付账款的增加额也仅是存货增加额的6.94%，绝对数也远低于存货的绝对数，看起来公司确实不差钱。

（30）该公司2016年预收账款期末较期初减少了485 763 993.17元，减幅为72.92%，主要是预收房款和定金的大幅降低，而预付账款却增加了1.39%。

一般而言，预收、预付款的此类变化，通常不太有利，说明欠人、人欠的信用负面了。当然，房地产企业有其特殊性，因为定金可以预收，但前期开发、施工费用，却往往拖欠。不合理，但合法。

（31）该公司2016年年末应付职工薪酬期末较期初增加了2 842 308.43元，增幅为0.56%，基本持平。2015年集团在职人数为18 338名，需承担费用的离退休职工人数为26 452名，合计为44 790名；2016年集团在职人数为18 183名，需承担费用的离退休职工人数为27 246名，合计为45 429名。

该公司应付职工薪酬的具体内容如表18-7所示。

表18-7　上港集团应付职工薪酬明细表　　　　　　　单位：元

项目	期初余额	本期增加	本期减少	期末余额
一、短期薪酬	482 314 854.48	5 558 952 473.67	5 555 088 608.44	486 178 719.71
二、离职后福利-设定提存计划	22 109 464.69	622 523 416.91	621 994 481.03	22 638 400.57
三、辞退福利	1 550 492.68	58 540 088.95	60 090 581.63	
四、一年内到期的其他福利				
合计	505 974 811.85	6 240 015 979.53	6 237 173 671.10	508 817 120.28

其中的短期薪酬和设定提存计划的具体内容如表18-8、表18-9所示。

表18-8　上港集团短期薪酬明细表　　　　　　　单位：元

项目	期初余额	本期增加	本期减少	期末余额
一、工资、奖金、津贴和补贴	6 965 397.94	4 745 033 180.25	4 734.851 781.04	17 146 797.15
二、职工福利费	410 698 007.05	161 193 106.40	165 059 662.26	406 831 451.19
其中：外商投资企业职工奖福基金	410 698 007.05	11 381 105.34	15 247 661.20	406 831 451.19
三、社会保险费	12 277 405.26	310 869 929.80	310 617 679.24	12 529 655.82
其中：医疗保险费	10 694 078.01	246 659 123.02	246 747 193.40	10 606 007.63

项目	期初余额	本期增加	本期减少	期末余额
工伤保险费	596 499.80	21 115 305.51	20 861 663.80	850 141.51
生育保险费	975 434.57	24 021 533.89	23 929 418.66	1 067 549.80
其他	11 392.88	19 073 967.38	19 079 403.38	5 956.88
四、住房公积金	53 733.00	280 338 249.33	280 382 258.34	9 723.99
五、工会经费和职工教育经费	52 320 311.23	61 518 007.89	64 177 227.56	49 661 091.56
六、短期带薪缺勤				
七、短期利润分享计划				
合计	482 314 854.48	5 558 952 473.67	5 555 088 608.44	486 178 719.71

表 18-9　上港集团设定提存计划明细表　　　　　　　　　单位：元

项目	期初余额	本期增加	本期减少	期末余额
1. 基本养老保险	20 469 401.98	493 985 603.46	493 300 974.75	21 154 030.69
2. 失业保险费	1 460 478.67	25 055 028.31	25 423 787.70	1 091 719.28
3. 企业年金缴费	165 925.00	103 408 907.42	103 190 232.41	384 600.01
4. 香港强基金	13 659.04	73 877.72	79 486.17	8 050.59
合计	22 109 464.69	622 523 416.91	621 994 481.03	22 638 400.57

这里没有特别需要加以说明的意见，读者可以根据自身的能力分析、评价。只想提示一点，表 18-7 中的期末余额，应为该公司上年末 12 月 1 个月的职工薪酬。

（32）该公司 2016 年应交税费期末较期初增加了 270 373 040.76 元，增幅为 22.04%。此种增幅或降幅的分析意义不大，因为它并非本期实际的增加或减少，仅仅是说明至本期末的应付而未付数额的增、减情况。但又不能说完全没有意义，比如，不少企业期末的应交税金为负数，就是说，本期该企业实际缴纳的税金比其应该缴纳的税金更多，那是为何？

该公司上年末（即本年初）的土地增值税就是负数，说明该公司 2015 年的土地增值税预交了。

（33）该公司 2016 年应付利息期末较期初增加了 22 381 226.44 元，增幅为 11.02%，而该公司应收利息较之上期增加了 443 825.15 元，增幅为 41.83%。应收利息的相对额较之应付利息更多，但绝对额还是要小得多，说明该公司接受的借款还是要比发放的贷款多得多，否则该公司成银行了。

（34）该公司 2016 年的应付股利较之上期增加了 24 780 603.25 元，增幅为 35%，而应收股利本期比上期增加了 393 691 738.00 元，增幅为 476.19%。

应收股利无论是绝对数，还是相对数，均明显大于应付股利，说明该公司的盈利能力明显比被投资公司的盈利能力差。当然，也有可能是该公司比较强势，自己很少发放股利，但要求对方无论盈利与否，均需发放股利。

（35）该公司 2016 年其他应付款期末较期初减少了 1 882 716 297.05 元，减幅为 47.92%，主要是港建费分成款期末不再发生了。

（36）该公司 2016 年一年内到期的非流动负债期末较期初减少了 5 814 939 355.33 元，减幅度为 88.75%，原因当然是偿还了。

（37）该公司 2016 年的流动负债合计为 33 923 044 881.97 元，而 2015 年为 18 512 874 916.29 元，增加了 15 410 169 965.68 元，增幅为 83.24%；2016 年流动负债占总资产的比重为 29.05%，2015 年为 18.79%，绝对数和相对数均上升了，主要原因是短期借款的大幅上升。而同期流动资产的上升幅度为 25.035，主要是应收款和存货的上升，两相比较，说明该公司的流动性实质并未增强，但短期偿债能力却是实实在在地降低了。

当然，在国内这种环境下，偿债能力从来不是评价一个公司能否持续经营的标准，尤其是对国有企业，因为这些企业从来不认为过高的债务比例是公司财务风险的源泉，或许从来就没有财务风险的概念。

因为判断一个公司是否破产有两个标准，存量破产和流量破产。所谓存量破产，就是因资产负债率过高导致的破产；而所谓流量破产，就是因为即期债务不能偿还导致的破产。但无论哪种类型的破产，均为债权人通过上诉而导致的后果。显然，国有企业没有这种经营性类型的破产，国有企业的破产都是政策性的。

当然，就该公司而言，债务比例并不高，甚至可以说，偏低。因此，财务风险不是该公司现阶段考虑的问题，目前应该考虑的是经营风险，也就是经营杠杆过高导致的风险。

（38）该公司 2016 年的长期借款较之 2015 年下降了 5 927 105 494.78 元，降幅为 55.30%，与短期借款的巨幅增加形成鲜明对照，其财务政策不言而喻，其中信用借款占全部长期借款的 69.12%。

（39）该公司 2016 年的应付债券期末余额为 8 000 000 000.00 元，为该公司本年度发行的 3 笔公司债，其期限为 5 年，利率分别为 3%、3.08%、2.95%。

公司的理财能力相当不错。

（40）该公司 2016 年的长期应付款较之 2015 年下降了 212 250 857.73 元，降幅为 17.95%，主要是三项支出的摊销额：征地补偿费、职工安置费、应付融资租赁款。

（41）该公司 2016 年的专项应付款较之 2015 年增加了 1 276 069.96，增幅为 1.67%，主要是获得的节能减排专项资金的增加。

（42）该公司 2016 年的递延收益较之 2015 年下降了 32 226 125.11 元，降幅为 23.96%，主要是政府补贴分期转出到利润表的收益部分。

想起一件往事，已经不记得是哪一年了（似乎是 2005 或 2006 年），之前证监会的配股规定是，联系 3 年盈利，3 年平均的净资产收益率为 10%，方可有资格配股。之后，证监会的说法是，为提高配股门槛，将以上条件中的 10%，改为 7%；同时规定，扣减净资产收益率分子中的非经常性损益部分。

反正券商一定是认为利好，是对证券市场监管力度的加强，因为净利中的非经常性损益实在太多，影响了净利的真实性。但问题是，依中国人的聪明才智，非经常性损益一定是能做成经常性损益的，其中最容易调整的就是政府补贴。

结果你应该知道是加强还是削弱了。

（43）该公司 2016 年的递延所得税负债较之 2015 年下降了 63 814 566.13 元，降幅为

8.56%，内容与递延所得税资产一致。

（44）该公司 2016 年的非流动负债合计是 14 623 358 670.36 元，2015 年是 12 857 479 644.15 元，增加了 1 765 879 026.21 元，增幅为 13.73%；2016 年非流动负债占总资产的比重为 12.52%，2015 年的比重为 13.05%，绝对数上升了，相对数下降了，因为总资产的上市幅度超过了非流动负债的上市幅度。当然，流动负债的大幅上升是导致非流动负债相对下降的内在原因。

（45）该公司 2016 年负债合计为 48 546 403 552.33 元，2015 年为 31 370 354 560.44 元，增加了 17 176 048 991.89 元，增幅为 54.75%；2016 年负债占总资产的比重为 41.57%，2015 年为 31.84%，增幅为 30.56%。与流动负债相同，绝对数和相对数均上升了。

资产负债率到底是高些比较好，还是低些比较好，其实很难说，主要是取决于公司的赢利能力，以及公司的经营目标。如果站在股东利益最大化这一经营目标的基础上，只要企业的盈利能力足够强，即能持续，并能高于债务的利息支出，则较高的资产负债率显然对公司的股东而言是有利的，因为这意味着相对较低股份情况下的较高每股收益。显然，有一个共同接受的标准，是讨论这一问题的前提。

落实到上港集团，与强大的盈利能力相对照的是明显偏低的资产负债率，虽然已有了明显的上升，但仍显不足。当然，一个比较可以接受的理由应该是，该公司并不认同股东利益最大化的经营理念。否则，就只能说明，该公司的管理层比较保守，对未来缺乏足够的信心。

（46）该公司 2016 年股本没有变化，为 23 173 674 650.00 元，而 2016 年和 2015 年的净利分别为 8 087 901 515.79 元和 7 865 271 963.94 元，增幅为 2.82%，以此计算的每股收益分别为 0.349 元和 0.339 4 元，增幅为 2.82%。同时，因该公司不存在可转换债券、可转换优先股和认股权证，故该公司基本每股收益和稀释每股收益相同。

但以上按基本规则计算的每股收益与该公司提供的每股收益不同，不知何故？

（47）该公司 2016 年资本公积较之上年减少了 93 820 154.12 元，减幅为 1.08%，主要是其他资本公积减少。

（48）该公司 2016 年其他综合收益较之上年减少了 2 149 549 173.94 元，减幅为 155.49%，报表附注中没有提供具体内容。

（49）该公司 2016 年专项储备较之上年增加了 83 188.16 元，增幅为 11.19%，主要内容为安全生产费。

（50）该公司 2016 年盈余公积较之上年增加了 667 570 573.65 元，增幅为 14.07%，内容是按规定提取的法定盈余公积的增加。

（51）该公司 2016 年未分配利润较之上年增加了 2 691 379 645.15 元，幅度为 12.44%，原因当然就是净利润增加了。

（52）该公司 2016 年的股东权益合计为 68 238 373 317.69 元，2015 年为 67 144 562 750.25 元，增加了 1 093 810 567.44 元，幅度为 1.63%；2016 年股东权益占总资产的比重为 58.43%，2015 年为 68.16%，绝对数上升了，相对数下降了。

该公司 2016 年的权益乘数为 1.71 倍，而 2015 年为 1.47 倍，增幅为 16.33%，说明相对而言，债务占比上升了，股东权益占比下降了。权益乘数是一个杠杆指标，如果假设 2 个年度的总资产收益率相同，倍数更大的权益乘数将会使得净资产收益率更高；当然，杠杆的反向作用则意味着更大的风险。但对该公司而言，完全有足够的能力充分利用好杠杆的作用。

该公司 2016 年的每股净资产为 2.945 元，2016 年的每股净资产为 2.897 元，增幅为 1.65%，说明该公司本年度又为每一个公司股东多创造了 1.65% 个份额的剩余资产的索取权，尽管不多，聊胜于无。

该公司 2016 年的净资产收益率为 11.85%，2015 年为 11.71%，增幅为 1.20%。由于该公司的总资产净利率是下降的，因而其净资产收益率的上升显然是得益于权益乘数的提升，以及权益乘数的上升幅度大于总资产净利率的下降幅度所致，当然，前提是 2 个年度的净利润都是正数。此一例，很好地说明了权益乘数的意义所在。

至于"归属于母公司所有者权益"的份额上升和相应"少数股东权益"的份额下降，其意义和利润表分析的说法相同，就是股权更集中了。

18.3　现金流量表分析

由于一个企业的利润计算是基于应计制，即权责发生制的结果，因此，有必要通过对现金流量表的分析来辩明该公司所创造利润的质量，以及与其结果之间的关系。分析可通过表 18-10 展开。

表 18-10　上港集团股份有限公司现金流量表结构表　单位：元

项　　目	2016 年度	2015 年度	垂直分析（2016 年度）	垂直分析（2015 年度）
一、经营活动产生的现金流量：				
销售商品、提供劳务收到的现金	28 142 651 801.32	28 729 800 870.12	89.67%	87.50%
收到的税费返还	129 841 536.68	569 354 467.03	0.41%	1.73%
收到的其他与经营活动有关的现金	3 113 584 291.68	3 534 618 267.96	9.92%	10.77%
经营活动现金流入小计（5）	31 386 077 629.68	32 833 773 605.11	100%	100%
购买商品、接受劳务支付的现金	15 983 420 136.76	11 671 558 923.80	54.46%	50.38%
支付给职工以及为职工支付的现金	6 034 639 845.56	5 800 646 654.62	20.56%	25.04%
支付的各项税费	2 794 214 482.28	3 287 549 374.03	9.52%	14.19%
支付的其他与经营活动有关的现金	4 537 877 351.34	2 406 652 038.28	15.46%	10.39%
经营活动现金流出小计（10）	29 350 151 815.94	23 166 406 990.73	100%	100%
经营活动产生的现金流量净额	2 035 925 813.74	9 667 366 614.38	1.07 = 5/10	1.42
二、投资活动产生的现金流量：				
收回投资所收到的现金	474 811 040.37	717 747 045.21	23.67%	51.53%
取得投资收益所收到的现金	317 153 817.37	491 929 361.90	15.81%	35.31%

续表

项　目	2016 年度	2015 年度	垂直分析（2016 年度）	垂直分析（2015 年度）
处置固定资产、无形资产和其他长期资产收回的现金净额	1 141 978 309.62	183 277 307.57	56.93%	13.16%
处置子公司与其他营业单位收到的现金净额				
收到的其他与投资活动有关的现金	72 097 730.24		3.59%	
投资活动现金流入小计	2 006 040 897.60	1 392 953 714.68	100%	100%
购建固定资产、无形资产和其他长期资产所支付的现金	1 888 538 668.81	1 257 255 420.17	11.51%	46.83%
投资所支付的现金	14 484 927 008.76	753 096 500.00	88.30%	28.05%
取得子公司及其他营业单位支付的先进净额		668 333 291.29		24.89%
支付的其他与投资活动有关的现金	31 333 729.50	6 136 817.62	0.19%	0.23%
投资活动现金流出小计	16 404 799 407.07	2 684 822 029.08	100%	100%
投资活动产生的现金流量净额	−14 398 758 509.47	−1 291 868 314.40	0.12	0.52
三、筹资活动产生的现金流量：				
吸收投资所收到的现金		1 726 809 100.00		15.76%
取得借款所收到的现金	30 353 728 643.16	9 228 791 885.00	79.27%	84.24%
发行债券收到的现金	7 940 000 000.00		20.73%	
收到的其他与筹资活动有关的现金				
筹资活动现金流入小计	38 293 728 643.16	10 955 600 985.00	100%	100%
偿还债务所支付的现金	19 701 568 246.75	10 436 000 000.00	77.72%	61.17%
分配股利、利润或偿付利息支付的现金	5 607 081 312.53	6 610 185 726.88	22.12%	38.74%
支付其他与筹资活动有关的现金	40 839 984.58	15 372 458.01	0.16%	0.09%
筹资活动现金流出小计	25 349 489 543.86	17 061 558 184.89	100%	100%
筹资活动产生的现金流量净额	12 944 239 099.30	−6 105 957 199.89	1.51	0.64
四、汇率变动对现金及现金等价物的影响额	114 477 508.50	53 183 318.08		
五、现金及现金等价物净增加额	695 883 912.07	2 322 724 418.17		
加：期初现金及现金等价物净余额	11 519 235 332.83	9 196 510 914.66		
六、期末现金及现金等价物余额	12 215 119 244.90	11 519 235 332.83		

根据表 18-10 可作现金流量表会计及财务分析如下。

1. 流入结构分析

该公司 2016 年度的现金流入总计为 71 800 324 678.94 元，其中经营活动现金流入占 43.71%，投资活动现金流入占 2.80%，筹资活动现金流入占 53.33%，汇率变动流入占 0.16%。显然，筹资活动的现金流入比例最高，占有最重要地位。

2016 年的经营活动现金流入中销售商品收到的现金占 89.67%，较之上年提升了 2.17 个百分点，但绝对额下降了，并且与营业收入的差距拉大了。如果假设流入的绝对数持平，那这种占比的上升，就说明经营活动现金流入的质量在上升，但类似该公司这种绝对额下降所导致的相对额上升，则只能说明该公司销售商品的现金回笼情况恶化了，这一点，与资产负债表中应收账款的分析契合。况且，该公司两个年度的销售商品收到的现金流入量均低于营业收入，而理论上它们应该是高于营业收入的，因为它们比营业收入还应该多一个销项税和预收款。

至于收到的税费返还绝对额和相对额的双下降，则应该是外贸交易量的下降所导致的税费返还的下降。

投资活动的现金流入中，2015年是收回投资的占比最高，而2016年度则是处置固定资产占比最高，两种内容，一种结果，一般都是说明了过去投资绩效的不理想，只不过一个是对外的投资，一个是对内的投资。

不过，就对外投资而言，此处收回的投资与该公司庞大的对外投资额相比，仅占很小的一部分，并不影响该公司总体对外投资的有效性，但取得投资收益所收到的现金却比上年有较大幅度下降，至少说明投资绩效中现金回笼状况的不充分。而处置固定资产的数额则绝对不低，应该与该公司的经营现状有相当的相关性，也与之前对其他两张报表的分析有较强的相关性，说明该公司已经认识到，高经营杠杆在未来经营中的风险加大了。

2016年筹资活动的现金流入中，借款占79.27%，较之上年下降了4.97个百分点，但今年多了一项发行债券，少了一项吸收投资。债券发行与借款同属举债，说明该公司开始更注重举债筹资了，相对该公司较低的资产负债率，这显然是合理的。

2. 流出结构分析

该公司2016年度的现金总流出中经营活动现金流出占41.28%；投资活动现金流出占23.07%；筹资活动现金流出占35.65%。说明该公司现金流出中主要还是经营活动，但偿还债务也占很大比重。不过，由于债务筹集的比重更大，故而使该公司的负债比例增加了。

2016年经营活动现金的流出中，购买商品和劳务占54.46%，比上年提升了4.08个百分点，与销售商品的2.17个百分点的流入提升相比，显然支付比回笼的力度大，印证了之前的分析；支付给职工及为职工支付的占12.75%，比去年上升，也比大多数企业的8%左右高，应该是合理的，但当然是平均数；另有支付的其他与经营活动有关的现金，较之上年提升了5.07个百分点，其具体内容见表18-11，可自行评价；至于支付的各项税费较之上年下降4.67个百分点，作者并不认为是该公司本年度的税费率降低，因为流量表反映的只是本期实际支付数，而本期的应付数通过利润表反映，资产负债表则反映至本期年末的尚未支付数。但综合利润表的应付数下降，资产负债表的尚未支付数上升，那流量表的这种下降，应该算是合理的。

表 18-11　其他与经营活动有关的现金流出　　　　单位：元

项目	本期发生额	上期发生额
发放委托贷款	725 250 000.00	417 530 000.00
代收代付款项	234 690 419.90	472 025 332.54
支付保证金	119 719 099.26	115 256 976.23
支付安保费	216 358 551.66	219 029 676.80

项目	本期发生额	上期发生额
支付差旅费、招待费、宣传费等	103 337 874.63	84 636 855.17
租费、保险费等其他成本费用支出	714 941 529.37	608 132 202.62
支付上海市财政局历年港建费结余	1 916 950 159.21	128 554 530.00
支付支航道疏浚费用	324 109 504.32	49 176 274.89
其他	182 520 212.99	312 310 190.03
合计	4 537 877 351.34	2 406 652 038.28

投资流出中，两个年度的投资流出均为负数，说明该公司的投资欲望仍然强烈，但2016年的流出小计数额远超2015年，表达出了该公司本年度强烈的投资欲望。同时，需要注意的是，其中购建固定资产的占比大幅缩水，而对外投资的占比急剧扩张，说明了该公司投资策略的改变，同时说明了公司自身经营上的困境，这也与之前的分析契合。

筹资流出中主要是偿还债务，但同时又有更多的债务流入，最终推高了该公司的资产负债率，顺便还大幅降低了财务费用，说明以短债和债券的方式取代长债和吸纳投资，至少对该公司而言，很合理。

3. 流入流出比分析

2016年该公司经营活动流入流出比为1.07，低于2015年的1.42，说明该公司通过经营活动创造净现金流量的能力削弱了，流入量下降了，流出量却上升了，经营环境趋负面了。

2016年投资活动流入流出比为0.12，低于2015年的0.52，说明两个年度的流出量均超过了流入量，公司的投资欲望仍然强烈，2016年更甚。但2016年通过经营活动创造的净流量不能满足投资欲望的需求，而2015年却足以满足，说明公司的投资策略更趋激进，但能力却下降了。当然，激进也可能是出于无奈，因为现有的经营杠杆过高，继续加大固定资产投资风险显然过大，且未来的经营前景也不容乐观，但生活还是要继续，故可以算是一个明智的选择。

2016年筹资活动流入流出比为1.51，高于2015年的0.54，说明该公司通过筹资活动取得的现金流入量增加了，并且完全是通过举债获得的资金。当然，经营净流量不足，投资欲望却强烈，也就只有筹资了。

其实，分析流量表的重点在经营活动和投资活动的现金净流量，其中经营活动说明了一个企业的经营能力，而投资活动则说明了一个企业的扩张欲望，至于筹资活动，只是前2个活动此消彼长的附带产物。

当然，如何平衡好这3者之间的关系，很多时候除了受到企业与银行等这样一些外部机构之间的关系制约外，还受企业自身生命周期的影响。比如，年轻人通常投资欲望强烈，但能力往往缺乏；年长者，能力渐涨，但欲望却逐渐趋弱。

因此，考察一张流量表的现金质量究竟如何，从保守的角度，关键看它的经营活动的净流量是否充分，是否能满足公司强烈的投资欲望，或者具备充分偿债能力的保障，这也是评价一个企业的财务成果质量，资产配置的效率和债务比例恰当与否的一个重要标准。很多人以为，理财的最高境界是收益的高低，其实不是，至少教科书告诉我们不是。教科书告诉我们的是，理财的最高境界首先是风险的恰当，其次才是收益的高低。理财的真谛是，由于总体上的收益和风险均衡，故从局部角度应该追求的是，以尽可能小的风险，获得相对尽可能大的收益。

不过，当一个企业处于扩张周期时，投资欲望强烈，经营能力相对不足，此时，尽可能扩大筹资就成为一种恰当的选择，成功可能就在于如何有效地使用别人的钱。但最低限度，一般总是希望经营活动的净流量至少为正，投资活动的净流量通常应该为负，其他的就交给筹资活动吧。

最后，可以通过3大报表勾稽关系的角度来评价利润表收入和利润的质量。

由于利润表基于权责发生制，流量表基于现金制，因此一个企业的销售商品收到的现金应该等于营业收入加17%的增值税（假设增值税率为17%），减应收款（包括票据）期初、期末余额的增加额，加预收账款期初、期末余额的增加额，以及坏账准备期初、期末余额的增加额。如果一致，则说明该企业当期的销售额度基本以现金形式收到，如果各期均如此，则说明该企业现金回笼状况稳定。

显然，按此规则，可以通过营业收入的变动了解企业产品的市场需求状况，通过营业收入和应收款的变动了解企业的现金回笼状况和市场地位，并且还可以通过预收款的变动状况来了解企业产品在市场的受欢迎程度，以评价营业收入的真实性、增值税的税负情况，应收款的质量，以及企业产品的受欢迎程度等。

同理，如果没有预收款，流量增大17%，收入不变，应收款增加，存货不变，一般毛利会下降，因为应收款增加（假设不考虑准备因素）而存货不变说明营业成本在增加。

营业成本一般与流量表无关，或者说间接相关，尤其是商业企业。商业企业的营业成本与流量表无关，与存货相关，而存货的变动又与购买商品的现金流出相关。假设应付款、票据和预付款持平，如果存货不变，而现金流出增加，则说明本期购进增加，同时营业成本增加。当然，现金流出也应多17%的进项税。如果存货、应付款、预付款期初、期末持平，而购买商品的现金流出增长超过17%，则其超出部分的增长比例应与营业成本大致相同。若其他不变，应付款增加或减少，则说明现购增加或减少了，会导致购买商品的现金流出增加或减少，与营业成本无关。同样，若其他不变，预付款增加或减少，也会导致购买商品的现金流出增加或减少，也与营业成本无关。

此时，通过比较营业成本和营业收入的增长比例，可以评价售价和单位成本的变动，以评价毛利，企业的市场地位和销售策略。如果营业收入的增长比例高于成本，说明售价上升幅度更大，反之说明成本上升幅度更大。当然，所谓持平，应注意存货的准备变动。

其他利润表相关项目的变动，原则上均可按上述思路分析后得出质量结论。

至于有关涉及现金流量表的，用于评价利润表质量的一些财务指标都不太成熟，之间的勾稽关系都不太准确，故本书就不予介绍了。

18.4　综合和趋势分析

综合和趋势分析主要是借助杜邦分析法和雷达图分析法，在各种单个指标分析的基础上，对公司的财务状况和经营成果作一总体综合分析。由于杜邦分析法本质上也是一种多因素分析法，且本书第12章已经对杜邦分析法做过介绍，故本章采用一种自创的多因素分析法替代杜邦分析法，算作修正的杜邦分析法。

18.4.1　多因素连锁替代分析

所谓多因素连锁替代分析，就是在仍然将净资产收益率最大化作为公司经营的最终目标的基础上，考虑某几种关键因素的变化对净资产收益率的影响，其计算公式如下：

净资产收益率（ROE）＝净利/净资产＝营业利润/营业收入×营业收入/总资产×总资产/净资产×税前利润/营业利润×税后利润/税前利润＝营业利润率×资产周转率×权益乘数×营业外收支效应×税收效应

其中：根据，营业利润×（1－营业外收支净额/营业利润）＝税前利润，故营业外收支效应＝（1－营业外收支净额/营业利润）＝税前利润/营业利润；同样，根据，税前利润×（1－所得税费用/税前利润）＝税后利润，故税收效应＝（1－T）＝税后利润/税前利润。

由于营业外收支净额占营业利润的比重不是一个固定的百分比，故使用"税前利润/营业利润"关系式，来反映营业外收支变动对净资产收益率的影响；同样，由于所得税费用占税前利润的比重，因各种时间性差异和永久性差异的存在，事实上与税前利润之间也并不可能呈一个固定的百分比，故使用"税后利润/税前利润"关系式，来反映所得税费用的变动对净资产收益率的影响。

该公司2016年净资产收益率＝8 087 901 515.79/68 238 373 317.69＝11.85%

9 220 218 597.26/31 359 178 524.08×31 359 178 524.08/116 784 776 870.02×
116 784 776 870.02/ 68 238 373 317.69×9 941 884 700.69/9 220 218 597.26×
8 087 901 515.79/9 941 884 700.69＝29.40%×0.27（次）×1.71（倍）×1.08（倍）×0.81（倍）＝11.87%＝（近似）11.85%

该公司2015年净资产收益率＝7 865 271 963.94/67 144 562 750.25＝11.71%

29.09%×0.3（次）×1.47（倍）×1.146（倍）×0.797（倍）＝11.71%

比较该公司2016年净资产收益率与2015年净资产收益率差额：

11.87%－11.71%＝0.16%

进行连锁替代分析：

（29.40%－29.09%）×0.3（次）×1.47（倍）×1.146（倍）×0.797（倍）＝0.001 3

由于营业利润率的提高使得净资产收益率上升0.13%；

29.4%×（0.27－0.3）×1.47×1.146×0.797＝－0.011 8

由于总资产周转率的下降使得净资产收益率下降1.18%；

29.4%×0.27×（1.71－1.47）×1.146×0.797＝0.017 1

由于权益乘数的提高使得净资产收益率上升1.71%；

29.4%×0.27×1.71×（1.08－1.146）×0.797＝－0.007

由于营业外收支的变动（支出大于收入）使得净资产收益率下降0.7%；

29.4%×0.27×1.71×1.08×（0.81－0.797）＝0.002

由于所得税费用的下降使得净资产收益率上升 0.2%；

合计=0.16%

显然，在所有变动中，权益乘数的变动对该公司净资产收益率的影响程度最大，其次是总资产周转率的变动。

如果你有兴趣，可以设置更多因素进行因素分析，来评价其中每一因素的变动对净资产收益率的影响。

比如：ROE=毛利/营业收入×(毛利+期间费用)/毛利×营业利润/(毛利+期间费用)×税前利润/营业利润×税后利润/税前利润×营业收入/流动资产×流动资产/总资产×总资产/净资产

18.4.2　雷达图分析

杜邦分析主要站在股东的角度，以股东权益最大化的立场，从纵向角度，以资产负债表和利润表各项目入手，逐层级分析了相关项目对利润的影响，以及最终对股东权益收益率的影响。而雷达图分析则站在企业价值最大化的立场，侧重从横向的角度，通过将实际数与计划数或行业数的比较，来分析企业在一些关键财务指标上的数据，以评价该企业的财务成果和经营业绩。

本书取以下行业和实际指标来构成雷达图，并根据以上资料和上海国际港务集团股份有限公司 2016 年的实际数据计算各项财务指标如下。

1. 收益性指标

资产净利率=净利/总资产=8 087 901 515.79/116 784 776 870.02=6.93%

每股收益=净利/普通股数=8 087 901 515.79/23 173 674 650.00=0.35（元/股）

净资产收益率=净利/净资产=8 087 901 515.79/68 238 373 317.69=11.85%

毛利率=毛利/营业收入=(31 359 178 524.08−21 926 328 322.97)/31 359 178 524.08=30.08%

净利率=净利/营业收入=8 087 901 515.79/31 359 178 524.08=25.79%

以上指标说明，该公司无论是销售，还是资产的盈利能力都不错，尤其是净利率，恐怕现在很少有企业能达到这样的水平。

2. 安全性指标

流动比=流动资产/流动负债=23 746 561 064.19/33 923 044 881.97=70%=0.7（倍）

速动比=速动资产/流动负债=(23 746 561 064.19−6 211 857 820.11)/33 923 044 881.97=52%=0.52（倍）

资产负债率=负债总额/资产总额=48 546 403 552.33/116 784 776 870.02=41.57%

利息保障倍数=息税前利润/利息费用=(税前利润−财务费用)/财务费用=(9 941 884 700.69−719 482 420.20)/719 482 420.20=12.82（倍）

以上指标显示，该公司的资产负债率不高，甚至有点偏低，尤其是利息保障倍数，高达 12.82 倍，说明该公司具有充分的偿债能力。相比之下，2 个短期偿债能力指标偏低，说明该公司流动资产占总资产的比重相对较低，而流动负债占总负责的比重则相对较高。

3. 流动性指标

总资产周转率＝营业收入/总资产＝31 359 178 524.08/116 784 776 870.02＝0.27（次）

流动资产周转率＝营业收入/流动资产＝31 359 178 524.08/23 746 561 064.19＝1.32（次）

固定资产周转率＝营业收入/固定资产＝31 359 178 524.08/34 688 018 590.94＝0.9（次）

应收账款周转率＝营业收入/应收账款＝31 359 178 524.08/（2 738 633 599.99＋373 975 106.40）＝10.08（次）

存货周转率＝营业成本/存货＝21 926 328 322.97/6 211 857 820.11＝3.53（次）

以上指标显示，该公司的以上几项流动性指标，除应收账款周转率外，都不高，说明该公司的资产质量一般，利用效率偏低。可能是一种行业特征，也可能是国企的老毛病，好大喜功。

4. 成长性指标

收入增长＝本期营业收入/上期营业收入＝31 359 178 524.08/29 510 831 899.38 ＝106.26%－1＝6.26%

利润增长＝本期净利/上期净利＝8 087 901 515.79/7 865 271 963.94＝102.82%－1＝2.82%

固定资产下降＝本期固定资产/上期固定资产＝34 688 018 590.94/35 514 712 289.36 ＝97.67%－1＝－2.33%

人员增长＝本期员工人数/上期员工人数＝18 338/18 183＝100.85%－1＝0.85%

产品成本上升＝本期营业成本/上期营业成本＝21 926 328 322.97/19 721 226 471.89 ＝111.19%－1＝11.19%

以上指标显示，该公司的成长性状况正常，但收入增长明显低于成本的增长不太正常，应该是主营收入下降明显，但成本几乎没有下降，同时被兼并企业的毛利空间远低于母公司的毛利空间，因而导致成本的相对上升现象。

5. 生产性指标

人均收入＝营业收入/员工人数＝31 359 178 524.08/18 338＝1 710 065.36（元/人）

人均资产＝资产总额/员工人数＝116 784 776 870.02/18 338＝6 368 457.68（元/人）

人均利润＝净利/员工人数＝8 087 901 515.79/18 338＝441 046（元/人）

实在不知道以上各项生产性指标的好坏，因为这需要比较，而比较就需要标准，不同的标准会导致不同的比较结果。但人均占用资产的庞大，与人均创利的微乎其微之间，形成了鲜明的对照，这实在是一种劳动生产率低下的表现。并且，人均资产也达到人均收入的3.7倍，实在偏高。

至于行业指标，则根据2016年企业绩效评价标准值的相关指标（淘豆网），并根据雷达图分析方法的一般指标和行业指标的重叠指标构成以下分析。

根据以上两类数据中的相关指标配比后得雷达图分析数据如表18-12所示。

表18-12 雷达图分析数据

	分类项目	实际值	行业平均值	对比值
收益性指标	［净资产收益率］	0.118 5	0.076	1.56
	［净利率］	0.257 9	0.128	2.01

续表

	分类项目	实际值	行业平均值	对比值
安全性指标	［速动比率］	0.52	0.753	0.69
	［资产负债率］	0.415 7	0.715	0.58
	［利息保障倍数］	12.82	2.5	5.128
流动性指标	［总资产周转率］	0.27	1.32	0.2
	［流动资产周转率］	1.32	1.78	0.74
	［应收账款周转率］	10.08	6.54	1.54
	［存货周转率］	3.53	5.45	0.65
成长性指标	［收入增长］	6.26	1.122	5.58
	［利润增长］	2.82	0.154	18.31
	［人员增长］	0.85	0.057	14.91

然后，根据表 18-12 第 2 列（分类项目）、第 4 列（行业平均值，将全部数据改为 1）和第 5 列（对比值）作雷达图，如图 18-2 所示。

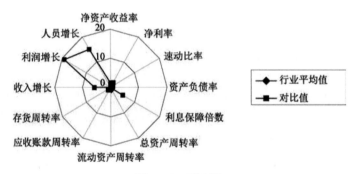

图 18-2　雷达图

根据雷达图相关指标分析数据可知，该公司收益性指标和成长性指标均较之行业平均值指标高，且成长性指标还高出很多；安全性指标似乎比较低，但资产负债率低其实更安全，况且它的利息保障倍数还特别高，所以在偿债能力方面应该也很安全；主要是流动性指标偏低，估计应该是该行业的资产配置比较超前所致，导致资产利用效率低下，寄希望于未来的发展能与预期相吻合，不过这可能不是该公司能决定的。

总体而言，该公司目前的经营状况还算不错，近期的增长已经有所停滞，未来几年甚至有可能下滑，其发展应该取决于整体大环境的走势。

最后，如果说你不认可股市是一个国家经济变化的晴雨表，那上海港的经营状况，至少在外贸这一块，绝对可以担此大任。

附　录　A

关于修订印发 2018 年度一般企业财务报表格式的通知

财会〔2018〕15 号

国务院有关部委、有关直属机构，各省、自治区、直辖市、计划单列市财政厅（局），新疆生产建设兵团财政局，财政部驻各省、自治区、直辖市、计划单列市财政监察专员办事处，有关中央管理企业：

为解决执行企业会计准则的企业在财务报告编制中的实际问题，规范企业财务报表列报，提高会计信息质量，针对 2018 年 1 月 1 日起分阶段实施的《企业会计准则第 22 号——金融工具确认和计量》（财会〔2017〕7 号）、《企业会计准则第 23 号——金融资产转移》（财会〔2017〕8 号）、《企业会计准则第 24 号——套期会计》（财会〔2017〕9 号）、《企业会计准则第 37 号——金融工具列报》（财会〔2017〕14 号）（以上四项简称新金融准则）和《企业会计准则第 14 号——收入》（财会〔2017〕22 号，简称新收入准则），以及企业会计准则实施中的有关情况，我部对一般企业财务报表格式进行了修订，现予印发。执行企业会计准则的非金融企业中，尚未执行新金融准则和新收入准则的企业应当按照企业会计准则和本通知附件 1 的要求编制财务报表，已执行新金融准则或新收入准则的企业应当按照企业会计准则和本通知附件 2 的要求编制财务报表。企业对不存在相应业务的报表项目可结合本企业的实际情况进行必要删减，企业根据重要性原则并结合本企业的实际情况可以对确需单独列示的内容增加报表项目。执行企业会计准则的金融企业应当根据金融企业经营活动的性质和要求，比照一般企业财务报表格式进行相应调整。我部于 2017 年 12 月 25 日发布的《关于修订印发一般企业财务报表格式的通知》（财会〔2017〕30 号）同时废止。

执行中有何问题，请及时反馈我部。

附件：1. 一般企业财务报表格式（适用于尚未执行新金融准则和新收入准则的企业）

2. 一般企业财务报表格式（适用于已执行新金融准则或新收入准则的企业）

财政部

2018 年 6 月 15 日

附件 1

一般企业财务报表格式（适用于尚未执行新金融准则和新收入准则的企业）

资产负债表　　　　　　　　　　　　会企 01 表

编制单位：　　　　　　　　　___年___月___日　　　　　　　　　单位：元

资　　产	期末余额	年初余额	负债和所有者权益（或股东权益）	期末余额	年初余额
流动资产：			流动负债：		
货币资金			短期借款		
以公允价值计量且其变动计入当期损益的金融资产			以公允价值计量且其变动计入当期损益的金融负债		
衍生金融资产			衍生金融负债		
应收票据及应收账款			应付票据及应付账款		
预付款项			预收款项		
其他应收款			应付职工薪酬		
存货			应交税费		
持有待售资产			其他应付款		
一年内到期的非流动资产			持有待售负债		
其他流动资产			一年内到期的非流动负债		
流动资产合计			其他流动负债		
非流动资产：			流动负债合计		
可供出售金融资产			非流动负债：		
持有至到期投资			长期借款		
长期应收款			应付债券		
长期股权投资			其中：优先股		
投资性房地产			永续债		
固定资产			长期应付款		
在建工程			预计负债		
生产性生物资产			递延收益		
油气资产			递延所得税负债		
无形资产			其他非流动负债		
开发支出			非流动负债合计		
商誉			负债合计		
长期待摊费用			所有者权益（或股东权益）：		
递延所得税资产			实收资本（或股本）		
其他非流动资产			其他权益工具		

续表

资　产	期末余额	年初余额	负债和所有者权益（或股东权益）	期末余额	年初余额
非流动资产合计			其中：优先股		
			永续债		
			资本公积		
			减：库存股		
			其他综合收益		
			盈余公积		
			未分配利润		
			所有者权益（或股东权益）合计		
资产总计			负债和所有者权益（或股东权益）总计		

修订新增项目说明：

1. "应收票据及应收账款"行项目，反映资产负债表日以摊余成本计量的、企业因销售商品、提供服务等经营活动应收取的款项，以及收到的商业汇票，包括银行承兑汇票和商业承兑汇票。该项目应根据"应收票据"和"应收账款"科目的期末余额，减去"坏账准备"科目中相关坏账准备期末余额后的金额填列。

2. "其他应收款"行项目，应根据"应收利息""应收股利"和"其他应收款"科目的期末余额合计数，减去"坏账准备"科目中相关坏账准备期末余额后的金额填列。

3. "持有待售资产"行项目，反映资产负债表日划分为持有待售类别的非流动资产及划分为持有待售类别的处置组中的流动资产和非流动资产的期末账面价值。该项目应根据"持有待售资产"科目的期末余额，减去"持有待售资产减值准备"科目的期末余额后的金额填列。

4. "固定资产"行项目，反映资产负债表日企业固定资产的期末账面价值和企业尚未清理完毕的固定资产清理净损益。该项目应根据"固定资产"科目的期末余额，减去"累计折旧"和"固定资产减值准备"科目的期末余额后的金额，以及"固定资产清理"科目的期末余额填列。

5. "在建工程"行项目，反映资产负债表日企业尚未达到预定可使用状态的在建工程的期末账面价值和企业为在建工程准备的各种物资的期末账面价值。该项目应根据"在建工程"科目的期末余额，减去"在建工程减值准备"科目的期末余额后的金额，以及"工程物资"科目的期末余额，减去"工程物资减值准备"科目的期末余额后的金额填列。

6. "应付票据及应付账款"行项目，反映资产负债表日企业因购买材料、商品和接受服务等经营活动应支付的款项，以及开出、承兑的商业汇票，包括银行承兑汇票和商业承兑汇票。该项目应根据"应付票据"科目的期末余额，以及"应付账款"和"预付账款"科目所属的相关明细科目的期末贷方余额合计数填列。

7. "其他应付款"行项目，应根据"应付利息""应付股利"和"其他应付款"科目的期末余额合计数填列。

8. "持有待售负债"行项目，反映资产负债表日处置组中与划分为持有待售类别的资产直接相关的负债的期末账面价值。该项目应根据"持有待售负债"科目的期末余额填列。

9. "长期应付款"行项目，反映资产负债表日企业除长期借款和应付债券以外的其他各种长期应付款项的期末账面价值。该项目应根据"长期应付款"科目的期末余额，减去相关的"未确认融资费用"科目的期末余额后的金额，以及"专项应付款"科目的期末余额填列。

利润表

会企 02 表

编制单位：　　　　　　　　　　___年___月　　　　　　　　　　单位：元

项 目	本期金额	上期金额
一、营业收入		
减：营业成本		
税金及附加		
销售费用		
管理费用		
研发费用		
财务费用		
其中：利息费用		
利息收入		
资产减值损失		
加：其他收益		
投资收益（损失以"-"号填列）		
其中：对联营企业和合营企业的投资收益		
公允价值变动收益（损失以"-"号填列）		
资产处置收益（损失以"-"号填列）		
二、营业利润（亏损以"-"号填列）		
加：营业外收入		
减：营业外支出		
三、利润总额（亏损总额以"-"号填列）		
减：所得税费用		
四、净利润（净亏损以"-"号填列）		
（一）持续经营净利润（净亏损以"-"号填列）		
（二）终止经营净利润（净亏损以"-"号填列）		
五、其他综合收益的税后净额		
（一）不能重分类进损益的其他综合收益		
1. 重新计量设定受益计划变动额		
2. 权益法下不能转损益的其他综合收益		

续表

项　　目	本期金额	上期金额
……		
（二）将重分类进损益的其他综合收益		
1. 权益法下可转损益的其他综合收益		
2. 可供出售金融资产公允价值变动损益		
3. 持有至到期投资重分类为可供出售金融资产损益		
4. 现金流量套期损益的有效部分		
5. 外币财务报表折算差额		
……		
六、综合收益总额		
七、每股收益：		
（一）基本每股收益		
（二）稀释每股收益		

修订新增项目说明：

1. "研发费用"行项目，反映企业进行研究与开发过程中发生的费用化支出。该项目应根据"管理费用"科目下的"研发费用"明细科目的发生额分析填列。

2. "其中：利息费用"行项目，反映企业为筹集生产经营所需资金等而发生的应予费用化的利息支出。该项目应根据"财务费用"科目的相关明细科目的发生额分析填列。

3. "利息收入"行项目，反映企业确认的利息收入。该项目应根据"财务费用"科目的相关明细科目的发生额分析填列。

4. "其他收益"行项目，反映计入其他收益的政府补助等。该项目应根据"其他收益"科目的发生额分析填列。

5. "资产处置收益"行项目，反映企业出售划分为持有待售的非流动资产（金融工具、长期股权投资和投资性房地产除外）或处置组（子公司和业务除外）时确认的处置利得或损失，以及处置未划分为持有待售的固定资产、在建工程、生产性生物资产及无形资产而产生的处置利得或损失。债务重组中因处置非流动资产产生的利得或损失和非货币性资产交换中换出非流动资产产生的利得或损失也包括在本项目内。该项目应根据"资产处置损益"科目的发生额分析填列；如为处置损失，以"-"号填列。

6. "营业外收入"行项目，反映企业发生的除营业利润以外的收益，主要包括债务重组利得、与企业日常活动无关的政府补助、盘盈利得、捐赠利得（企业接受股东或股东的子公司直接或间接的捐赠，经济实质属于股东对企业的资本性投入的除外）等。该项目应根据"营业外收入"科目的发生额分析填列。

7. "营业外支出"行项目，反映企业发生的除营业利润以外的支出，主要包括债务重组损失、公益性捐赠支出、非常损失、盘亏损失、非流动资产毁损报废损失等。该项目应根据"营业外支出"科目的发生额分析填列。

8. "（一）持续经营净利润"和"（二）终止经营净利润"行项目，分别反映净利润中与持续经营相关的净利润和与终止经营相关的净利润；如为净亏损，以"－"号填列。该两个项目应按照《企业会计准则第 42 号——持有待售的非流动资产、处置组和终止经营》的相关规定分别列报。

现金流量表

会企 03 表

编制单位：　　　　　　　　　　　　　___年___月　　　　　　　　　　　　　单位：元

项　　目	本期金额	上期金额
一、经营活动产生的现金流量：		
销售商品、提供劳务收到的现金		
收到的税费返还		
收到其他与经营活动有关的现金		
经营活动现金流入小计		
购买商品、接受劳务支付的现金		
支付给职工以及为职工支付的现金		
支付的各项税费		
支付其他与经营活动有关的现金		
经营活动现金流出小计		
经营活动产生的现金流量净额		
二、投资活动产生的现金流量：		
收回投资收到的现金		
取得投资收益收到的现金		
处置固定资产、无形资产和其他长期资产收回的现金净额		
处置子公司及其他营业单位收到的现金净额		
收到其他与投资活动有关的现金		
投资活动现金流入小计		
购建固定资产、无形资产和其他长期资产支付的现金		
投资支付的现金		
取得子公司及其他营业单位支付的现金净额		
支付其他与投资活动有关的现金		
投资活动现金流出小计		
投资活动产生的现金流量净额		
三、筹资活动产生的现金流量：		
吸收投资收到的现金		
取得借款收到的现金		
收到其他与筹资活动有关的现金		
筹资活动现金流入小计		
偿还债务支付的现金		

续表

项　　目	本期金额	上期金额
分配股利、利润或偿付利息支付的现金		
支付其他与筹资活动有关的现金		
筹资活动现金流出小计		
筹资活动产生的现金流量净额		
四、汇率变动对现金及现金等价物的影响		
五、现金及现金等价物净增加额		
加：期初现金及现金等价物余额		
六、期末现金及现金等价物余额		

所有者权益变动表

会企04表

编制单位：　　　　　　　　　　___年度　　　　　　　　　　单位：元

项目	本年金额									上年金额								
	实收资本（或股本）	其他权益工具			资本公积	减：库存股	其他综合收益	盈余公积	未分配利润	所有者权益合计	实收资本（或股本）	其他权益工具			资本公积	减：库存股	其他综合收益	盈余公积	未分配利润	所有者权益合计
		优先股	永续债	其他								优先股	永续债	其他						
一、上年年末余额																				
加：会计政策变更																				
前期差错更正																				
其他																				
二、本年年初余额																				
三、本年增减变动金额（减少以"－"号填列）																				
（一）综合收益总额																				
（二）所有者投入和减少资本																				
1. 所有者投入的普通股																				

项目	本年金额										上年金额									
	实收资本（或股本）	其他权益工具			资本公积	减：库存股	其他综合收益	盈余公积	未分配利润	所有者权益合计	实收资本（或股本）	其他权益工具			资本公积	减：库存股	其他综合收益	盈余公积	未分配利润	所有者权益合计
		优先股	永续债	其他								优先股	永续债	其他						
2. 其他权益工具持有者投入资本																				
3. 股份支付计入所有者权益的金额																				
4. 其他																				
（三）利润分配																				
1. 提取盈余公积																				
2. 对所有者（或股东）的分配																				
3. 其他																				
（四）所有者权益内部结转																				
1. 资本公积转增资本（或股本）																				
2. 盈余公积转增资本（或股本）																				
3. 盈余公积弥补亏损																				
4. 设定受益计划变动额结转留存收益																				
5. 其他																				
四、本年年末余额																				

附件2

一般企业财务报表格式（适用于已执行新金融准则或新收入准则的企业）

资产负债表

会企01表

编制单位：＿＿＿年＿＿月＿＿日　　　　　　　　　　　　　　　　单位：元

资　产	期末余额	年初余额	负债和所有者权益（或股东权益）	期末余额	年初余额
流动资产：			流动负债：		
货币资金			短期借款		
交易性金融资产			交易性金融负债		
衍生金融资产			衍生金融负债		
应收票据及应收账款			应付票据及应付账款		
预付款项			预收款项		
其他应收款			合同负债		
存货			应付职工薪酬		
合同资产			应交税费		
持有待售资产			其他应付款		
一年内到期的非流动资产			持有待售负债		
其他流动资产			一年内到期的非流动负债		
流动资产合计			其他流动负债		
非流动资产：			流动负债合计		
债权投资			非流动负债：		
其他债权投资			长期借款		
长期应收款			应付债券		
长期股权投资			其中：优先股		
其他权益工具投资			永续债		
其他非流动金融资产			长期应付款		
投资性房地产			预计负债		
固定资产			递延收益		
在建工程			递延所得税负债		
生产性生物资产			其他非流动负债		
油气资产			非流动负债合计		
无形资产			负债合计		
开发支出			所有者权益（或股东权益）：		
商誉			实收资本（或股本）		
长期待摊费用			其他权益工具		

续表

资　　产	期末余额	年初余额	负债和所有者权益（或股东权益）	期末余额	年初余额
递延所得税资产			其中：优先股		
其他非流动资产			永续债		
非流动资产合计			资本公积		
			减：库存股		
			其他综合收益		
			盈余公积		
			未分配利润		
			所有者权益（或股东权益）合计		
资产总计			负债和所有者权益（或股东权益）总计		

修订新增项目说明：

1. "交易性金融资产"行项目，反映资产负债表日企业分类为以公允价值计量且其变动计入当期损益的金融资产，以及企业持有的直接指定为以公允价值计量且其变动计入当期损益的金融资产的期末账面价值。该项目应根据"交易性金融资产"科目的相关明细科目期末余额分析填列。自资产负债表日起超过一年到期且预期持有超过一年的以公允价值计量且其变动计入当期损益的非流动金融资产的期末账面价值，在"其他非流动金融资产"行项目反映。

2. "债权投资"行项目，反映资产负债表日企业以摊余成本计量的长期债权投资的期末账面价值。该项目应根据"债权投资"科目的相关明细科目期末余额，减去"债权投资减值准备"科目中相关减值准备的期末余额后的金额分析填列。自资产负债表日起一年内到期的长期债权投资的期末账面价值，在"一年内到期的非流动资产"行项目反映。企业购入的以摊余成本计量的一年内到期的债权投资的期末账面价值，在"其他流动资产"行项目反映。

3. "其他债权投资"行项目，反映资产负债表日企业分类为以公允价值计量且其变动计入其他综合收益的长期债权投资的期末账面价值。该项目应根据"其他债权投资"科目的相关明细科目期末余额分析填列。自资产负债表日起一年内到期的长期债权投资的期末账面价值，在"一年内到期的非流动资产"行项目反映。企业购入的以公允价值计量且其变动计入其他综合收益的一年内到期的债权投资的期末账面价值，在"其他流动资产"行项目反映。

4. "其他权益工具投资"行项目，反映资产负债表日企业指定为以公允价值计量且其变动计入其他综合收益的非交易性权益工具投资的期末账面价值。该项目应根据"其他权益工具投资"科目的期末余额填列。

5. "交易性金融负债"行项目，反映资产负债表日企业承担的交易性金融负债，以及企业持有的直接指定为以公允价值计量且其变动计入当期损益的金融负债的期末账面价值。该项目应根据"交易性金融负债"科目的相关明细科目期末余额填列。

6. "合同资产"和"合同负债"行项目。企业应按照《企业会计准则第14号——收入》（2017年修订）的相关规定根据本企业履行履约义务与客户付款之间的关系在资产负债表中列示合同资产或合同负债。"合同资产"项目、"合同负债"项目，应分别根据"合同资产"科目、"合同负债"科目的相关明细科目期末余额分析填列，同一合同下的合同资产和合同负债应当以净额列示，其中净额为借方余额的，应当根据其流动性在"合同资产"或"其他非流动资产"项目中填列，已计提减值准备的，还应减去"合同资产减值准备"科目中相关的期末余额后的金额填列；其中净额为贷方余额的，应当根据其流动性在"合同负债"或"其他非流动负债"项目中填列。

7. 按照《企业会计准则第14号——收入》（2017年修订）的相关规定确认为资产的合同取得成本，应当根据"合同取得成本"科目的明细科目初始确认时摊销期限是否超过一年或一个正常营业周期，在"其他流动资产"或"其他非流动资产"项目中填列，已计提减值准备的，还应减去"合同取得成本减值准备"科目中相关的期末余额后的金额填列。

8. 按照《企业会计准则第14号——收入》（2017年修订）的相关规定确认为资产的合同履约成本，应当根据"合同履约成本"科目的明细科目初始确认时摊销期限是否超过一年或一个正常营业周期，在"存货"或"其他非流动资产"项目中填列，已计提减值准备的，还应减去"合同履约成本减值准备"科目中相关的期末余额后的金额填列。

9. 按照《企业会计准则第14号——收入》（2017年修订）的相关规定确认为资产的应收退货成本，应当根据"应收退货成本"科目是否在一年或一个正常营业周期内出售，在"其他流动资产"或"其他非流动资产"项目中填列。

10. 按照《企业会计准则第14号——收入》（2017年修订）的相关规定确认为预计负债的应付退货款，应当根据"预计负债"科目下的"应付退货款"明细科目是否在一年或一个正常营业周期内清偿，在"其他流动负债"或"预计负债"项目中填列。

利润表

会企02表

编制单位：　　　　　　　　　　　　　　　___年___月　　　　　　　　　　　单位：元

项　　目	本期金额	上期金额
一、营业收入		
减：营业成本		
税金及附加		
销售费用		
管理费用		
研发费用		
财务费用		
其中：利息费用		
利息收入		
资产减值损失		
信用减值损失		

续表

项　　目	本期金额	上期金额
加：其他收益		
投资收益（损失以"－"号填列）		
其中：对联营企业和合营企业的投资收益		
净敞口套期收益（损失以"－"号填列）		
公允价值变动收益（损失以"－"号填列）		
资产处置收益（损失以"－"号填列）		
二、营业利润（亏损以"－"号填列）		
加：营业外收入		
减：营业外支出		
三、利润总额（亏损总额以"－"号填列）		
减：所得税费用		
四、净利润（净亏损以"－"号填列）		
（一）持续经营净利润（净亏损以"－"号填列）		
（二）终止经营净利润（净亏损以"－"号填列）		
五、其他综合收益的税后净额		
（一）不能重分类进损益的其他综合收益		
1. 重新计量设定受益计划变动额		
2. 权益法下不能转损益的其他综合收益		
3. 其他权益工具投资公允价值变动		
4. 企业自身信用风险公允价值变动		
……		
（二）将重分类进损益的其他综合收益		
1. 权益法下可转损益的其他综合收益		
2. 其他债权投资公允价值变动		
3. 金融资产重分类计入其他综合收益的金额		
4. 其他债权投资信用减值准备		
5. 现金流量套期储备		
6. 外币财务报表折算差额		
……		
六、综合收益总额		
七、每股收益：		
（一）基本每股收益		
（二）稀释每股收益		

修订新增项目说明：

1. "信用减值损失"行项目，反映企业按照《企业会计准则第22号——金融工具确认和计量》（2017年修订）的要求计提的各项金融工具减值准备所形成的预期信用损失。该项目应根据"信用减值损失"科目的发生额分析填列。

2. "净敞口套期收益"行项目，反映净敞口套期下被套期项目累计公允价值变动转入当期损益的金额或现金流量套期储备转入当期损益的金额。该项目应根据"净敞口套期损益"科目的发生额分析填列；如为套期损失，以"-"号填列。

3. "其他权益工具投资公允价值变动"行项目，反映企业指定为以公允价值计量且其变动计入其他综合收益的非交易性权益工具投资发生的公允价值变动。该项目应根据"其他综合收益"科目的相关明细科目的发生额分析填列。

4. "企业自身信用风险公允价值变动"行项目，反映企业指定为以公允价值计量且其变动计入当期损益的金融负债，由企业自身信用风险变动引起的公允价值变动而计入其他综合收益的金额。该项目应根据"其他综合收益"科目的相关明细科目的发生额分析填列。

5. "其他债权投资公允价值变动"行项目，反映企业分类为以公允价值计量且其变动计入其他综合收益的债权投资发生的公允价值变动。企业将一项以公允价值计量且其变动计入其他综合收益的金融资产重分类为以摊余成本计量的金融资产，或重分类为以公允价值计量且其变动计入当期损益的金融资产时，之前计入其他综合收益的累计利得或损失从其他综合收益中转出的金额作为该项目的减项。该项目应根据"其他综合收益"科目下的相关明细科目的发生额分析填列。

6. "金融资产重分类计入其他综合收益的金额"行项目，反映企业将一项以摊余成本计量的金融资产重分类为以公允价值计量且其变动计入其他综合收益的金融资产时，计入其他综合收益的原账面价值与公允价值之间的差额。该项目应根据"其他综合收益"科目下的相关明细科目的发生额分析填列。

7. "其他债权投资信用减值准备"行项目，反映企业按照《企业会计准则第22号——金融工具确认和计量》（2017年修订）第十八条分类为以公允价值计量且其变动计入其他综合收益的金融资产的损失准备。该项目应根据"其他综合收益"科目下的"信用减值准备"明细科目的发生额分析填列。

8. "现金流量套期储备"行项目，反映企业套期工具产生的利得或损失中属于套期有效的部分。该项目应根据"其他综合收益"科目下的"套期储备"明细科目的发生额分析填列。

现金流量表

会企03表

编制单位： ___年___月 单位：元

项 目	本期金额	上期金额
一、经营活动产生的现金流量：		
销售商品、提供劳务收到的现金		
收到的税费返还		

续表

项　目	本期金额	上期金额
收到其他与经营活动有关的现金		
经营活动现金流入小计		
购买商品、接受劳务支付的现金		
支付给职工以及为职工支付的现金		
支付的各项税费		
支付其他与经营活动有关的现金		
经营活动现金流出小计		
经营活动产生的现金流量净额		
二、投资活动产生的现金流量：		
收回投资收到的现金		
取得投资收益收到的现金		
处置固定资产、无形资产和其他长期资产收回的现金净额		
处置子公司及其他营业单位收到的现金净额		
收到其他与投资活动有关的现金		
投资活动现金流入小计		
购建固定资产、无形资产和其他长期资产支付的现金		
投资支付的现金		
取得子公司及其他营业单位支付的现金净额		
支付其他与投资活动有关的现金		
投资活动现金流出小计		
投资活动产生的现金流量净额		
三、筹资活动产生的现金流量：		
吸收投资收到的现金		
取得借款收到的现金		
收到其他与筹资活动有关的现金		
筹资活动现金流入小计		
偿还债务支付的现金		
分配股利、利润或偿付利息支付的现金		
支付其他与筹资活动有关的现金		
筹资活动现金流出小计		
筹资活动产生的现金流量净额		
四、汇率变动对现金及现金等价物的影响		
五、现金及现金等价物净增加额		
加：期初现金及现金等价物余额		
六、期末现金及现金等价物余额		

所有者权益变动表

会企04表

编制单位：　　　　　　　　　　　　___年度　　　　　　　　　　　　单位：元

项目	本年金额										上年金额									
	实收资本（或股本）	其他权益工具			资本公积	减：库存股	其他综合收益	盈余公积	未分配利润	所有者权益合计	实收资本（或股本）	其他权益工具			资本公积	减：库存股	其他综合收益	盈余公积	未分配利润	所有者权益合计
		优先股	永续债	其他								优先股	永续债	其他						
一、上年年末余额																				
加：会计政策变更																				
前期差错更正																				
其他																				
二、本年年初余额																				
三、本年增减变动金额（减少以"－"号填列）																				
（一）综合收益总额																				
（二）所有者投入和减少资本																				
1. 所有者投入的普通股																				
2. 其他权益工具持有者投入资本																				
3. 股份支付计入所有者权益的金额																				
4. 其他																				
（三）利润分配																				
1. 提取盈余公积																				

项目	本年金额										上年金额									
	实收资本（或股本）	其他权益工具			资本公积	减:库存股	其他综合收益	盈余公积	未分配利润	所有者权益合计	实收资本（或股本）	其他权益工具			资本公积	减:库存股	其他综合收益	盈余公积	未分配利润	所有者权益合计
		优先股	永续债	其他								优先股	永续债	其他						
2. 对所有者（或股东）的分配																				
3. 其他																				
（四）所有者权益内部结转																				
1. 资本公积转增资本（或股本）																				
2. 盈余公积转增资本（或股本）																				
3. 盈余公积弥补亏损																				
4. 设定受益计划变动额结转留存收益																				
5. 其他综合收益结转留存收益																				
6. 其他																				
四、本年年末余额																				

修订新增项目说明:

"其他综合收益结转留存收益"行项目,主要反映:(1)企业指定为以公允价值计量且其变动计入其他综合收益的非交易性权益工具投资终止确认时,之前计入其他综合收益的累计利得或损失从其他综合收益中转入留存收益的金额;(2)企业指定为以公允价值计量且其变动计入当期损益的金融负债终止确认时,之前由企业自身信用风险变动引起而计入其他综合收益的累计利得或损失从其他综合收益中转入留存收益的金额等。该项目应根据"其他综合收益"科目的相关明细科目的发生额分析填列。

参 考 文 献

［1］许拯声. 财务报表阅读与分析指南. 北京：机械工业出版社，2007.

［2］财政部. 企业会计准则：应用指南. 北京：中国财政经济出版社，2006.

［3］DAMODARAN A. 投资估价. 林谦，译. 北京：清华大学出版社，2004.

［4］马军生，薛奚，汤震宇. 财务报表分析技术. 上海：复旦大学出版社，2004.

［5］科勒，戈德哈特，威赛尔斯. 价值评估. 高建，魏平，朱晓龙，译. 北京：电子工业出版社，2007.

［6］SOFFER L，SOFFER R. 财务报表分析估值方法. 肖星，译. 北京：清华大学出版社，2005.

［7］BERNSTEIN L A，WILD J J. 财务报表分析. 北京：北京大学出版社，2004.

［8］张保法. 经济预测与经济决策. 北京：经济科学出版社，2004.

［9］里亚希-贝克奥伊. 会计理论. 钱逢胜，译. 上海：上海财经大学出版社，2004.

［10］PENMAN S H. 财务报表分析与证券定价. 刘力，陆正飞，译. 北京：中国财政经济出版社，2005.

［11］李永梅. 财务预测理论与实务. 上海：立信会计出版社，2005.

［12］邓聚龙. 灰预测与灰决策. 修订版. 武汉：华中科技大学出版社，2002.

［13］财政部注册会计师考试委员会办公室. 财务成本管理. 北京：经济科学出版社，2007.

［14］李桂荣，张志英，张旭雷. 财务报告分析. 北京：北京交通大学出版社，2007.

［15］王化成，姚燕，黎来芳. 财务报表分析. 北京：北京大学出版社，2007.

［16］张新民. 企业财务报表分析案例点评. 杭州：浙江人民出版社，2003.

［17］戴欣苗. 财务报表分析：技巧·策略. 北京：清华大学出版社，2006.

［18］周晓苏，方红星. 国际会计学. 大连：东北财经大学出版社，2000.

［19］曲晓辉，李宗彦. 国际财务报告准则解释及运用. 北京：人民邮电出版社，2008.